I0754855

"Then and Now" is a registered trademark of Pavilion
An imprint of HarperCollinsPublishers Ltd
1 London Bridge Street
London SE1 9GF
www.harpercollins.co.uk

HarperCollinsPublishers
Macken House
39 / 40 Mayor Street Upper
Dublin 1
D01 C9W8
Ireland

10 9 8 7 6 5 4 3 2 1

First published in Great Britain by Pavilion
An imprint of HarperCollinsPublishers 2026

ISBN 9780008737702

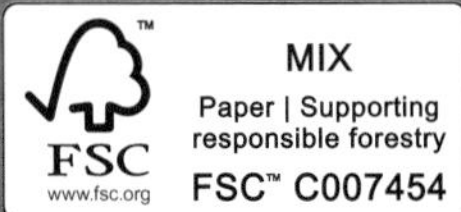

For more information visit: www.harpercollins.co.uk/green

Printed and bound by Papercraft, Malaysia

DR SHARON HAMILTON
Dr Sharon Hamilton has called Ottawa her home for more than thirty years. The daughter of an architect, Sharon holds a Ph.D. in English and completed one of her graduate degrees at Carleton University in Ottawa. Dr Hamilton has taught classes on research and writing at universities in Austria, Italy, the United States, and Canada, including at Carleton University and the University of Ottawa.
La Dre Sharon Hamilton réside à Ottawa depuis plus de 30 ans. Fille d'architecte, elle est titulaire d'un doctorat en études anglaises et a obtenu l'un de ses diplômes d'études supérieures à l'Université Carleton à Ottawa. La Dre Hamilton a enseigné la recherche et la rédaction à des universités en Autriche, en Italie, aux États-Unis et au Canada, y compris à l'Université Carleton et à l'Université d'Ottawa.

LINDA HILPOLD, Translator
Linda Hilpold is a Toronto-based translator.
Linda Hilpold est une traductrice basée à Toronto.

ACKNOWLEDGEMENTS
Thanks to the Library and Archives Canada, Archives of Ontario, Parks Canada, Toronto Public Library, the City of Ottawa Archives, the National Capital Commission, the Historical Society of Ottawa, and Heritage Ottawa for research resources. I am grateful to community associations and local historians; for Robert G. Hill's *Biographical Dictionary of Architects in Canada, 1800–1950*; and for support from fellow writers, including Susanne Fletcher, Sarah Hamilton, Ruth Kennedy, Janna Klostermann, Catherine Racine and, especially, my partner, John Hargrove.

Publishing Director: Laura Russell
Project Editor: Shamar Gunning
Editorial Assistant: Daisy Gudmunsen
Proofreader: Sarah Epton
Indexer: Lisa Footitt
Design Manager: Lily Wilson
Layout Designer: Cara Rogers
Production Controller: Louis Harvey

PICTURE CREDITS
"Then" photographs: all "Then" images are property of the Library and Archives Canada except for those on the following pages:

Alamy, pages 24 (inset), 57 (inset)
Archives of Ontario, pages 73 (inset), 81 (inset), 142 (inset)
Creative Commons / National Capital Commission, page 102
City of Ottawa Archives, MG393-NP-52525-001 page 26
Duncan Cameron / Library and Archives Canada / e011166423, page 106
Gar Lunney / National Film Board of Canada. Photothèque / Library and Archives Canada / PA-129813, page 22
Getty images, pages 28, 141 (inset)
Government of Canada, Reproduced with the permission of Library and Archives Canada (2025). Library and Archives Canada / National Capital Commission collection / e999916344-u, page 134 / e999909236-u, page 68 (top) / e999909150-u, page 124
Government of Canada. Reproduced with the permission of Library and Archives Canada (2025), Library and Archives Canada / PA-209812, page 73 (inset)
La Salle Academy, page 126
Parks Canada, The Commissariat (now Bytown Museum), Ottawa Lockstation, built in 1827 to the designs of the Corps of Royal Engineers of the British military; view from the southeast of the front or east (right) and south (left) elevations © Parks Canada | Parcs Canada, Couture, 1989, page 142
Ted Grant / Library and Archives Canada, pages 20, 88
Toronto Public Library, pages 8, 122
University of Ottawa, CRCCF, Fonds Le Droit (C71), Ph92-2-190779_MES, page 116

"Now" photographs: all "Now" images were taken by Karl Mondon (© Pavilion Image Library) except for those on the following pages:

Alamy, pages 15 (inset), 21, 35 (inset), 53, 89, 69, 139
Jennifer Mintha, page 121
Matt Zambonin / The Royal Ottawa Golf Club, page 97
Shutterstock Images, page 17 (inset)

OTTAWA
THEN AND NOW

Dr Sharon Hamilton

PAVILION

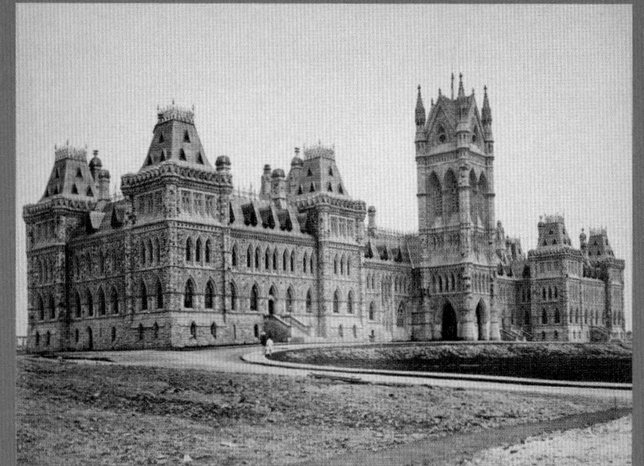

Parliament Hill, 1869 p. 8

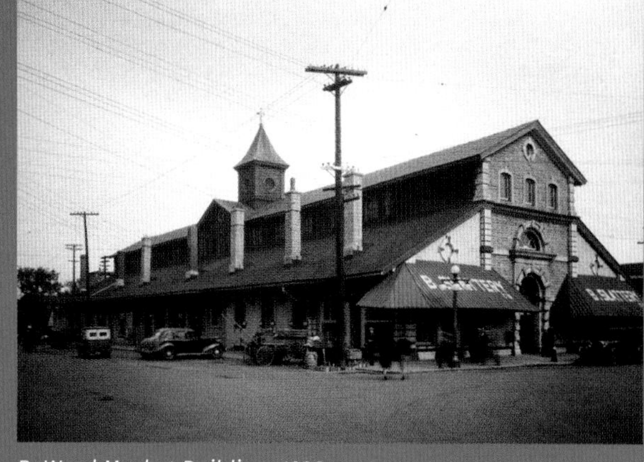

ByWard Market Building, 1938 p. 24

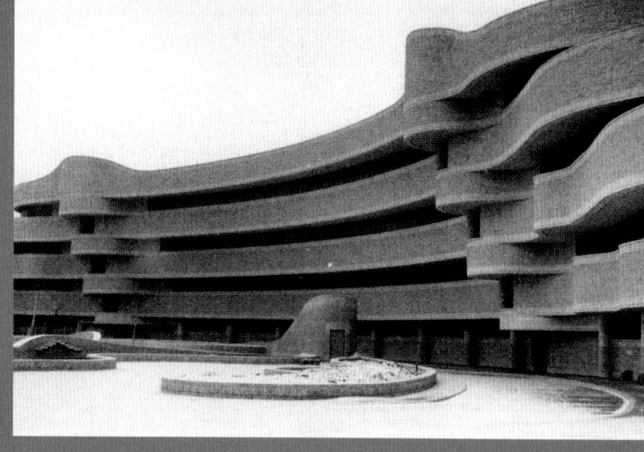

Canadian Museum of Civilization, 1988 p. 28

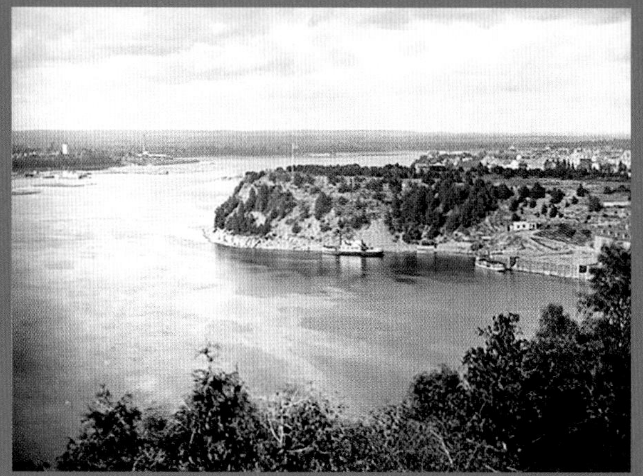

Nepean Point / Kìwekì Point, c. 1870 p. 34

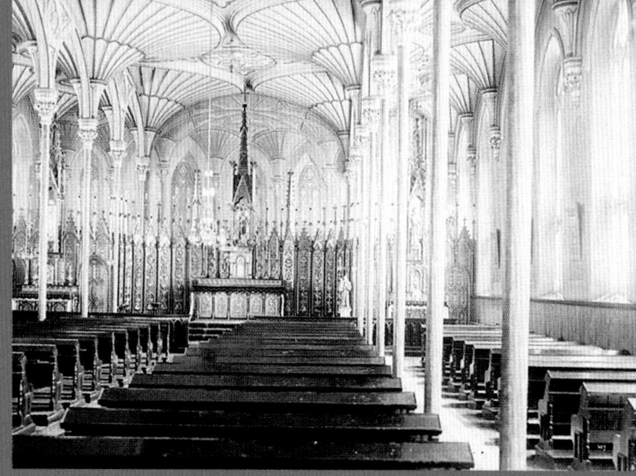
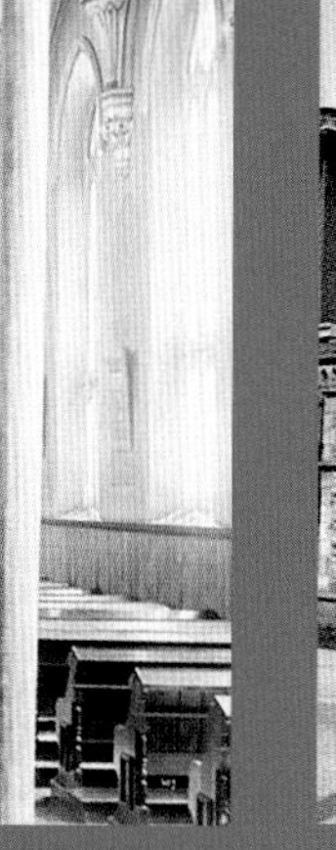

The Rideau Chapel, c. 1890 p. 36

Royal Canadian Mint, c. 1920 p. 40

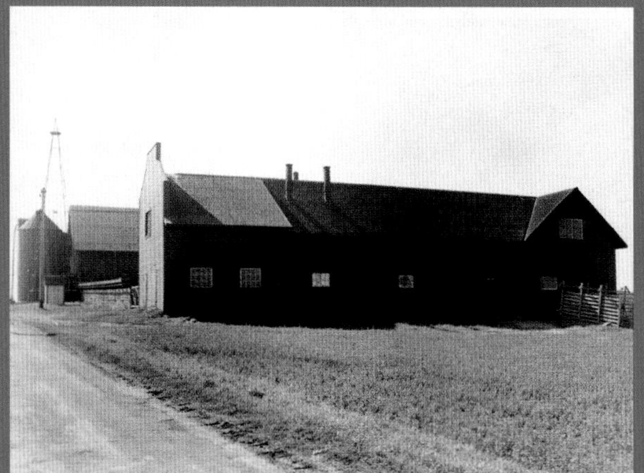
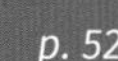

Central Experimental Farm, 1937 p. 52

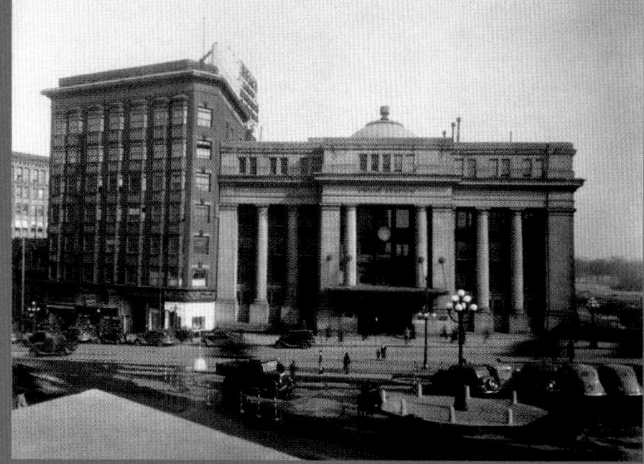

Union Station, 1938 p. 54

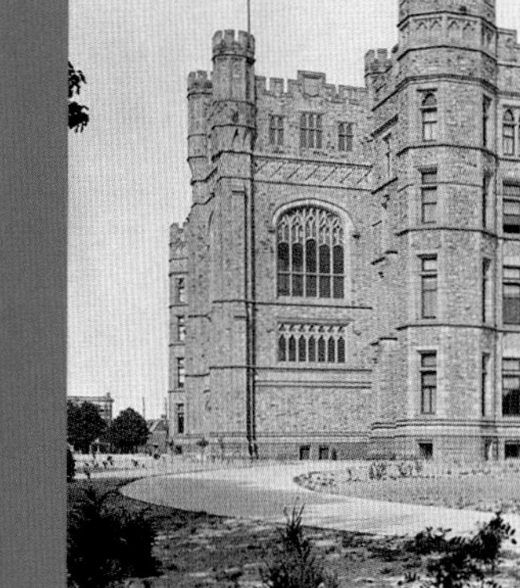

Victoria Memorial Museum Building, 1919 p. 64

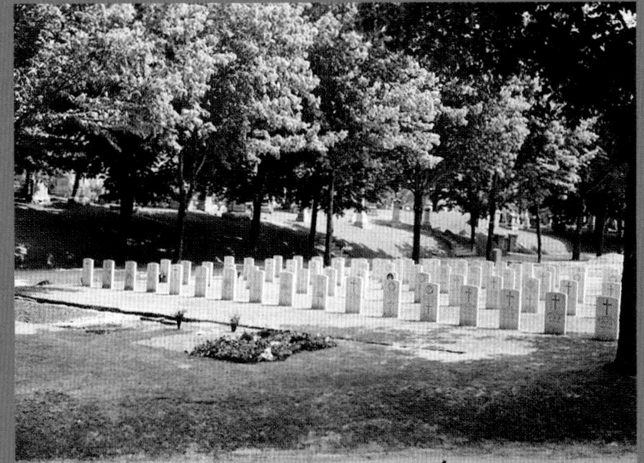

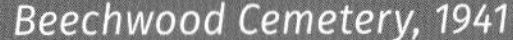

Beechwood Cemetery, 1941 *p. 66*

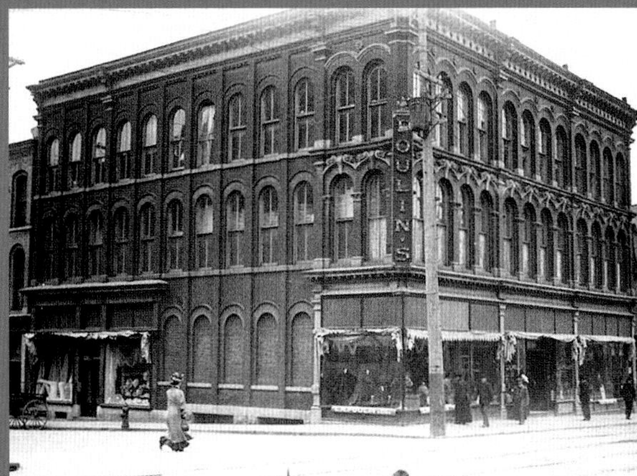

Poulin's Sparks Street Department Store, 1909 *p. 74*

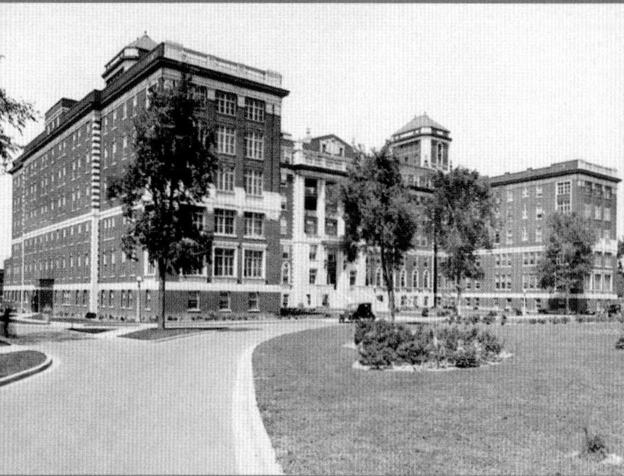

Ottawa Civic Hospital, c. 1925 *p. 84*

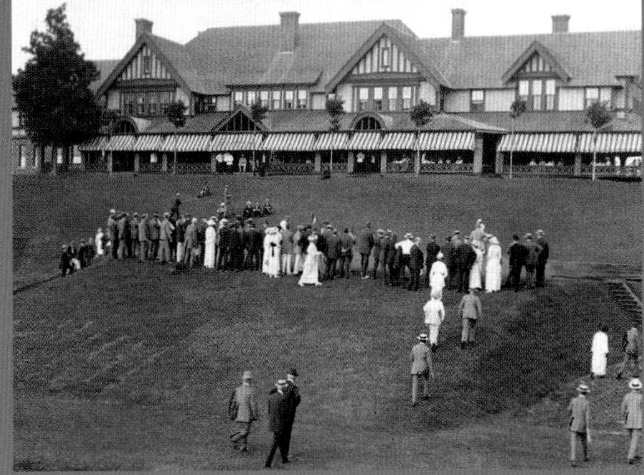

Royal Ottawa Golf Club, c. 1914 *p. 96*

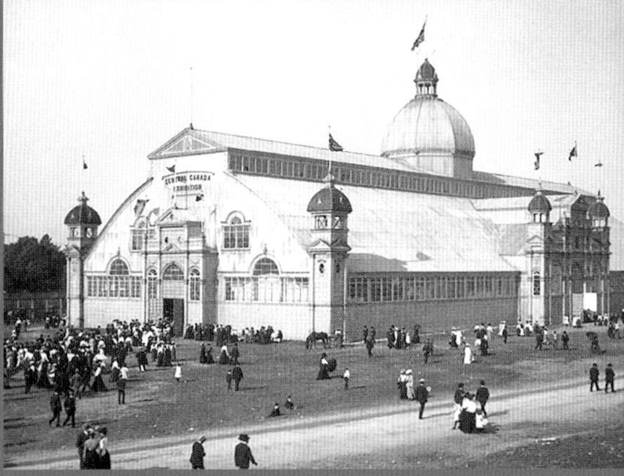

Aberdeen Pavilion, 1903 *p. 110*

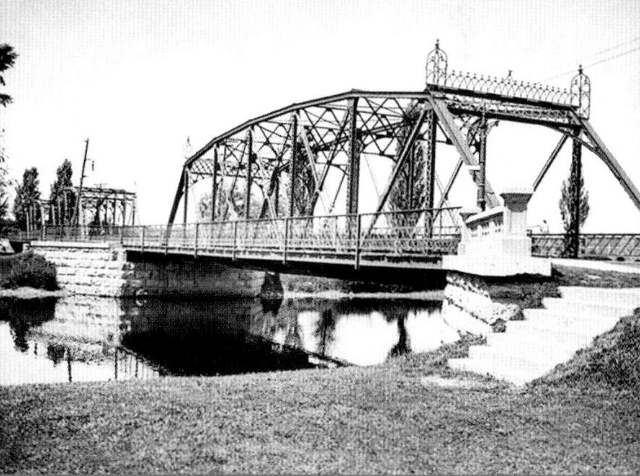

Minto Bridge, 1920 *p. 118*

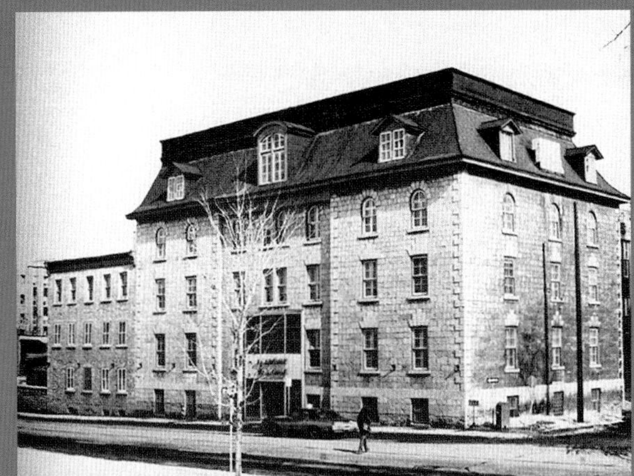

La Salle Academy, 1973 *p. 126*

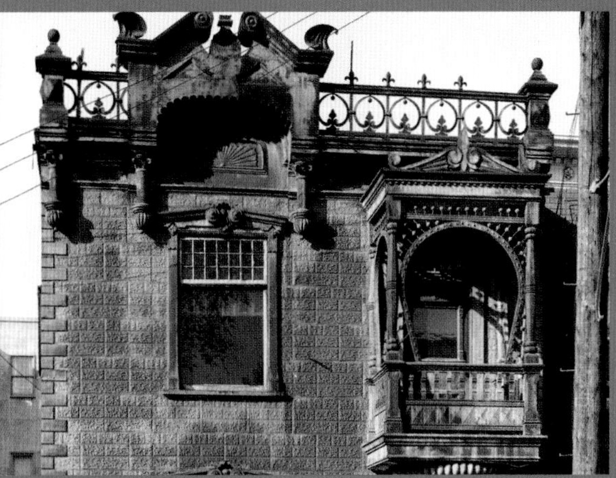

Tin House, 1960 *p. 134*

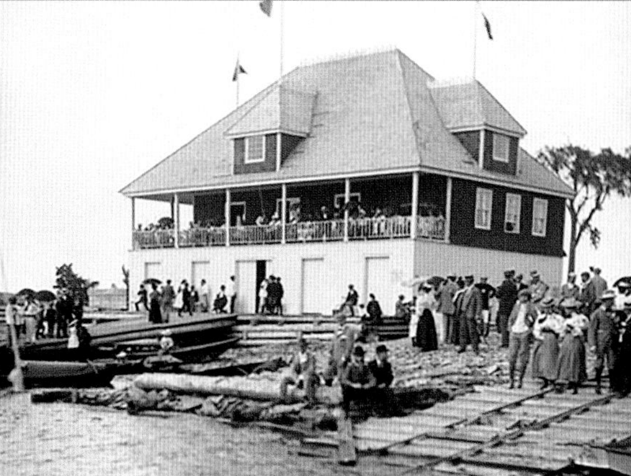

Britannia Boat House Club, c. 1896 *p. 140*

OTTAWA

THEN AND NOW INTRODUCTION

In 1997, the *Boca Raton News* of Florida lauded Canada's National Capital Region as "the Green Capital." This description of Ottawa-Gatineau—known for its glorious parks, magnificent urban waterfalls, multiple waterways, and seat of government perched dramatically atop a cliff—remains true today.

Since time immemorial, the traditional caretakers of the space on which Ottawa sits have been the Indigenous Peoples of the Algonquin Anishinabeg Nation, who traded and travelled throughout the area encompassing what they called the Kitchissippi (or "Big River"), later known as the Ottawa River. This river valley was central to all early activity in the region, including the seventeenth-century fur trade. The name "Ottawa" itself derives from the proto-Algonquian phrase "ata: we: we," meaning, "he trades, sells," which has forever linked it to the region's commercial history.

During its 200-year history, Ottawa has witnessed many significant changes. The town was established by British engineer Lieutenant-Colonel John By, who founded the original "Bytown" through construction of the Rideau Canal. The name changed to Ottawa in 1855 with, two years later, Queen Victoria choosing it to become the capital. The National Capital Act, 1985 established Ottawa as part of a broader metropolitan region, including the French-language city of Gatineau (once known as "Hull") across the Ottawa River, in Québec, making the National Capital Region the only large urban area in Canada to straddle two provinces.

Many figures are responsible for the transformation of Ottawa—from an early-1800s military base to a rowdy lumber town, and eventually into the capital city it is today. Owing to Canada's system of government as a constitutional monarchy, the history of the National Capital Region is intertwined with the British Royal Family, and their legacy is reflected across the city in place names and traditions. Several individuals stand out for their important contributions to the region's development. These include figures such as lumber tycoon John Rudolphus Booth, whose boards were used to build the Parliament Buildings; French-Canadian Prime Minister Sir Wilfrid Laurier, who believed the city could one day rival the attractiveness of Washington D.C.; and Princess Margriet of the Netherlands, whose birth here is commemorated every spring through her family's ongoing gift of brightly coloured Dutch tulips, to name only a few.

In 2026, Ottawa celebrated the 200th anniversary of its founding by Lieutenant-Colonel By, a man deployed by the British Army to the region in 1826 with the sole aim of constructing a defensive military waterway. The embodiment of Ottawa's spirit is the motto "peace, order and good government," a phrase from the British North America Act, 1867 (now called the Constitution Act), which exemplifies what the country stands for. I am reminded of this motto when enjoying such sights as Parliament Hill's front lawn or skaters on the Rideau Canal, alongside hundreds of other visitors and natives who may speak either, or both, of Canada's two official languages. Moving in harmony with fellow Canadians, in such peaceful proximity to our federal seat of government seems, to me, at least, a kind of reverential salutation to the values for which our nation stands, to one another, and to this remarkable city.

En 1997, le quotidien Boca Raton News of Florida a loué la région de la capitale nationale en la qualifiant de « capitale verte ». Cette description d'Ottawa-Gatineau — région connue pour ses parcs glorieux, ses chutes urbaines magnifiques, ses nombreuses voies navigables et le siège du gouvernement perché de manière spectaculaire sur une falaise — est encore vraie aujourd'hui.

Depuis la nuit des temps, les gardiens traditionnels du site où se trouve la ville d'Ottawa étaient les Autochtones de la Nation algonquine Anishinabeg, qui parcouraient la région entourant la Kitchissippi (ou « grande rivière »), connue plus tard comme la rivière des Outaouais, à des fins de commerce. Cette vallée fluviale était au centre de toutes les activités initiales de la région, y compris le commerce de la fourrure au 17e siècle. Le nom « Ottawa » vient de la phrase protoalgonquine « ata: we: we » qui signifie « il fait du commerce, il vend », reliant pour toujours le nom de la ville et l'histoire commerciale de la région.

Au cours de ses 200 ans d'existence, la ville a vu beaucoup de changements importants. Elle a été établie par le lieutenant-colonel John By, ingénieur britannique, qui a fondé la petite ville originale « Bytown » lors de la construction du canal Rideau. En 1855, la ville a été rebaptisée Ottawa ; deux ans plus tard, la reine Victoria l'a désignée la capitale. La Loi sur la capitale nationale de 1985 intégrait Ottawa dans une région métropolitaine plus large, qui comprenait la ville francophone Gatineau (anciennement Hull) située de l'autre côté de la rivière des Outaouais au Québec, faisant de la Région de la capitale nationale la seule zone urbaine importante au Canada à enjamber deux provinces.

Beaucoup de personnalités sont responsables de la transformation d'Ottawa — de la base militaire du début des années 1800 à la capitale actuelle en passant par une ville de commerce du bois chahuteuse. En raison du système gouvernemental du Canada en tant que monarchie constitutionnelle, l'histoire de la Région de la capitale nationale est liée étroitement à la famille royale britannique, dont l'héritage est reflété dans des noms de lieux à travers la ville et dans les traditions. Plusieurs figures marquantes ont contribué significativement au développement de cette région, y compris le baron du bois John Rudolphus Booth, dont les planches étaient utilisées dans la construction des édifices du Parlement; le premier ministre franco-canadien, sir Wilfrid Laurier, qui croyait que la beauté de la ville pouvait rivaliser un jour avec celle de Washington, D.C. ; et la princesse Margriet des Pays-Bas, dont la naissance à Ottawa est commémorée chaque printemps par les tulipes néerlandaises aux couleurs vives offertes en perpétuité par sa famille, pour n'en citer que quelques-unes.

En 2026, Ottawa a fêté le 200e anniversaire de sa fondation par le lieutenant-colonel John By, déployé dans la région en 1826 par l'armée britannique dans le seul but de construire une voie navigable militaire défensive. La devise « la paix, l'ordre et le bon gouvernement », phrase provenant de la Loi de 1867 sur l'Amérique du Nord britannique (connue aujourd'hui comme la Loi constitutionnelle), caractérise l'esprit d'Ottawa et illustre ce que représente le pays. Je pense à cette devise lorsque j'observe, en compagnie de centaines de visiteurs ou de Canadiens qui parlent au moins une des langues officielles du Canada — voire les deux — la pelouse devant la Colline du Parlement ou les patineurs sur le canal Rideau. Me déplacer en harmonie avec mes concitoyens à une proximité paisible du siège fédéral de notre gouvernement représente, du moins à mon avis, une sorte de geste de révérence envers les valeurs de notre nation, envers nos relations humaines et envers cette ville remarquable.

RIGHT: Visitors enjoying Ottawa's natural beauty near Rideau Hall.

DROITE: Des visiteurs admirent la beauté naturelle d'Ottawa près du Rideau Hall.

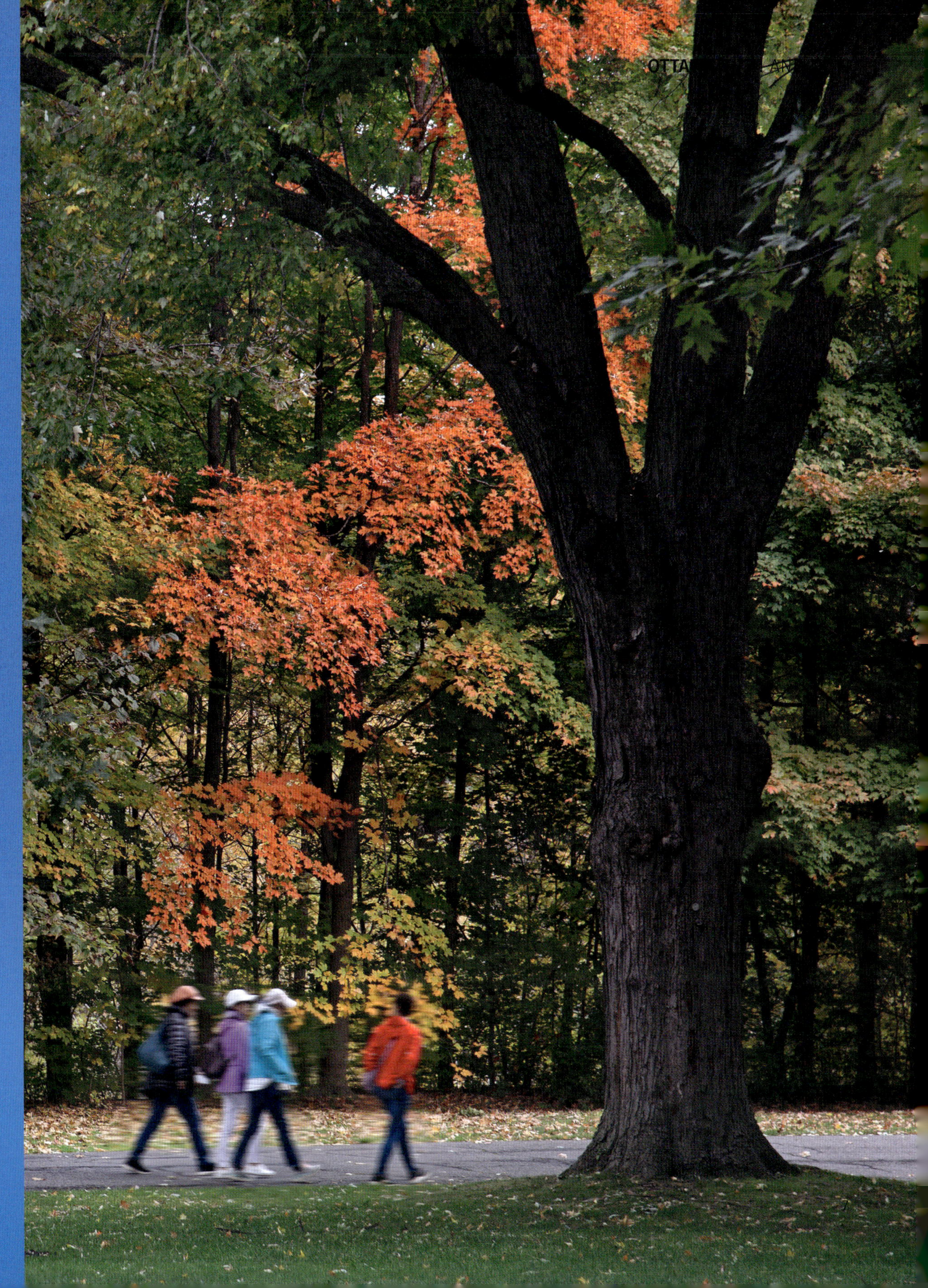

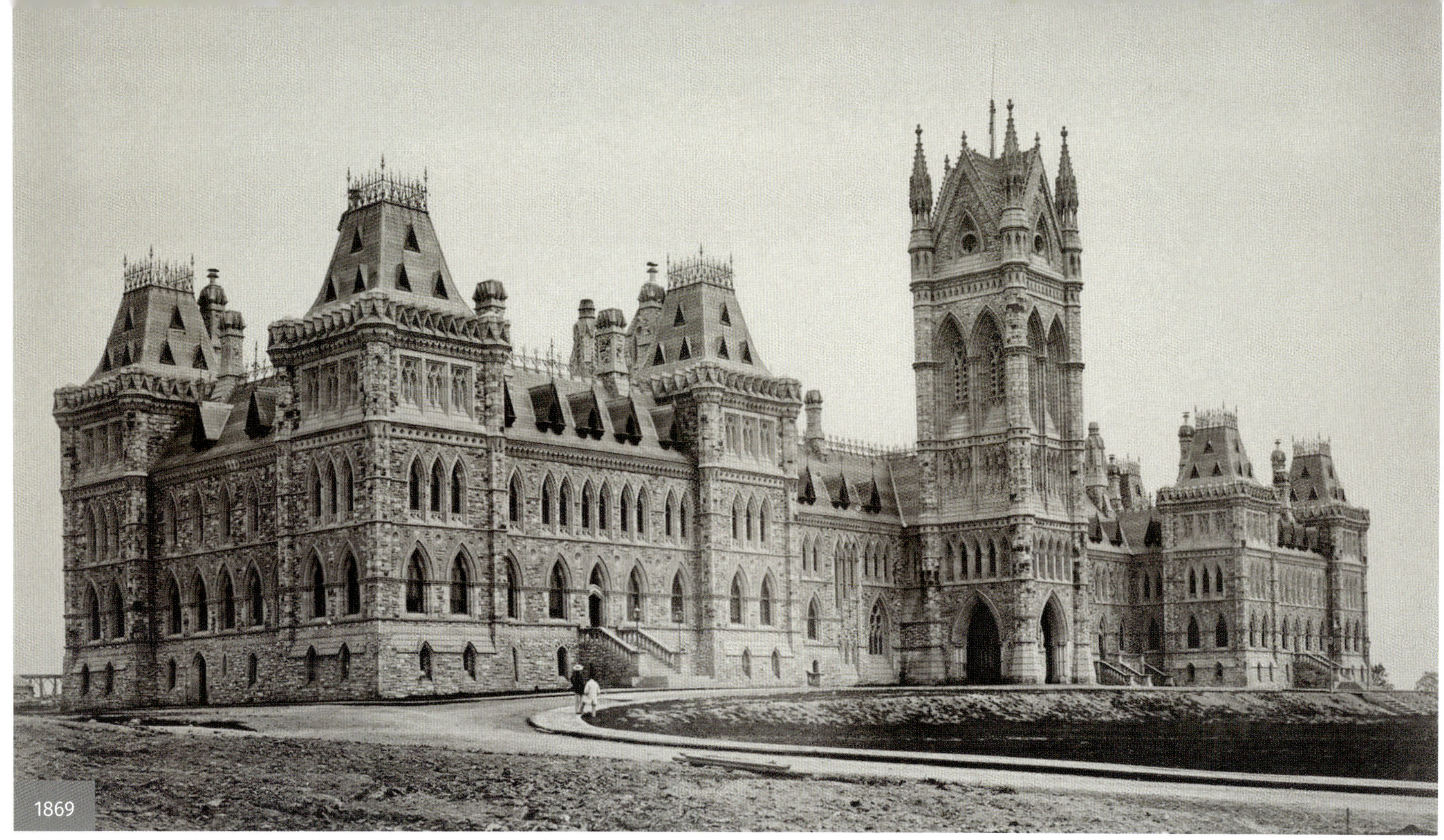
1869

PARLIAMENT HILL

A cliff-edge home for Ottawa's most iconic buildings

THEN: On a cliff overlooking the Ottawa River, Parliament's complex of Neo-Gothic buildings sits atop Parliament Hill. In the early 1800s, though, before becoming Canada's seat of federal government, the location was a British military encampment called "Barrack Hill."

After Ottawa was declared the capital, the hill's function changed. For its 1860s Parliament Buildings, architects Thomas Fuller and Chilion Jones chose a Victorian Gothic Revival style. Centre Block was destroyed by fire in 1916, leaving only the Library of Parliament, necessitating rebuilding the complex. In 1927, an over 92-metre (300+ feet) clock-topped tower, with a 53-bell carillon, was added for Canada's Diamond Anniversary of Confederation. This "Peace Tower" serves as a memorial to Canadians killed in World War I.

AUTREFOIS: L'ensemble des édifices néo-gothiques du Parlement sur la Colline du Parlement se trouve perché sur une falaise surplombant la rivière des Outaouais. Au début des années 1800, avant de devenir le site du gouvernement fédéral du Canada, l'emplacement était un campement militaire britannique appelé « la colline du casernement ».

Après la déclaration d'Ottawa comme capitale nationale, la fonction de la colline a changé. Pour les édifices du Parlement des années 1860, les architectes Thomas Fuller et Chilion Jones ont choisi le style néo-gothique victorien. En 1916, l'édifice du Centre a été détruit par un incendie, qui a épargné la Bibliothèque du Parlement, exigeant la reconstruction de l'ensemble des édifices. En 1927 une tour d'horloge haute de plus de 92 mètres (plus de 300 pi) et équipée d'un carillon de 53 cloches a été ajoutée pour le jubilé de diamant célébrant l'anniversaire de la Confédération. Cette « tour de la Paix » commémore les Canadiens tués pendant la Première Guerre mondiale.

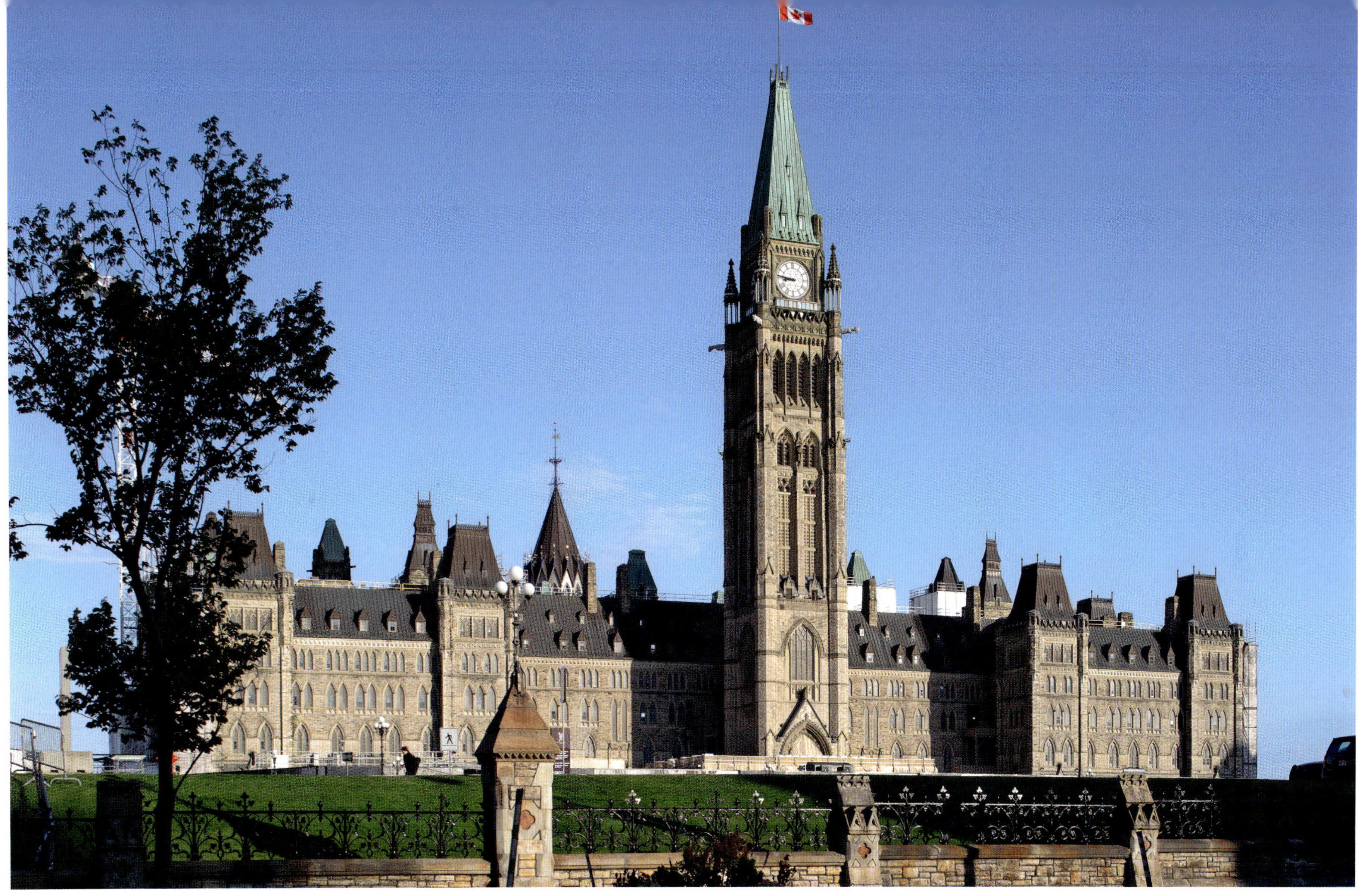

NOW: In addition to being the national centre of government, Parliament Hill is also a ceremonial site for such popular events as the Changing of the Guard, Canada Day honours, and performances of carillon music—the most memorable of which took place on May 4, 2015, when the bells pealed out composer John Williams' "Imperial March" for Star Wars Day.

In 2002 a multi-decade renovation-and-rehabilitation project of the parliamentary precinct began, ongoing as of 2026. This project included reforestation of the slope behind Parliament Hill with native plants and trees to prevent erosion, returning the area closer to what it had been when it was once Barrack Hill. Tucked away on one side of Parliament Hill, an 1820s-era sundial, originally erected by the Royal Sappers and Miners, and restored in 1919, transports visitors back to the hill's military origins.

AUJOURD'HUI: En plus d'être le siège national du gouvernement, la Colline du Parlement sert de site cérémonial d'événements populaires tels que la Relève de la garde, la fête du Canada et des concerts de musique du carillon — dont la plus mémorable est celle du 4 mai 2015, jour de La Guerre des étoiles, lorsque la « Marche impériale » du compositeur John Williams a retenti du beffroi.

L'année 2002 marque le début d'un projet de rénovation et de réhabilitation de la cité parlementaire couvrant plusieurs décennies, qui se poursuit en 2026. Ce projet comprend le reboisement de la pente derrière la Colline du Parlement, avec des plantes et des arbres indigènes pour empêcher l'érosion et pour la rapprocher de ce qu'elle était lorsqu'elle s'appelait « la colline du casernement ». Niché sur le côté des Édifices du Parlement perdure un cadran solaire des années 1820, érigé par les Royal Sappers and Miners et restauré en 1919, qui sert à transporter les visiteurs en arrière vers les origines militaires de la colline.

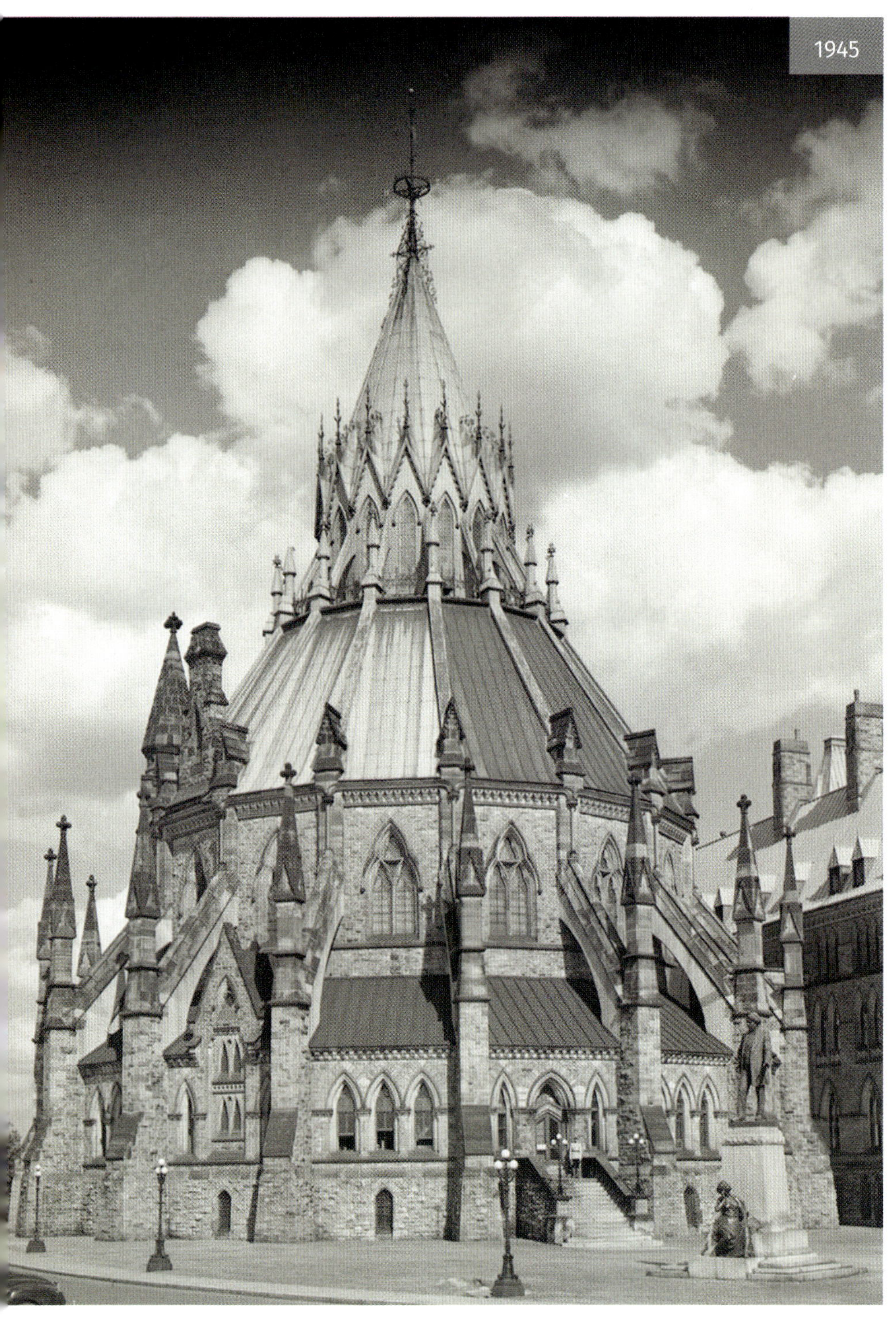

LIBRARY OF PARLIAMENT

A signature "wedding-cake design," and the only surviving part of the original Centre Block

THEN: Designed in the High Victorian Gothic Revival style by architect Thomas Fuller, the Library of Parliament delighted viewers with its octagonal design, sixteen flying buttresses, and lantern dome when it first opened in 1876. Before the library's construction, it had been the suggestion of the first Parliamentary Librarian, Alpheus Todd, that the architects adopt fire-safety measures for the protection of the books it held—an approach that was eerily prescient.

On February 3, 1916, just after 8:30 p.m., a fire broke out in Parliament's Centre Block. The blaze quickly spread, forcing those still in the building—including Prime Minister Robert Borden and members of his cabinet—to crawl through the heavy smoke. The inferno claimed seven lives and decimated Centre Block. Although the dome of the Parliamentary Library had too caught fire, its thick, iron doors and the corridor that separated it from the rest of the complex preserved the library from extensive damage.

AUTREFOIS: Thomas Fuller, la Bibliothèque du Parlement a ravi les spectateurs lors de son inauguration en 1876 grâce à son plan octogonal, aux 16 arcs-boutants et au dôme à lanterne. Avant la construction de la bibliothèque, le premier bibliothécaire parlementaire, Alpheus Todd, avait proposé que les architectes adoptent des mesures de sécurité contre l'incendie pour protéger les livres de la collection — une approche qui s'est avérée singulièrement presciente.

Le 3 février 1916, peu après 20 h 30, un incendie s'est déclaré dans l'édifice du Centre du Parlement. L'incendie s'est propagé rapidement, ce qui a obligé à tous ceux qui se trouvaient encore dans l'édifice — y compris le premier ministre Robert Borden et des membres de son cabinet — de sortir en rampant sous la fumée épaisse. Le brasier a tué sept personnes et a décimé l'édifice du Centre. Le dôme de la Bibliothèque du Parlement a aussi pris feu, mais ses portes épaisses en fer et le couloir qui le séparait du reste du complexe ont empêché que la bibliothèque soit sérieusement endommagée.

NOW: Beginning in 2002, the "jewel of Parliament Hill"—the Library of Parliament—closed for a $52 million conservation, rehabilitation, and upgrade project. Led by Thomas Fuller Co. Construction Limited, a company founded in 1958 by Captain Thomas G. Fuller, the grandson of the library's original architect, work lasted until 2006.

Today, part of the Library of Parliament's beautifully restored ornate and vaulted domed ceiling is represented on the Canadian ten-dollar note, that entered circulation in 2018, to symbolize, as explained on the Bank of Canada website, that "the laws of the land are shaped by the knowledge housed in this institution of democracy."

AUJOURD'HUI: À partir de 2002, le « joyau de la Colline du Parlement » — la Bibliothèque du Parlement — a fermé pour permettre un projet de conservation, de réhabilitation et de mise à niveau s'élevant à 52 millions de dollars. Dirigés par Thomas Fuller Co. Construction Limited, compagnie fondée en 1958 par le capitaine Thomas G. Fuller, petit-fils de l'architecte d'origine de la bibliothèque, les travaux ont duré jusqu'en 2006.

Aujourd'hui, une partie du plafond à voûte orné magnifiquement restauré de la Bibliothèque du Parlement est représentée sur le billet de 10 dollars canadien (mis en circulation en 2018) pour symboliser (selon la Banque du Canada), que « les lois du pays s'inspirent du savoir qu'abrite cette institution gardienne de la démocratie ».

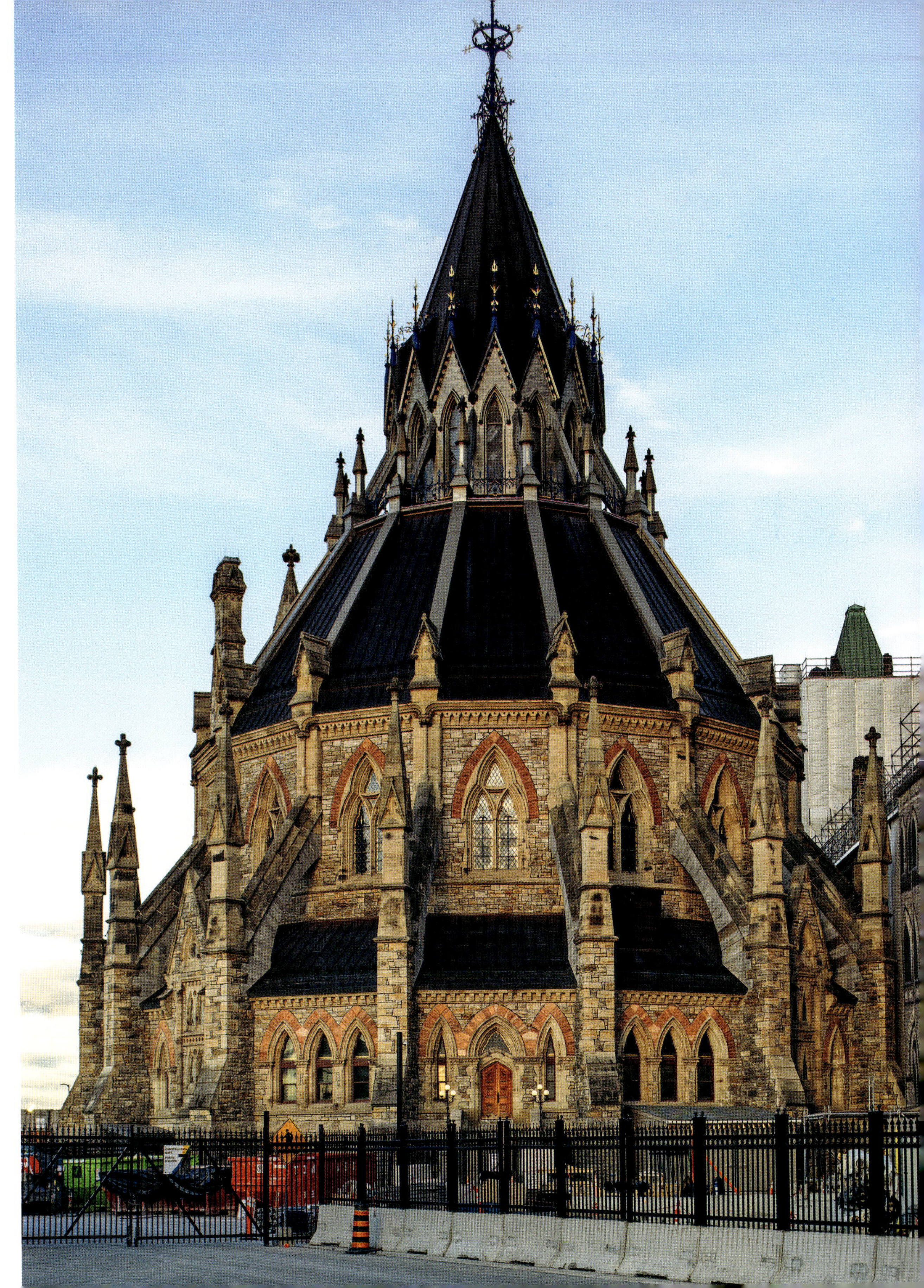

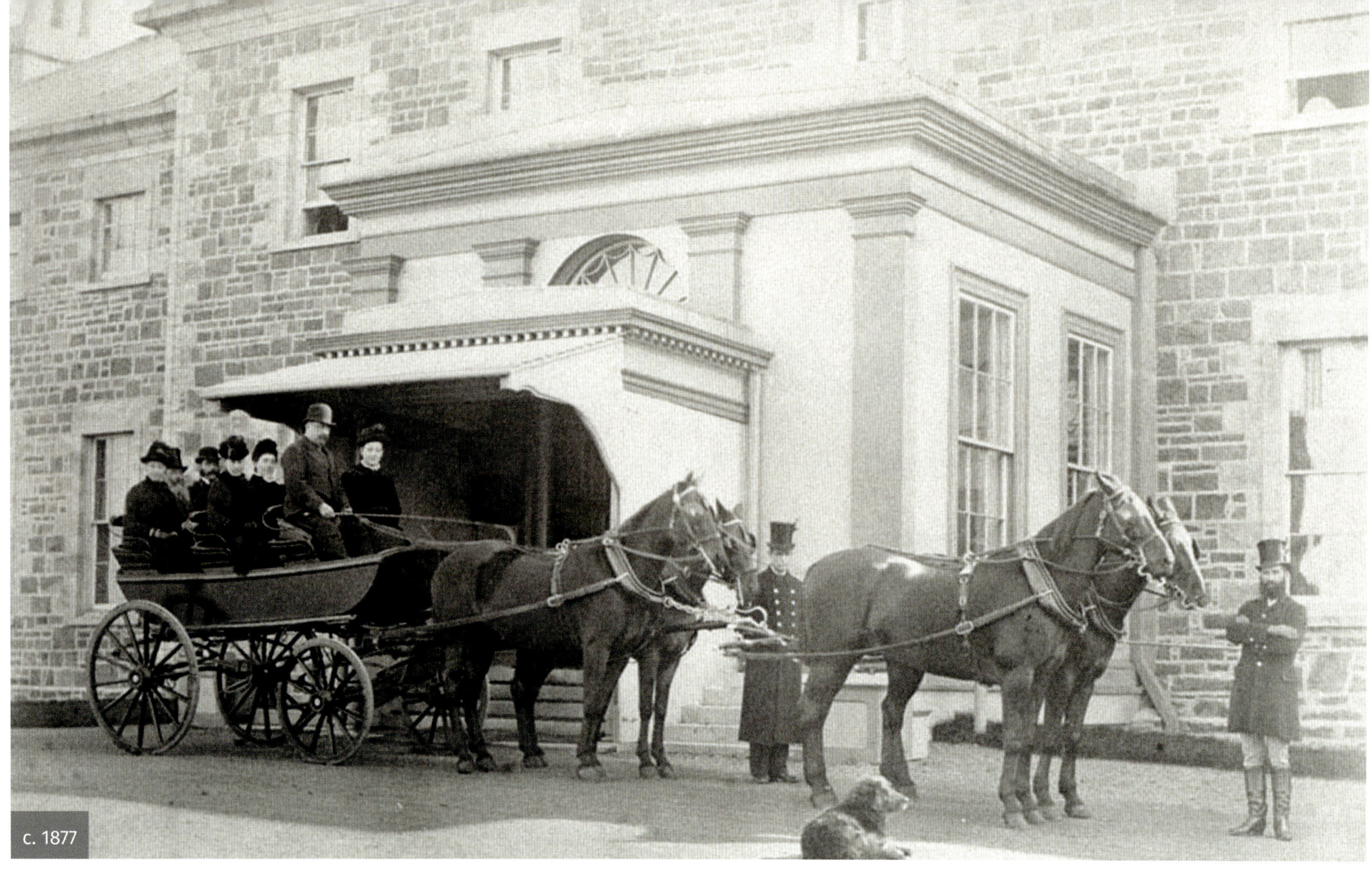
c. 1877

RIDEAU HALL / GOVERNMENT HOUSE

Home to the British monarch's representative in Canada

THEN: Originally constructed in 1838, the villa at Rideau Hall was built by stonemason and contractor Thomas McKay as a home for his family. McKay was also involved in building the entrance locks of the Rideau Canal and the mills at Rideau Falls along the Ottawa River. In 1868, the Canadian government purchased the building to serve as the Governor General's official residence. Because Canada is a constitutional monarchy under Great Britain, Canada's governors general (who are the British monarch's representatives in the country) play an important role in the nation's parliamentary government, and their official residence has played host to members of the Royal Family.

AUTREFOIS: Construite à l'origine en 1838, la villa de Rideau Hall a été bâtie par le maçon et entrepreneur Thomas MacKay pour accueillir sa famille. MacKay a participé aussi à la construction des écluses à l'entrée du canal Rideau et des moulins situés aux chutes Rideau au bord de la rivière des Outaouais. En 1868, le gouvernement du Canada a acheté l'édifice pour en faire la résidence officielle du gouverneur général. Le Canada étant une monarchie constitutionnelle sous l'égide de la Grande Bretagne, les gouverneurs généraux du Canada (qui sont les représentants du monarque britannique dans le pays) jouent un rôle important dans le gouvernement parlementaire de la nation, et leur résidence officielle a parfois accueilli des membres de la famille royale.

BELOW: Among Rideau Hall's royal occupants were Prince Arthur, Duke of Connaught, who served as Governor General from 1912 to 1916, and his daughter Princess Patricia, granddaughter to Queen Victoria. Patricia is seen here skating on the property's ice rink with Frederic Franklin ("Fighting Frank") Worthington who founded the Canadian Armoured Corps and designed the prototype for the Sherman tank.

CI-DESSOUS: Parmi les occupants royaux de Rideau Hall figurent le prince Arthur, duc de Connaught et gouverneur général du Canada de 1912 à 1916, et sa fille, la princesse Patricia, petite-fille de la reine Victoria. Ici, on voit Patricia en train de patiner sur la patinoire de Rideau Hall en compagnie de Frederic Franklin (« Fighting Frank ») Worthington, fondateur du Corps blindé royal canadien et concepteur du prototype du char d'assaut Sherman.

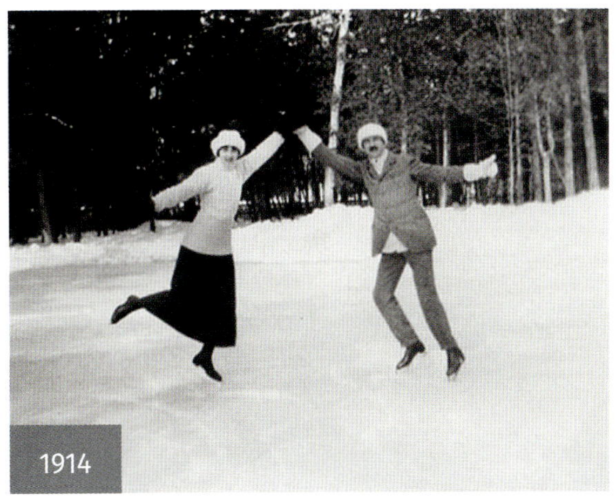

1914

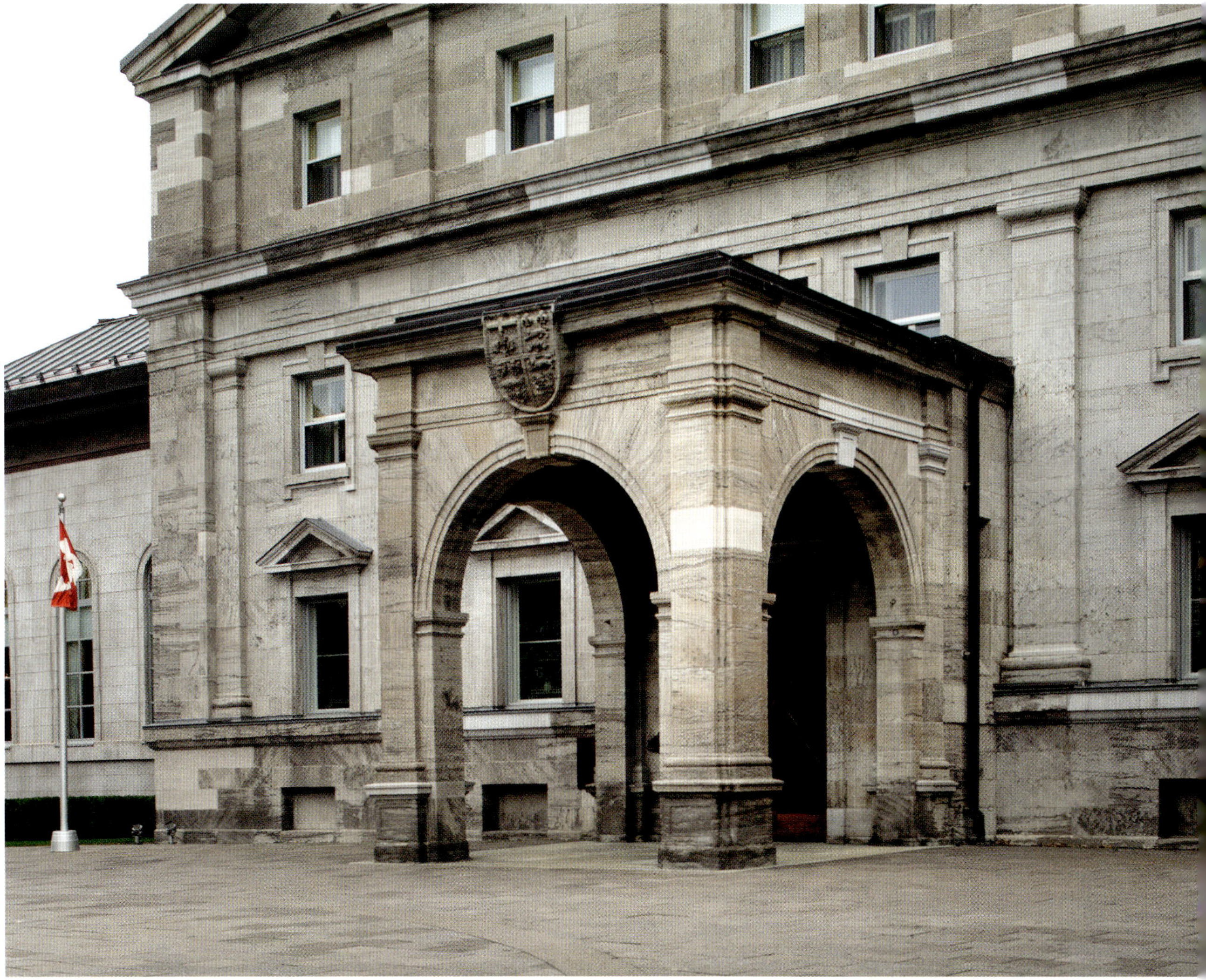

NOW: Rideau Hall, officially called Government House, and its grounds have been changed and expanded many times over the years to make them more secure, functional, and modern. From 1940, in addition to serving as the Governor General's official residence, the building also became the Governor General's workplace. One of the duties the position involves is inspiring excellence through awards of honour, which includes the Order of Canada.

In 2024 the list of new Officers named to the Order of Canada by Governor General Mary Simon (the first indigenous Governor General) included Canadian-born actor, and *Deadpool* film star, Ryan Reynolds. On learning of this award, this member of Hollywood royalty stated to Canadians he was "yours forever—just a bit more officery now."

AUJOURD'HUI: Rideau Hall, dont le nom officiel est Government House, et ses terrains ont été modifiés et agrandis à plusieurs reprises au fil des ans pour les rendre plus sécurisés, plus utiles et plus modernes. À partir de 1940, en plus de servir de résidence officielle du gouverneur général, l'édifice est devenu son lieu de travail. L'un des devoirs du gouverneur général consiste à inspirer l'excellence par l'octroi de prix d'honneur, y compris l'Ordre du Canada.

En 2024, la liste des nouveaux officiers investis de l'Ordre du Canada par la gouverneure générale Mary Simon (la première gouverneure générale autochtone) comprenait l'acteur né au Canada et vedette des films *Deadpool*, Ryan Reynolds. En apprenant qu'il recevrait ce prix, ce membre de la royauté hollywoodienne a affirmé aux Canadiens qu'il serait « à vous pour toujours — mais un peu plus "comme un officier" maintenant ».

RIDEAU CANAL / RIDEAU CANAL NATIONAL HISTORIC SITE

Ottawa Locks: the start of an over 200-kilometre (125-mile) historic waterway

THEN: In the aftermath of the War of 1812—which saw armed conflict with American soldiers in Canada—British Army engineer Lieutenant-Colonel John By supervised the construction of a military waterway, the Rideau Canal, connecting the Ottawa region (then, Bytown) to Lake Ontario. Built between 1826 and 1832, the canal's intended purpose was to move soldiers and supplies quickly from Montréal down to the city of Kingston, in case of invasion.

A dangerous and monumental undertaking, By's canal—which was cut through wilderness and mosquito-infested swamps—eventually extended over 200 kilometres and included 47 locks. At its conclusion, the canal was one of the first in the world able to handle steam-powered vessels.

AUTREFOIS: À la suite de la Guerre de 1812, le conflit armé contre des soldats américains au Canada, le lieutenant-colonel John By, ingénieur de l'armée britannique, a supervisé la construction d'une voie navigable militaire — le canal Rideau — pour relier la région d'Ottawa (anciennement Bytown) au lac Ontario. Bâti entre 1826 et 1832, le canal. Il a été conçu pour permettre le déplacement rapide de soldats et d'approvisionnements entre Montréal et Kingston en cas d'invasion.

Entreprise à la fois dangereuse et monumentale, le canal de By traversait une région sauvage et des marécages infestés de moustiques pour s'étendre, en fin de compte, sur plus de 200 kilomètres ponctués de 47 écluses. Une fois terminé, le canal était l'un des premiers canaux au monde à permettre la navigation de vaisseaux à vapeur.

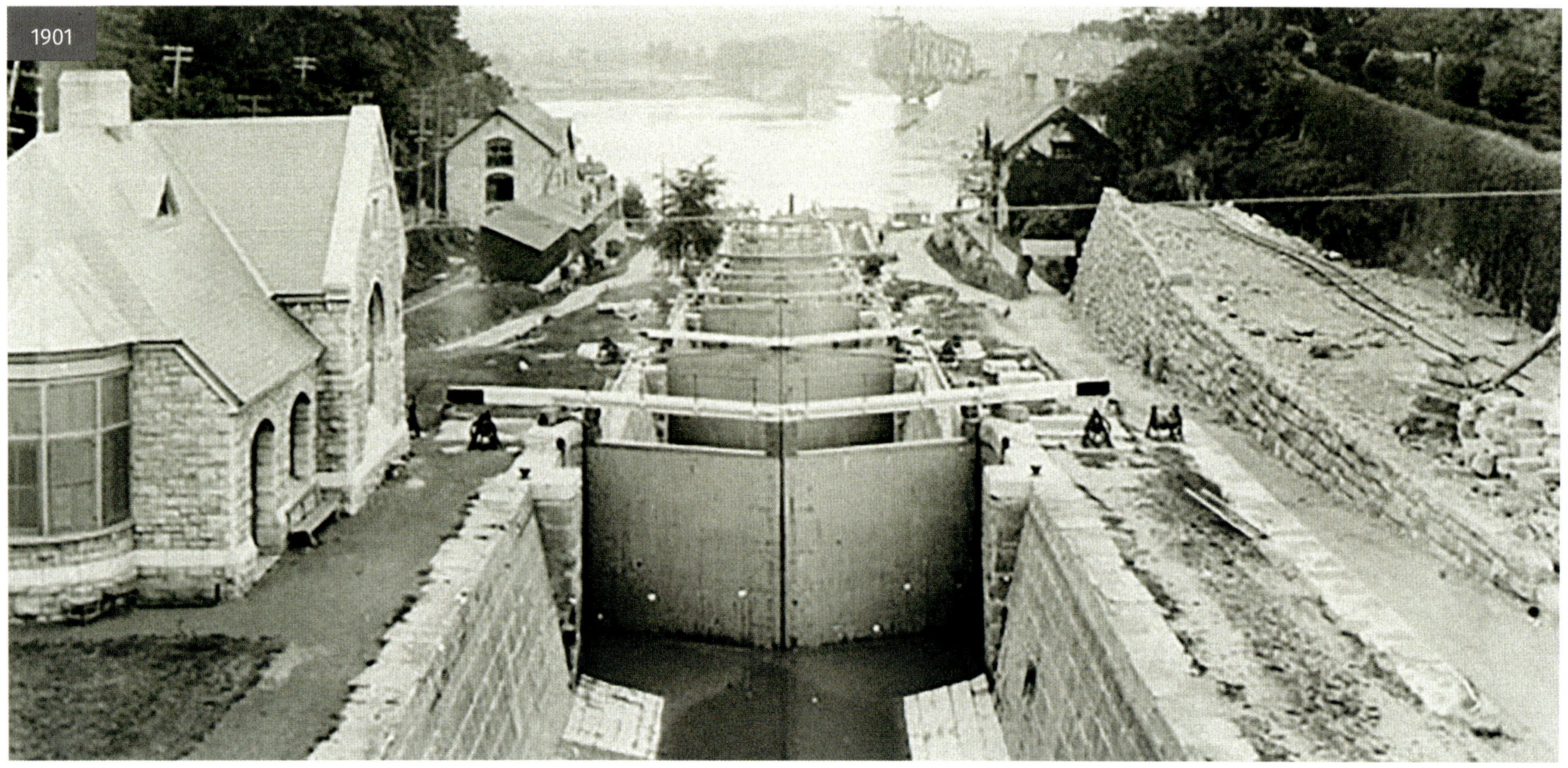

1901

NOW: Never used for military purposes, in the 200 years since its completion By's canal has served the city created by its construction in other ways. From May to October, the canal is a popular route for recreational boating. Commercial cruises also operate along the canal, making use of By's locks, which still function.

In 1925, the Rideau Canal was designated a National Historic Site of Canada, and a UNESCO World Heritage Site in 2007. In recognition of the importance of the history of the Rideau Canal to the building of Ottawa, the first Monday in August is celebrated as a holiday in honour of By's birth, called "Colonel By Day."

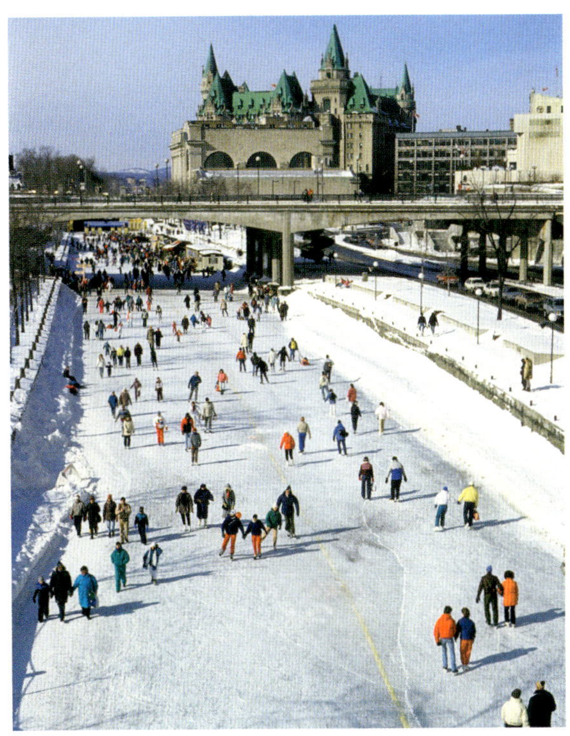

ABOVE: During winter, weather permitting, the 7.8-kilometre (4.8-mile) section of the canal running through Ottawa becomes the world's longest skateway.

AU-DESSUS: Pendant l'hiver, si le temps le permet, un segment de 7,8 kilomètres (4,8 milles) du canal traversant le cœur d'Ottawa devient la plus longue patinoire au monde.

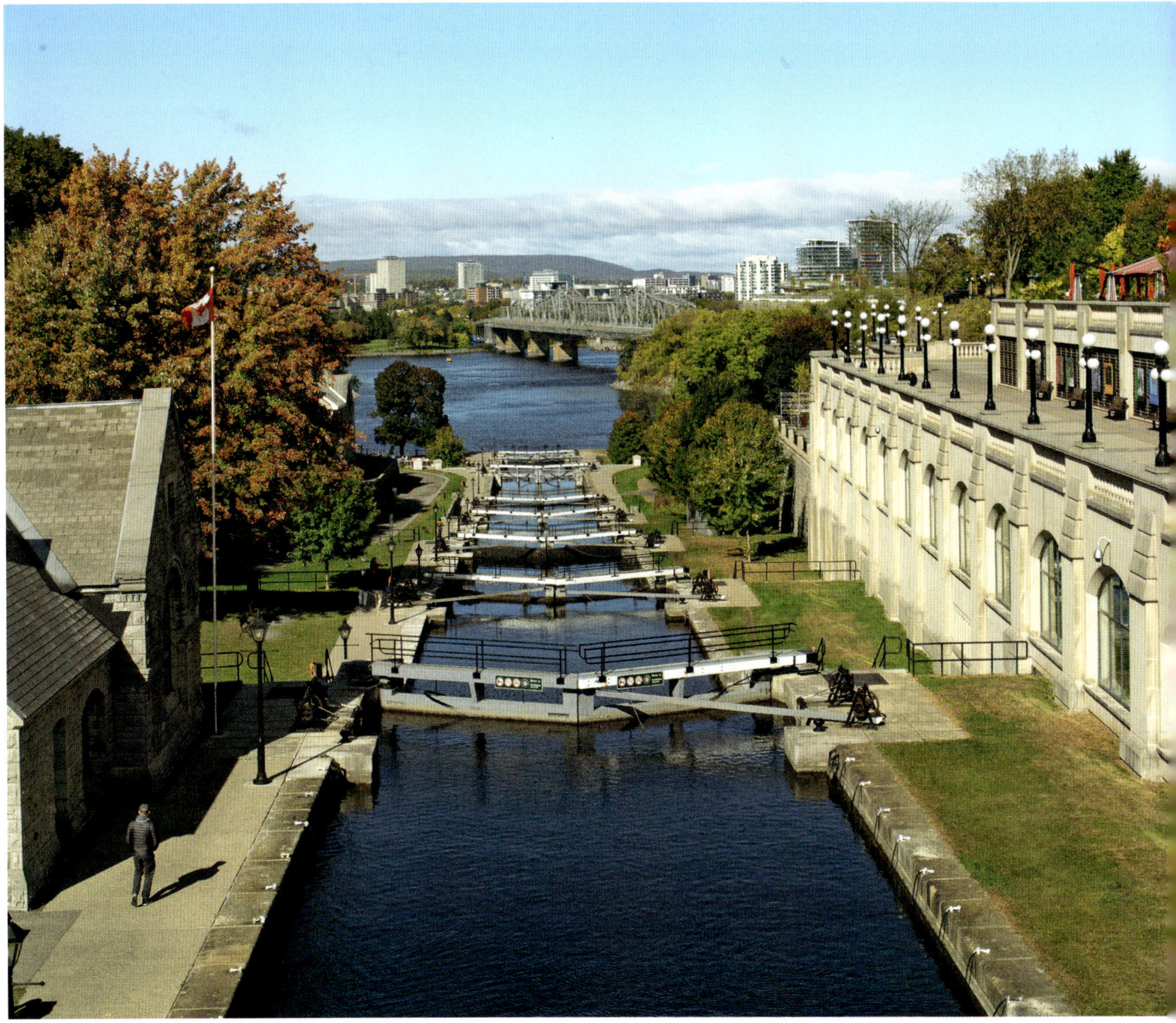

AUJOURD'HUI: Au cours de ses 200 ans d'existence, le canal de By n'a jamais été utilisé à des fins militaires, pourtant il a servi différemment la ville créée à la suite de sa construction. Entre mai et octobre, le canal offre une voie populaire pour les plaisanciers. Des croisières commerciales, offertes le long du canal, utilisent les écluses de By, qui fonctionnent toujours.

Le canal Rideau a été désigné lieu national historique du Canada en 1925 et ajouté à la Liste du patrimoine mondial de l'UNESCO en 2007. Pour reconnaître l'importance du colonel By — pour la construction du canal et la fondation de Bytown, la future ville d'Ottawa — le premier lundi en août est un jour férié municipal, la « Journée du colonel By », qui commémore le mois de sa naissance.

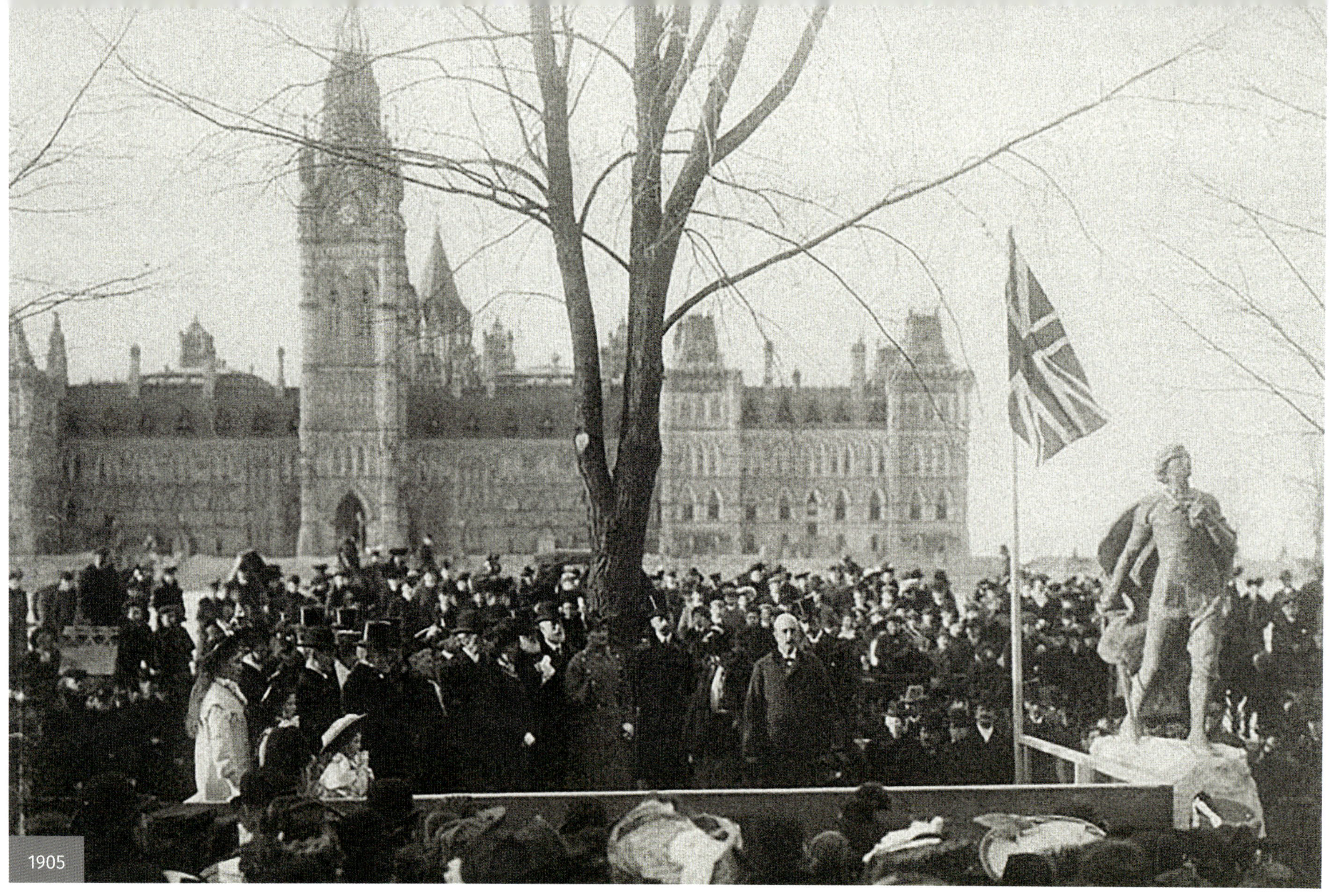
1905

STATUE OF SIR GALAHAD

Parliament Hill's puzzling landmark pays tribute to an Ottawa hero

THEN: The statue of a medieval knight standing in front of Canada's Parliament Buildings on Wellington Street, an apparent oddity in a country that never had such knights, was specifically designed to provoke questions. At its unveiling, Prime Minister Sir Wilfrid Laurier said of the statue's future, "the stranger to our city will pause as he passes this monument and wonder what deed called forth its erection."

The statue's story links to the heroism shown by one Henry Albert Harper. On the afternoon of December 6, 1901, Harper had joined friends for a skate on the Ottawa River. As daylight turned to dusk, nineteen-year-old Bessie Blair fell through a thin patch of ice. Henry—a champion athlete with the Ottawa Rowing Club—dove into the water as Bessie slipped under. Both drowned.

On November 18, 1905, in front of a gathering of over 3,000 citizens, the bronze Sir Galahad statue, memorializing Henry Harper, was unveiled. Head of the memorial committee, P. D. Ross, said on the occasion, "Harper did not need this monument. We did. Such heroic fire as his commemorates itself." Its sculptor, Paris-trained American Ernest Wise Keyser, had carved into its granite base "If I lose myself, I save myself," from Alfred, Lord Tennyson's poem *The Holy Grail*.

AUTREFOIS: La statue d'un chevalier du Moyen-Âge qui se dresse devant les édifices du Parlement canadien dans la rue Wellington, figure insolite dans un pays qui n'a jamais connu de tels chevaliers, a été conçue surtout pour provoquer des questions. Lors de son inauguration, le premier ministre sir Wilfrid Laurier a dit à propos de l'avenir de la statue : « L'étranger dans notre ville s'arrêtera brièvement devant ce monument et se demandera quelle action a mérité son installation. »

L'histoire de la statue est liée à l'héroïsme de Henry Albert Harper. Dans l'après-midi du 6 décembre 1901, Harper avait rejoint des amis pour patiner sur la rivière des Outaouais. Au crépuscule, Bessie Blair, âgée de 19 ans, est tombée à travers une mince couche de glace. Henry — athlète élite du Club d'aviron d'Ottawa — a plongé dans l'eau lorsque Bessie disparaissait sous la glace. Les deux se sont noyés.

Le 18 novembre 1905 a été inaugurée, devant un rassemblement de plus de 3 000 citoyens, la statue en bronze de sir Galahad pour commémorer Henry Harper. À cette occasion, le président du comité de commémoration, P. D. Ross, a dit : « Harper n'avait pas besoin de ce monument. Nous en avions besoin. Un acte d'héroïsme comme le sien se commémore. » Le sculpteur américain Ernest Wise Keyser, formé à Paris, a gravé dans le socle en granit : « Si je me perds, je me sauve! » du poème *The Holy Grail* de lord Alfred Tennyson.

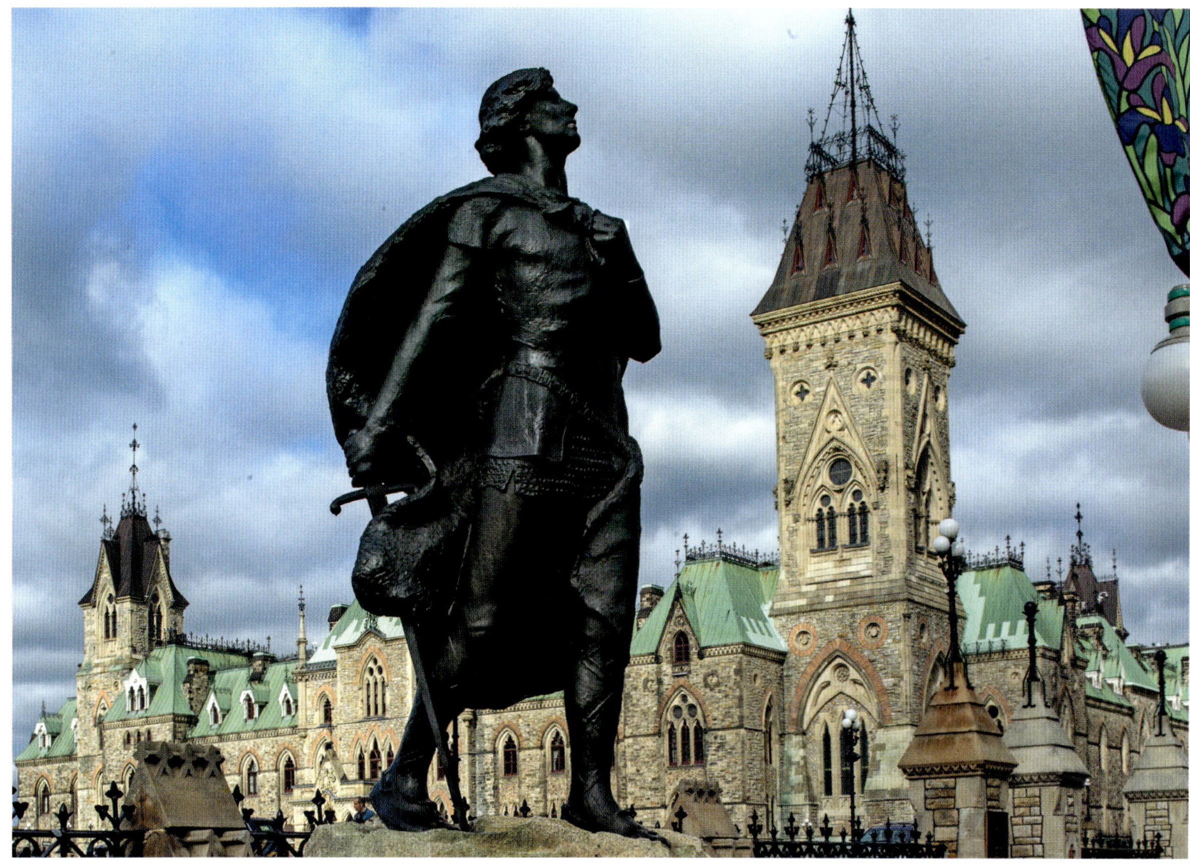

AUJOURD'HUI: Il semble tout à fait approprié à l'héroïsme démontré par Harper lors de cette nuit froide à Ottawa que le gouvernement ait érigé en 1966, près de la statue de sir Galahad sur la Colline du Parlement, une flamme pour marquer le 100e anniversaire du pays en 1967.

L'esprit altruiste incarné par Harper persiste. Lorsqu'une voiture a dévié par erreur sur la rivière des Outaouais gelée un soir d'hiver du début de 2024 et est tombée à travers la glace, les secouristes ont découvert en arrivant sur la scène qu'un passant avait déjà secouru le seul passager du véhicule, qui se trouvait sain et sauf sur la rive.

DROITE: La flamme du centenaire brûle en continu au-dessus d'une fontaine qui ne gèle jamais, même au milieu de l'hiver.

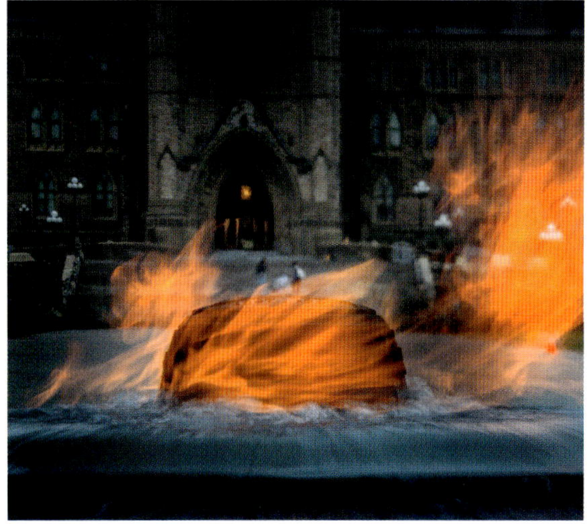

NOW: It seems apt to the heroism Harper displayed one cold Ottawa night, that in 1966, to mark the country's 100th anniversary in 1967, the government erected a Centennial Flame not far from the Sir Galahad statue on Parliament Hill.

The spirit of selflessness Harper embodied has continued. When a car mistakenly drove onto the ice of the Ottawa River one winter evening in early 2024 and fell through, rescue workers discovered when they arrived on the scene that the vehicle's lone occupant had been helped by a passing civilian and was safe on shore.

LEFT: The Centennial Flame burns continuously above a fountain that never freezes, even in the middle of winter.

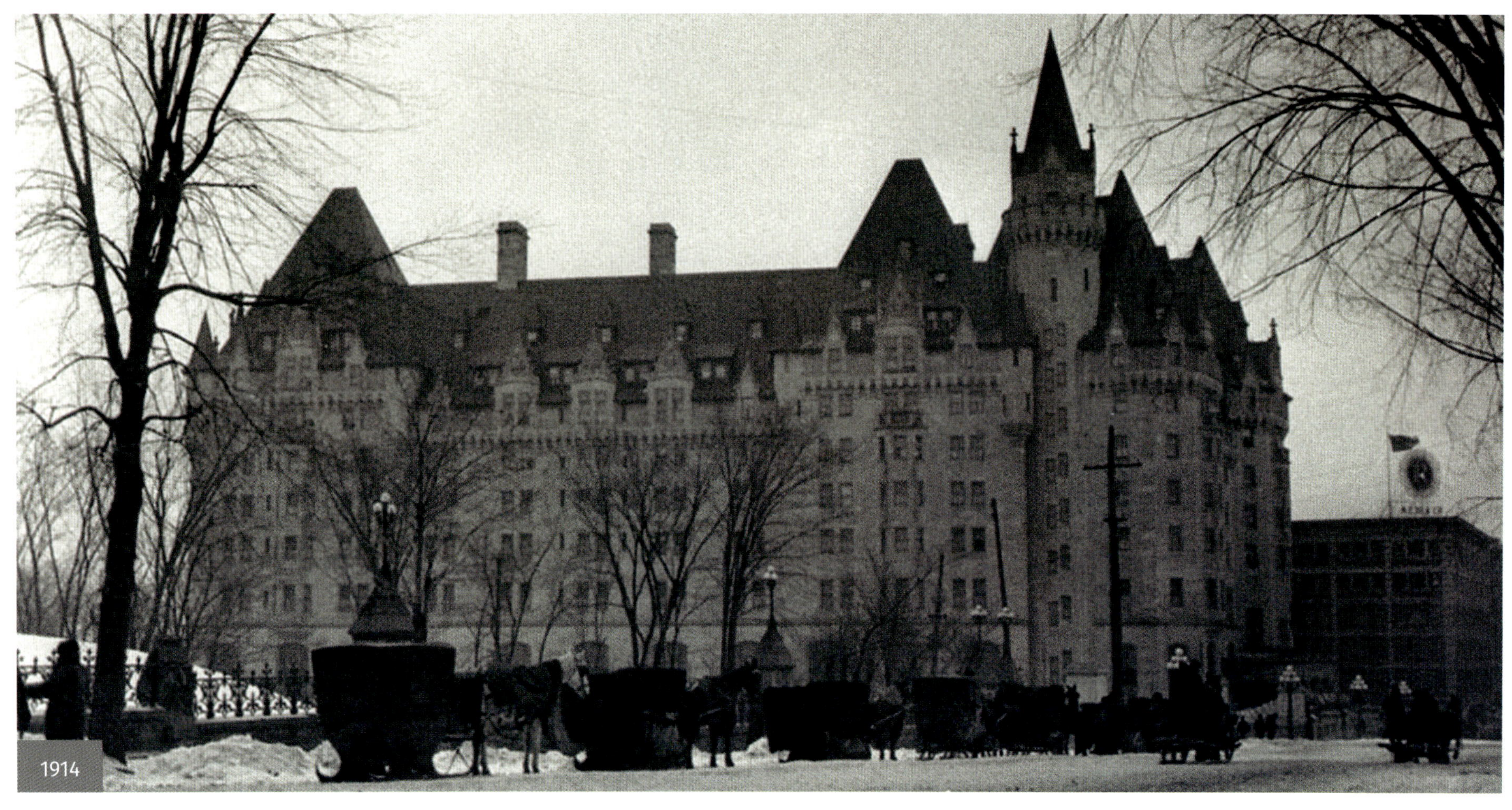

1914

CHÂTEAU LAURIER HOTEL

Opening of Ottawa's "splendid new structure" upset by sinking of RMS Titanic

THEN: Designed by New York's Bradford Gilbert and the Montréal-based firm of Ross & MacFarlane, the Château Laurier Hotel's beautiful Revival Châteauesque-style echoed the appearance of nearby Parliament Buildings. Construction of the hotel was originally commissioned by American-born Grand Trunk Railway president Charles Melville Hays, who drowned in the sinking of the RMS Titanic on April 15, 1912. This tragic event delayed the hotel's planned opening on April 26. The famed hotel, named after Canadian Prime Minister Wilfrid Laurier, who had helped secure the building's prized downtown location, opened on June 1, 1912, the same day as a connecting train station across the street.

AUTREFOIS: Conçu par les cabinets Bradford Gilbert de New York et Ross & Macfarlane basé à Montréal, le style Château du bel hôtel Château Laurier fait écho à l'apparence des édifices du Parlement situés à proximité. La construction de l'hôtel avait été commandée par Charles Melville Hays, président du Chemin de fer Grand Tronc, né aux États-Unis et noyé lors du naufrage du RMS Titanic le 15 avril 1912. Cet événement tragique a retardé l'ouverture de l'hôtel prévue pour le 26 avril. Le célèbre hôtel, portant le nom du premier ministre canadien Wilfrid Laurier, qui avait aidé à obtenir le site prisé au centre-ville, a ouvert ses portes le 1er juin 1912, jour d'ouverture de la gare connexe située en face de l'hôtel.

BELOW: A bust of Armenian-Canadian photographer Yousuf Karsh—world-renowned for portraits of figures such as Winston Churchill and Ernest Hemingway—occupies a prominent position outside the Château Laurier, a tribute to the fact Karsh maintained a studio and residence at the hotel from 1972 to 1992.

CI-DESSOUS: Le buste du photographe arménien-canadien Yousuf Karsh — reconnu mondialement pour ses portraits de personnages comme Winston Churchill et Ernest Hemingway — occupe une place importante à l'extérieur du Château Laurier en hommage à Karsh et au fait qu'il a maintenu un atelier et sa résidence dans l'hôtel entre 1972 et 1992.

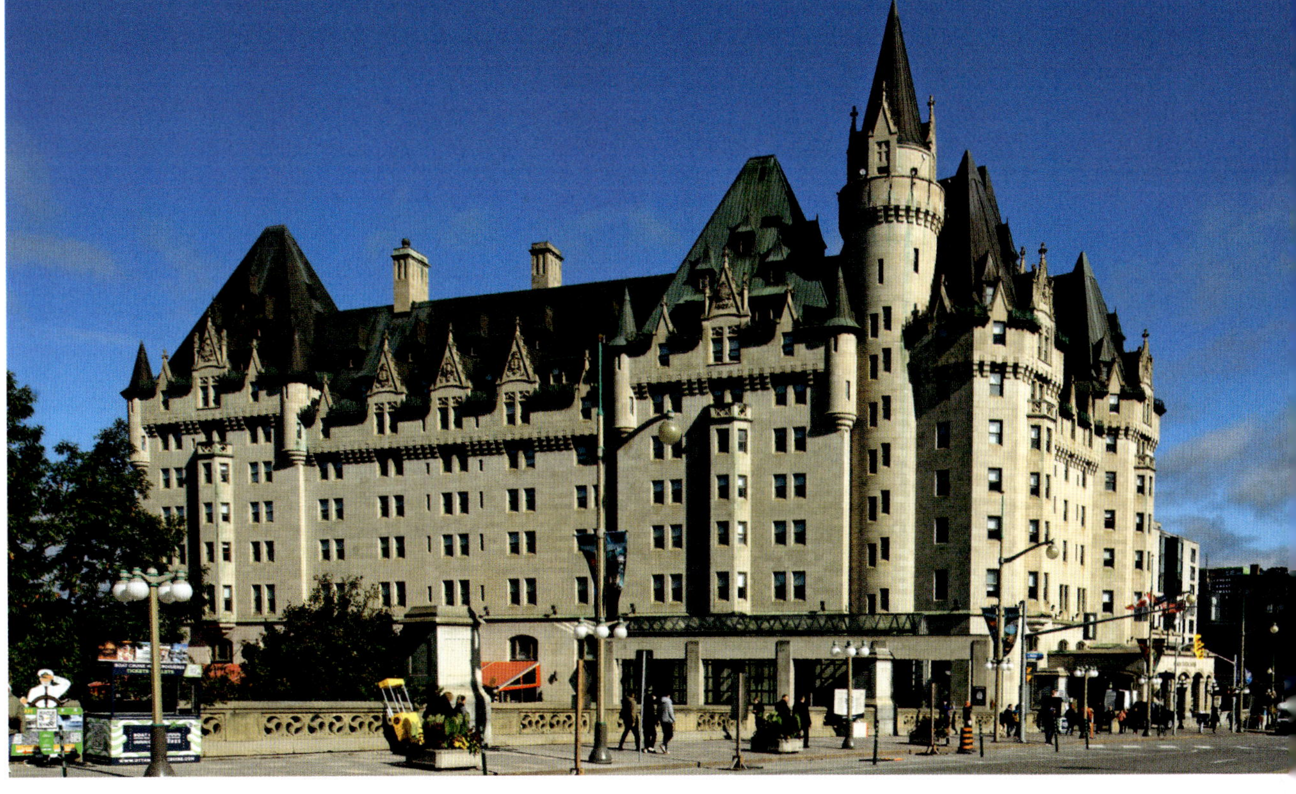

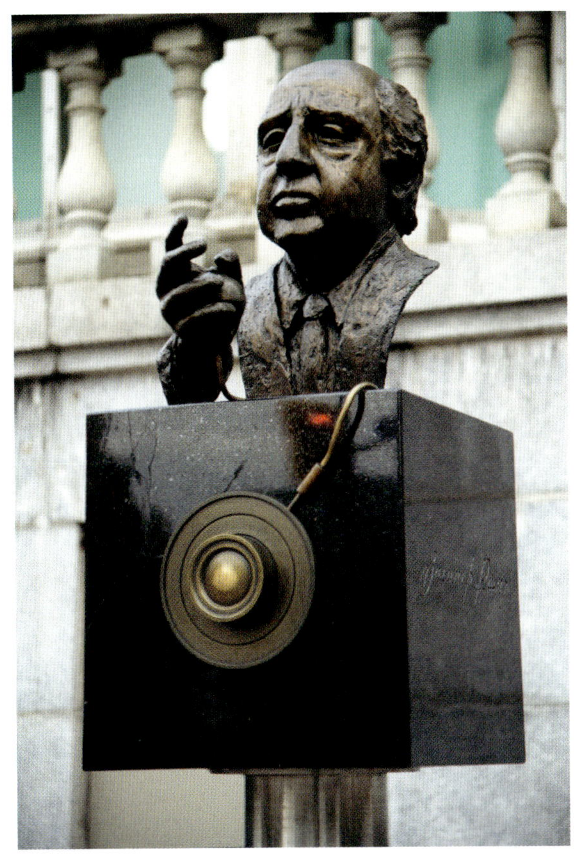

NOW: Contemporary visitors to the Château Laurier (currently part of the Fairmont hotel chain) can occasionally spy out-of-season Christmas trees down its corridors, an effect of the historic propensity for the fairy-tale-castle appearance of the hotel to attract film crews. Popular holiday-themed films *A Christmas Carousel* (2020), *Royally Wrapped for Christmas* (2021), and *Hotel for the Holidays* (2022) were all set inside the hotel.

Silver-screen-era films also used the Château Laurier as a set or background, including the 1948 Hollywood spy drama *The Iron Curtain* about the real life Soviet cipher-clerk Igor Gouzenko (who was posted to the Soviet Embassy in Ottawa in 1943, and defected in 1945), and 1942's *Captains of the Clouds*, in which James Cagney played a Canadian bush pilot who trains in Ottawa.

AUJOURD'HUI: Les visiteurs du Château Laurier (aujourd'hui membre de la chaîne d'hôtels Fairmont) observeront de temps en temps dans les couloirs des sapins de Noël hors saison, conséquence de l'attrait de l'hôtel comme lieu de tournage à cause de son apparence de château de conte-de-fée. Les films populaires du temps des fêtes, *A Christmas Carousel* (2020), *Royally Wrapped for Christmas* (2021) et *Hotel for the Holidays* (2022) ont tous été tournés à l'hôtel.

Par ailleurs, à la grande époque du cinéma, le Château Laurier avait déjà servi de scène ou d'arrière-plan pour des films, y compris le film d'espionnage hollywoodien *Le Rideau de fer* de 1948 sur le commis et cryptographe soviétique réel, Igor Gouzenko (assigné à l'ambassade soviétique à Ottawa en 1943 et qui a fait défection en 1945) et *Les Chevaliers du ciel* de 1942 dans lequel James Cagney joue le rôle d'un pilote de brousse qui suit une formation à Ottawa.

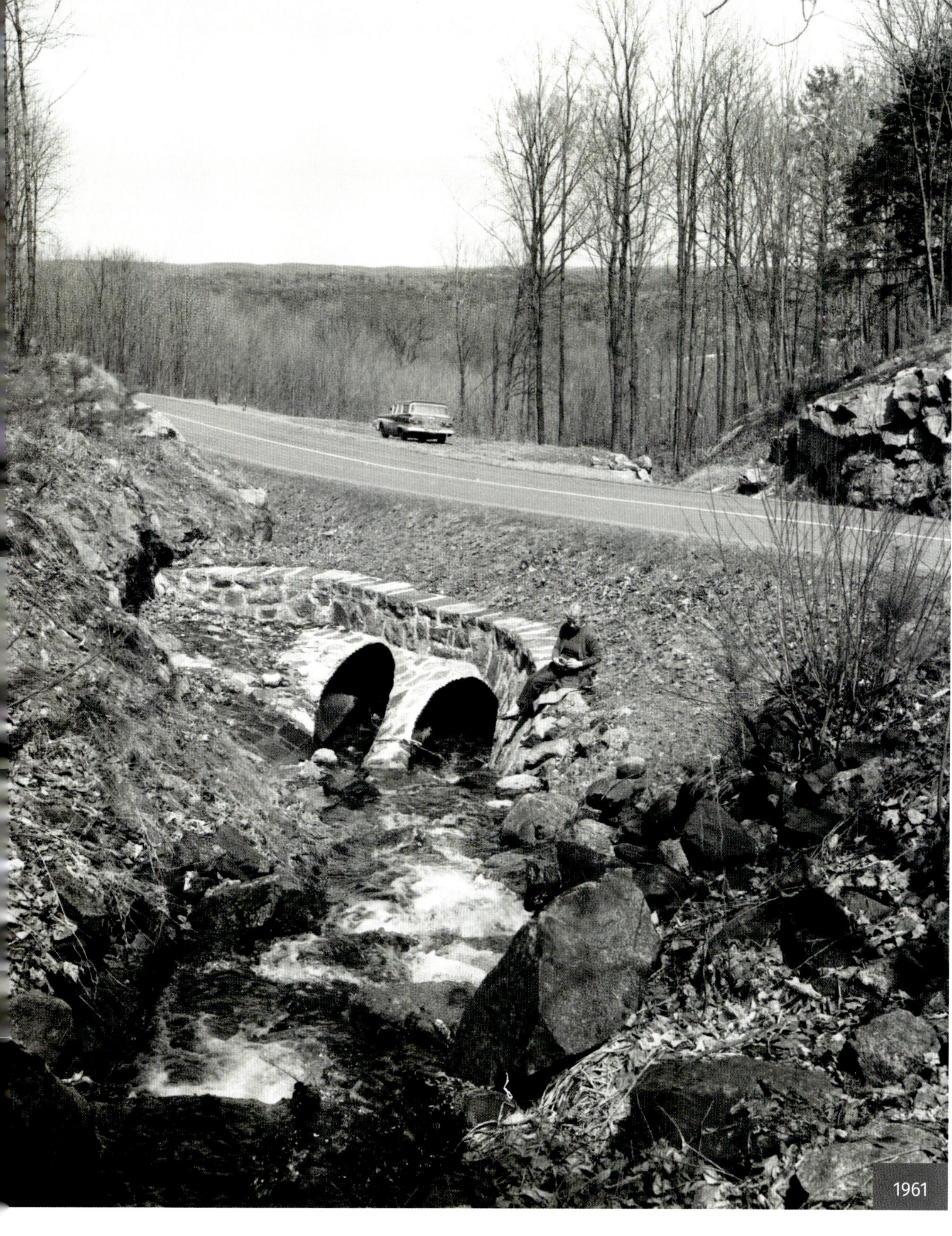

1961

GATINEAU PARK

One of Canada's most visited parks

THEN: For over 9,000 years Indigenous Peoples inhabited the region that is now Gatineau Park. Artifacts discovered in the park show evidence of trading activity dating back at least 6,000 years. In 1938, the Canadian government began purchasing land in the Gatineau Hills—just across the river from downtown Ottawa, in Québec—with the intention to use the area for conservation and recreation, creating Gatineau Park. In 1999, the park, which had grown significantly, was designated a Category II natural heritage area: a status meaning that while it could serve as a recreation area, it would be protected and managed primarily with the aim of preserving the park's natural ecosystems.

AUTREFOIS: Pendant plus de 9 000 ans, des Autochtones habitaient la région connue aujourd'hui sous le nom de parc de la Gatineau. Les artefacts découverts dans le parc témoignent d'activités commerciales qui remontent à plus de 6 000 ans. En 1938, le gouvernement canadien a commencé d'acquérir des terrains dans les collines de la Gatineau — au Québec, de l'autre côté de la rivière, juste en face du centre-ville d'Ottawa — à des fins de récréation et de conservation, créant ainsi le parc de la Gatineau. En 1999, le parc, beaucoup agrandi, a été désigné zone de patrimoine naturel, catégorie II, ce qui signifie que, tout en étant une zone de récréation, il sera protégé et géré avant tout pour conserver les systèmes écologiques naturels du parc.

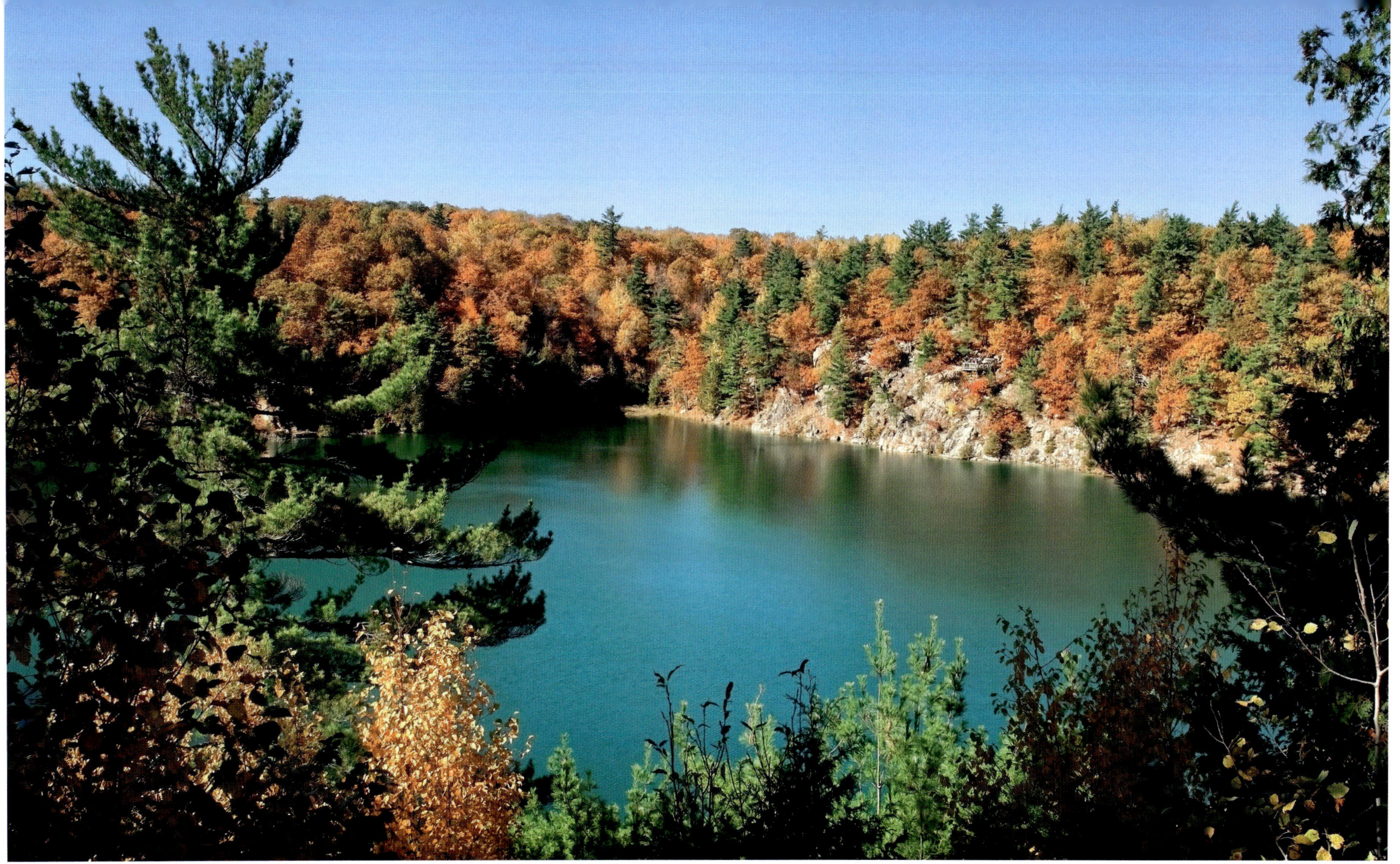

NOW: Spreading over 361 square kilometres (139 square miles), Gatineau Park is now the largest green space in the region. Its scenic lookouts, campgrounds, picnic areas, hiking and mountain-bike trails, and several lakes are all administered by the National Capital Commission. It is especially popular during winter for cross-country skiing and snowshoeing, and in summer for swimming and canoeing along the park's several beaches.

There are multiple forms of public access, including by car, bike, and even a free shuttle bus that runs from spring to fall. Visitors can enjoy trips to Champlain Lookout atop the Eardley Escarpment, offering a magnificent view from one of the highest points in the park (at 335 metres / over 1,000 feet). Thick with trees and wildlife, Gatineau Park's beautiful wilderness can make it feel as if time has slipped back thousands of years, to a landscape similar to how the area must have looked to its original Indigenous caretakers.

AUJOURD'HUI: Couvrant plus de 361 kilomètres carrés (139 miles carrés), le parc de la Gatineau est, de nos jours, le plus grand espace vert de la région. Les belvédères panoramiques, les terrains de camping, les aires de pique-nique, les sentiers de randonnée et de vélo de montagne ainsi que les lacs sont tous gérés par la Commission de la capitale nationale. Le parc est surtout populaire en hiver pour faire du ski de fond et de la raquette et en été pour faire de la natation et du canotage le long des nombreuses plages.

Il existe plusieurs points d'accès public, y compris en voiture, à vélo et même en navette gratuite disponible du printemps à l'automne. Les visiteurs peuvent se rendre à la belvédère Champlain sur l'escarpement d'Eardley, qui offre une vue magnifique depuis l'un des points les plus hauts du parc (335 mètres / plus de 1 000 pi). La beauté sauvage du parc de la Gatineau, recouvert de denses forêts et grouillant de faune, donne l'impression de remonter des milliers d'années en arrière vers un paysage qui rappelle comment la région devait paraître aux gardiens autochtones originaux.

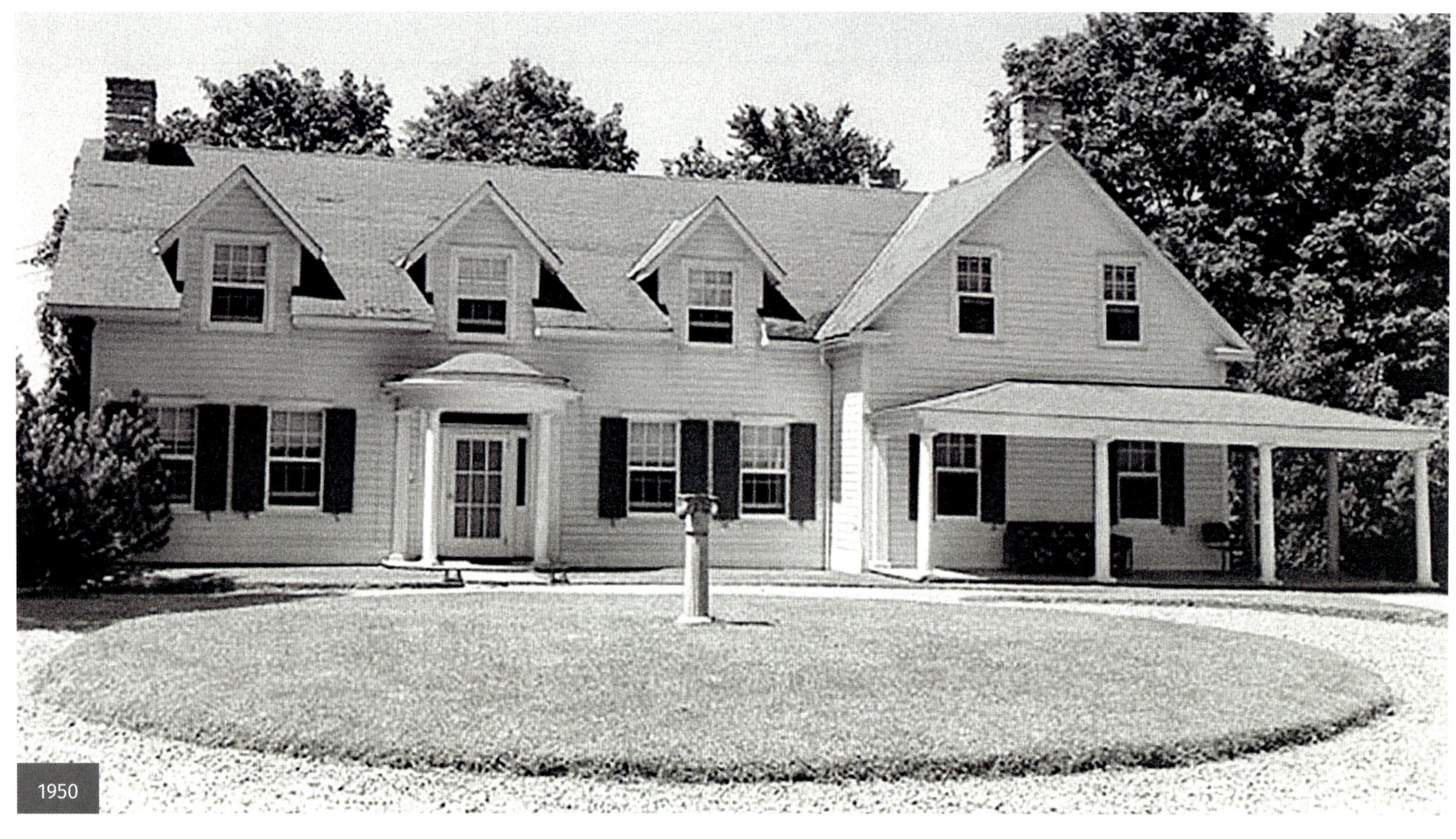
1950

KINGSMERE / THE MACKENZIE KING ESTATE

A Prime Minister's country retreat becomes a popular tourist attraction

THEN: On Canadian Thanksgiving Day, October 18, 1900, the Deputy Minister of Labour (and future Prime Minister of Canada) William Lyon Mackenzie King took a bike ride on the Québec side of the Ottawa River with his friend Henry Albert Harper (who was later memorialized by the Sir Galahad statue on Parliament Hill).

King and Harper found themselves at a spot called Kingsmere. As they enjoyed a picnic lunch of roast chicken, Harper and King looked out at the vista at their feet—the Parliament Buildings "like small tents against the horizon to the east," and forested lands to the south and west whose trees appeared a colourful mass of fall tints. It all seemed to King as lovely as music. King bought a property at Kingsmere in 1903, on which he proceeded (during his almost fifty-year ownership) to build or renovate several buildings, including Kingswood Cottage, the Main House at Moorside (modelled after the style of an English country residence), and The Farm (pictured here).

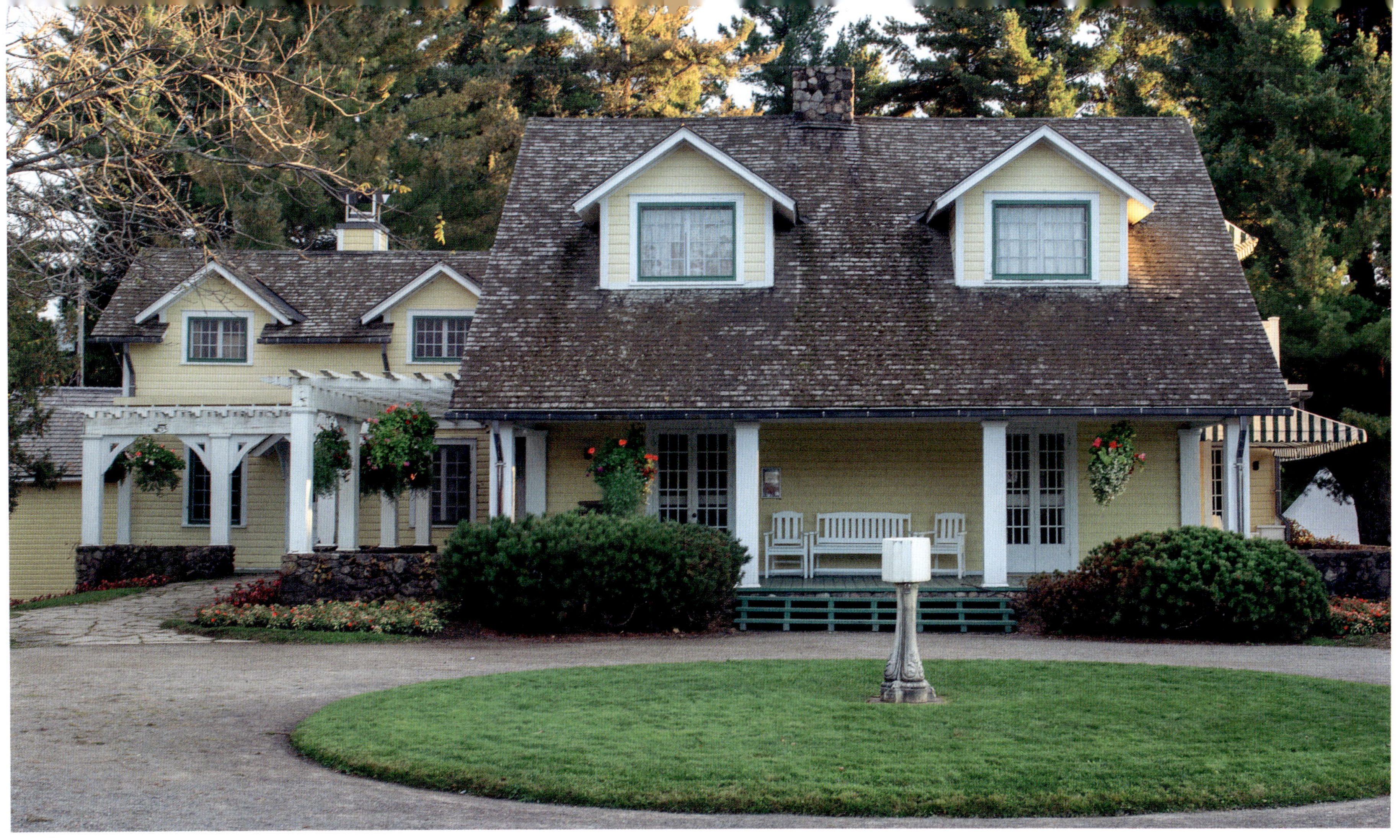

AUTREFOIS: Le 18 octobre 1900, jour de l'Action de grâce au Canada, le sous-ministre du ministère du Travail (et futur premier ministre du Canada) William Lyon Mackenzie King se promenait à vélo le long de la rive québécoise de la rivière des Outaouais accompagné de son ami Henry Albert Harper (commémoré plus tard par la statue de sir Galahad installée sur la Colline du Parlement).

King et Harper se sont arrêtés à un endroit appelé Kingsmere. En dégustant un déjeuner pique-nique de poulet rôti, Harper et King observaient la vue devant eux — les édifices du Parlement « qui ressemblaient à de petites tentes à l'horizon vers l'est » et des terres forestières vers le sud et l'ouest dont les arbres paraissaient une masse vive de teintes automnales. Pour King, tout cela semblait aussi beau que de la musique. En 1903, il a acheté un terrain à Kingsmere sur lequel il a fait construire ou renover plusieurs structures (pendant les près de 50 ans où il en était propriétaire), y compris le cottage Kingswood, la maison principale Moorside (d'après le style d'une résidence champêtre anglaise) et la Ferme (illustrée ici).

NOW: King died at The Farm on July 22, 1950, bequeathing his beloved 231-hectare (over 570-acre) estate to the government and the people of Canada. The Main House at Moorside and Kingswood Cottage are now public museums and popular tourist sites; however, some privacy has been preserved. Appropriate to the original spirit of the location as a tranquil country retreat for an Ottawa politician, in 1955 The Farm—along with surrounding land and buildings—became, as it remains, the official residence of the Speaker of the House of Commons and is closed to the public.

AUJOURD'HUI: King est décédé à la Ferme le 22 juillet 1950. Il a légué son domaine bien-aimé de 231 hectares (plus de 570 acres) au gouvernement et au peuple du Canada. La maison principale Moorside et le cottage Kingswood sont maintenant des musées publics et des sites touristiques populaires. Cependant, certains éléments privés ont été conservés. Fidèle à l'esprit original du site en tant que refuge champêtre tranquille, la Ferme, avec ses terres et ses structures environnantes, est devenue en 1955 — et reste toujours — la résidence officielle du président de la Chambre des communes et inaccessible au public.

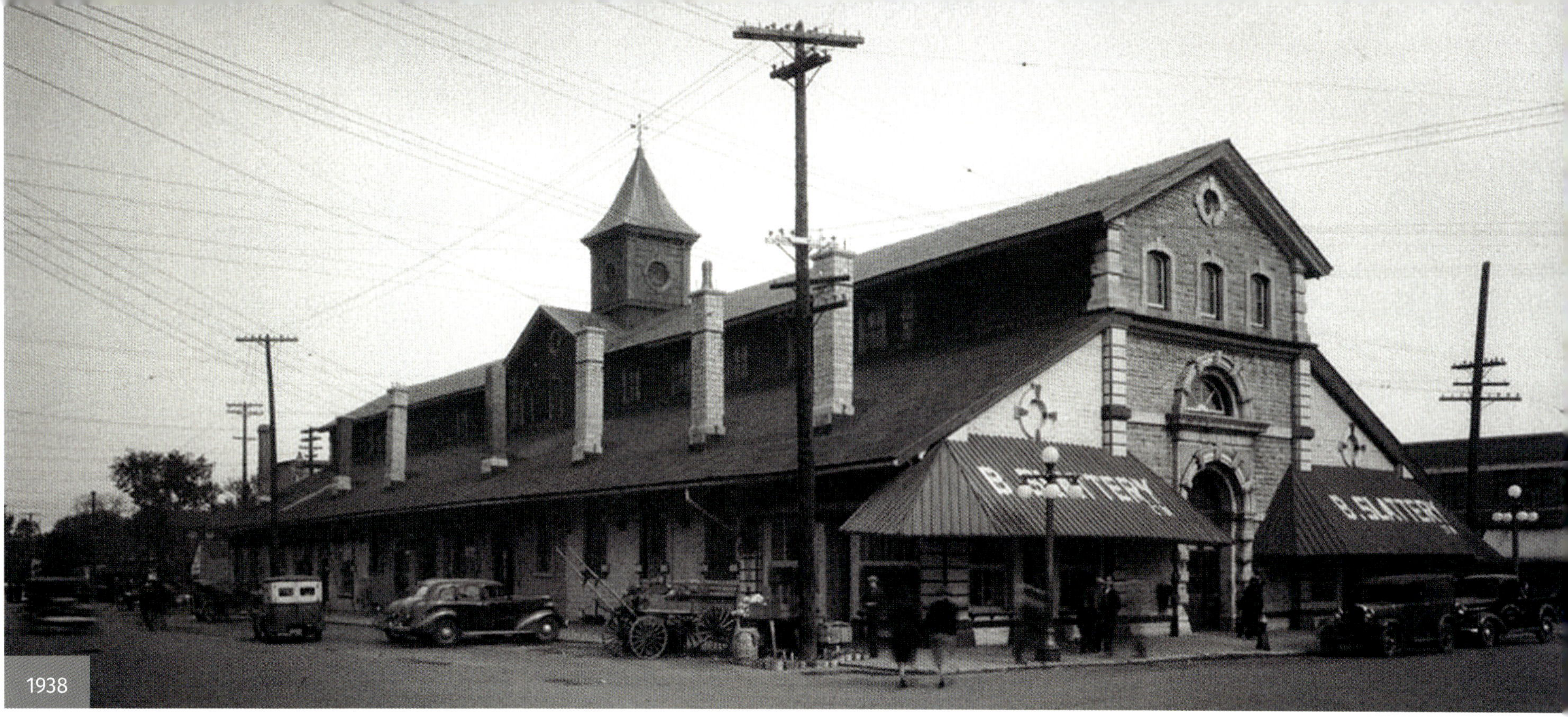

1938

BYWARD MARKET BUILDING

A popular public marketplace for 200 years

THEN: Having been cleared during the construction of the Rideau Canal by Lieutenant-Colonel John By, the swamp land of what is the "By Ward" region soon grew into a market area during the 1830s. In 1876, architect James Mather designed a "ByWard Market Hall" on the ByWard Market Building's current location. This building was a popular site for buying farmers' goods until it burned down in 1926, to be replaced by the existing building in 1928.

The market's popularity continued in its new home, which included a distinctive broad metal canopy surrounding the building to protect the open-air stalls. Reporting on the market's first summer at the new building, the *Ottawa Journal* noted that business was brisk with customers happily buying meat, strawberries, and cucumbers "at their best."

AUTREFOIS: Asséché pendant la construction du canal Rideau par le lieutenant-colonel John By, le marécage de la région « By Ward » (le quartier By) s'est vite transformé en marché pendant les années 1830. En 1876, l'architecte James Mather a conçu la « ByWard Market Hall » (la halle du marché By) sur le site actuel de l'édifice du marché By. Cet édifice abritait un site populaire pour acheter des produits fermiers jusqu'en 1926, lorsqu'un incendie l'a détruit, puis l'édifice actuel l'a remplacé en 1928.

Le marché est resté populaire, même dans le nouveau local, qui comprenait un vaste auvent distinctif en métal qui faisait le tour de l'édifice pour protéger les étals en plein air. Le quotidien *Ottawa Journal*, publiant un reportage sur le premier été du marché dans la nouvelle structure, a noté que les affaires marchaient bien, car les clients étaient ravis d'acheter de la viande, des fraises et des concombres « de fraîcheur maximale ».

BELOW: ByWard Market shoppers outside the market building that originally occupied the current site.

CI-DESSOUS: Des clients du marché By à l'extérieur de l'édifice qui occupait à l'origine le site actuel.

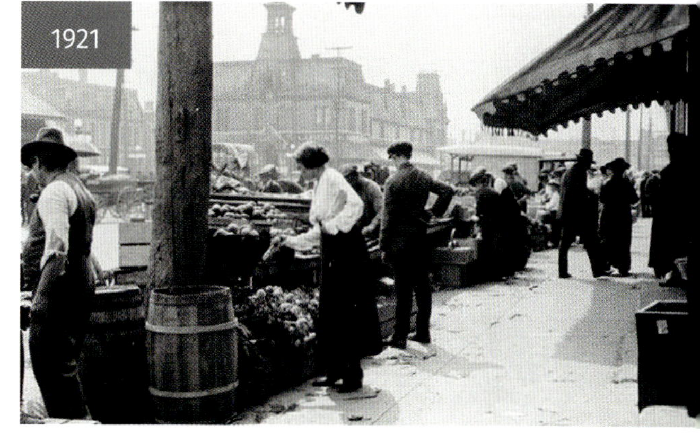

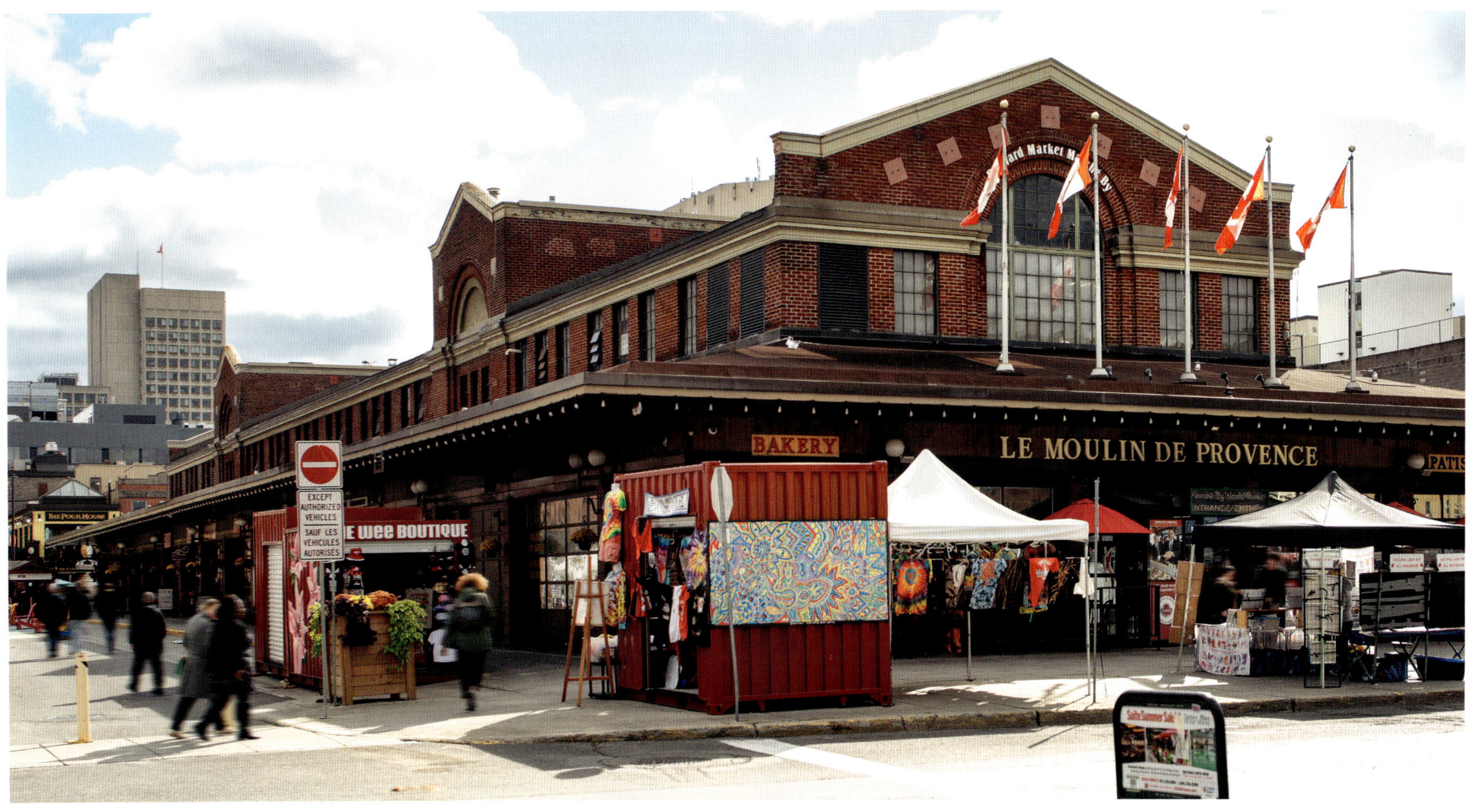

NOW: In the mid-1990s, the City of Ottawa and the ByWard Market Building Revitalization Group joined forces to conduct a nearly $2 million renovation and restoration of the ByWard Market Building. Today, over 200 small businesses operate in and around Ottawa's oldest public market. Vendors offering their services include farmers, artisans, and food merchants.

One of Ottawa's most popular tourist destinations, ByWard Market Square's central building is open year-round and the area remains as active and crowded as it was two centuries ago. An average of 50,000 visitors are welcomed each weekend during the high season, and the market hosts special events which often involve performers and live music during such annual celebrations as the Day of the Dead, Winterlude, the Tulip Festival, and Canada Day.

AUJOURD'HUI: Au milieu des années 1990, la Ville d'Ottawa et le ByWard Market Building Revitalization Group ont collaboré pour rénover et restaurer l'édifice du marché By au coût d'environ 2 millions de dollars. Aujourd'hui, plus de 200 petites entreprises exercent leurs activités à l'intérieur et autour du marché public le plus vieux d'Ottawa. Parmi les vendeurs offrant leurs services figurent des fermiers, des artisans et des marchands de nourriture.

L'une des destinations touristiques les plus populaires d'Ottawa, l'édifice central de la place du marché By est ouvert toute l'année et reste aussi actif et bondé qu'il y a 200 ans. Chaque fin de semaine, il accueille 50 000 visiteurs en moyenne lors de la haute saison et présente souvent des événements spéciaux mettant en vedette des artistes et des musiciens pendant des Fêtes annuelles comme le Jour des morts, le Bal de Neige, le Festival canadien des tulipes et la fête du Canada.

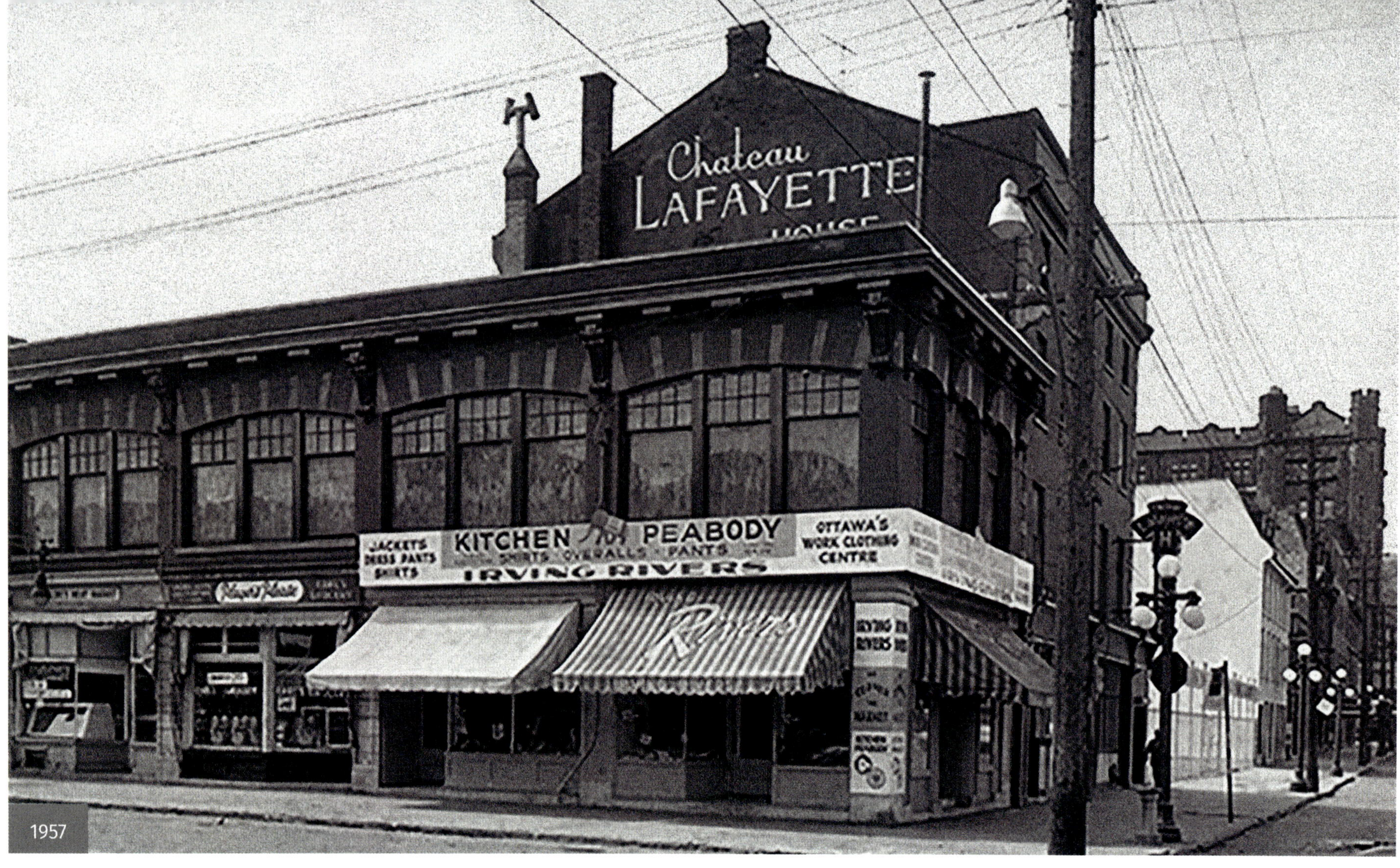

1957

CHÂTEAU LAFAYETTE

Ottawa's oldest tavern

THEN: Founded in 1849 by Irish immigrant Francis Grant, Grant's Hotel was a working-class oasis in what was then Bytown. At the time, Bytown (not called Ottawa until 1855) had a population of only about 7,000, made up largely of labourers of the city's thriving lumber trade. Lower Bytown, where Grant's Hotel was situated, was already home to over thirty taverns, two breweries, and twenty beer shops serving these workers.

When Grant opened this new hotel and saloon, he already held a philosophy from an earlier enterprise, his Canada Hotel on George Street. It was there, as he had promised readers of the *Bytown Packet* in 1847, that customers would find the "choicest LIQUORS and VIANDS"—a promise he likely also made about the Grant's Hotel.

AUTREFOIS: Fondé en 1849 par l'immigré irlandais Francis Grant, l'hôtel Grant était un refuge de la classe ouvrière à l'époque de Bytown. À ce moment-là, Bytown (qui ne s'appelait « Ottawa » qu'à partir de 1855) comptait environ 7 000 habitants, dont la plupart travaillaient dans le florissant commerce du bois de la ville. La Basse-Ville de Bytown, où se trouvait l'hôtel Grant, avait déjà plus de 30 tavernes, 2 brasseries et 20 boutiques de bière qui servaient ces ouvriers.

Lorsque Grant a ouvert ce nouvel hôtel et sa taverne, il a appliqué l'expérience gagnée d'une entreprise précédente, l'hôtel Canada, situé dans la rue George. Comme il avait promis aux lecteurs du journal Bytown Packet en 1847, les clients y trouveraient les « meilleurs SPIRITUEUX et ALIMENTS » — promesse qu'il aurait aussi faite probablement à propos de l'hôtel Grant.

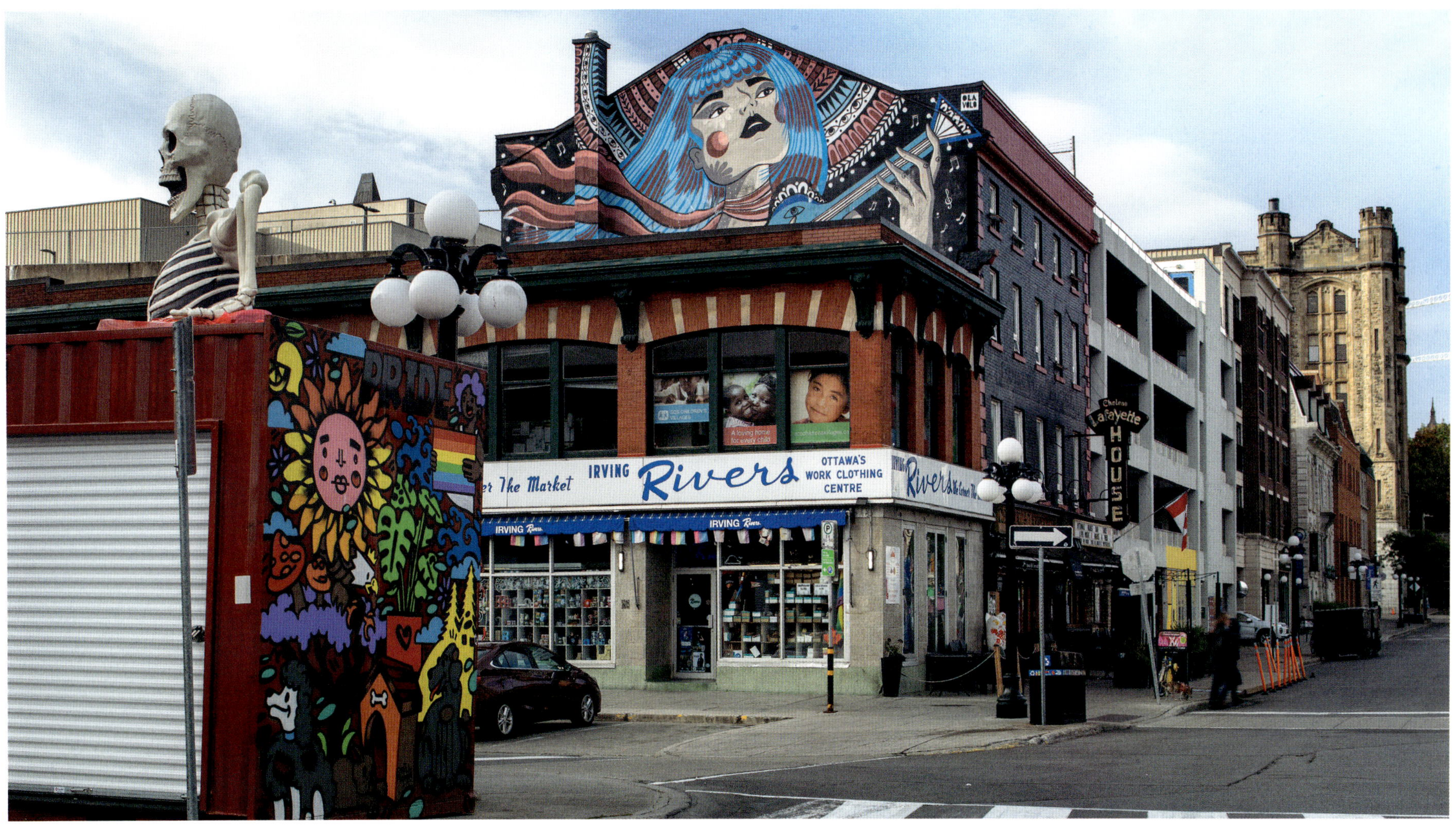

NOW: As Ottawa's oldest, continuously operating tavern, what was once Grant's Hotel and saloon has, over the years, frequently changed names and ownership. Known at different times as the Exchange Hotel, the Bodega Hotel, the Salmon Arms, the Johnson House, and the Dominion House, by the 1930s it became the Château Lafayette, and stayed that way. The business is now branded "The Laff" and the Château Lafayette's 1936 neon sign—one of the oldest neon signs in Ottawa—still beckons patrons into the pub.

Open year-round, The Laff—frequented by celebrities, the working class, and everyone in between—prides itself on offering numerous local beers. One special brew is the "1849," an ale specifically produced by Ottawa's Big Rig Brewery in honour of the tavern's long history.

AUJOURD'HUI: Cette taverne, la plus ancienne d'Ottawa à fonctionner sans interruption, anciennement l'hôtel Grant a changé fréquemment de nom et de propriétaire au fil des ans. Connu à divers moments comme l'hôtel Exchange, l'hôtel Bodega, The Salmon Arms, The Johnson House et Dominion House, l'hôtel Grant a été renommé le Château Lafayette vers les années 1930 et n'a pas changé de nom depuis. L'enseigne au néon du Château Lafayette (« The Laff »), qui date de 1936, est une des enseignes au néon les plus anciennes d'Ottawa. Elle continue à attirer des clients à la taverne.

The Laff, ouverte toute l'année et fréquentée par des vedettes, la classe ouvrière, et tout le monde entre les deux, est fière des nombreuses bières locales qu'elle offre. L'une des bières distinctives s'appelle « 1849 », une ale produite spécialement par la brasserie Big Rig Brewery d'Ottawa pour commémorer la longue histoire de la taverne.

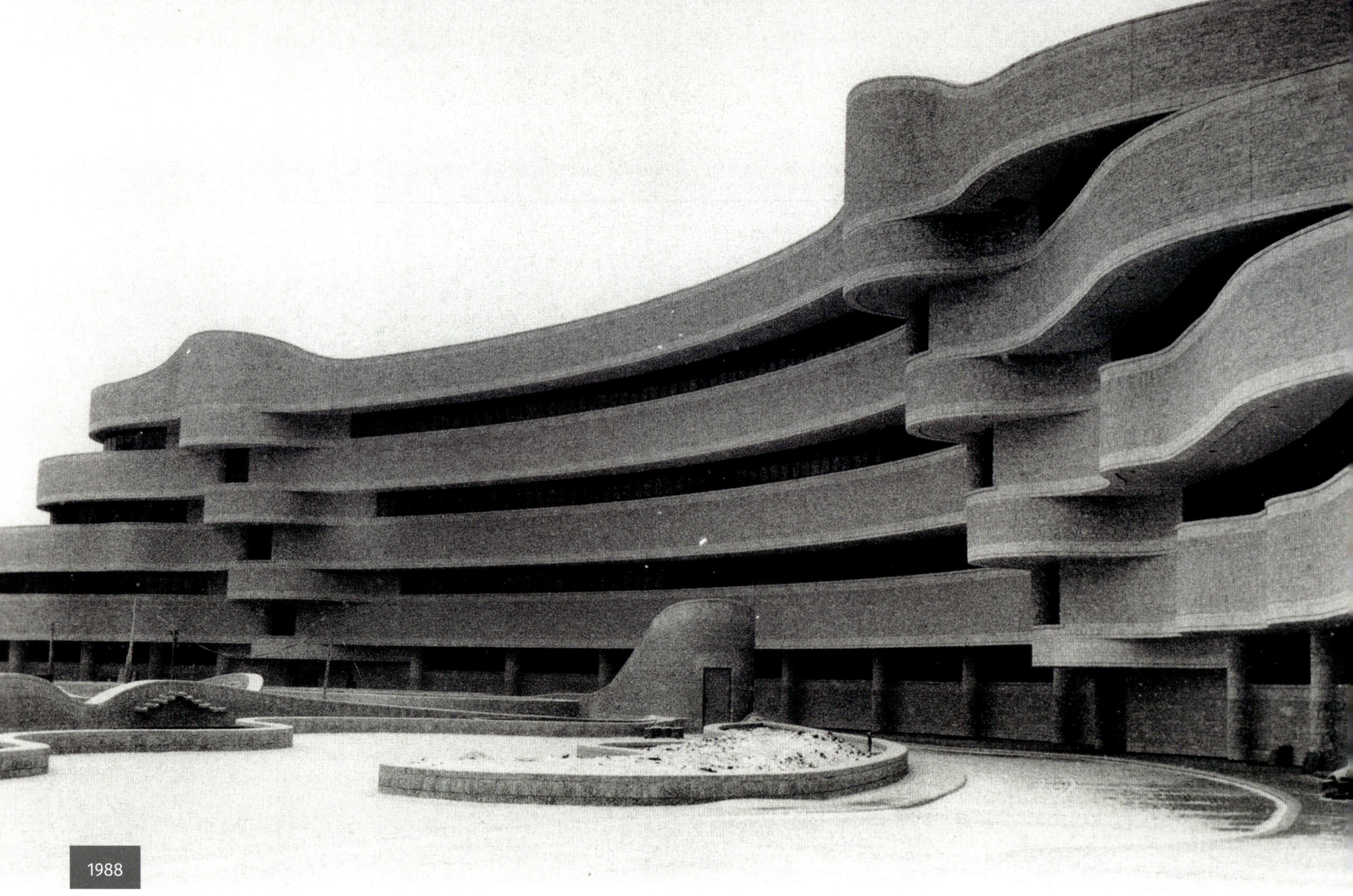
1988

CANADIAN MUSEUM OF CIVILIZATION / CANADIAN MUSEUM OF HISTORY

National history museum shows off "the best of Canada"

THEN: Indigenous architect Douglas Cardinal, of Alberta, designed Ottawa's Canadian Museum of Civilization with a rippling exterior to mimic the curves of a landscape carved out by glaciers. Cardinal also designed Washington D.C.'s National Museum of the American Indian, which exhibits similar curvilinear forms, highlighting the sacred beauty of the land.

The $214 million facility opened in 1989 to great fanfare, and commentators exclaimed over its glassed-in Grand Hall and collection of Pacific Coast totem poles. With the building's exterior of limestone roofed in copper, the museum stands out dramatically when viewed from Parliament Hill.

BELOW: The striking Canadian Museum of History is located on what used to be a boat landing along the Ottawa River.

CI-DESSOUS: L'impressionnant Musée canadien de l'histoire est situé là où se trouvait autrefois un quai au bord de la rivière des Outaouais.

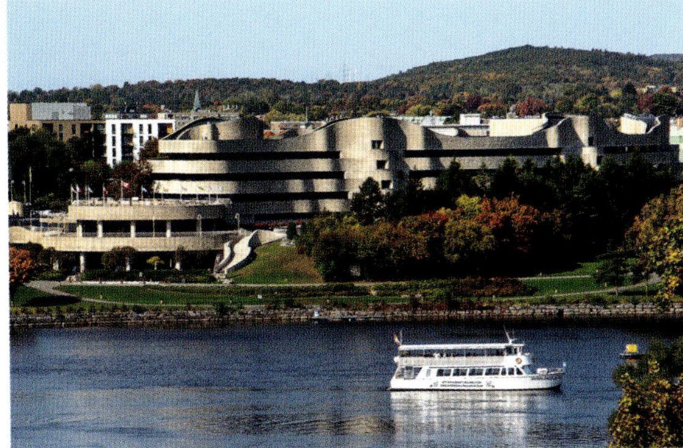

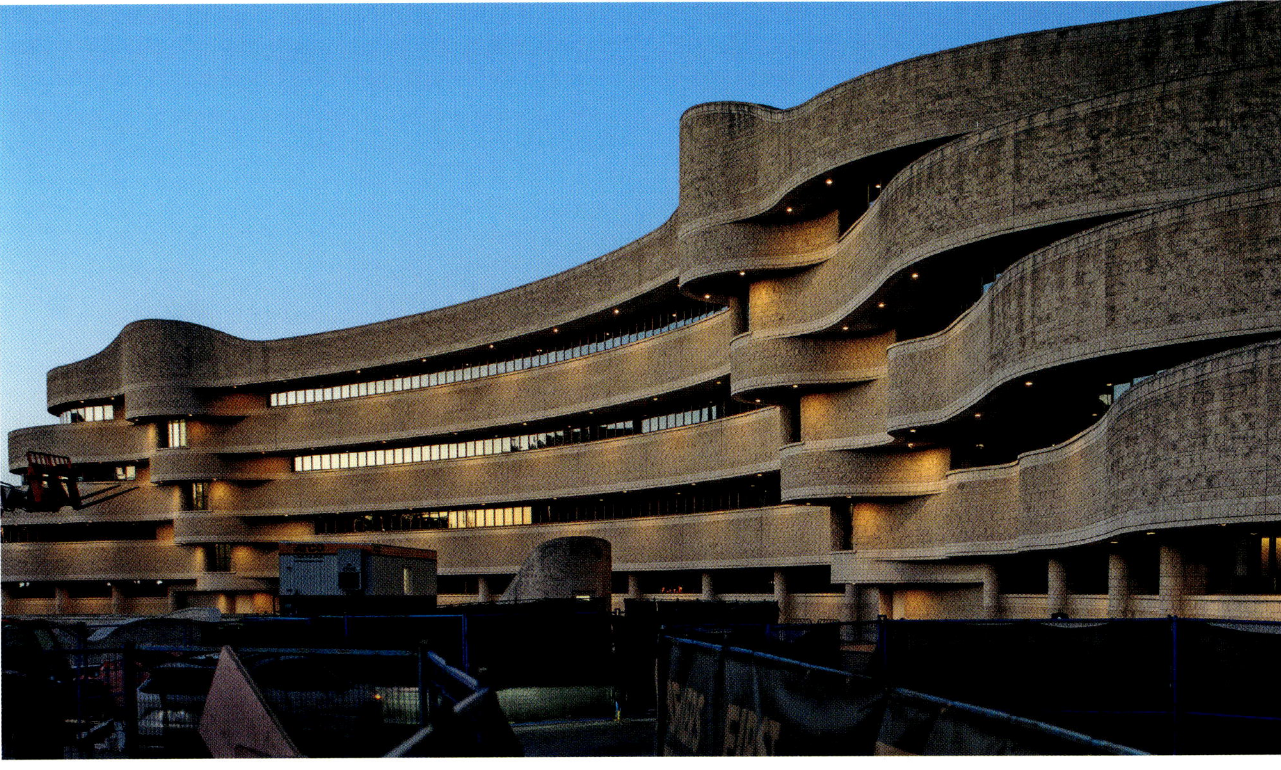

AUTREFOIS: La conception de Douglas Cardinal, architecte autochtone d'Alberta, pour le Musée canadien des civilisations d'Ottawa comprend un extérieur onduleux qui imite les courbes d'un paysage sculpté par des glaciers. Cardinal a aussi conçu le National Museum of the American Indian à Washington D.C., composé de formes courbes semblables pour rappeler la beauté sacrée de la terre.

En 1989, l'établissement, qui a coûté 214 millions de dollars, a ouvert ses portes avec fanfare ; les commentateurs s'enthousiasmaient pour la Grande Galerie vitrée et la collection de mâts totémiques provenant de la côte Pacifique. Grâce à son extérieur revêtu de pierre calcaire et son toit en cuivre, le musée se détache de façon spectaculaire du paysage vu de la Colline du Parlement.

NOW: Renamed the Canadian Museum of History, changes to the exhibits have included the addition of a First Peoples Hall that tells the histories (in a co-curated space) of Canada's First Nations, Inuit, and Métis peoples through more than 2,000 cultural objects, images, and documents. In September 2024—on the National Day for Truth and Reconciliation—a 5.5-metre-tall (18-foot-tall), red-cedar sculpture of children's faces, created by master carver Stanley C. Hunt, was unveiled as a memorial to the children who never returned from Canada's residential schools. As recorded on a plaque at the site of the memorial, Hunt poignantly stated: "I am honoured to have this monument stand in the Canadian Museum of History. One hundred years from now, 500 years from now, the *Indian Residential School Memorial Monument* will be standing and still telling this story."

AUJOURD'HUI: Parmi les changements apportés aux expositions du musée — rebaptisé le Musée canadien de l'histoire — figurent l'ajout de la Salle des Premiers Peuples, qui raconte (dans un espace coorganisé) les histoires des Premières Nations, des Inuits et des Métis du Canada à travers plus de 2 000 objets, images et documents culturels. En septembre 2024 — la Journée nationale de la vérité et de la réconciliation — une sculpture en genévrier rouge d'une hauteur de 5,5 mètres (18 pi) représentant des visages d'enfants, créée par le maître sculpteur Stanley C. Hunt, a été dévoilée pour commémorer les enfants qui ne sont jamais rentrés des écoles résidentielles du Canada. Sur une plaque érigée sur le site du monument commémoratif sont inscrits les mots suivants de Hunt : « Je suis honoré que ce monument soit érigé au Musée canadien de l'histoire. Dans cent ans, dans 500 ans, le Monument commémoratif des pensionnats pour Autochtones sera toujours là, racontant cette histoire. »

NATIONAL ARTS CENTRE

1960s Brutalist design for "Canada's Stage" transformed into colour and light

THEN: Conceived as one of several projects during the 1960s to celebrate Canada's centenary, the National Arts Centre (NAC) officially opened its doors on May 31, 1969, giving Ottawa "her place among the 'big' theatre cities of the world." The city's newest landmark, though, was met by some with mixed feelings, with the *Ottawa Citizen* newspaper tongue-in-cheek captioning an opening day photograph of the crowd in front of the building with the following: "All the world's a stage and all the men and women merely taxpayers...and thousands of them turned out Saturday to see where a lot of their hard-earned money went." In contrast, the opening night for the National Ballet's first performance at the NAC, held two days later, was heralded as "a proud occasion for Canada."

Designed by the Montréal-based architectural firm of Affleck, Desbarats, Dimakopoulos, Lebensold and Sise (who also designed the Place des Arts in Montréal), the NAC is an example of Brutalist architecture—constructed from poured and reinforced concrete, and covered with decorative precast panels of exposed Laurentian-granite aggregate concrete. In 2008 the building was designated a national historic site.

AUTREFOIS: Conçu parmi les multiples projets des années 1960 pour fêter le centenaire du Canada, le Centre national des arts (CNA) a officiellement vu le jour le 31 mai 1969, ce qui a accordé à Ottawa « sa place parmi les "grandes" villes du théâtre au monde ». Pourtant, le nouveau monument de la ville a engendré des sentiments mitigés, tels qu'exprimés par la légende ironique du journal *Ottawa Citizen* accompagnant la photo de la foule devant l'édifice le jour de son ouverture: « Le monde entier est un théâtre, et les hommes et les femmes ne sont que des contribuables...et des milliers se sont présentés samedi pour voir où est passé une grande partie de leur argent péniblement gagné. » En revanche, la soirée d'ouverture de la première représentation du National Ballet au CNA deux jours plus tard a été proclamée « un moment de grande fierté pour le Canada ».

Conçu par le cabinet d'architectes Affleck, Desbarats, Dimakopoulos, Lebensold et Sise basé à Montréal (qui a aussi conçu la Place des Arts à Montréal), le CNA est un exemple de l'architecture brutaliste — construit de béton coulé et armé et recouvert de panneaux décoratifs précoulés de béton à granulat apparent de granit des Laurentides. En 2008 l'édifice a été désigné un lieu national historique.

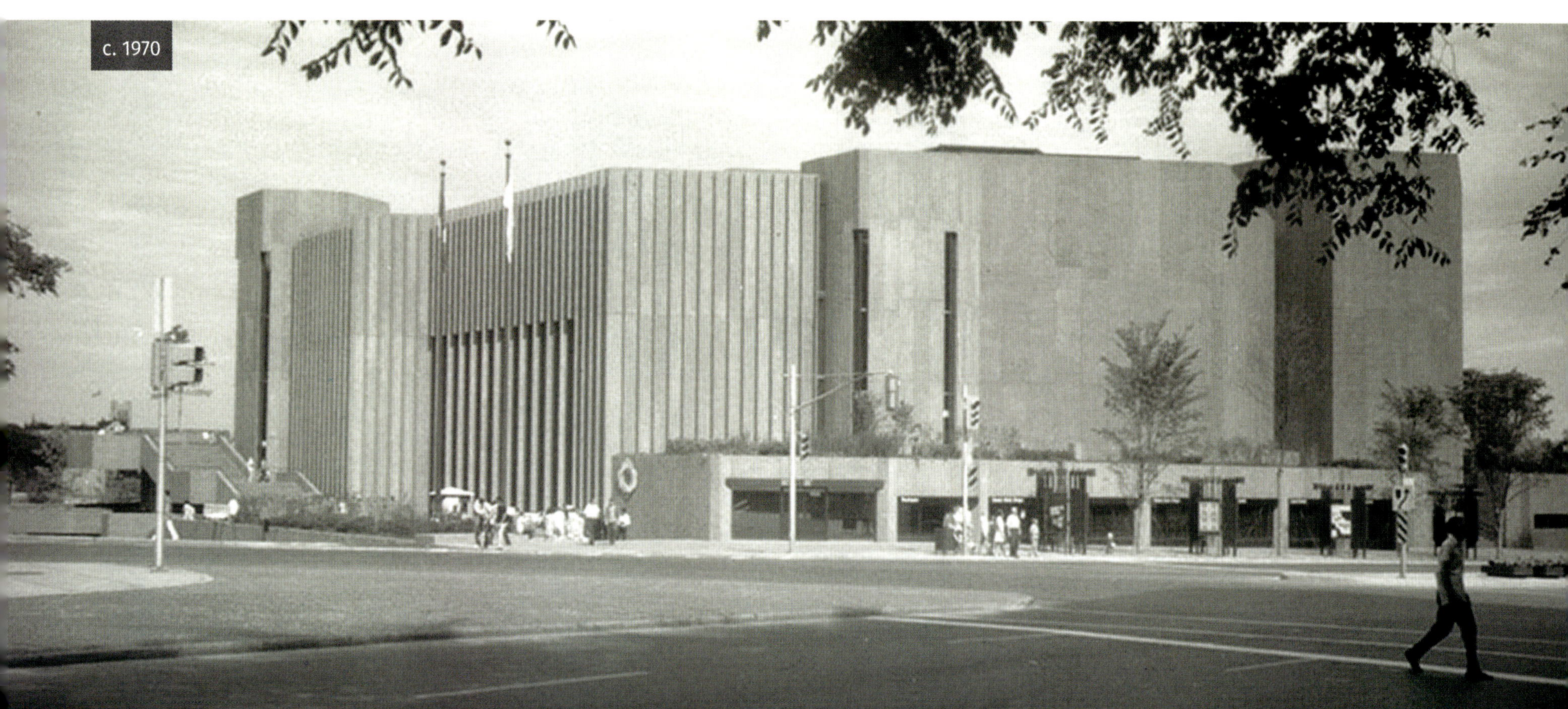

c. 1970

NOW: In preparation for the NAC's fiftieth anniversary in 2019, a $110.5 million architectural rejuvenation and nearly three years of work brought significant changes to the building, with several radical new features added by Toronto-based architect Donald Schmitt—most notably a three-storey "Kipnes Lantern," named after patrons Dr. Dianne and Mr. Irving Kipnes of Edmonton.

RIGHT: This architectural lantern, framing the NAC's front door, broadcasts ever-shifting, playful and provocative digital projections, adding colour and vibrancy to the city's core.

AUJOURD'HUI: Pour préparer le 50e anniversaire du CNA en 2019, l'édifice a subi des changements significatifs grâce aux travaux effectués pendant près de trois ans pour achever un rajeunissement architectural d'une valeur de 110, 5 millions de dollars, y compris de nouveaux éléments radicaux ajoutés par l'architecte torontois Donald Schmitt — surtout la Lanterne Kipnes à trois étages, qui doit son nom aux mécènes la Dre Dianne et M. Irving Kipnes de Edmonton.

DROITE: Cette lanterne architecturale, qui encadre la porte d'entrée du CNA, diffuse des projections numériques ludiques et provocatrices qui changent constamment, ajoutant de la couleur et du dynamisme au cœur de la ville.

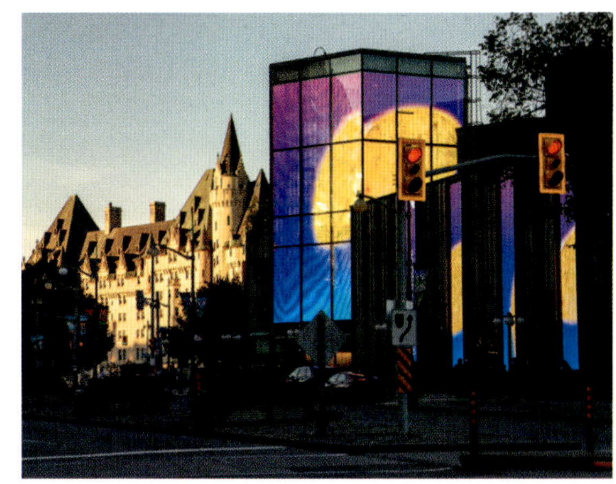

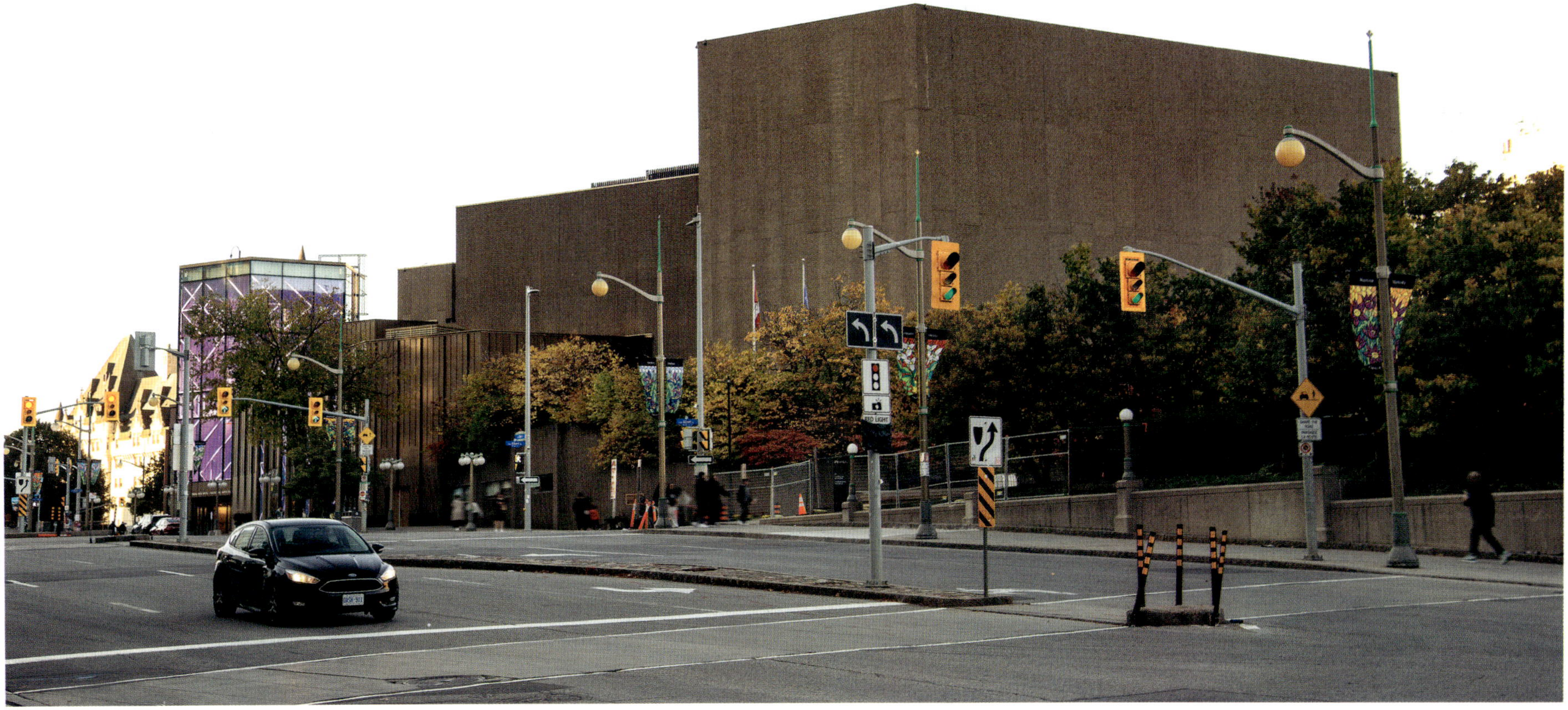

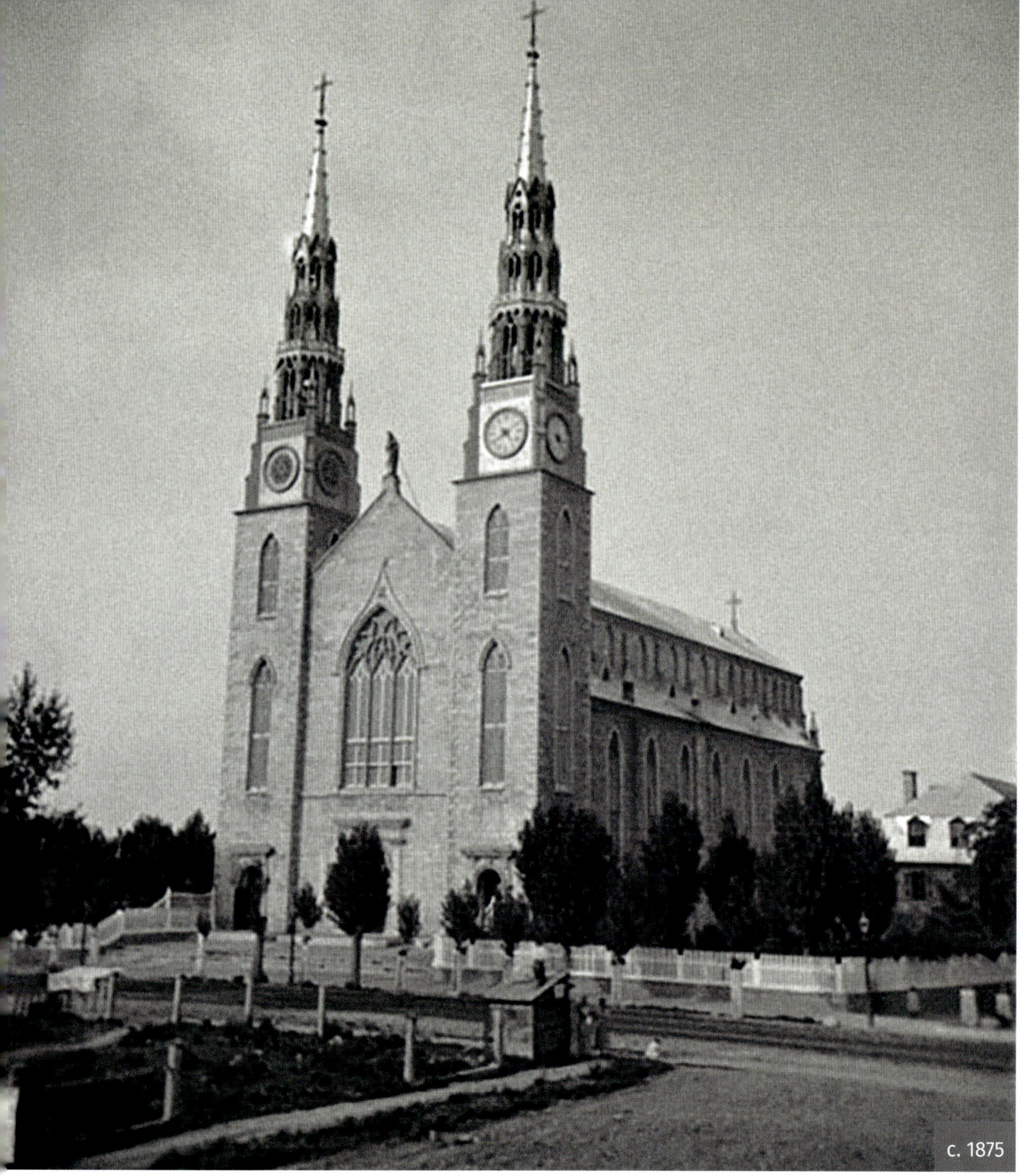

c. 1875

NOTRE-DAME CATHEDRAL BASILICA

One of the city's oldest and loveliest religious landmarks

THEN: In the early days of Bytown's history, when Irish and French-Canadian labourers were building the Rideau Canal for the nascent metropolis that would become Ottawa, the location that now hosts Notre-Dame originally had a small, wooden, parish church. After moving this original building across the street in 1841, construction of the current limestone structure began; and although the main section was finished in 1846, it would take almost forty years to fully complete the basilica.

The cathedral's Neo-Gothic elements include bell towers, stained-glass windows, and elaborate vaulted ceilings, imitating the medieval Sainte-Chapelle in Paris. One of the cathedral's most distinctly Canadian features consists of twin spires coated in tin—an architectural style specific to French-Canadian churches. Designed by parish priest Damase Dandurand, the twin spires are at their most dramatic just before dusk, when they seemingly catch fire in the orange rays of the setting sun.

AUTREFOIS: Au début de l'histoire de Bytown, quand des ouvriers irlandais et franco-canadiens construisaient le canal Rideau pour la métropole naissante qui deviendrait Ottawa, le site actuel de Notre-Dame abritait une petite église paroissiale en bois. Après le déménagement de l'église originale vers l'autre côté de la rue en 1841, la construction de la structure actuelle en pierre calcaire a commencé. La section principale a été terminée en 1846, mais il faudrait près de 40 ans pour achever la basilique.

Les éléments néo-gothiques de la cathédrale comprennent les clochers, les vitraux et les plafonds voûtés travaillés, imitant celles de la Sainte-Chapelle à Paris. Parmi les caractéristiques les plus typiquement canadiennes de la cathédrale sont les flèches jumelles revêtues de fer-blanc — style architectural spécifique aux églises franco-canadiennes. Conçues par le curé Damase Dandurand, les flèches jumelles revêtent leur aspect le plus dramatique peu avant le crépuscule, quand elles semblent flamber sous les rayons orange du soleil couchant.

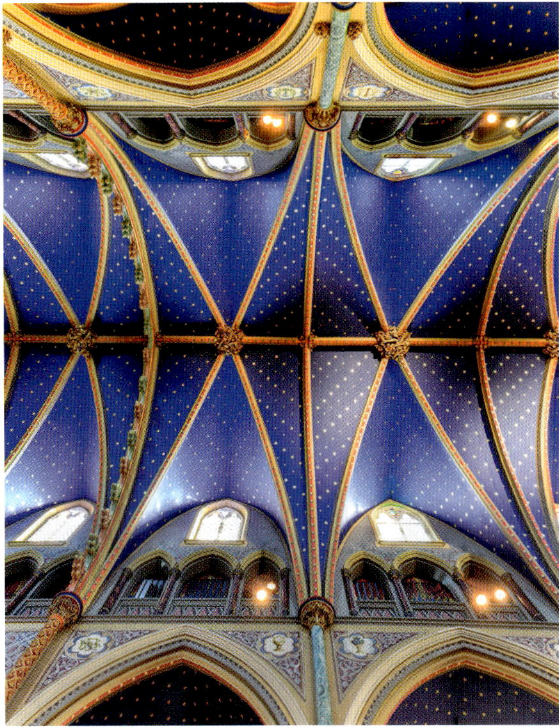

ABOVE: The vaulted ceilings of the cathedral are painted blue with gold stars.

AU-DESSUS: Les plafonds voûtés de la cathédrale peints en bleu, ornés d'étoiles dorées.

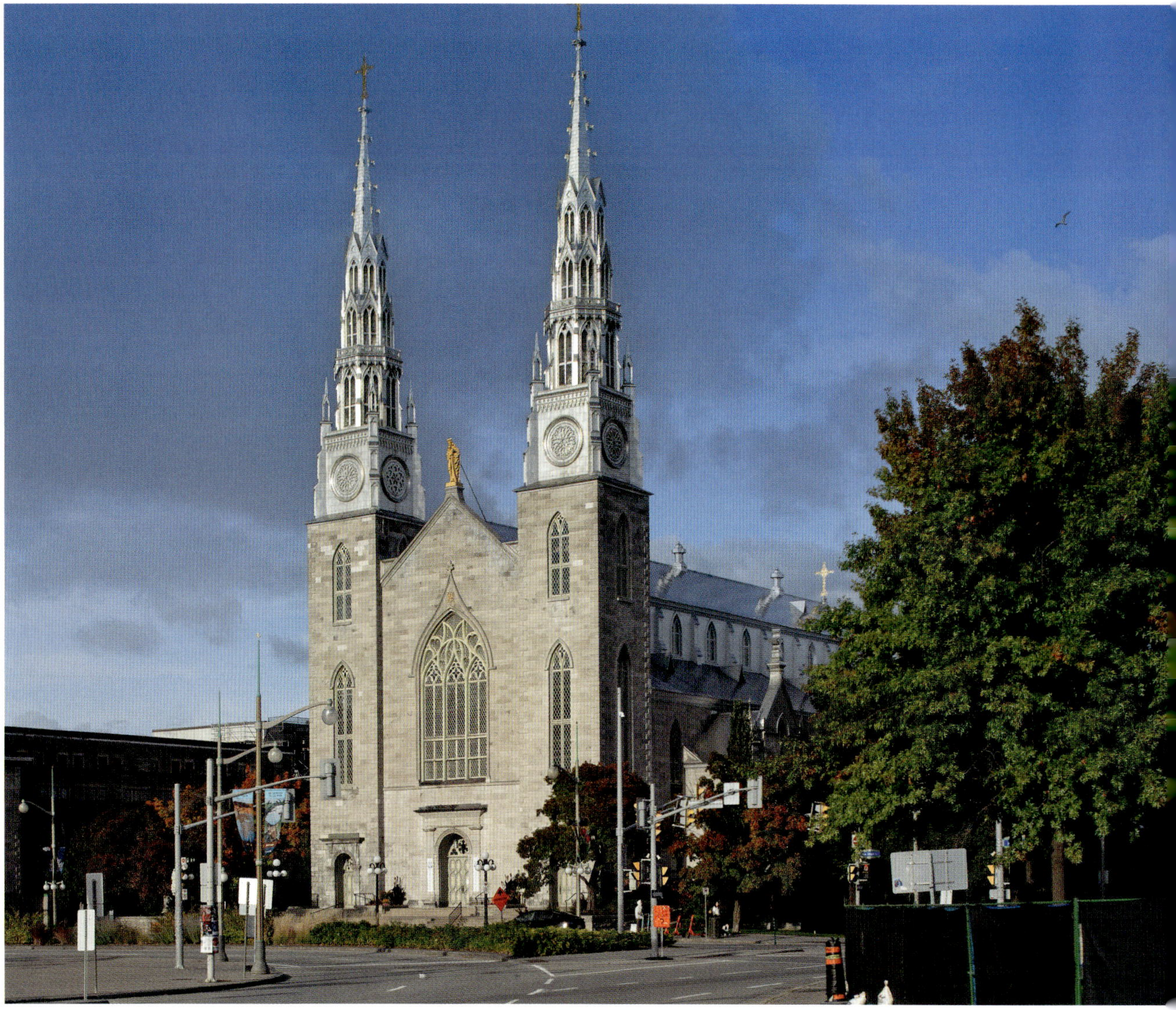

NOW: The cathedral was designated a national historic site in 1990 for being "an exceptional example of the Gothic Revival style in Canadian architecture." In spite of having undergone many changes and additions over the years, its historic designation observed that it is "notable for the continuity of design throughout the entire structure."

Just before Christmas 2017, a plaque from the Historic Sites and Monuments Board of Canada was unveiled at the cathedral, with the federal government honouring this beautiful church for its long service as a spiritual centre for Ottawa's Roman Catholic community, and for gracing the downtown skyline for over 150 years.

AUJOURD'HUI: La cathédrale, désignée lieu historique national en 1990, est « un spécimen exceptionnel du style néo-gothique qu'on retrouve dans l'architecture canadienne ». En dépit des nombreuses modifications et additions réalisées au fil des ans, la désignation historique note qu'elle « est remarquable pour la continuité de sa conception dans l'ensemble de sa structure ».

Peu avant Noël 2017, une plaque de la Commission des lieux et monuments historiques du Canada a été dévoilée à la cathédrale, au nom du gouvernement fédéral, pour honorer cette magnifique église qui sert depuis longtemps de centre spirituel de la communauté catholique romaine d'Ottawa et embellit la silhouette du centre-ville depuis plus de 150 ans.

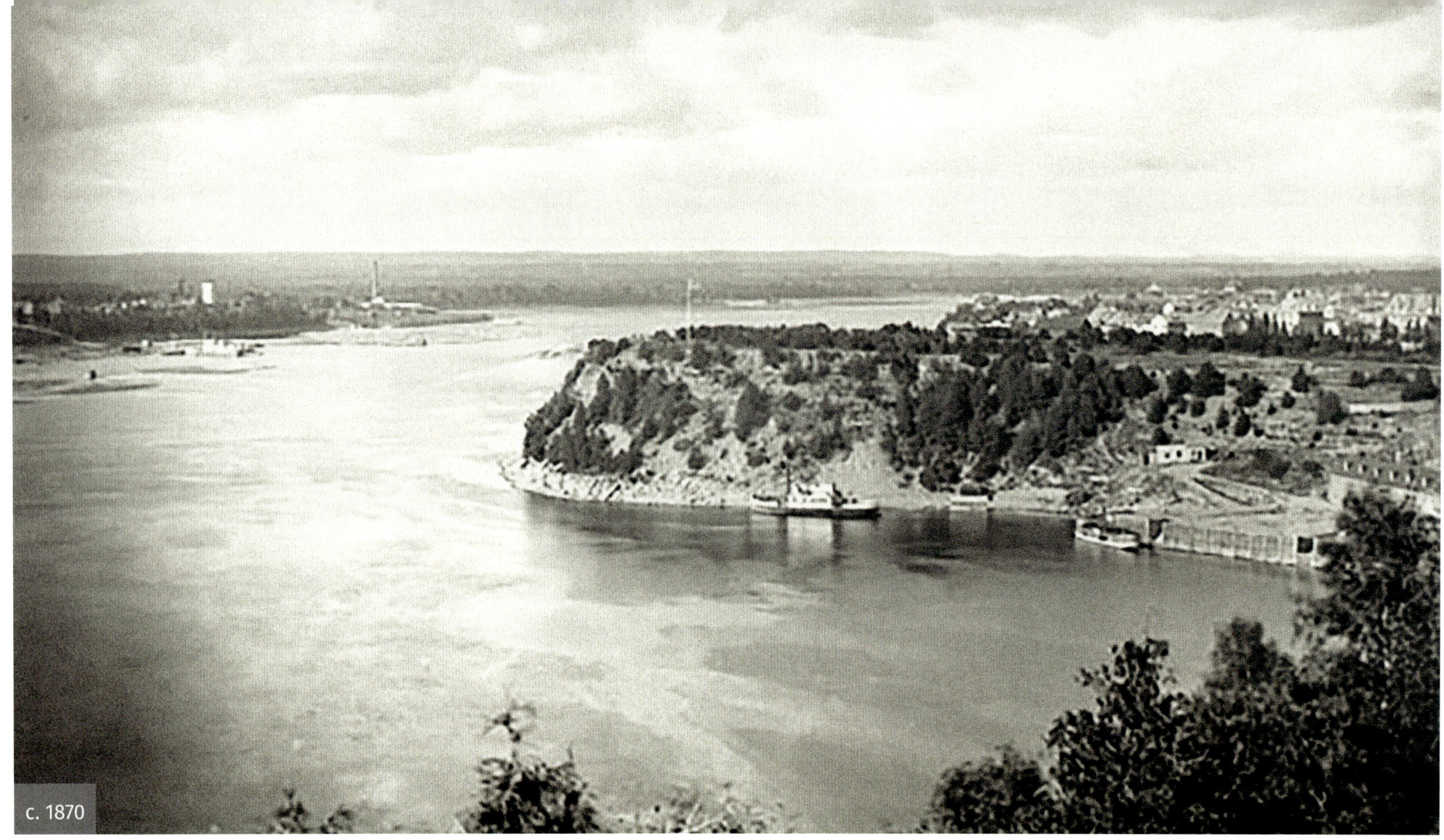

NEPEAN POINT / KÌWEKÌ POINT

Ottawa's most spectacular lookout point revitalized

THEN: Nestled behind the National Gallery of Canada is a public park covering 1.27 hectares (over 3 acres) that offers a panoramic vista of Parliament Hill, and a stunning view of what was once called the Kichi Sibi (meaning "Great River") by the Indigenous Peoples, who used it as a traditional travel and trading route.

Opened in 1909 by the Ottawa Improvement Commission—the predecessor of today's National Capital Commission (NCC), which remains today responsible for the park—the site was named "Nepean Point" after Sir Evan Nepean (1752–1822), a British politician who served as Under-Secretary at the Home Office in London, from 1782 to 1794, overseeing Canadian affairs. Although he never actually visited Canadian lands, he was instrumental in promoting the Constitutional Act, 1791 (which was an important step on Canada's path to Confederation), and his name was given to the township of Nepean, later amalgamated into the City of Ottawa; Nepean Bay, a bay in the Ottawa River; and Nepean Point.

AUTREFOIS: Niché derrière le Musée des beaux-arts du Canada se trouve un parc public de 1,27 hectares offrant une vue panoramique de la Colline du Parlement et de ce que les Autochtones appelaient autrefois Kichi Sibi (« Grande rivière »), leur route traditionnelle pour se déplacer et pour faire du commerce.

Ouvert en 1909 par la Commission d'embellissement d'Ottawa, l'organisme prédécesseur de la Commission de la capitale nationale (CCN), qui est toujours responsable du parc, le site a été nommé « pointe Nepean » en hommage à sir Evan Nepean (1752 à 1822), homme politique britannique et sous-secrétaire du Home Office à Londres entre 1782 et 1794 chargé d'administrer les affaires canadiennes. Quoiqu'il n'ait jamais visité les terres canadiennes, il a joué un rôle clé dans la promotion de l'Acte constitutionnel de 1791 (étape importante du processus menant à la Confédération du Canada), et son nom a été donné au canton de Nepean (fusionné plus tard avec la Ville d'Ottawa), la baie Nepean, dans la rivière des Outaouais, et la pointe Nepean.

BELOW: Park visitors can enjoy the National Gallery's sculpture garden. Canadian artist Michel de Broin's "Majestic" (2011), an amalgam of New Orleans streetlamps uprooted by Hurricane Katrina seen here, now resides in the garden.

CI-DESSOUS: Les visiteurs du parc peuvent profiter du jardin de sculptures du Musée des beaux-arts national. Un ensemble de lampadaires de la Nouvelle-Orléans, déracinés par l'ouragan Katrina, appelé *Majestic* (2011) de l'artiste canadien Michel de Broin est Installé dans le jardin (illustré ici).

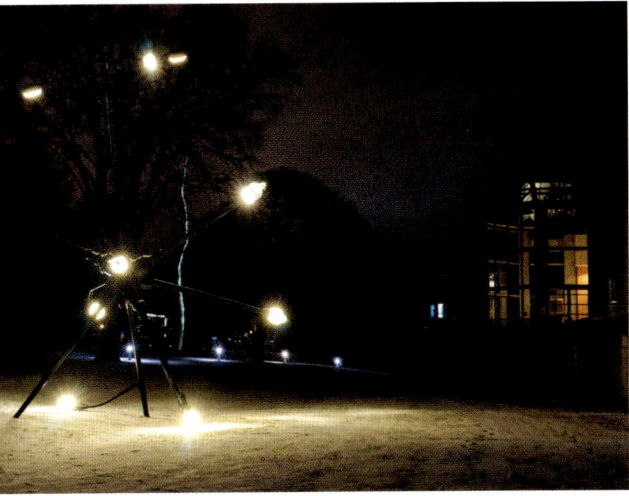

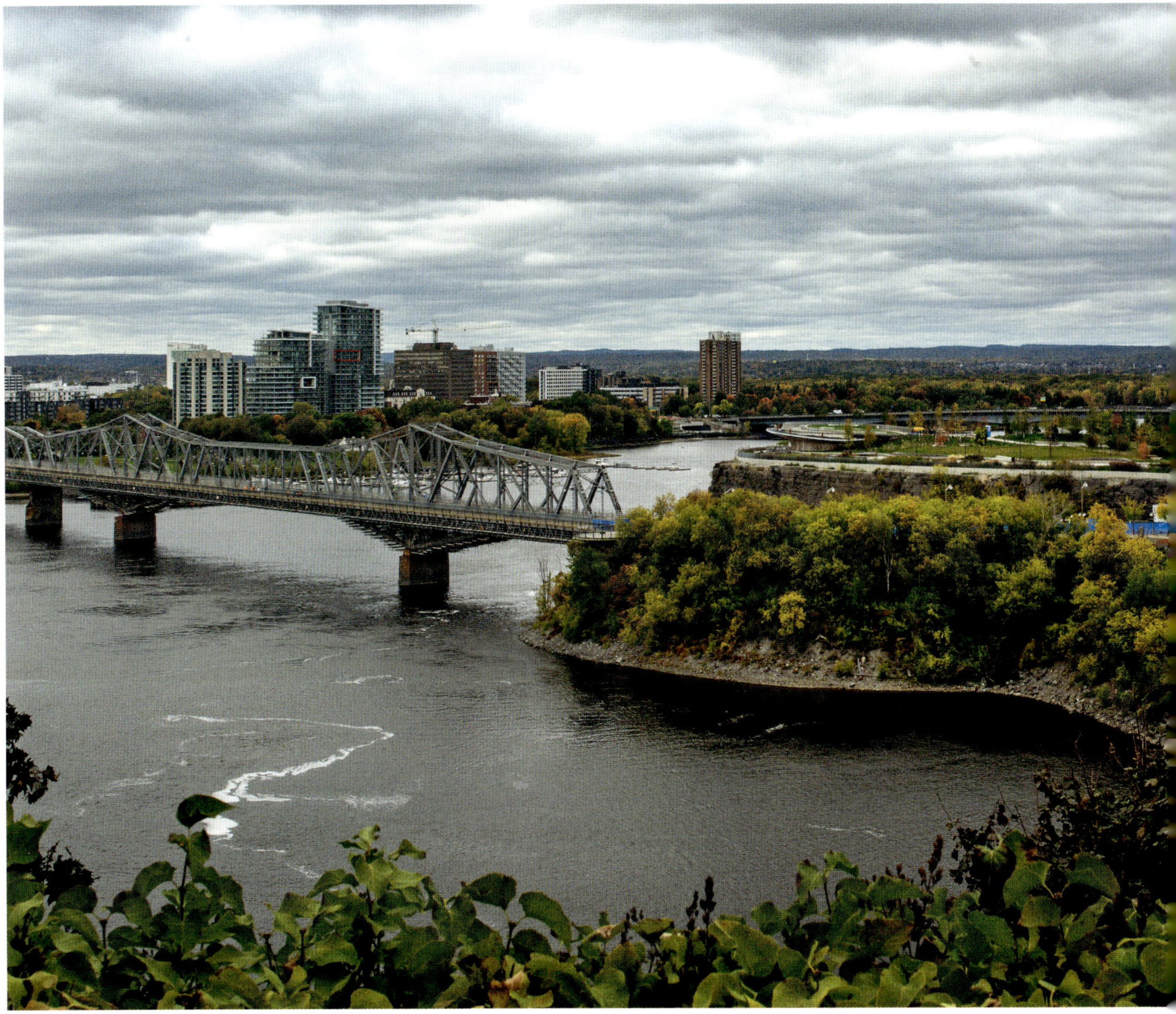

NOW: In 2022, following a consultation process that included discussions with representatives from First Nations communities, and as a symbol of Canada's ongoing commitment to reconciliation efforts with the nation's Indigenous Peoples, the NCC officially renamed "Nepean Point" as "Kìweki Point." Kìwekì (pronounced key-WHICK-ee) is the Algonquin word for "returning to one's homeland." The renaming was part of a comprehensive park restoration project intended to make this spot overlooking the Ottawa River more convenient for visitors to access, and which includes a new pedestrian walkway named Pìdàban Bridge (pronounced pee-DAH-bin, meaning "dawn").

AUJOURD'HUI: En 2022, suivant un processus de consultation qui comprenait des discussions avec des représentants des collectivités des Premières Nations, et en tant que symbole de l'engagement continu du Canada envers les efforts de réconciliation avec les Autochtones de la nation, la CCN a officiellement renommé la pointe Nepean « la pointe Kìwekì » (prononcé ki-OUIC-i), mot algonquin qui signifie « retour à la terre natale ». Le changement de nom faisait partie intégrante d'un important projet de restauration du parc dont le but était de faciliter l'accès des visiteurs à cet endroit avec vue sur la rivière des Outaouais grâce en partie à une nouvelle passerelle pour piétons nommée Pìdàban (prononcé pi-DA-bine, qui signifie « aube »).

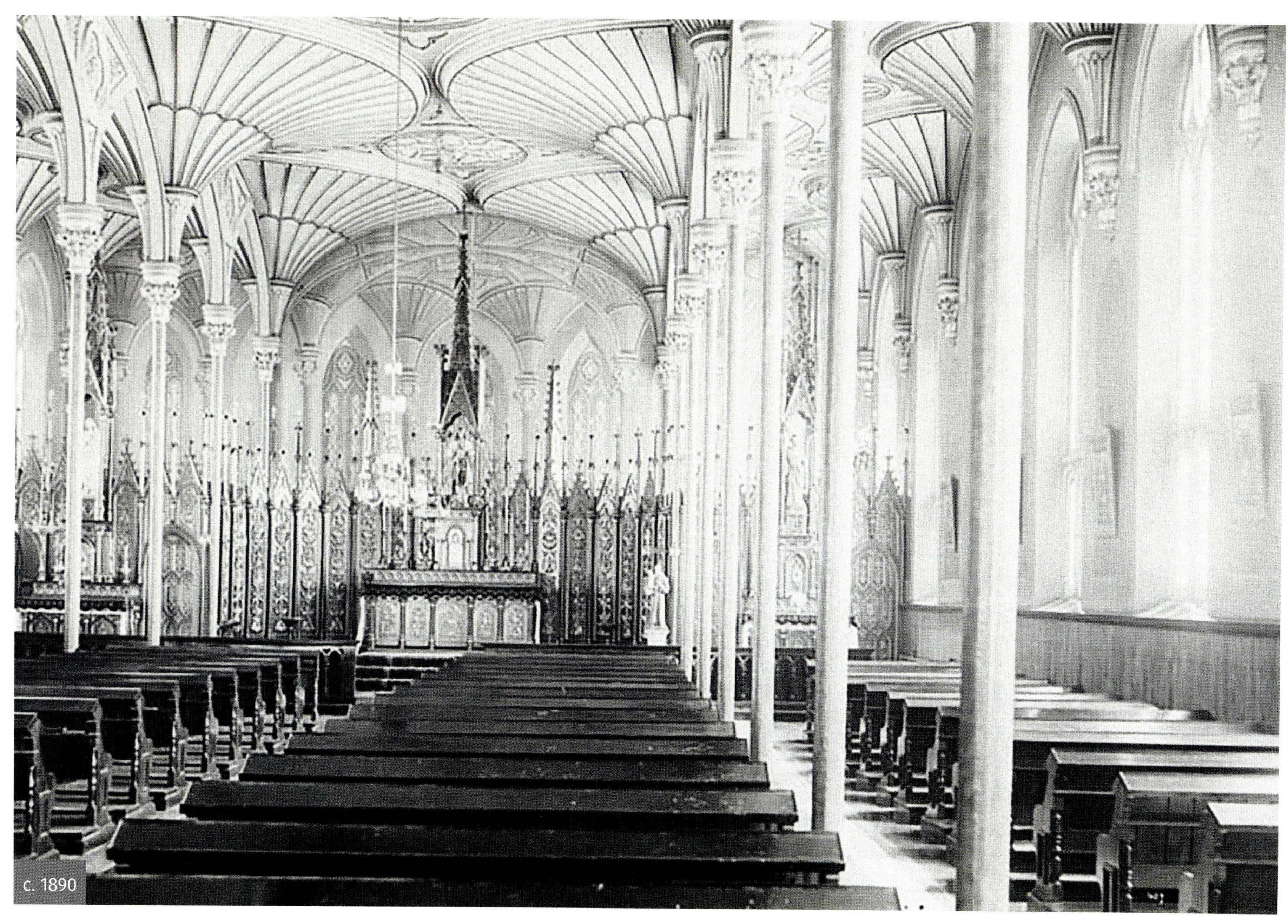
c. 1890

CHAPEL OF OUR LADY OF THE SACRED HEART CONVENT / THE RIDEAU CHAPEL

Rescued girls' school chapel becomes an art exhibit

THEN: For many Ottawa residents, a favourite glimpse into the city's past can be found in an unexpected location amid works of art ranging from the Masters to the Modern. The interior of Our Lady of the Sacred Heart on Rideau Street—an 1800s girls' convent school chapel—is now a permanent exhibit at the National Gallery of Canada. This magnificent space was created in 1888 by Georges Bouillon, a talented priest-architect—who appears not to have had any formal training in architecture—as an addition to the original chapel (constructed in 1869). The Rideau Chapel is an intimate and beautiful example of Neo-Gothic architecture, with soaring iron columns and decorative white fan vaults, constructed from wood instead of the more usual plaster or stucco, all accentuated by bright sections of robin's-egg blue.

AUTREFOIS: Pour beaucoup de résidents d'Ottawa, un aperçu de la ville ancienne très apprécié se trouve dans un lieu inattendu parmi des œuvres d'art des Maîtres jusqu'aux Modernes. L'intérieur de la Chapelle de Notre-Dame du Sacré-Cœur dans la rue Rideau – la chapelle d'un couvent converti en école de filles des années 1800 – est maintenant exposée en permanence au Musée des beaux-arts du Canada. Cet espace magnifique a été créé en 1888 par Georges Bouillon, prêtre et architecte talentueux dépourvu, semble-t-il, de formation officielle en architecture, pour servir d'annexe à la chapelle d'origine (construite en 1869). La Chapelle de la rue Rideau, dont les colonnes en fer s'élancent vers le ciel et les voûtes en éventail blanches décoratives sont faites de bois plutôt que du plâtre ou du stuc habituel, le tout accentué par des éléments éclatants en bleu-vert pâle, offre un bel exemple intime de l'architecture néogothique.

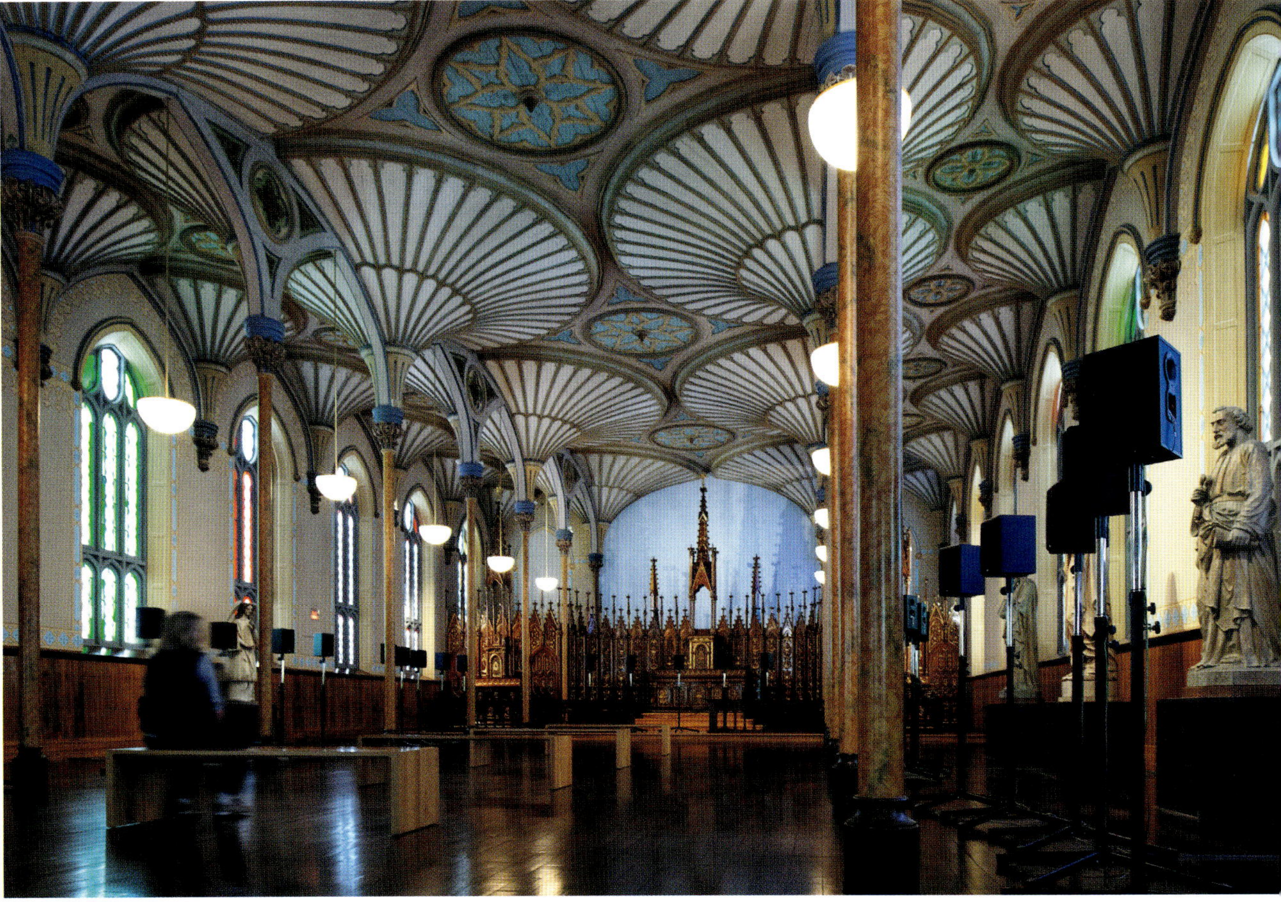

NOW: After the school's sale and pending demolition in the early 1970s, preservationists and various levels of government worked to rescue the chapel from destruction. They ensured its eventual careful dismantling and reconstruction as an exhibit at the National Gallery of Canada. The display is paired with Canadian artist Janet Cardiff's sound sculpture "The Forty Part Motet," in which forty speakers play a soaring choral work by sixteenth-century English composer Thomas Tallis, so that listeners sitting on benches—where church pews used to be—find themselves enveloped in waves of glistening sound.

AUJOURD'HUI: Après la vente et la démolition prévue de l'école au début des années 1970, des préservationnistes et divers ordres de gouvernement ont travaillé de concert pour empêcher la destruction de la chapelle. Ils en ont assuré le démantèlement et la reconstruction méticuleuse pour en faire une œuvre exposée au Musée des beaux-arts du Canada. L'installation est accompagnée de la sculpture sonore de l'artiste canadienne Janet Cardiff *The Forty Part Motet*, qui consiste en une œuvre chorale majestueuse du 16e siècle du compositeur anglais Thomas Tallis, diffusée par 40 haut-parleurs pour que les auditeurs assis sur les bancs – là où se trouvaient autrefois des bancs d'église – se sentent enveloppés par des vagues sonores scintillantes.

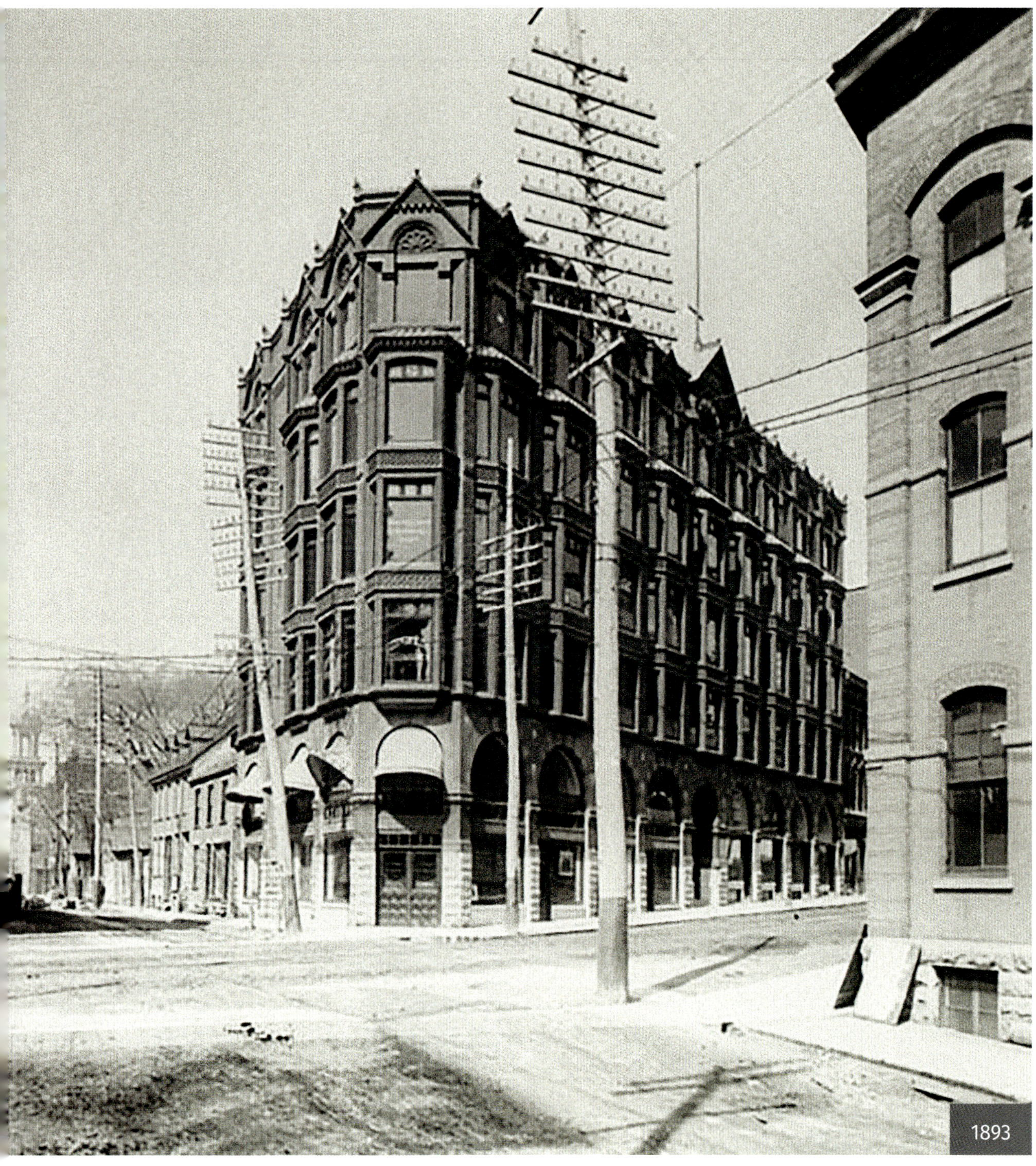
1893

CENTRAL CHAMBERS BUILDING

An eye-catching representative of Ottawa's Victorian era

THEN: Constructed during the early 1890s, for combined commercial and office use, the Central Chambers Building is an example of Montréal-based architect John James Browne's versatility of design. The visionary behind numerous Montréal structures—including a zoological garden in 1862 that encompassed animal compounds and a museum, and a hall for circuses, dress balls, and concerts—Browne experimented with innovative and showy designs.

For the Central Chambers Building, at the time one of the largest commercial structures in Ottawa, Browne's Queen Anne Revival design incorporated a highly decorative exterior of red brick and terracotta panels trimmed in white and—most notably—large oriel windows (a form of bay window that protrudes from a building but does not reach the ground) that permitted natural light to reach deep into its interior.

AUTREFOIS: Construit au début des années 1890 à des fins commerciales et administratives, l'Édifice Central est un exemple de la polyvalence de la conception de John James Browne, architecte basé à Montréal. Visionnaire responsable de nombreuses structures à Montréal, y compris un jardin zoologique créé en 1862 qui comportait non seulement des enceintes pour animaux, mais aussi un musée et une salle pouvant accueillir des cirques, des bals et des concerts, Browne expérimentait des conceptions innovatrices.

Dans le cas de l'Édifice Central, l'une des structures commerciales les plus grandes d'Ottawa à l'époque, la conception néo-Queen Anne de Brown intégrait un extérieur très orné composé de brique rouge, de panneaux en terre cuite bordés de blanc et, notamment, de grands oriels (sorte de baie vitrée en saillie qui ne touche pas le sol) laissant pénétrer davantage de lumière naturelle à l'intérieur.

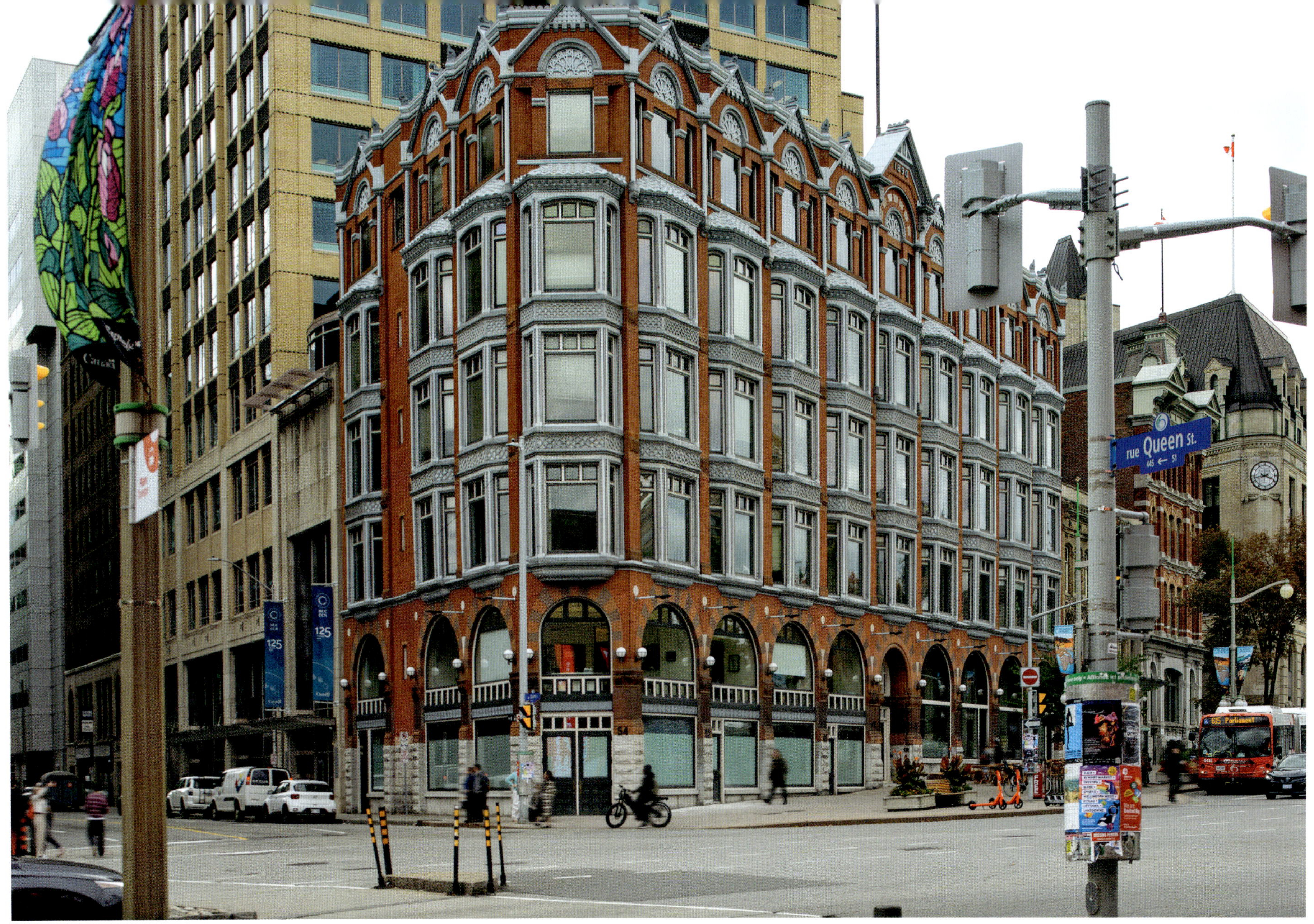

NOW: The Central Chambers Building was designated as a national historic site in 1990 owing to the beauty and harmony of its ornamental features, and its location on one of Ottawa's most prestigious ceremonial sites: Confederation Square. From the square the striking building can be viewed at differing vantage points. Although the interior has been modernized, the exterior remains relatively unchanged since its creation. It now houses the offices of Ottawa's National Capital Commission, which also owns the building—an appropriate tenant given the federal Crown corporation's mandate to ensure "Canada's Capital is a dynamic and inspiring source of pride for all Canadians."

AUJOURD'HUI: L'Édifice Central a été désigné lieu historique national en 1990 en raison de la beauté et de l'harmonie des éléments ornementaux et de son emplacement sur l'un des sites cérémoniels les plus prestigieux d'Ottawa : la Place de la Confédération. La place offre divers points de vue de cet édifice remarquable. L'intérieur a été modernisé, alors que l'extérieur reste relativement inchangé depuis sa création. De nos jours, l'édifice abrite les bureaux de la Commission de la capitale nationale d'Ottawa, propriétaire de l'édifice et occupant approprié vu le mandat de cette société d'État fédérale d'assurer que « la capitale du Canada soit une source dynamique et inspirante de fierté pour tous les Canadiens ».

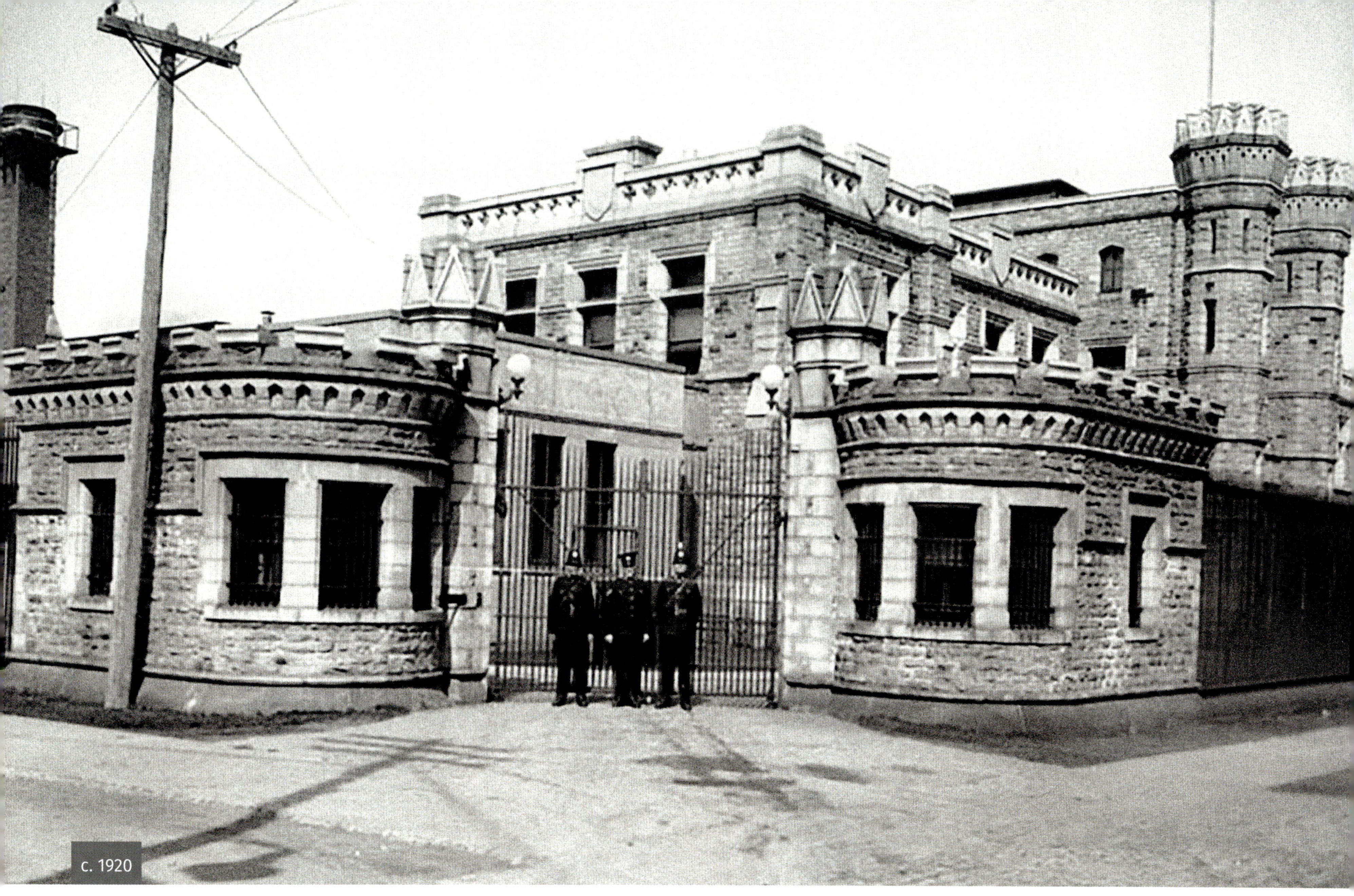

c. 1920

ROYAL CANADIAN MINT

One of Canada's most notable designers provides a building for minting currency

THEN: Until 1907 Canada did not produce its own coins. Instead, minting happened in England. A desire for greater agency over this process led to the opening in 1908 of an Ottawa Branch of Britain's Royal Mint. In designing the building, chief architect David Ewart brought to Ottawa the rock-clad, turreted look of the Scottish castles in his homeland. He is also responsible for the similarly castle-like look of the Victoria Memorial Museum, and the Connaught Building. In 1931 the Mint became a sovereign Canadian institution—renamed the Royal Canadian Mint. While mainly producing coins throughout its history, during World War I its operations included the production of gun parts.

AUTREFOIS: Jusqu'en 1907 le Canada n'émettait pas sa propre monnaie, car la monnaie était frappée en Angleterre. Le désir de contrôler d'avantage ce processus a conduit à l'ouverture en 1908 d'une succursale à Ottawa de la Monnaie royale de la Grande Bretagne. En dessinant l'édifice, l'architecte en chef, David Ewart, a reproduit à Ottawa le style des châteaux écossais de son pays natal composés de tourelles et recouverts de pierres. Il est aussi responsable de l'allure de château similaire du Musée-Commémoratif-Victoria et de l'édifice Connaught. En 1931, la Monnaie est devenue une institution canadienne indépendante — rebaptisée la Monnaie royale canadienne. Alors qu'elle a frappé surtout de la monnaie pendant toute son histoire, pendant la Première Guerre mondiale elle a produit aussi des pièces d'armes à feu.

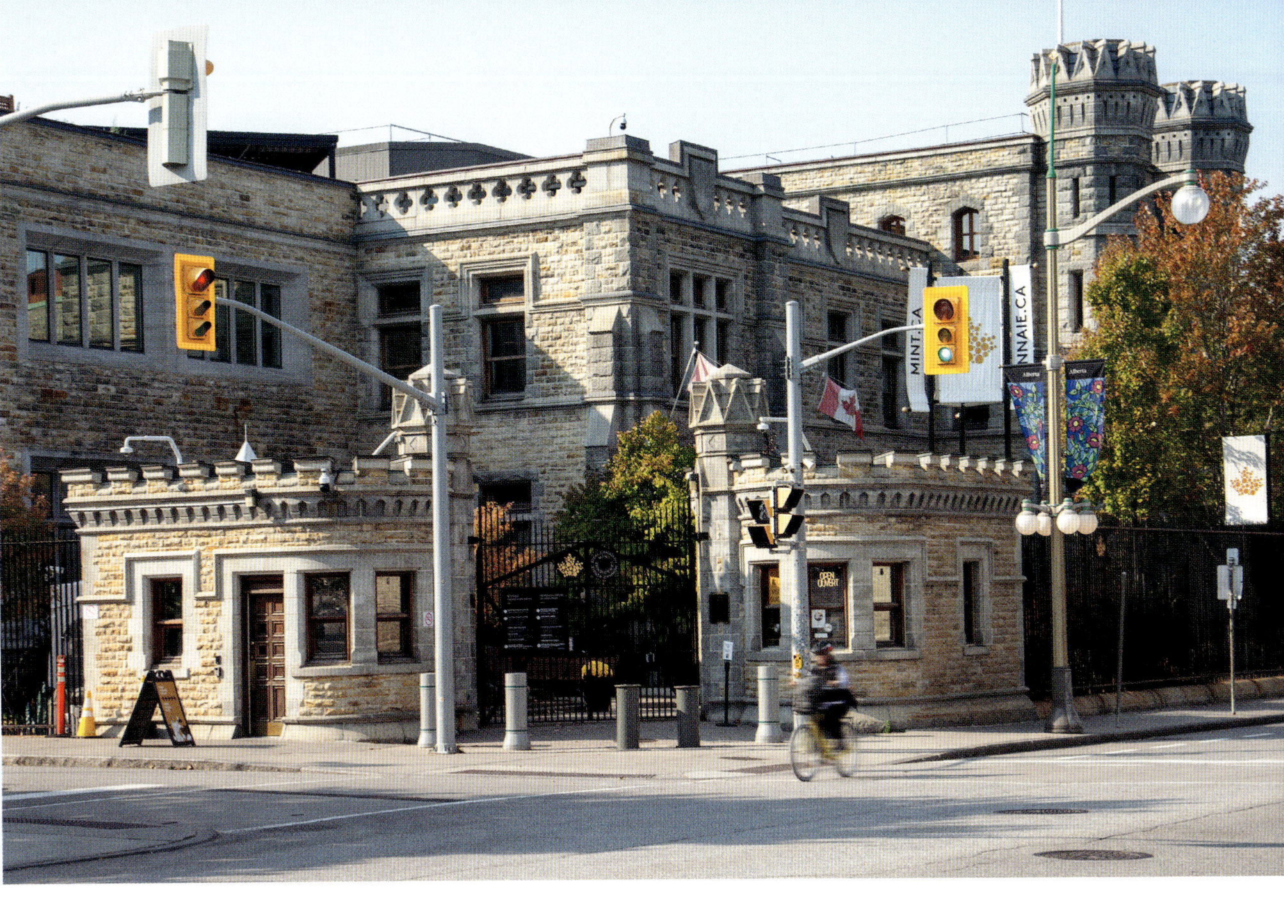

BELOW: David Ewart oversaw the addition of many new buildings to Ottawa, during his time as the federal government's chief architect from 1897 to 1914, and then as "dominion consulting architect" (a position invented for Ewart) until his death in 1921.

CI-DESSOUS: David Ewart a géré la construction de nombreux édifices nouveaux à Ottawa pendant son service d'architecte en chef du gouvernement fédéral de 1897 à 1914, puis en tant qu'« architecte-conseil de la dominion » (un poste inventé pour lui) jusqu'à son décès en 1921.

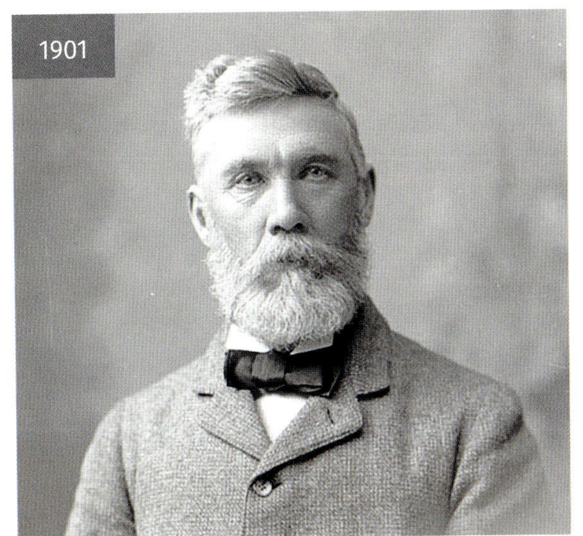

NOW: By the mid-1970s production of general circulation coins had shifted to the Winnipeg Mint in Manitoba, with the Ottawa Mint focusing on specialty coins and mementos. In 2004, the Ottawa Mint produced the world's first coloured circulation coin—a quarter featuring a red poppy embedded in the centre of a Maple Leaf, in homage to members of the Canadian military who died serving the nation—and in 2010 created medals for the Vancouver Olympics.

It was one set of five gold coins, produced by the mint, that achieved the most renown—Canada's "Big Maple Leaf." These massive coins each weigh 100 kilograms with a face value of one million Canadian dollars, and earned an entry in the 2007 *Guinness Book of World Records* for their 99.999 per cent gold purity, making Canada's Mint the first to achieve this level.

AUJOURD'HUI: Vers le milieu des années 1970, la production de pièces de monnaie en circulation a été transférée à la Monnaie de Winnipeg au Manitoba pendant que la Monnaie d'Ottawa se consacrait aux pièces de monnaie et aux souvenirs spéciaux. En 2004, la Monnaie d'Ottawa a produit la première pièce colorée en circulation — une pièce de 25 cents comprenant un coquelicot rouge serti au milieu d'une feuille d'érable pour rendre hommage aux membres du militaire canadien morts au service de la nation ; en 2010, elle a créé les médailles des Jeux olympiques de Vancouver.

Un ensemble de cinq pièces de monnaie produit par la Monnaie est devenu sa production la plus célèbre : l'« Imposante Feuille d'érable » du Canada. Ces pièces immenses, dont chacune pèse 100 kilogrammes et possède une valeur nominale d'un million de dollars canadiens, sont entrées dans le Guinness Book of World Records de 2007 en raison de la pureté de l'or qui s'élève à 99,999 pour cent, un niveau atteint pour la première fois au monde par la Monnaie canadienne.

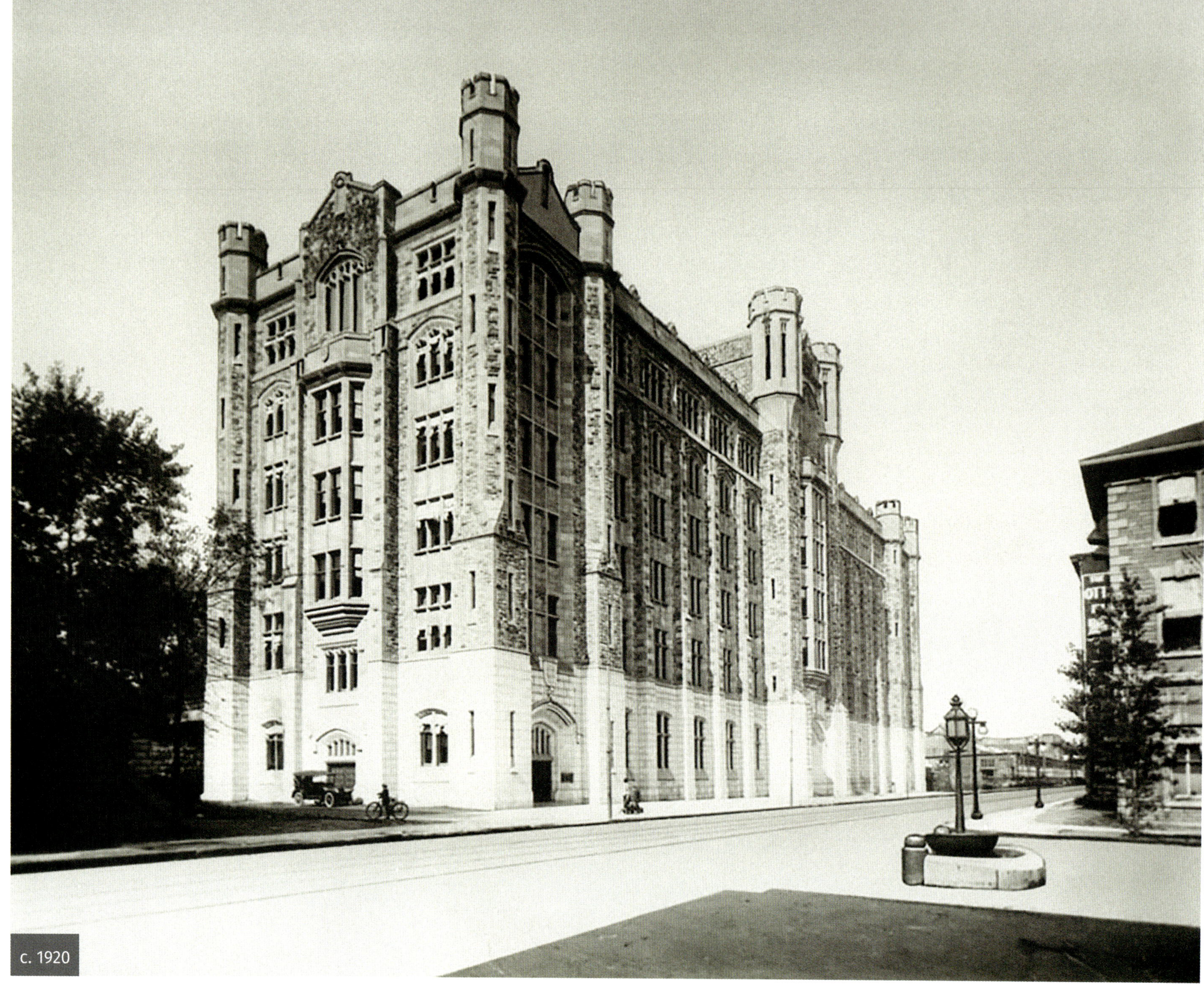
c. 1920

CONNAUGHT BUILDING

This castle-like building in downtown Ottawa is named for the brother of a king

THEN: The Connaught Building's striking appearance reflects Prime Minister Sir Wilfrid Laurier's wish to create a certain look for downtown Ottawa—one complementary to its stunning Gothic-styled Parliament Buildings. In achieving this look, David Ewart, chief architect of the Federal Department of Public Works, employed a combination of Gothic and Tudor Revival features. Utilizing distinctive castellated turrets, carved embellishments, and elaborate ornamental borders for the doors and windows, Ewart considered the end result to be his best work for the city.

Construction began in 1913, but was slowed considerably due to the Great War. When the building was finally completed in 1916, it was named after the then sitting Governor General—His Royal Highness Prince Arthur, Duke of Connaught, the seventh child of Queen Victoria and brother to King Edward VII. Arthur served as Governor General of Canada from 1911 to 1916, the only member of the British royal family to have served the country in this capacity.

AUTREFOIS: L'aspect impressionnant de l'édifice Connaught reflète le souhait du premier ministre sir Wilfrid Laurier de créer une certaine allure pour le centre-ville d'Ottawa qui complèterait le style gothique des fabuleux édifices du Parlement. Pour créer cette allure, David Ewart, architecte en chef du ministère fédéral des travaux publics, a combiné les caractéristiques des styles néogothique et néo-Tudor. Ayant utilisé des tourelles crénelées distinctives, des embellissements sculptés et des encadrements ornementaux détaillés pour les portes et fenêtres, Ewart jugeait que le résultat final représentait son chef d'œuvre dans la ville.

La construction, entamée en 1913, a été sérieusement ralentie à cause de la Grande Guerre. Une fois la construction terminée en 1916, l'édifice a été nommé en l'honneur du gouverneur général en fonction : Son Altesse Royale le prince Arthur, duc de Connaught, septième enfant de la reine Victoria et frère du roi Édouard VII. Arthur a servi de gouverneur général du Canada entre 1911 et 1916, le seul membre de la famille royale britannique à avoir rendu service à son pays à ce titre.

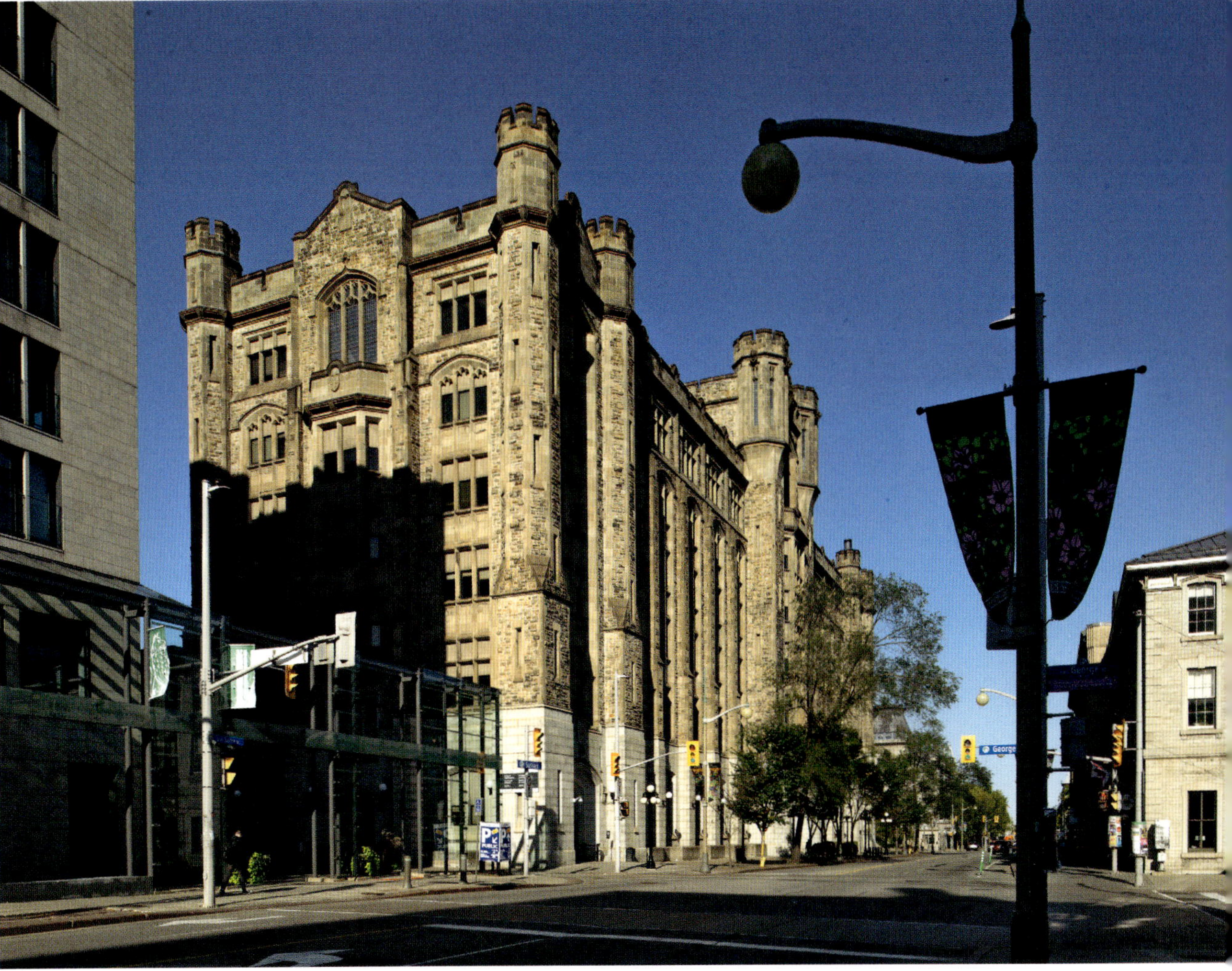

NOW: The building was added to the National Historic Site registry in 1990 as a "tangible expression of Sir Wilfrid Laurier's commitment to the enhancement of architecture in the National Capital." Located near the Château Laurier Hotel, Major's Hill Park, the Parliament Buildings, and the United States Embassy to Canada, it currently serves as the headquarters for Canada's Revenue Agency.

AUJOURD'HUI: En 1990, l'édifice a été ajouté au Répertoire canadien des lieux patrimoniaux « parce qu'il concrétise l'engagement de sir Wilfrid Laurier de rehausser l'architecture de la capitale nationale ». Situé près de l'hôtel Château Laurier, du parc Major's Hill, des édifices du Parlement et de l'ambassade des États-Unis, il sert à l'heure actuelle de siège social de l'Agence du revenu du Canada.

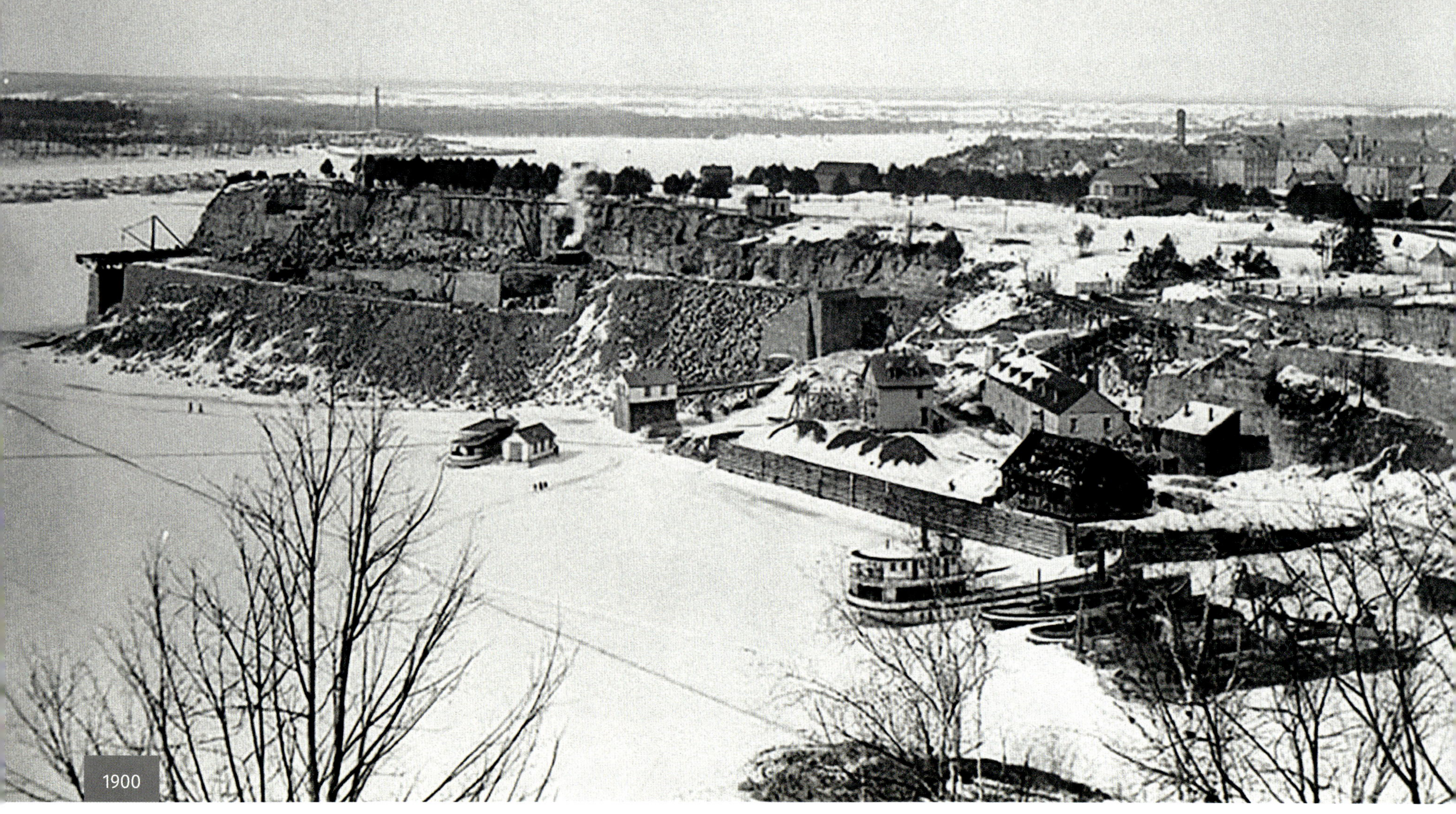
1900

NATIONAL GALLERY OF CANADA

After a century of wandering, the national art collection finally gets a permanent home

THEN: Devoid of a permanent home for over one hundred years, Canada's national art collection was displayed in borrowed spaces. The collection came into existence in 1880 with the founding of the Royal Canadian Academy of Arts. Their first exhibition took place on March 6 at the Clarendon Hotel (on the corner of Sussex Street and George Street) in Ottawa's ByWard Market area. Over time the collection shifted to a variety of different locations, including the former Supreme Court of Canada building, and—most famously—shared accommodations with the dinosaur fossils at the Victoria Memorial Museum Building. In the 1980s, though, the dramatic cliff-sides of Kìwekì Point (then called Nepean Point) became home to the collection, and one of the largest art museums in North America.

AUTREFOIS: Sans lieu d'attache permanent pendant plus de 100 ans, la collection nationale des beaux-arts du Canada était exposée dans des endroits empruntés. Créée en 1880 lors de la fondation de l'Académie royale des arts du Canada, la collection a présenté sa première exposition le 6 mars dans l'hôtel Clarendon (au coin de la promenade Sussex et de la rue George) dans le quartier du marché By d'Ottawa. Au fil du temps, la collection a dû se déplacer dans divers endroits, y compris dans l'ancien bâtiment de la Cour suprême du Canada et, notamment, dans le Musée-commémoratif-Victoria, où elle partageait l'espace avec les fossiles de dinosaures. Pourtant, au cours des années 1980, les falaises spectaculaires de la pointe Kìwekì (appelée à l'époque la pointe Nepean) ont accueilli la collection ainsi que l'un des musées de beaux-arts les plus grands de l'Amérique du Nord.

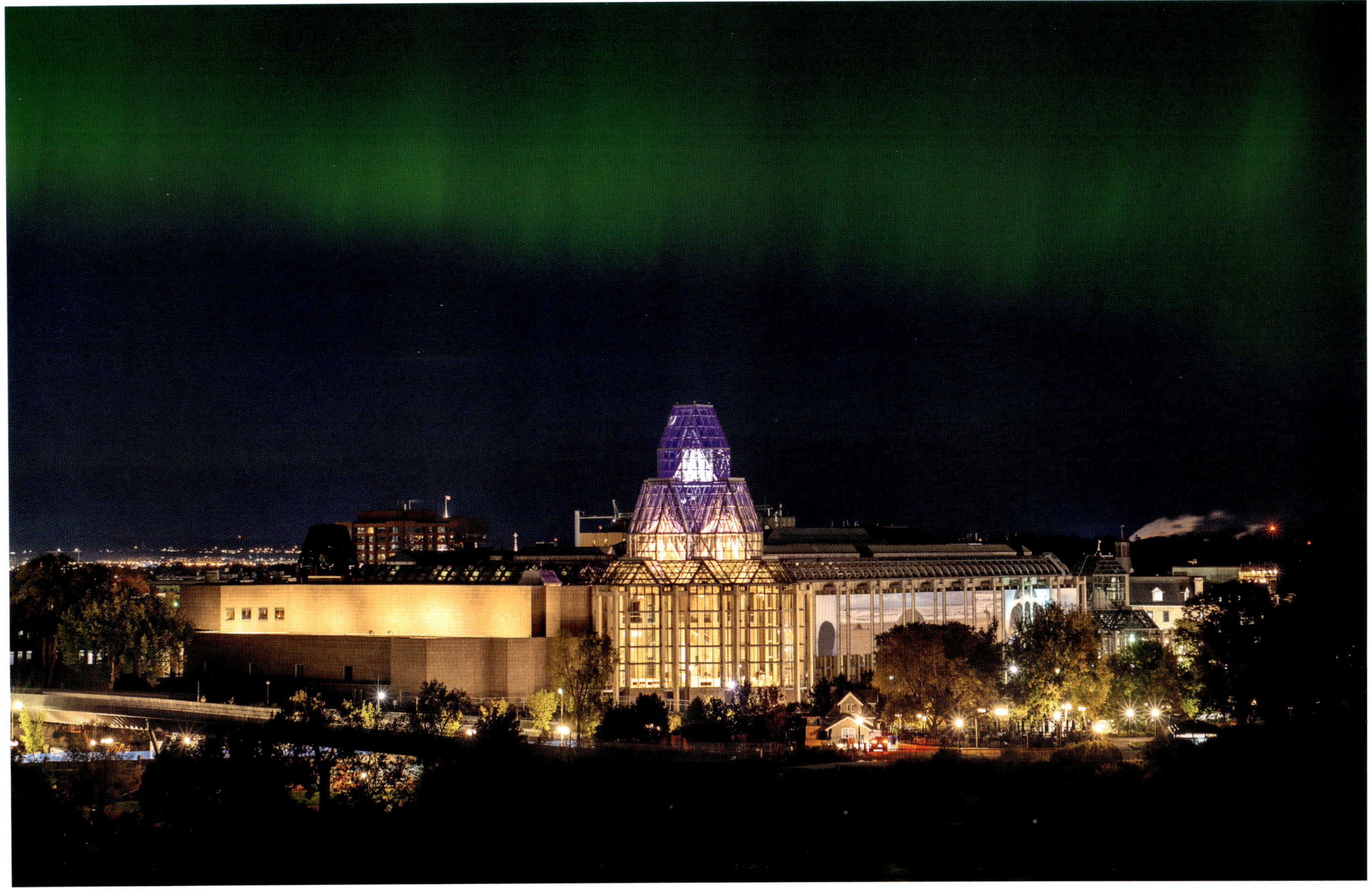

NOW: The commission for the flagship building, that would finally give a permanent home to the nation's wandering art collection, went to Montréal-based architect Moshe Safdie. Celebrated for his Habitat '67 prefabricated buildings, created for Expo 67, Safdie designed the building with a towering glass and granite central atrium intended to echo the wedding-cake design of the Library of Parliament, which can be seen through the Gallery's windows.

AUJOURD'HUI: La commande pour le bâtiment phare, destiné à finalement abriter définitivement la collection nationale des beaux-arts itinérante, a été confiée à l'architecte Moshe Safdie basé à Montréal. Célébré pour ses logements préfabriqués Habitat '67 créés pour l'Expo67, Safdie a conçu un bâtiment avec un atrium central imposant en granit et en verre, évoquant la conception « gâteau de mariage » de la Bibliothèque du Parlement, visible depuis les vitres du musée.

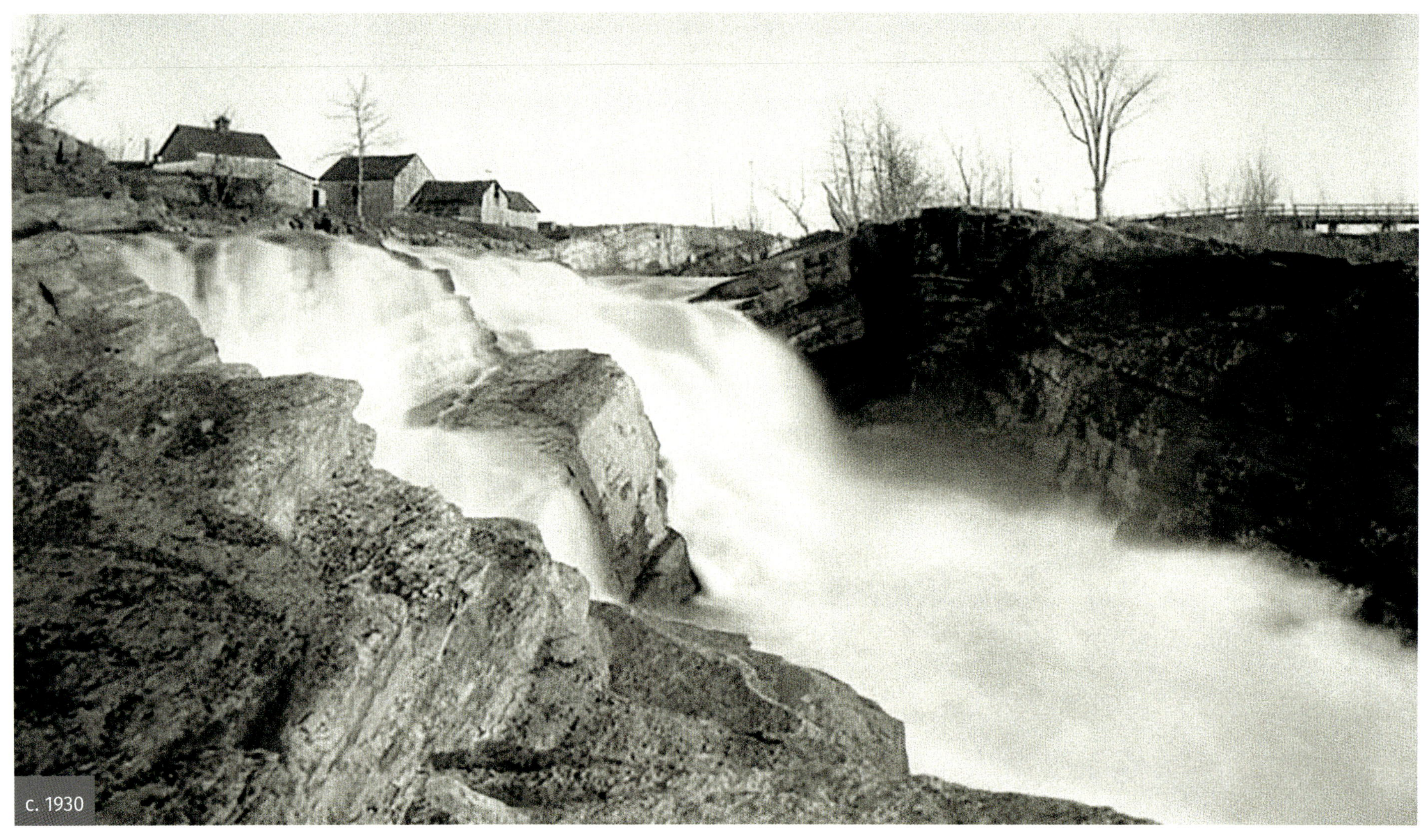
c. 1930

HOG'S BACK FALLS / HOG'S BACK PARK

A once daunting challenge to the Rideau Canal's construction becomes a bustling park

THEN: Along the peaceful Rideau River once existed a stretch of rapids called Three Rock Rapids. To early observers, however, the curve of a rocky ridge in the rapids looked like the back of a giant hog, giving the area its better-known name—Hog's Back. For engineer Lieutenant-Colonel John By, this whimsically named location was one of the most challenging he encountered while constructing the Rideau Canal waterway.

The area needed a dam, and stone seemed the obvious choice of material. The first dam was nearly washed away by spring flooding in 1828, and the reconstruction sprang a leak in 1829. While By stood on top of the dam—with forty men trying to repair it—he felt the earth rumble and ordered his men to run, the stones falling from under their feet as they fled the collapsing structure. After a third attempted dam collapsed, By switched to wood instead of stone, and found success. This successful dam created a new water feature: the man-made Hog's Back Falls.

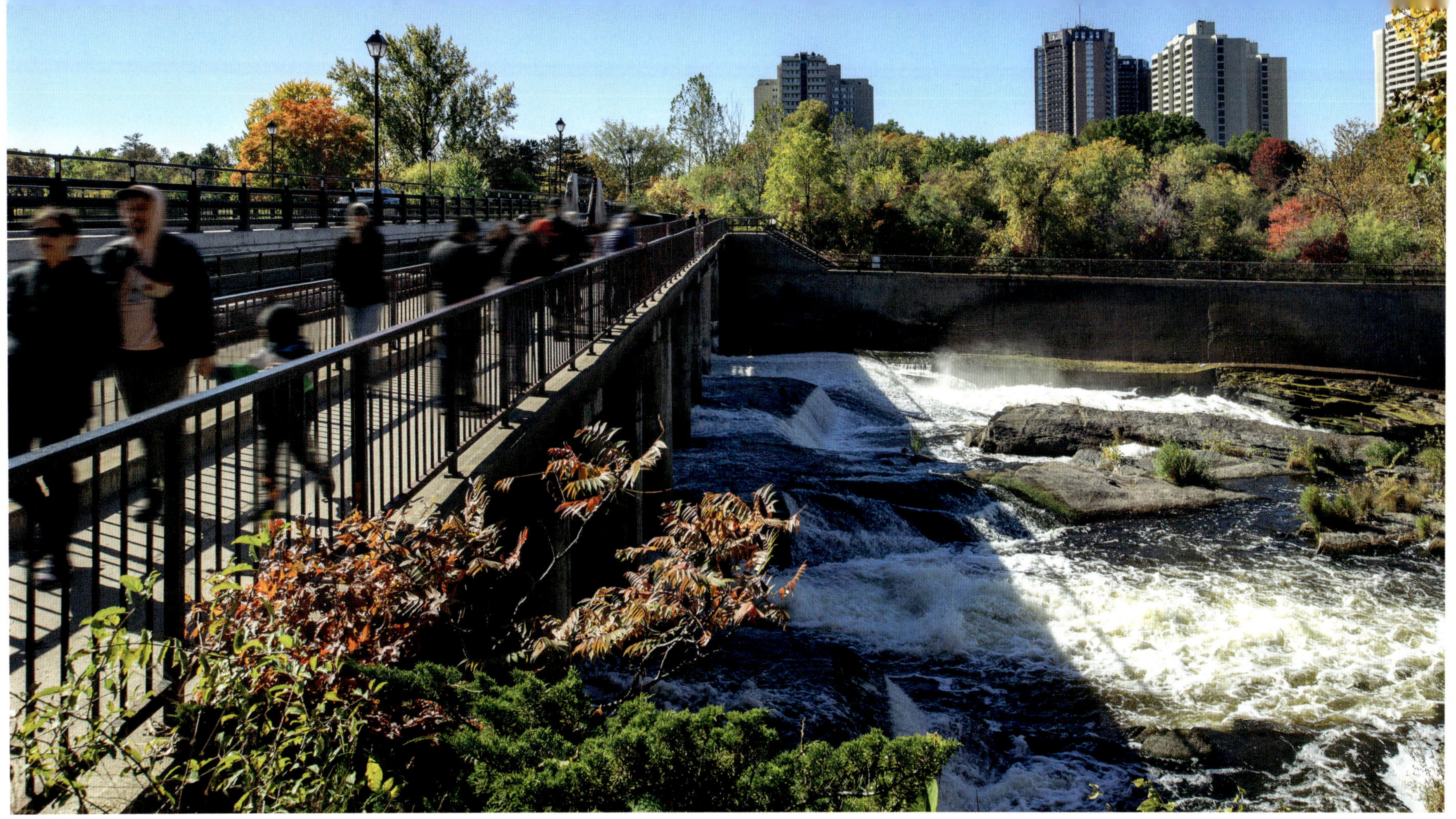

AUTREFOIS: Il existait autrefois, dans la paisible rivière Rideau, une série de rapides appelées Three Rock. Pourtant, aux yeux des premiers observateurs, la courbe créée par une crête rocheuse dans les rapides ressemblait au dos d'un énorme cochon, ce qui a valu au lieu le nom par lequel il est surtout connu — Hog's Back. Pour le lieutenant-colonel John By, ingénieur, ce lieu au nom insolite représentait l'un des plus grands défis qu'il ait rencontrés lors de la construction de la voie navigable du canal Rideau.

La région avait besoin d'un barrage, et le choix de la pierre comme matériau semblait le plus évident. Le premier barrage a failli être emporté par des inondations printanières en 1828 ; le barrage reconstruit a présenté des fuites en 1829. Alors que le colonel By s'y tenait debout —pendant que 40 hommes essayaient de le réparer — il a senti la terre gronder et a ordonné à ses hommes de courir, les pierres s'écroulant de sous leurs pieds pendant qu'ils fuyaient. Après l'effondrement d'une troisième tentative de barrage, le colonel By a remplacé la pierre par le bois et a eu du succès. Ce barrage réussi a créé un nouveau détail hydrographique : la cascade artificielle de Hog's Back.

NOW: Over the years, the Hog's Back Dam has continued to require repairs (the last major rehabilitation project occurring in the early 2020s). During the 1950s, the Hog's Back area was developed into a park, and in 1955 a distinctive wood and steel refreshment stand opened that, with its high red central pinnacle and "folded-plate" polygonal roof, looks like an umbrella in the act of unfurling. The refreshment stand was designated a historic building in 1997 for being a good example of "festival architecture of the 1950s," and for its situation "overlooking the majestic Hog's Back Falls."

AUJOURD'HUI: Au fil des ans, le barrage de Hog's Back continue à devoir être réparé (le dernier projet de réhabilitation important a été réalisé au début des années 2020). Pendant les années 1950, la région de Hog's Back a été transformée en un parc et, en 1955, un kiosque de rafraîchissements remarquable s'est ouvert. Construit de bois et d'acier, avec un pinacle rouge central et un « toit en contreplaqué à planche pliée » polygonal, il ressemble à un parapluie qui s'ouvre. Le kiosque de rafraîchissements a été désigné lieu patrimonial en 1997 en tant que bel exemple de « l'architecture festive des années 1950 » et pour son emplacement « en surplomb de la majestueuse cascade Hog's Back ».

BILLINGS ESTATE / BILLINGS ESTATE MUSEUM

Ottawa's oldest surviving house barely escaped destruction

THEN: When Massachusetts-born Braddish Billings settled in the region, in 1812, Ottawa's south end was still countryside. Here, using money earned in the timber trade, Billings built a log cabin and established a farm. In 1823, he constructed a sawmill on a creek running through his property.

During the late 1820s, with assistance from specialized artisans from New England, Billings erected a magnificent wooden house in a classically inspired Georgian style. He went on to further modify this over the years. Around the same time as Billings built his grand home, a bridge was constructed nearby over the Rideau River, leading the area to become known as "the Village of Billings Bridge."

AUTREFOIS: Lorsque Braddish Billings, né au Massachusetts, s'est établi dans la région en 1812, l'extrémité sud d'Ottawa était encore à l'état sauvage. C'est ici, grâce à l'argent gagné dans le commerce du bois d'œuvre, que Billings a construit une cabane en bois rond, a créé une ferme et, en 1823, a bâti une scierie sur un ruisseau qui traversait sa propriété.

Vers la fin des années 1820, avec l'aide d'artisans spécialisés de la Nouvelle-Angleterre, Billings a bâti une magnifique maison en bois dans le style néoclassique géorgien et l'a modifiée au fil des ans. Vers l'époque où Billings construisait sa grande maison, un pont enjambant la rivière Rideau a été érigé à proximité. En conséquence, le quartier était connu comme « le Village de Billings Bridge ».

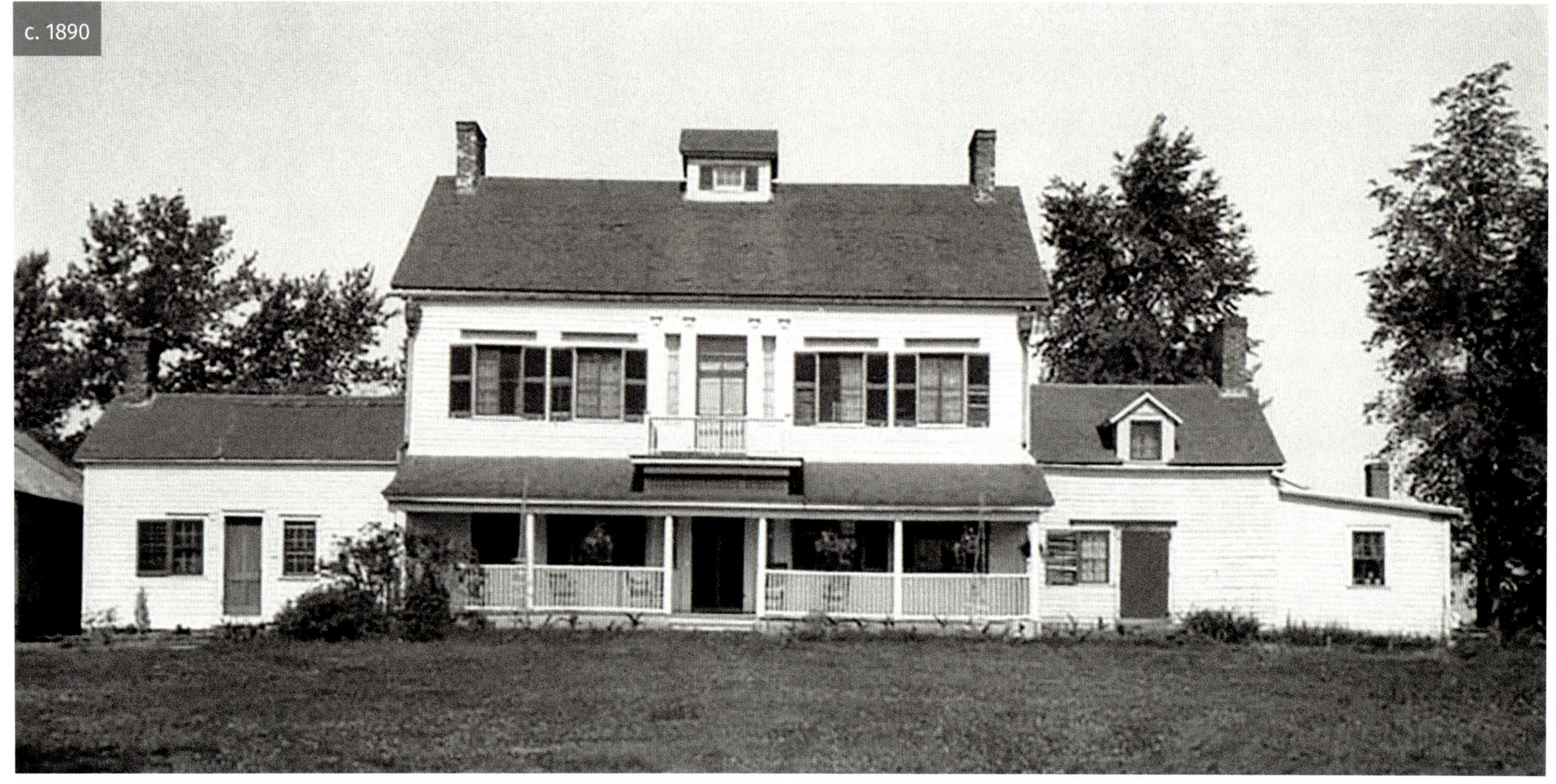
c. 1890

NOW: In 1950, the Village of Billings Bridge was amalgamated into the City of Ottawa; and in 1968 the Billings Estate was designated a national historic site. Despite this, in 1969 a development group optioned the property with the intention of demolishing the house. Concerned locals advocated to save it and were successful. The preservation which followed was described by the co-founder of Heritage Ottawa as "the longest and most emotional struggle ever" surrounding a heritage building dating from Ottawa's roots. Eventually in 1975, the City of Ottawa purchased the Billings house and grounds, creating the Billings Estate Museum.

In the over 200 years since Billings first moved to the region, his legacy has persisted: in the "Billings Bridge" shopping mall, the neighbourhood of Billings Bridge, and in the bridge itself, which was rebuilt in 1916. The creek where his sawmill stood is now a charming beaver and fish-filled waterway known as "Sawmill Creek," still enjoyed by Ottawa's south end residents.

AUJOURD'HUI: En 1950, le Village du Billings Bridge a fusionné avec la Ville d'Ottawa. En 1968, le domaine Billings a été désigné un lieu historique national. En dépit de cette désignation, en 1969 un groupe de développeurs, dont l'objet était de démolir la maison, a pris une option sur la propriété. Les efforts de citoyens locaux inquiets de la conserver ont réussi. Le co-fondateur de Patrimoine Ottawa a décrit la préservation subséquente comme « le combat le plus long et le plus émotif qui ait jamais été entrepris » concernant un immeuble patrimonial datant des racines d'Ottawa. Finalement, en 1975, la Ville d'Ottawa a acheté la maison Billings ainsi que la propriété, créant ainsi le Musée du domaine Billings.

Au cours des plus de 200 ans écoulés depuis que Billings s'est établi dans la région, son legs persiste : dans le Billings Bridge Shopping Centre, le quartier de Billings Bridge et le pont lui-même, construit en 1916. Le ruisseau où se situait la scierie est connu de nos jours sous le nom de Sawmill Creek, un bassin hydrographique charmant rempli de castors et de poissons que les résidents de l'extrémité sud d'Ottawa continuent d'apprécier.

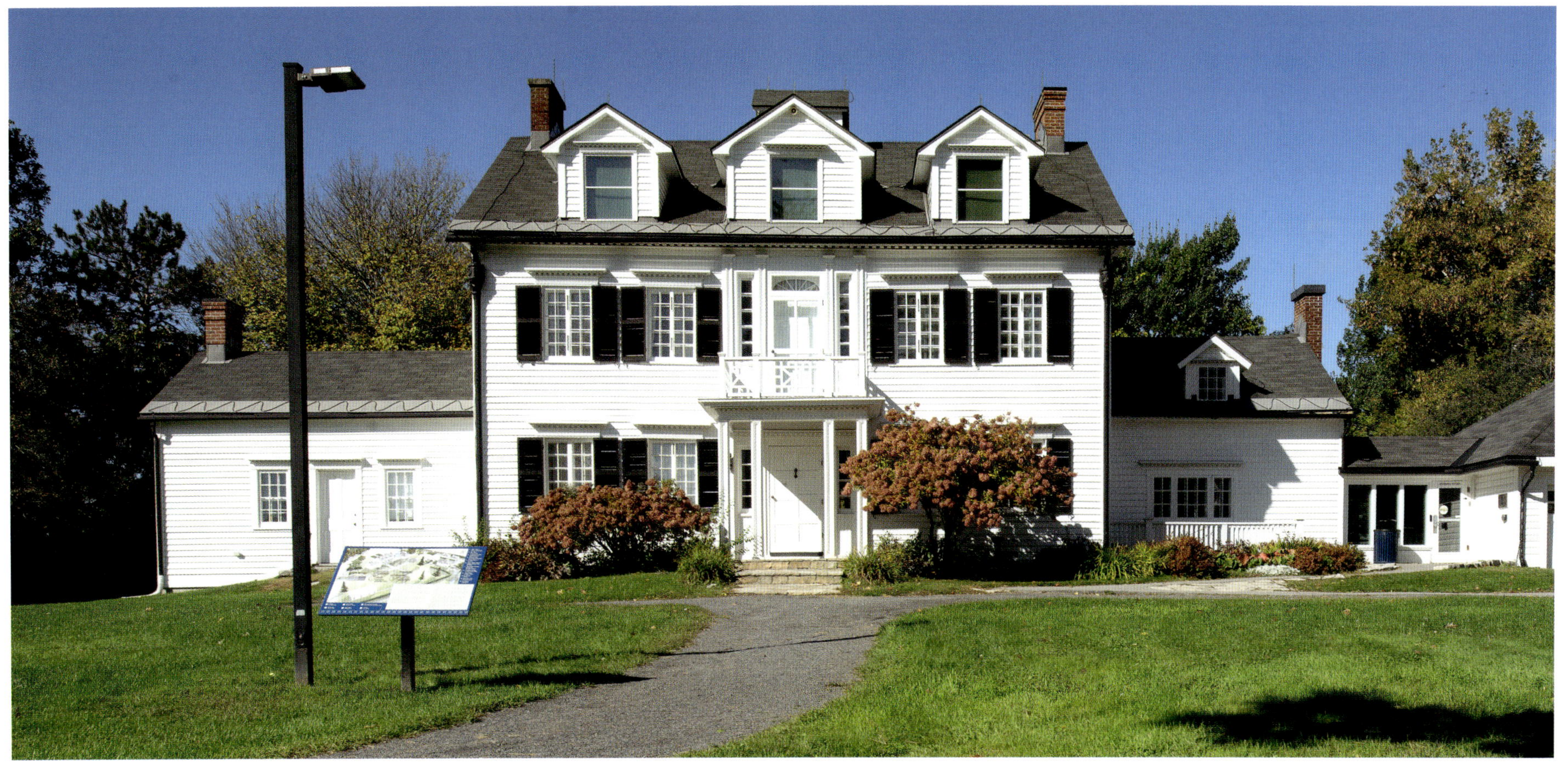

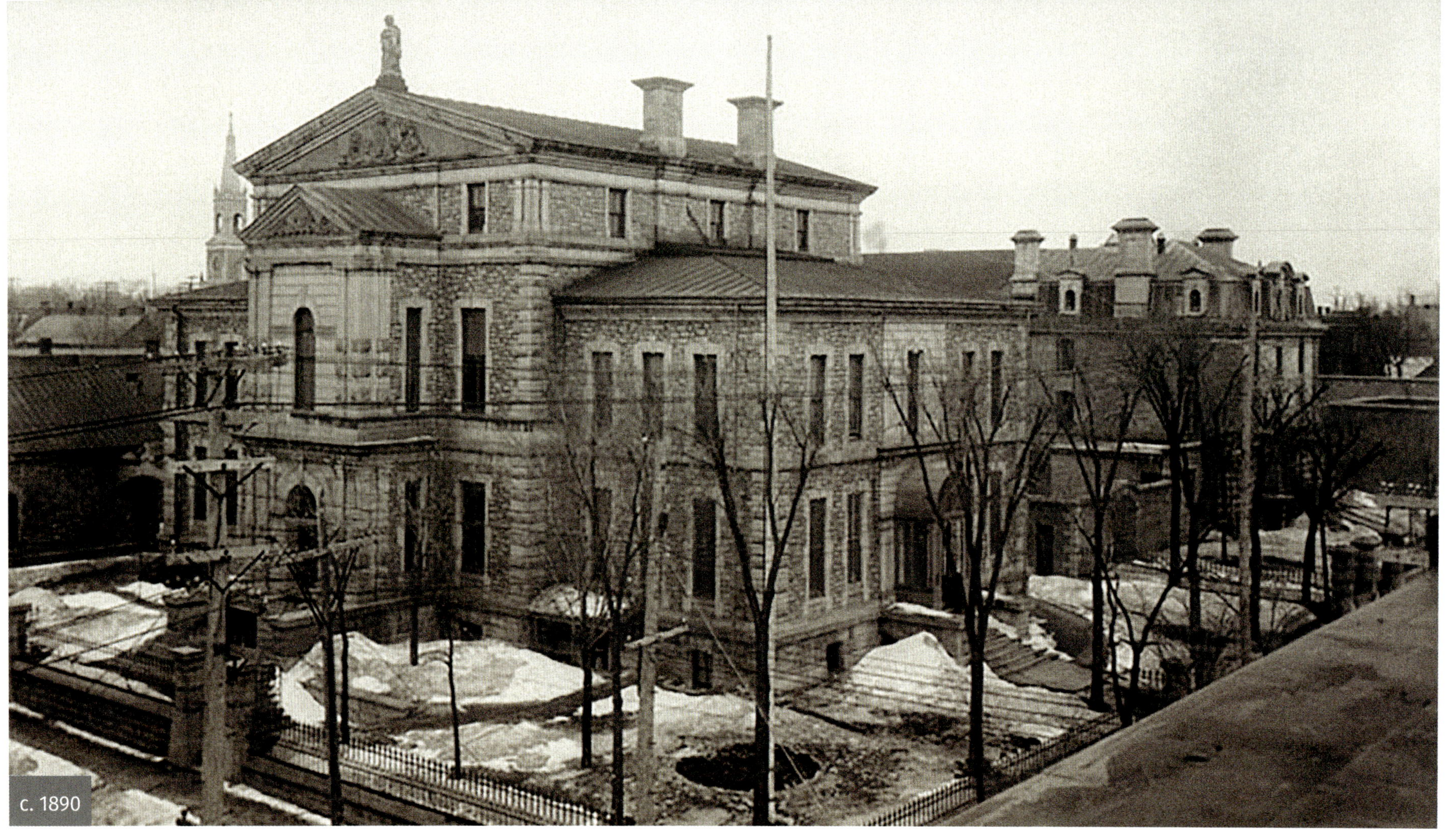

CARLETON COUNTY COURTHOUSE / OTTAWA ARTS COURT

The courthouse transformed into a centre for creativity

THEN: The site of Carleton County Courthouse has been the location for justice and punishment since the earliest days of Ottawa's history. Constructed between 1870 and 1871, this classically inspired, limestone courthouse was designed by Ottawa-based architect Robert Surtees, to sit beside the Carleton County Gaol. Resembling a Roman temple, Surtees's building replaced a previous courthouse built on the same site, in 1842, by stonemason Thomas McKay, who also constructed the Commissariat Building—the oldest extant stone building in Ottawa.

Surtees later became the City Engineer for Ottawa, overseeing the development of the main city sewer system. In 1900, the architect became an advisor to the Ottawa Improvement Commission and is credited with, among other things, planning the scenic driveway leading to the Experimental Farm and designing the picturesque Minto Bridges.

AUTREFOIS: Le site du palais de justice du comté Carleton abritait l'administration de la justice et de la punition depuis les débuts de l'histoire d'Ottawa. Construit entre 1870 et 1871, ce palais de justice néoclassique en pierre calcaire a été conçu par l'architecte Robert Surtees, basé à Ottawa, pour prendre sa place à côté de la prison du comté Carleton. L'édifice de Surtees, qui ressemble à un temple romain, a remplacé le palais de justice précédent érigé sur le même site en 1842 par le maçon en pierres Thomas McKay, qui a aussi construit le Bâtiment de l'intendance — l'édifice en pierre le plus ancien encore debout à Ottawa.

Plus tard, Surtees, devenu l'ingénieur municipal d'Ottawa, a géré le développement du principal système d'égouts de la ville. En 1900, l'architecte est devenu conseiller à la Commission d'embellissement d'Ottawa ; on lui attribue, entre autres, la planification de la route panoramique menant à la Ferme expérimentale et la conception des pittoresques ponts Minto.

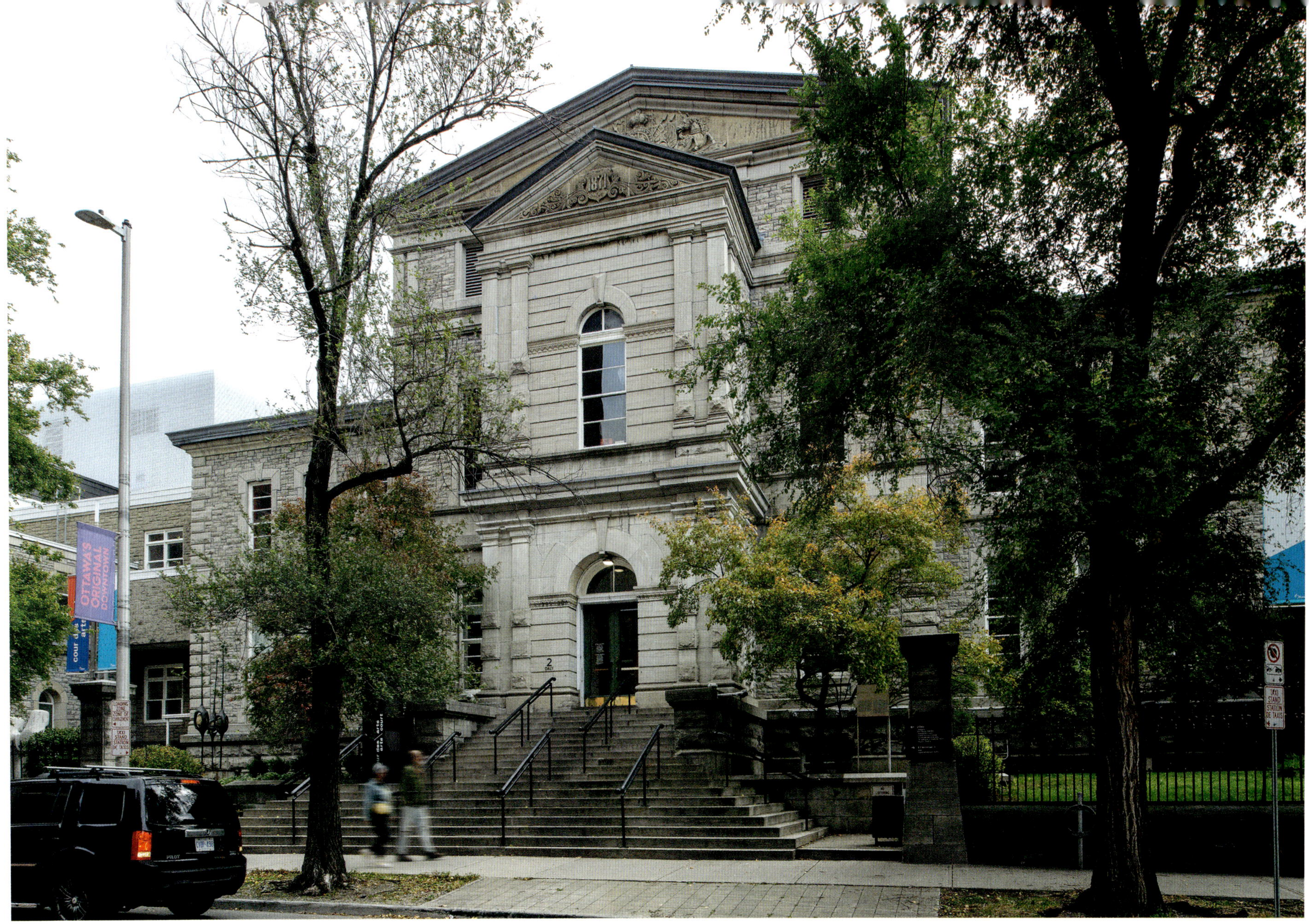

NOW: In 1978, the courthouse was designated as a historic building. The site was entrusted to the Ottawa Arts Court Foundation in 1985, which reinvented the space as a municipal arts centre, called Ottawa Arts Court. As of 2025, the Arts Court's tenants included "Artengine," an artist-run inspiration factory; the Canadian Film Institute; and Ottawa Dance Directive, which supports dance making and performance.

The building is also the headquarters for the Ottawa Fringe Festival, and the Fresh Meat Fest for emerging artists. Filled with creatives and their acts, a building that was once associated with sentencing and imprisonment has come to symbolize invention and freedom.

AUJOURD'HUI: En 1978, le palais de justice a été désigné édifice historique. En 1985, le site a été confié à la fondation de la Cour des arts d'Ottawa, qui a réinventé l'espace comme un centre d'art municipal appelé la Cour des arts d'Ottawa. À partir de 2025, parmi les locataires de la Cour des arts figurent « Artengine », une fabrique d'inspiration dirigée par des artistes ; l'Institut Canadien du film ; et le Centre de danse contemporaine, qui soutien la création et la présentation de danses.

Cet édifice sert également de siège social au Festival Ottawa Fringe et au Fresh Meat Fest pour les artistes émergents. Occupé par des créateurs et leurs œuvres, un édifice associé autrefois à la condamnation et à l'emprisonnement symbolise aujourd'hui l'invention et la liberté.

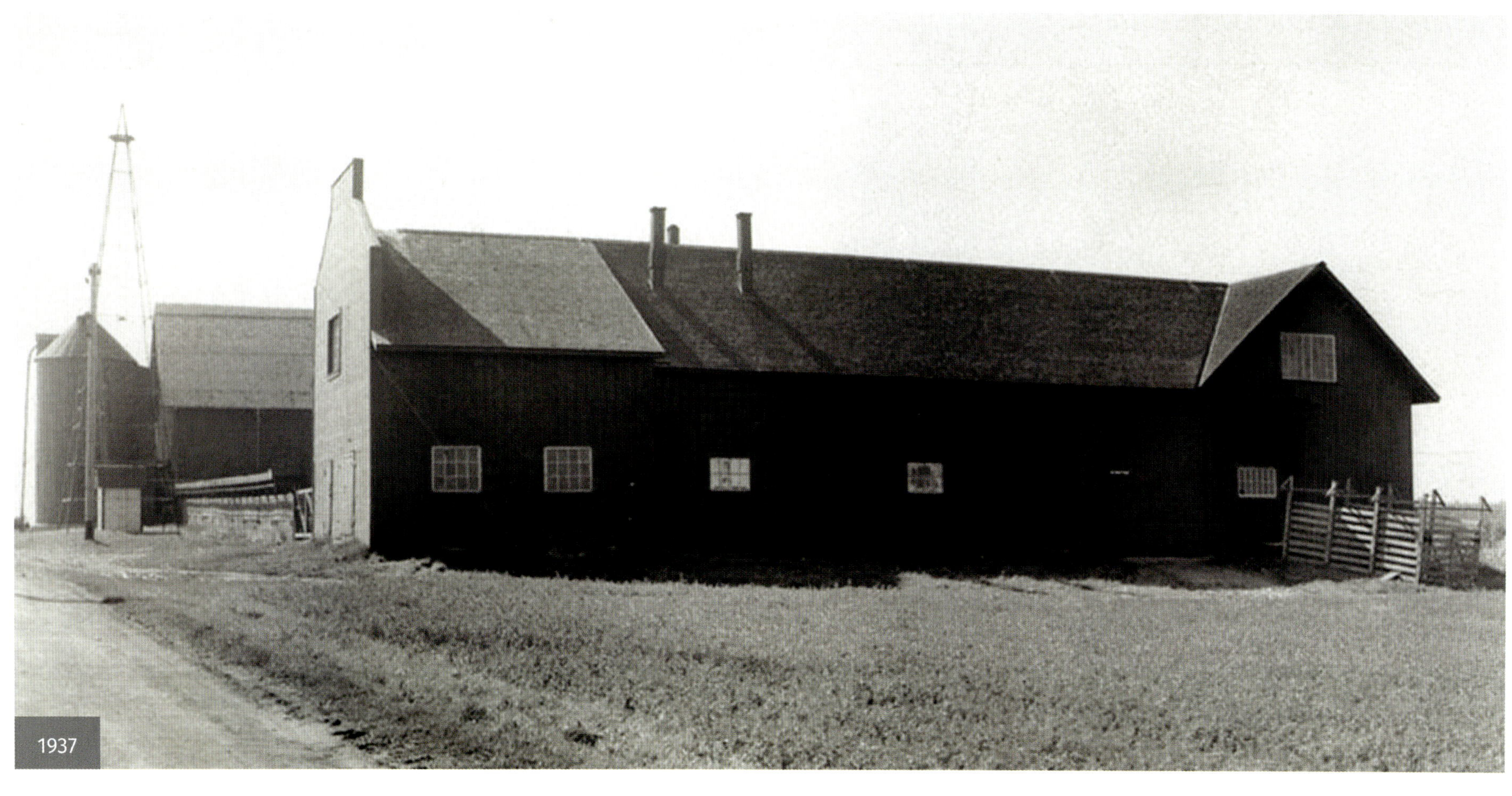
1937

CENTRAL EXPERIMENTAL FARM

Farm in the middle of a city offers exploration and a taste of country living

THEN: In 1886, the Department of Agriculture established in Ottawa a research station that became known as the Central Experimental Farm. This was a time when great emphasis was placed on the advancement of natural sciences—including farming. Chosen for the site were 188 hectares (over 460 acres) located just outside of the city, but close in proximity to Parliament Hill, where experiments in horticulture, botany, and entomology could take place (as the centrepiece of the Dominion Experimental Farms project).

The first museum at the Central Experimental Farm was established in 1920. Later, in 1983, this initial collection was integrated by the Canadian federal government into a new national agricultural museum on the site.

AUTREFOIS: En 1886, le ministère de l'Agriculture a établi un centre de recherche à Ottawa connu sous le nom de Ferme expérimentale centrale. À l'époque on mettait beaucoup l'accent sur le progrès des sciences naturelles, y compris l'agriculture. Un site de 188 hectares (plus de 460 acres), en dehors de la ville mais près de la Colline du Parlement, a été choisi pour effectuer des expériences en horticulture, botanique et entomologie (représentant le joyau du projet des fermes expérimentales du Dominion).

Le premier musée a été créé à la Ferme expérimentale centrale en 1920. En 1983, le gouvernement fédéral a intégré la collection initiale dans un nouveau musée agricole national sur le site.

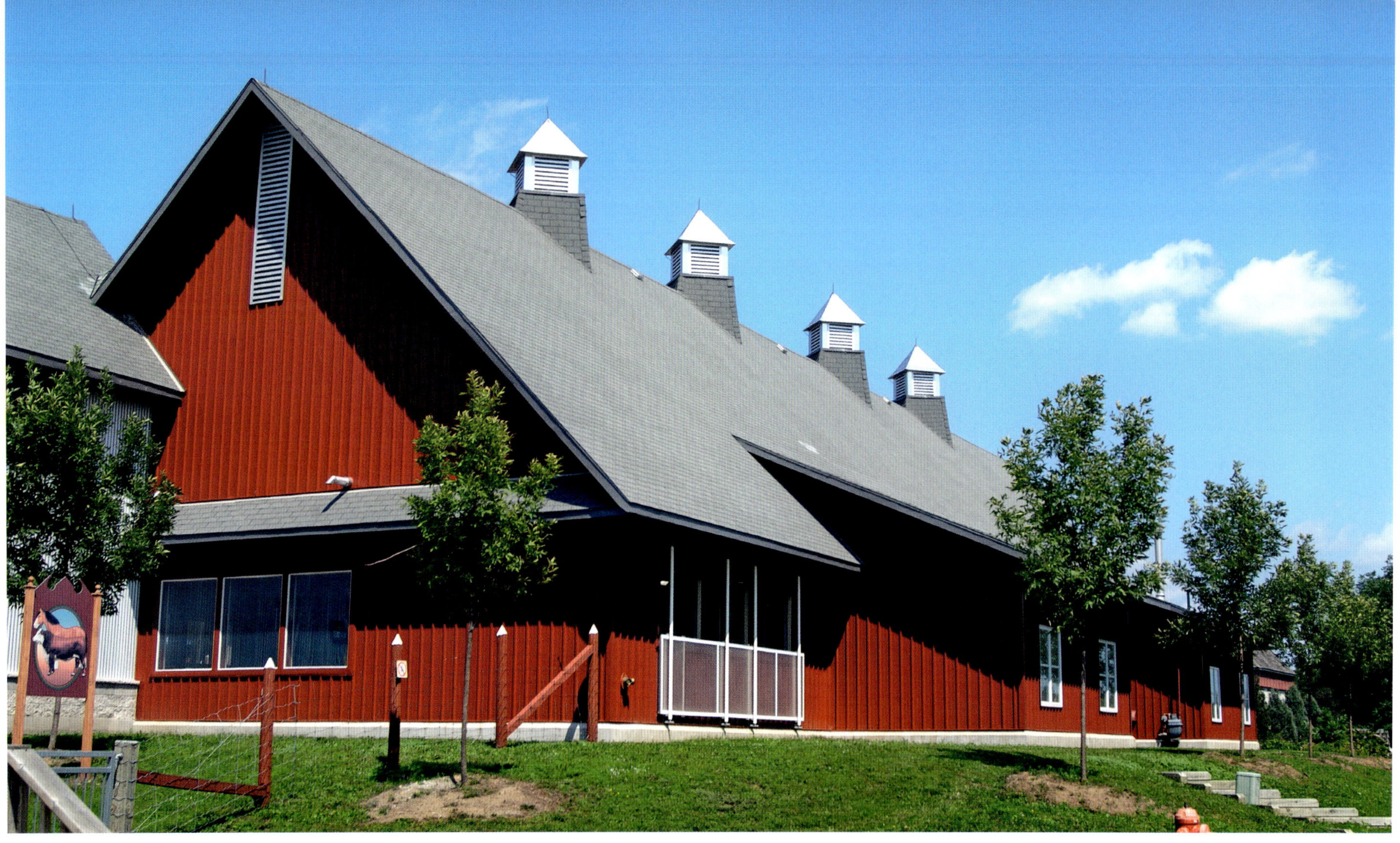

NOW: A rare example of an actual farm in the middle of a major city, Ottawa's Central Experimental Farm received National Historic Site designation in 1988. Today, the Canada Agriculture and Food Museum based at the Central Experimental Farm occupies several buildings and still operates as a working farm, providing public programs and exhibitions.

Visitors can enjoy the farm's formal gardens (including a rock garden, rose garden, and a wildlife garden based on the work of Canadian entomologist James Fletcher), the Dominion Observatory (an astronomical observatory that operated until 1970), and wander through the Dominion Arboretum (around 26 hectares / 64 acres of trees and shrubs, originally planted to determine hardiness).

The Central Experimental Farm also grew a secret crop. During the 1970s, a large-scale Cannabis operation grew tonnes of the product, from plants standing at least 6 metres (20 feet) tall. This operation earned the farm's Ash Lane the nickname "Hash Lane," used among local youths in the know.

AUJOURD'HUI: Rare exemple d'une vraie ferme en plein cœur d'une grande ville, la Ferme expérimentale centrale d'Ottawa a été désignée lieu historique national en 1988. De nos jours, le Musée de l'agriculture et de l'alimentation basé à la Ferme expérimentale centrale, qui occupe plusieurs édifices, est toujours exploitée sous forme de ferme en activité, offrant au public des programmes et des expositions.

Les visiteurs peuvent profiter des jardins à la française de la ferme (y compris un jardin de rocailles, une roseraie et un jardin écologique basé sur le travail de l'entomologiste canadien James Fletcher) ainsi que de l'observatoire Dominion (observatoire astronomique exploité jusqu'en 1970), et se promener dans l'Arboretum Dominion (environ 26 hectares / 64 acres d'arbres et d'arbustes plantés à l'origine pour en vérifier la robustesse).

La Ferme expérimentale centrale cultivait aussi une espèce secrète. Pendant les années 1970, une exploitation de cannabis d'envergure a cultivé des tonnes de ce produit à partir de plantes d'une hauteur d'au moins 6 mètres (20 pi). C'est à cause de cette opération que l'allée Ash Lane de la ferme a mérité le sobriquet de « allée Hasch » auprès de jeunes locaux qui étaient au courant.

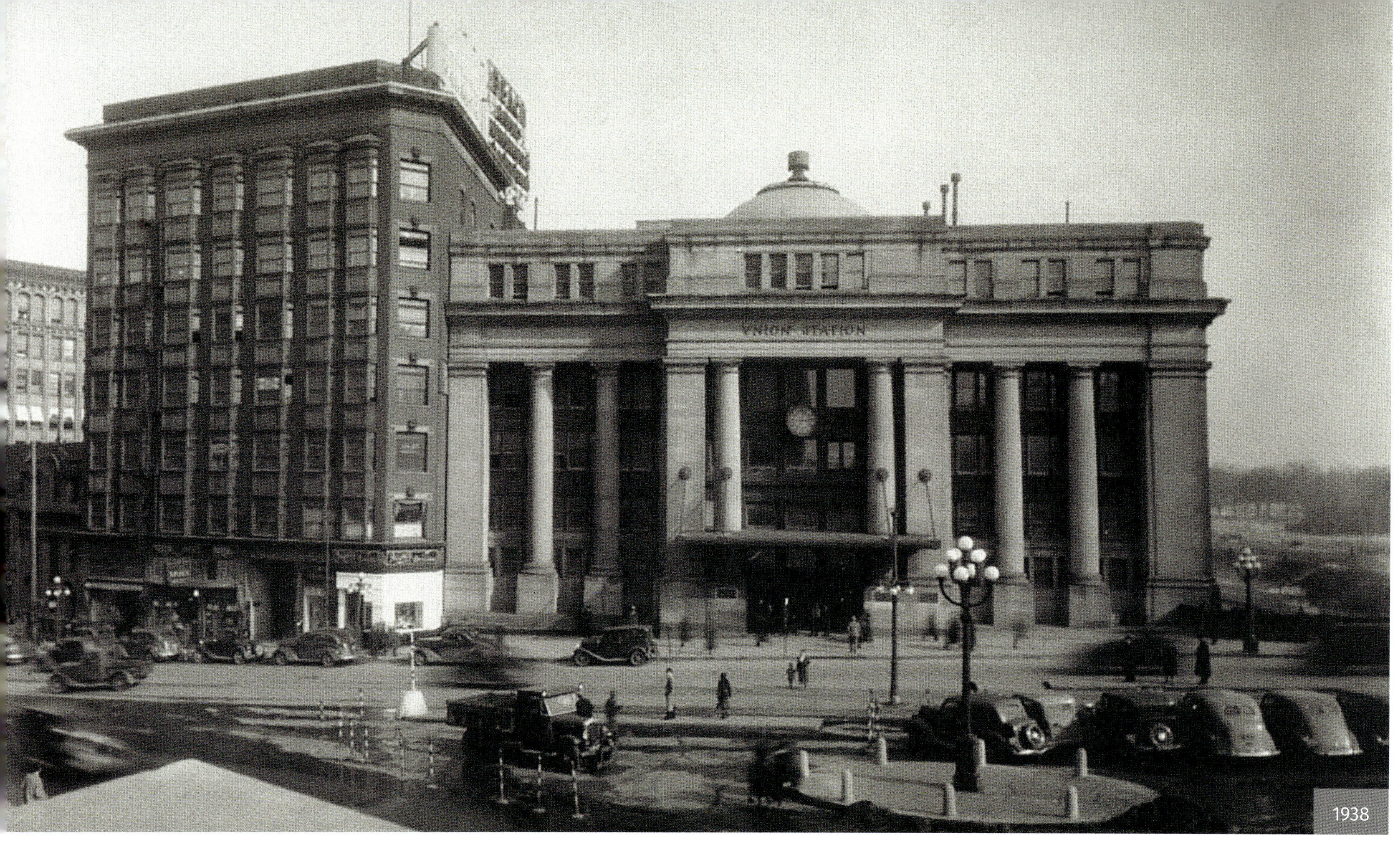

UNION STATION / SENATE OF CANADA

Beaux-Arts railway station becomes the interim home for the Senate of Canada

THEN: In the early 1880s wealthy Ottawa lumberman John Rudolphus Booth entered the railway business, operating the Canada Atlantic Railway, although at the time everyone called it "Booth's Railway." He approached the city in 1892 with plans to build a station for his railway at a prime location in the city centre, close to Parliament Hill. In 1912, the site of Booth's former Central Railway Depot became home to Grand Trunk Railway Central Station (eventually known as "Union Station"), designed in the Beaux-Arts style by Montréal-based architecture firm Ross & MacFarlane, which also designed Union Station in Toronto.

AUTREFOIS: Au début des années 1880, le baron du bois fortuné d'Ottawa John Rudolphus Booth a fait ses débuts dans le secteur du chemin de fer en exploitant le chemin de fer Canada Atlantique que tout le monde à l'époque appelait « le chemin de fer de Booth ». En 1892, il a proposé à la ville de construire une gare pour son chemin de fer sur un emplacement privilégié au cœur de la ville près de la Colline du Parlement. En 1912, le site de l'ancien dépôt central du chemin de fer de Booth est devenu l'emplacement de la gare centrale du chemin de fer Grand Tronc (connu finalement comme « la gare Union »), conçue dans le style Beaux-Arts par le cabinet d'architectes montréalais Ross & MacFarlane, qui a aussi conçu la gare Union de Toronto.

BELOW: Ottawa's Grand Trunk Central Station opened June 1, 1912, the same day as the Neo-Gothic Château Laurier Hotel across the street. Both buildings were joined via a tunnel beneath Rideau Street.

CI-DESSOUS: La gare centrale Grand Tronc d'Ottawa a vu le jour le 1er juin 1912, le même jour que l'ouverture de l'hôtel Château Laurier néogothique de l'autre côté de la rue. Un tunnel construit en dessous de la rue Rideau reliait les deux édifices.

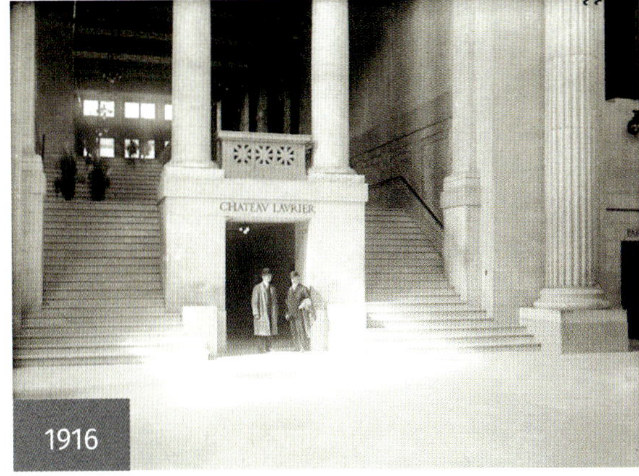

1916

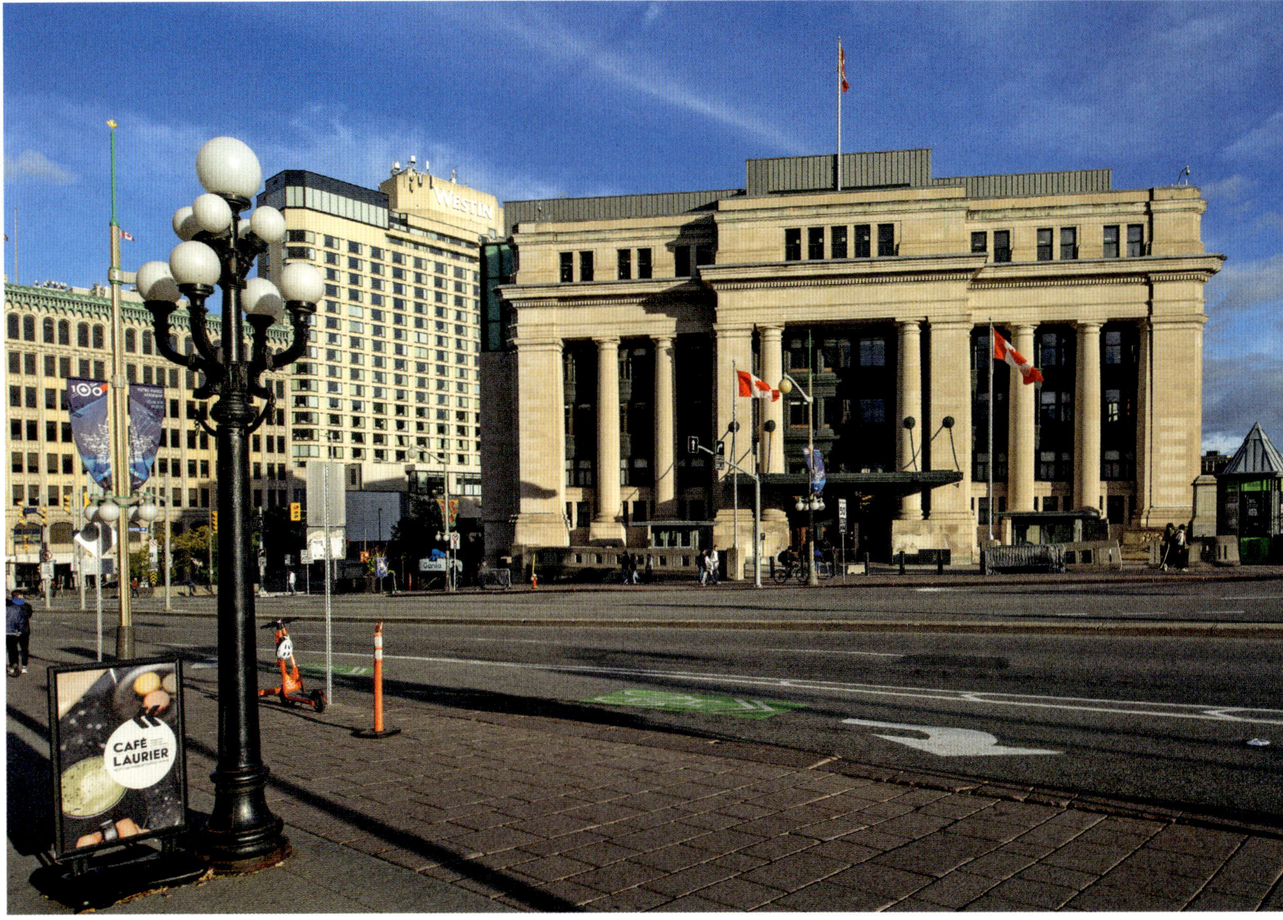

NOW: Ottawa's Union Station ceased operations in 1966, the result of urban renewal plans that included a new train station located east of downtown. The facility was scheduled for possible conversion into a parking lot to accommodate visitors for the nation's 1967 centennial celebrations. Instead, preservationists fought to save the building. Rescued from demolition, it served as a Government Conference Centre until 2018.

Defying its near fate as a parking lot, Union Station was declared a Classified Federal Heritage Building in 1989 and added to the Canadian Register of Historic Places in 2006. In 2019 the building became interim home for the upper house of the Parliament of Canada during extensive reconstruction plans for Canada's Parliament Buildings, projected to take over a decade. Diamond Schmitt Architects, the same Toronto firm responsible for restoring Ottawa's National Arts Centre, added dramatic columnar and glass design features on the building's east side facing the Rideau Canal.

AUJOURD'HUI: La gare Union d'Ottawa a cessé ses activités en 1966 à cause des projets de réhabilitation urbaine, y compris la construction d'une nouvelle gare à l'est du centre-ville. La transformation éventuelle de la gare en parc de stationnement était prévue pour accueillir des visiteurs venus fêter le centenaire du pays en 1967, mais des préservationnistes ont lutté pour sauver l'édifice. Sauvé de la démolition, l'édifice a servi de Centre de conférences du gouvernement jusqu'en 2018.

En 1989, après avoir échappé à son destin potentiel de parc de stationnement, la gare Union a été déclarée un édifice fédéral du patrimoine classé et ajoutée au Répertoire canadien des lieux patrimoniaux en 2006.

En 2019, l'édifice est devenu le site temporaire de la Chambre haute du Parlement du Canada pendant les projets importants de reconstruction des édifices du Parlement du Canada dont la réalisation doit prendre plus de 10 ans. Diamond Schmitt Architect, le même cabinet d'architectes torontois responsable de la restauration du Centre national des arts d'Ottawa, a ajouté des colonnes et des éléments de design en verre spectaculaires au côté est de l'édifice face au canal Rideau.

LANSDOWNE PARK

A hub for sports and amusement fans for over a century

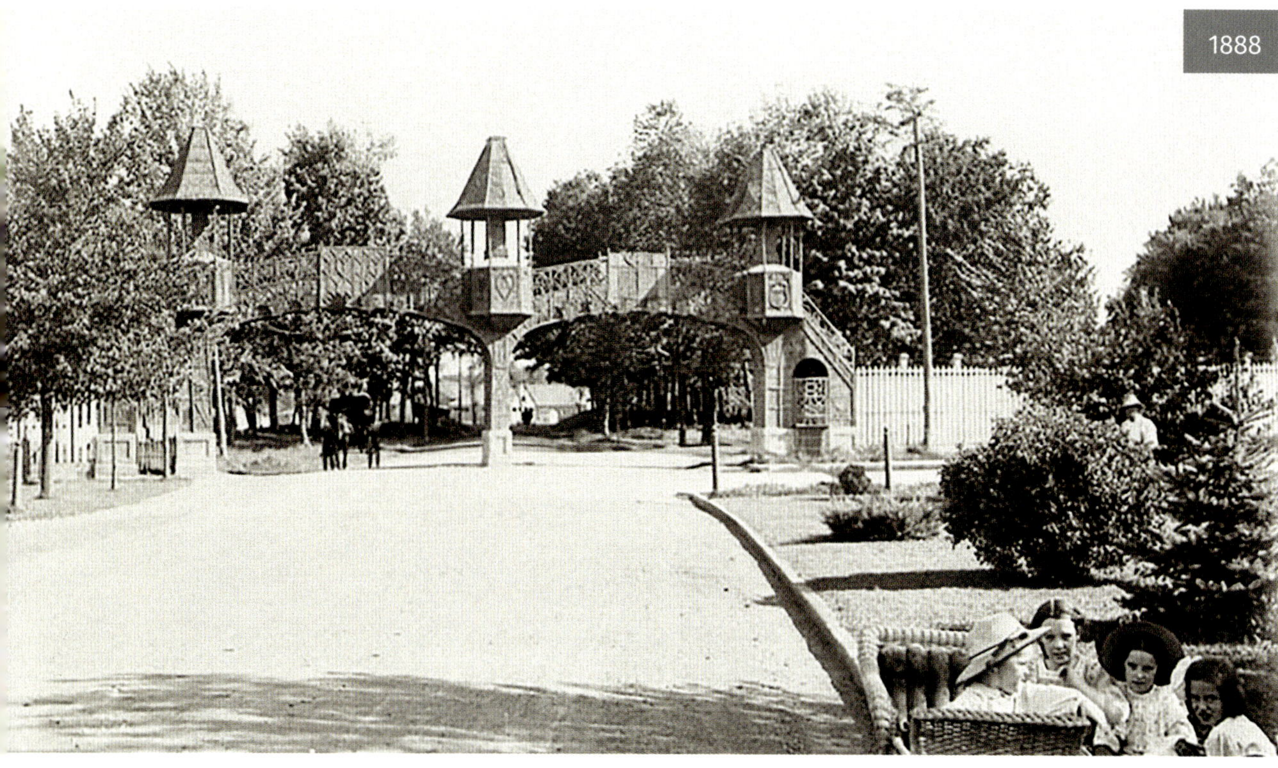

THEN: This area's long association with public entertainment began during the 1870s, when the grounds were used on an ad hoc basis for exhibitions. Following the exhibit of 1888, for which a grand entrance gate was erected, the site's purpose changed with the formation of the Central Canada Exhibition Association, which began a tradition of annual summer fairs.

In 1890, the park became "Lansdowne"—named after Henry Petty-Fitzmaurice, 5th Marquess of Lansdowne (the Governor General from 1883 to 1888), who loved Canada for its scenic winters and clear skies; and, especially, as he put it, the "exhilarating sports." Appropriate to the tastes of its namesake, Lansdowne Park did become a sports facility, and hosted the Canadian League Ottawa Senators baseball team from 1912 to 1915. Their run of championships ended with the dawning of World War I, when Lansdowne was taken over by the Department of National Defence for use in army basic training.

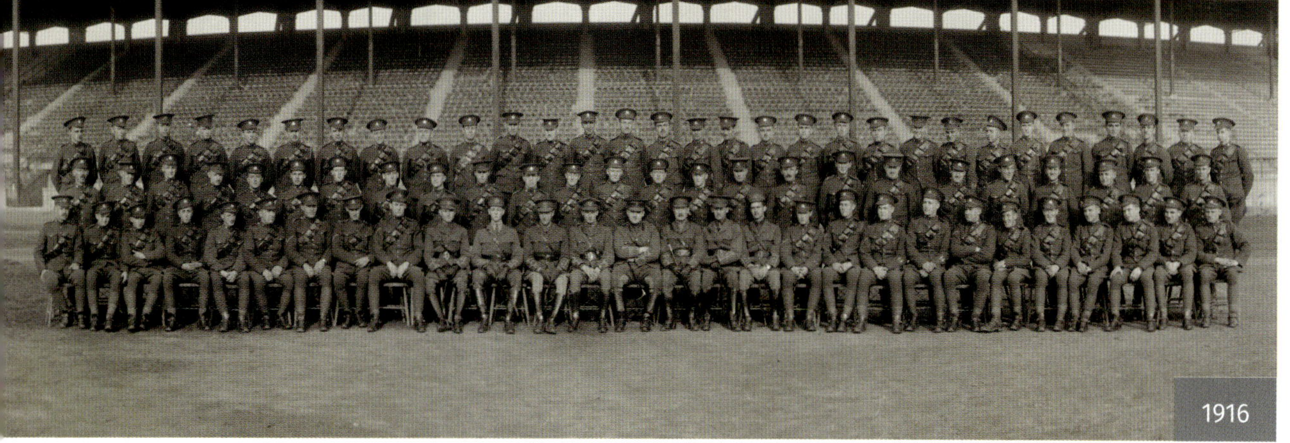

LEFT: During World War I, Lansdowne Park became part of the war effort by serving as a military mobilization and training centre.

GAUCHE: Pendant la Première Guerre mondiale, le parc Lansdowne faisait partie de l'effort de guerre en servant de centre de mobilisation et d'entraînement militaires.

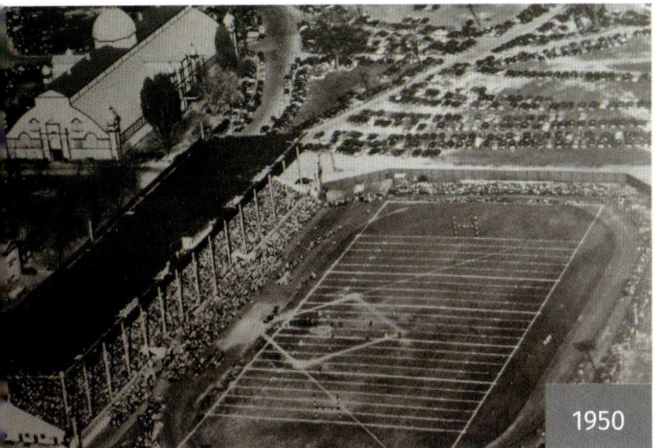

ABOVE: An overhead shot of the grounds at Lansdowne Park. A newer stadium on this site today has a capacity of 24,000, which can expand to nearly double this amount for large events.

AU-DESSUS: Vue aérienne du terrain du parc Lansdowne. Le stade accueille maintenant jusqu'à 24 000 spectateurs mais peut en accueillir le double pour de grands événements.

AUTREFOIS: Le lien qui existe depuis longtemps entre ce lieu et le divertissement public s'est établi au cours des années 1870, lorsque le terrain était utilisé pour des expositions ponctuelles. À la suite de l'exposition de 1888, pour laquelle une magnifique entrée a été érigée, la Central Canada Exhibition Association a été créée, ce qui a changé le but du site et lancé la tradition de foires estivales annuelles.

En 1890, le parc a été rebaptisé « Lansdowne » en l'honneur de Henry Petty-Fitzmaurice, le 5e marquis de Lansdowne (gouverneur général de 1883 à 1888), qui adorait le Canada pour ses hivers pittoresques, ses ciels dégagés et surtout, comme il l'a dit lui-même, ses « sports vivifiants ».

Conformément aux goûts de son homonyme, le parc Lansdowne est devenu un établissement sportif, accueillant l'équipe de baseball Ottawa Senators de la Ligue canadienne entre 1912 et 1915. Leur série de championnats a pris fin lorsque la Première Guerre mondiale a éclaté et le ministère de la Défense nationale a pris en charge Lansdowne pour servir de base d'entraînement militaire.

NOW: The initial 1888 Central Canada Exhibition (later commonly known as "SuperEx") became an annual event, and continued until 2010. The park remains a venue for sports teams, and also hosts musical concerts. It is currently home to the Ottawa 67's hockey team; the Professional Women's Hockey League team the Ottawa Charge; and the Ottawa Redblacks professional football franchise. Concerts held at Lansdowne have included performances by Johnny Cash, Led Zeppelin, U2, Pink Floyd, and The Rolling Stones.

In 2025, Lansdowne also witnessed the inaugural seasons for soccer teams Atlético Ottawa and Ottawa Rapid FC, the latter being the first-ever season of professional women's soccer conducted in Ottawa.

AUJOURD'HUI: En 1888, l'exposition initiale du centre du Canada (connue plus tard familièrement sous le nom de « SuperEX ») est devenue un événement annuel jusqu'en 2010. Le parc continue d'accueillir des équipes sportives et des concerts musicaux. À l'heure actuelle, il abrite l'équipe de hockey Ottawa 67's ; l'équipe The Ottawa Charge de la Ligue professionnelle de hockey féminin ; et la franchise de football professionnel Le Rouge et Noir d'Ottawa. Parmi les concerts présentés au parc Lansdowne figurent les spectacles de Johnny Cash, Led Zeppelin, U2, Pink Floyd et The Rolling Stones.

En 2025, Lansdowne a aussi accueilli les saisons inaugurales des équipes de football Atlético Ottawa et Ottawa Rapid FC, celle-ci étant la première saison du football féminin professionnel jouée à Ottawa.

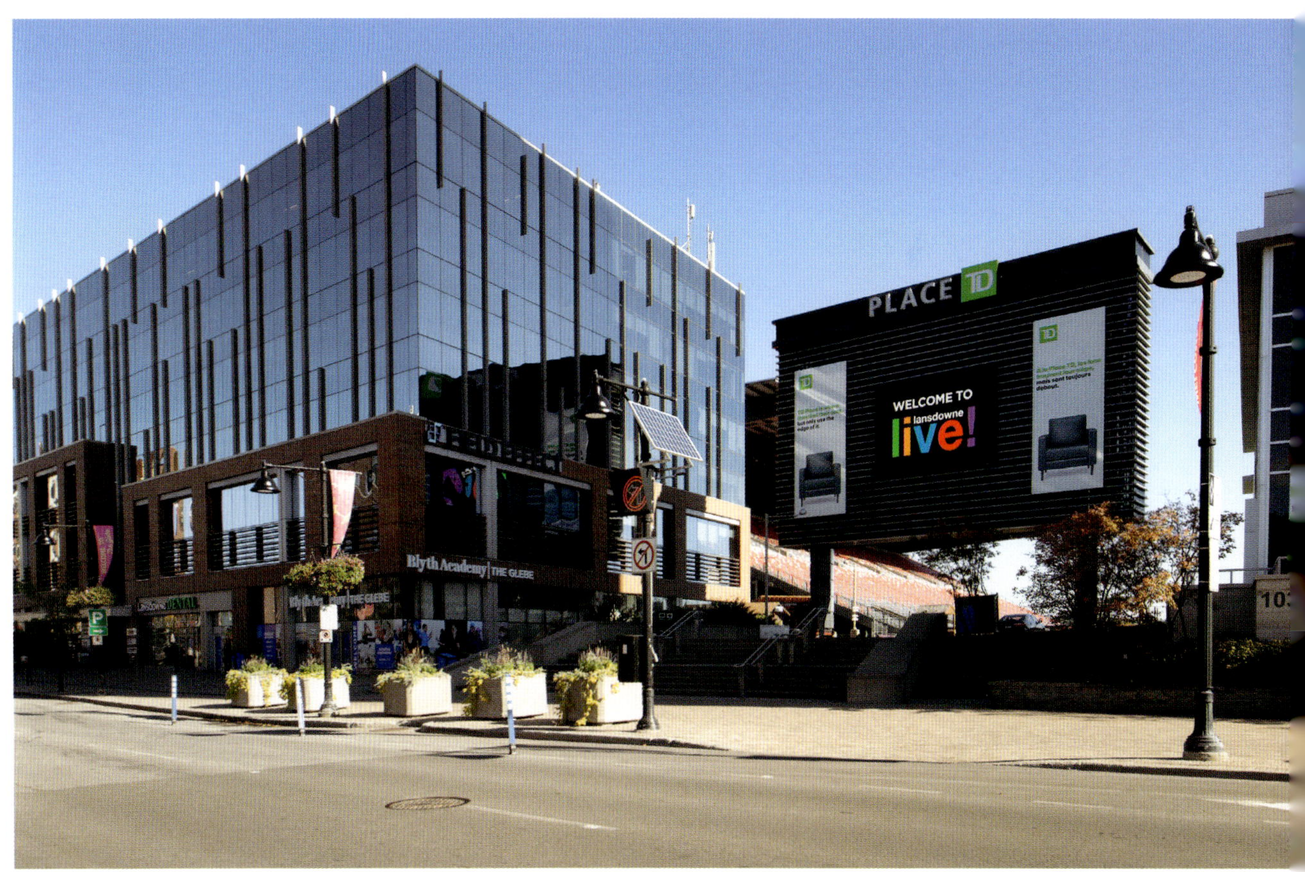

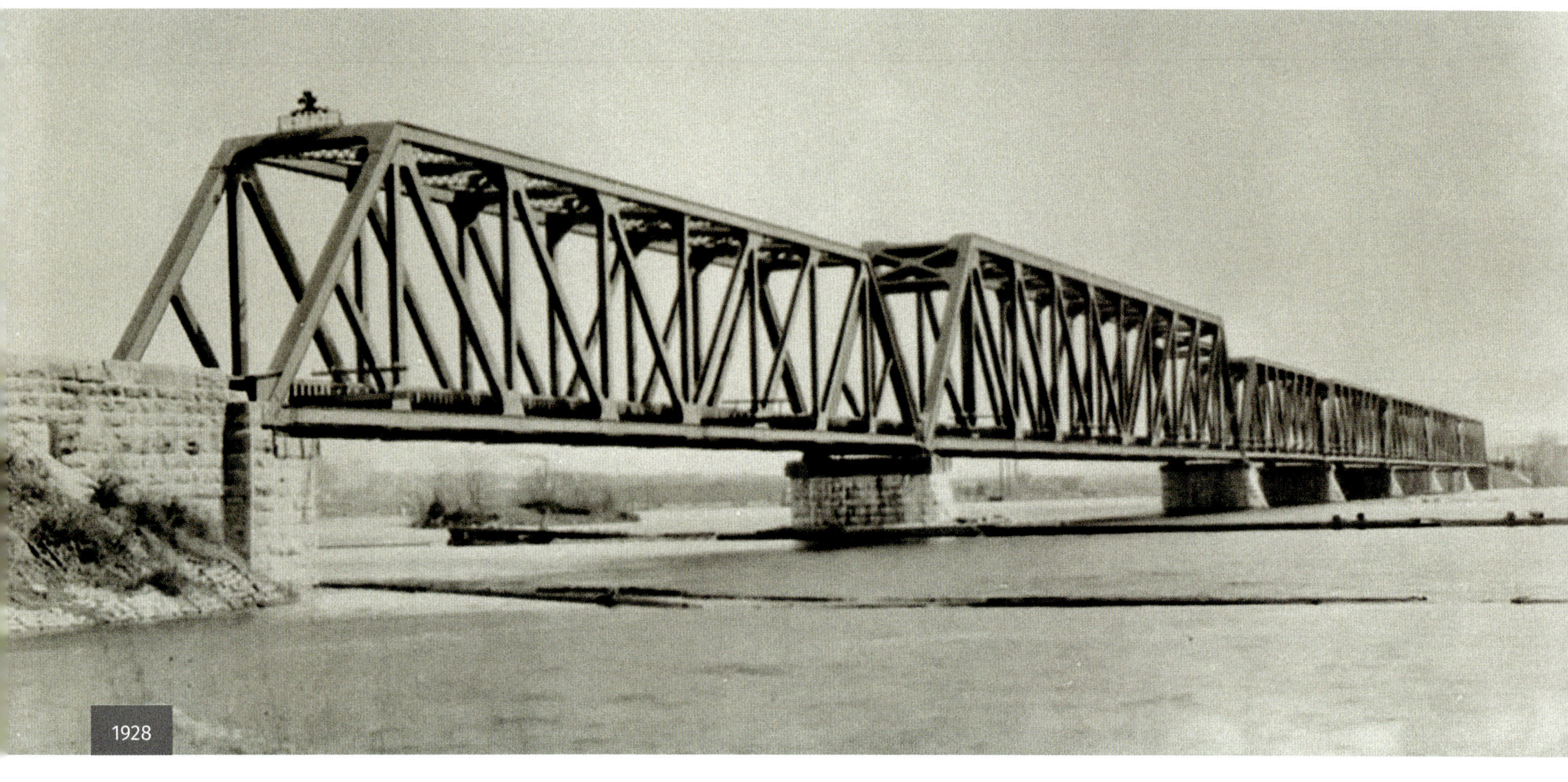

PRINCE OF WALES BRIDGE / CHIEF WILLIAM COMMANDA BRIDGE

Nineteenth-century railway bridge transformed into multiuse pathway

THEN: Built between 1879 and 1880 by the province of Québec, for use as a one-track railway bridge, the Prince of Wales Bridge connected Ottawa to what was then the city of Hull (now Gatineau) across the Ottawa River. The bridge was named after Albert Edward, the Prince of Wales, son of Queen Victoria, who later became King Edward VII. The prince had earned public admiration in Canada by making the first royal visit to the country, in 1860. For his stop in Ottawa that September, the city was festooned with decorative bunting, which prompted the *Ottawa Daily Citizen* to declare that the city looked "lovely and anxious as a bride."

AUTREFOIS: Construit entre 1879 et 1880 par la province du Québec pour servir de pont ferroviaire à voie unique, le pont du prince de Galles reliait la ville d'Ottawa à ce qui était autrefois la ville de Hull (maintenant Gatineau) située de l'autre côté de la rivière des Outaouais. Le pont portait le titre d'Albert Edward, prince de Galles et fils de la reine Victoria, devenu plus tard le roi Édouard VII. En 1860, le prince a gagné l'admiration du public canadien pour avoir effectué la première visite royale au pays. En septembre, pour son arrêt à Ottawa, la ville était décorée de drapeaux. Le quotidien *Ottawa Daily Citizen* a alors constaté que la ville avait l'air aussi « belle et anxieuse qu'une mariée ».

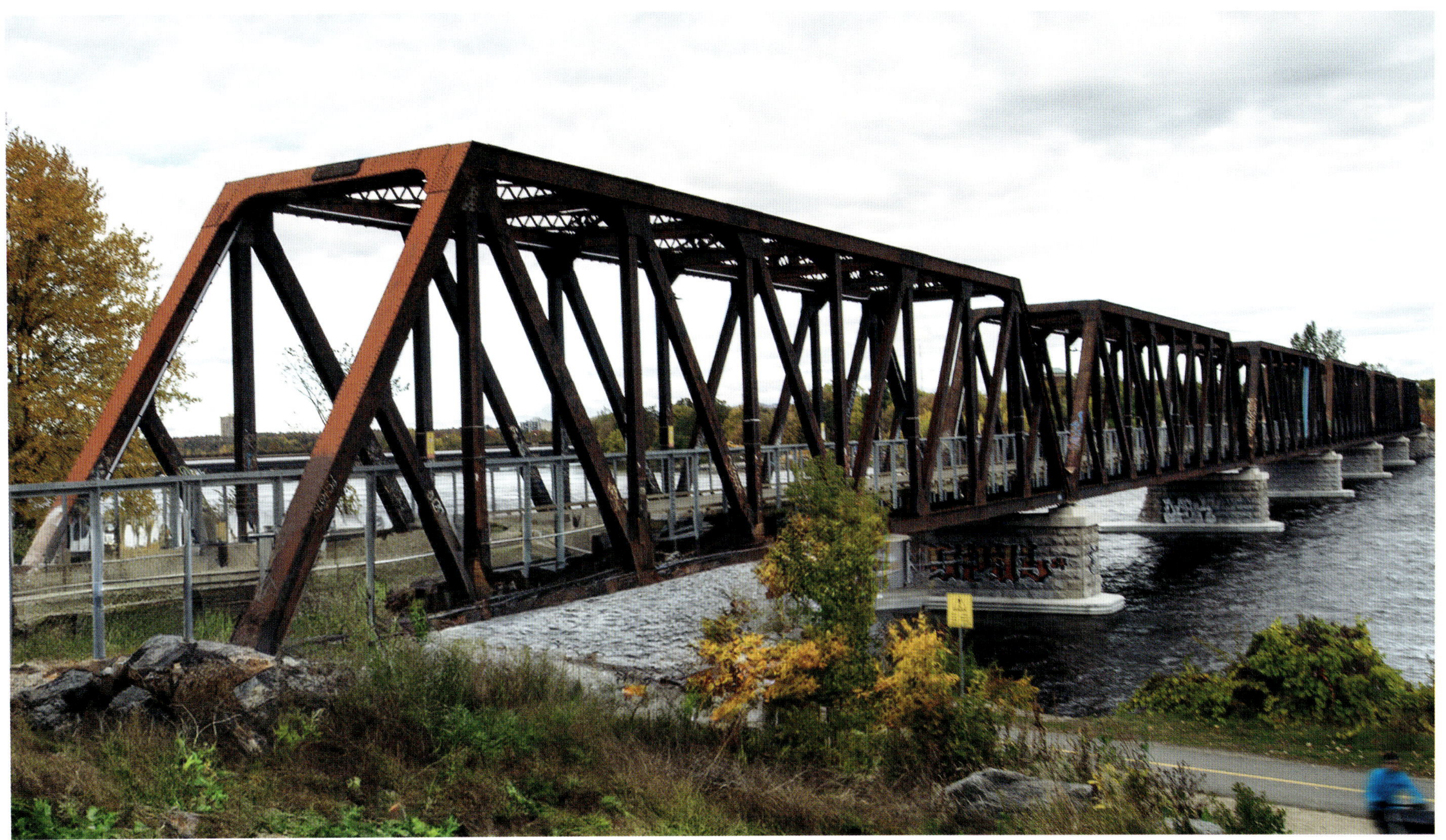

NOW: The bridge was used by rail traffic for the last time in 2001, and the City of Ottawa bought it in 2005, with plans for the passageway to become part of an interprovincial transportation line. Their plans did not work out. In 2021, a rehabilitation project began, transforming the bridge into a bike and pedestrian route connecting the Trillium Pathway, in Ottawa, and the Voyageurs Pathway, in Gatineau.

That same year the bridge was renamed after a different leader: William Commanda. Serving as Band Chief of the Kitigàn-zìbì Anishinàbeg First Nation from 1951 to 1970, Commanda—Algonquin name, Ojshigkwanàng ("Morning Star")—was named to the Order of Canada in 2008 for raising awareness of Canada's Indigenous Peoples, and his bridge-builder role between nations.

AUJOURD'HUI: L'année 2001 marque la dernière fois qu'un train a traversé le pont. En 2005, la ville d'Ottawa l'a acheté en vue de créer une passerelle reliée à une ligne de transport interprovinciale, mais le projet n'a pas abouti. En 2021, un projet de réhabilitation a été entamé pour transformer le pont en un chemin pour vélos et piétons, reliant ainsi le sentier Trillium d'Ottawa au sentier Voyageurs de Gatineau.

C'est aussi en 2021 que le pont a été rebaptisé pour rendre hommage à un autre leader : William Commanda. Chef de bande de la Première Nation Kitigàn-zìbì Anishinàbeg de 1951 à 1970, Commanda — Ojshigkwanàng (« Étoile du matin ») dans la langue algonquine — a été investi dans l'Ordre du Canada en 2008 pour avoir sensibilisé le pays aux peuples autochtones du Canada et pour son rôle dans le rapprochement des nations.

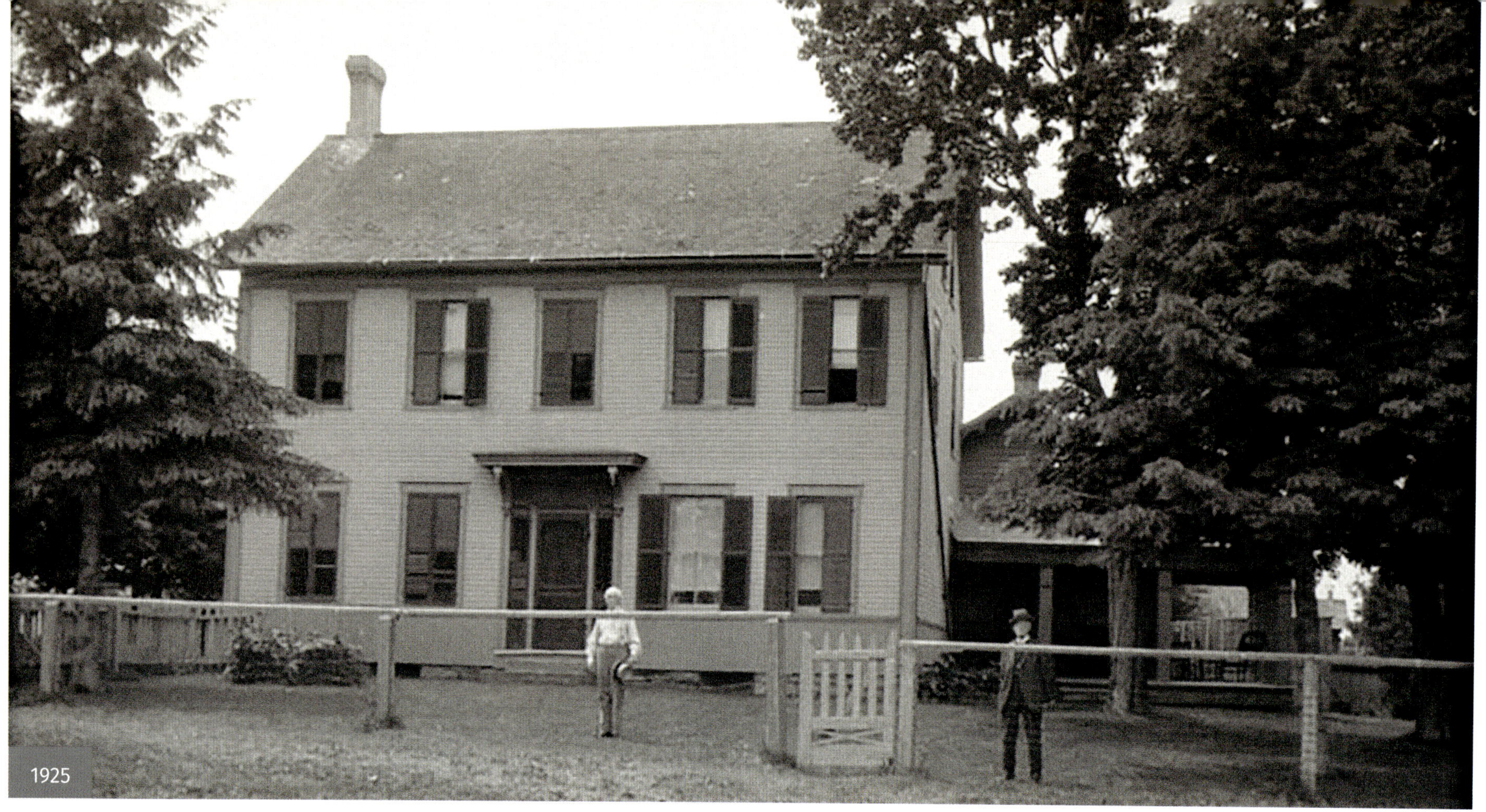
1925

DICKINSON HOUSE AND WATSON'S MILL

Functioning historic mill, in a part of Ottawa that still feels like a village

THEN: Much of Ottawa's bucolic community of Manotick retains the feel of the village it once was, as established by Moss Kent Dickinson. Dickinson (a descendant of Mayflower pilgrims) was a prominent businessman and politician, serving as Ottawa's mayor from 1864 to 1866. In 1858 he purchased land in the Long Island area—an island in the middle of the Rideau River—and, along with his business partner, obtained water power rights. Thus was born the village of Manotick, named by Dickinson from the Ojibway word meaning "Island in the River." In 1860, Dickinson and his partner constructed a flour and grist mill, called Long Island Mill, out of locally quarried limestone, with rubble stone walls and cut stone trim.

With the building of the mill, Manotick began to flourish. Dickinson became the mill's sole owner in 1863, and in 1867 constructed a charming house next door which served as an office and family home. Around this time, citizens in the nearby village of Long Island, settled three decades earlier, began moving into more prosperous Manotick.

AUTREFOIS: Une bonne partie de la communauté bucolique de Manotick à Ottawa, fondée par Moss Kent Dickinson, conserve l'ambiance de village qu'elle projetait autrefois. Dickinson (descendant de pèlerins à bord du Mayflower) était un éminent homme d'affaires et homme politique qui a servi de maire entre 1864 et 1866. En 1858, il a acheté un terrain dans le quartier de Long Island — une île située au milieu de la rivière Rideau — et, avec son associé en affaires, a obtenu le droit d'exploiter l'énergie hydraulique. Ainsi est né le village de Manotick que Dickinson a nommé du mot ojibwé qui signifie « île sur la rivière ». En 1860, Dickinson et son associé ont construit un moulin à grain, le moulin Long Island, de pierre calcaire local, avec des « murs de moellons équarris et des garnitures en pierre lisse ».

La construction du moulin terminée, le village de Manotick a commencé à prospérer. En 1863 Dickinson est devenu propriétaire unique du moulin et, en 1867, il a bâti à côté une charmante maison qui servait de bureau et de maison familiale. C'est vers cette époque-là que des habitants, établis dans le village voisin de Long Island depuis 30 ans, ont commencé à déménager vers le village plus prospère de Manotick.

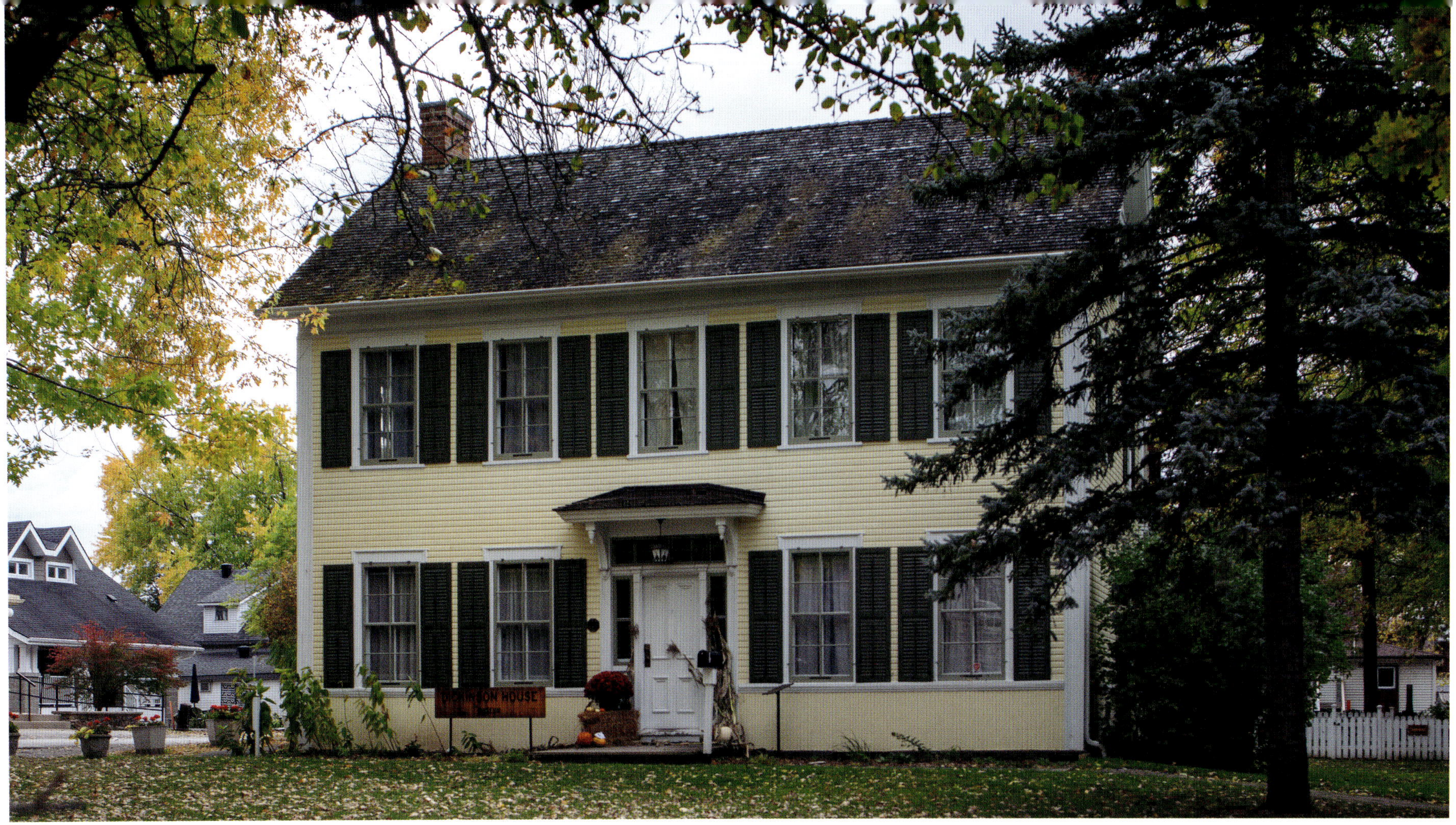

NOW: By the turn of the twentieth century, drained of residents, the village of Long Island was no more. All that remains are toppled tombstones and traces of old buildings. Meanwhile, Manotick (amalgamated into Ottawa in 2001) continues to thrive.

Today, both the mill (now known as "Watson's Mill") and house are still standing. The house is operated as a museum by the Rideau Township Historical Society.

AUJOURD'HUI: Au tournant du 20e siècle, le village de Long Island, déserté, n'existait plus. Tout ce qui en reste aujourd'hui sont des pierres tombales renversées et des traces d'anciennes structures. Entretemps, Manotick (intégré à Ottawa en 2001) continue à prospérer.

Aujourd'hui, le moulin (connu de nos jours sous le nom de « moulin de Watson ») et la maison existent toujours ; la Rideau Township Historical Society exploite la maison devenue musée.

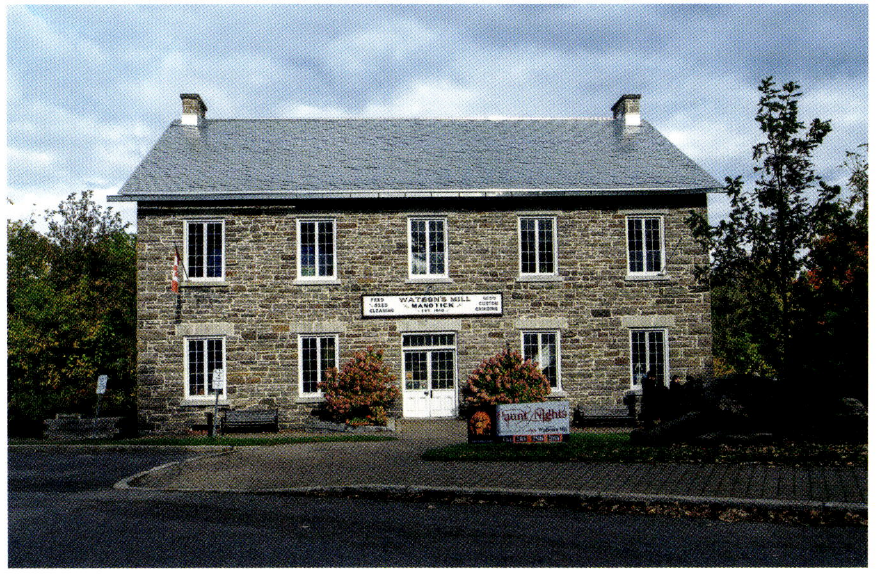

RIGHT: Watson's Mill is both an active mill and a museum, making it Ottawa's only working museum.

DROITE: Le moulin de Watson est un moulin actif aussi bien qu'un musée, ce qui en fait le seul musée d'Ottawa à exercer une activité commerciale.

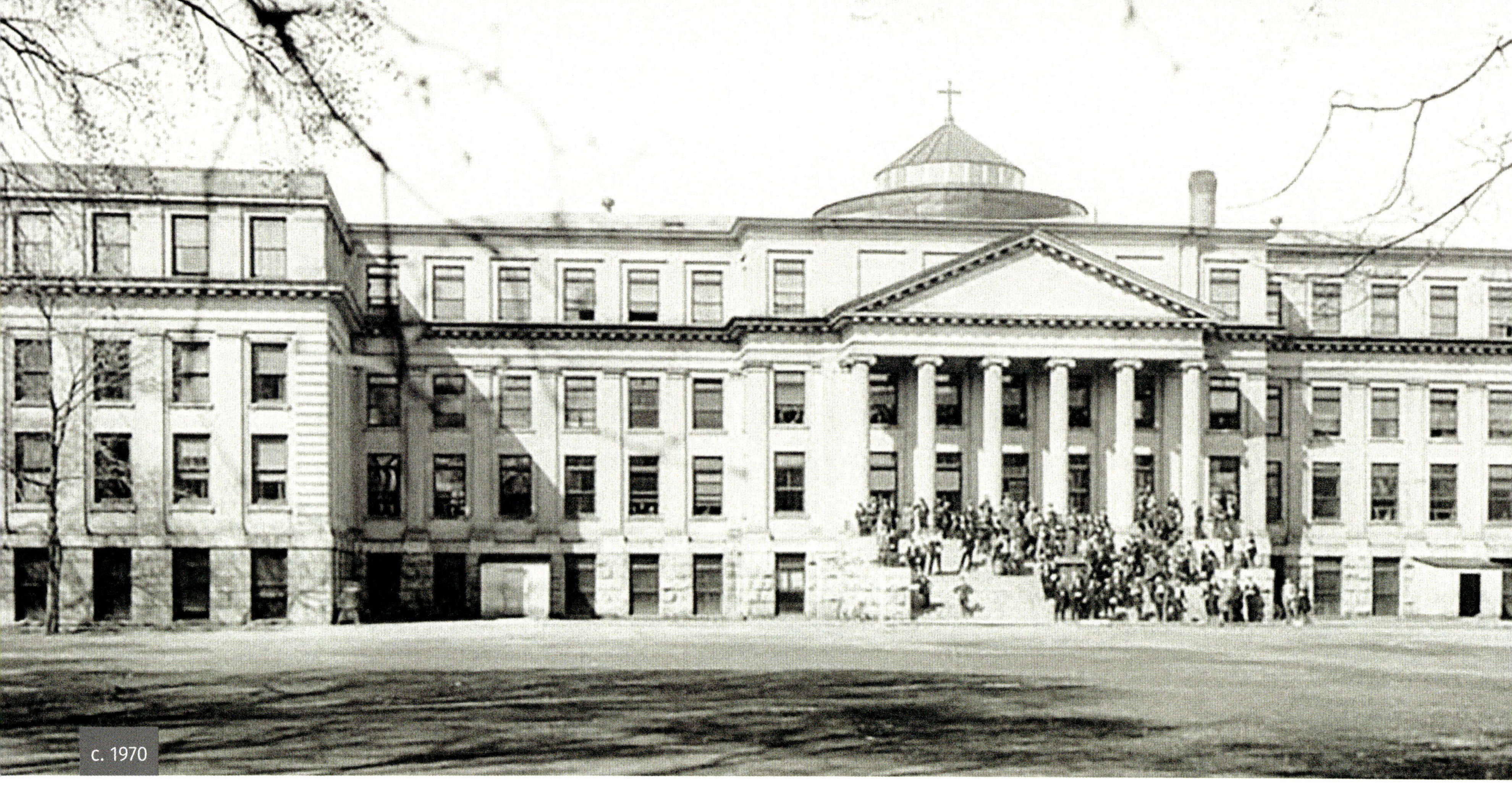

UNIVERSITY OF OTTAWA'S TABARET HALL

This stunning neo-classical building graces the campus of the world's largest English-French bilingual university

THEN: On December 2, 1903, a fire broke out at Bytown College, destroying the main building and chapel. The college administration decided a new building should go up immediately; however, the rector at the time, Joseph-Édouard Émery, wanted a more grandiose building, and contacted New York architect A. O. Von Herbulis for the design.

Von Herbulis included in his design: imposing columns, ornate features, and a glass dome inspired by the Capitol Building in Washington D.C. To ensure the threat of fire would not be a concern again, the building would be built of fire-resistant reinforced concrete.

Construction began on May 24, 1904. When the building opened on May 1, 1905, only the central portion was complete. Another sixty-five years would pass before the building was finally true to Émery's original concept: the Laurier Wing was added in 1914, the Marcotte Wing in 1922, Wilbrod Wing in 1931, and the temporary wooden dome built in 1905 was finally replaced by a permanent glass dome in 1970.

AUTREFOIS: Le 2 décembre 1903, un incendie qui s'est déclaré au collège Bytown a détruit l'édifice principal et la chapelle. L'administration du collège a décidé qu'il fallait construire un nouvel édifice tout de suite, mais le recteur Joseph-Édouard Émery voulait un édifice encore plus impressionnant cette fois-ci et a engagé l'architecte new-yorkais A. O. Von Herbulis pour la conception.

La conception de Von Herbulis comprenait des colonnes imposantes, des éléments de décoration et un dôme en verre inspiré du Capitole à Washington, D.C. Pour mettre fin une fois pour toutes à la menace d'incendie, l'édifice serait construit de béton armé résistant au feu.

La construction a commencé le 24 mai 1904. Au moment de l'inauguration le 1er mai 1905, seule la partie centrale était terminée. Il faudrait encore 65 ans pour que l'édifice reflète fidèlement le concept d'origine d'Émery : l'aile Laurier a été ajoutée en 1914, l'aile Marcotte en 1922 et l'aile Wilbrod en 1931. Le dôme en bois provisoire, érigé en 1905, a été enfin remplacé par un dôme en verre permanent en 1970.

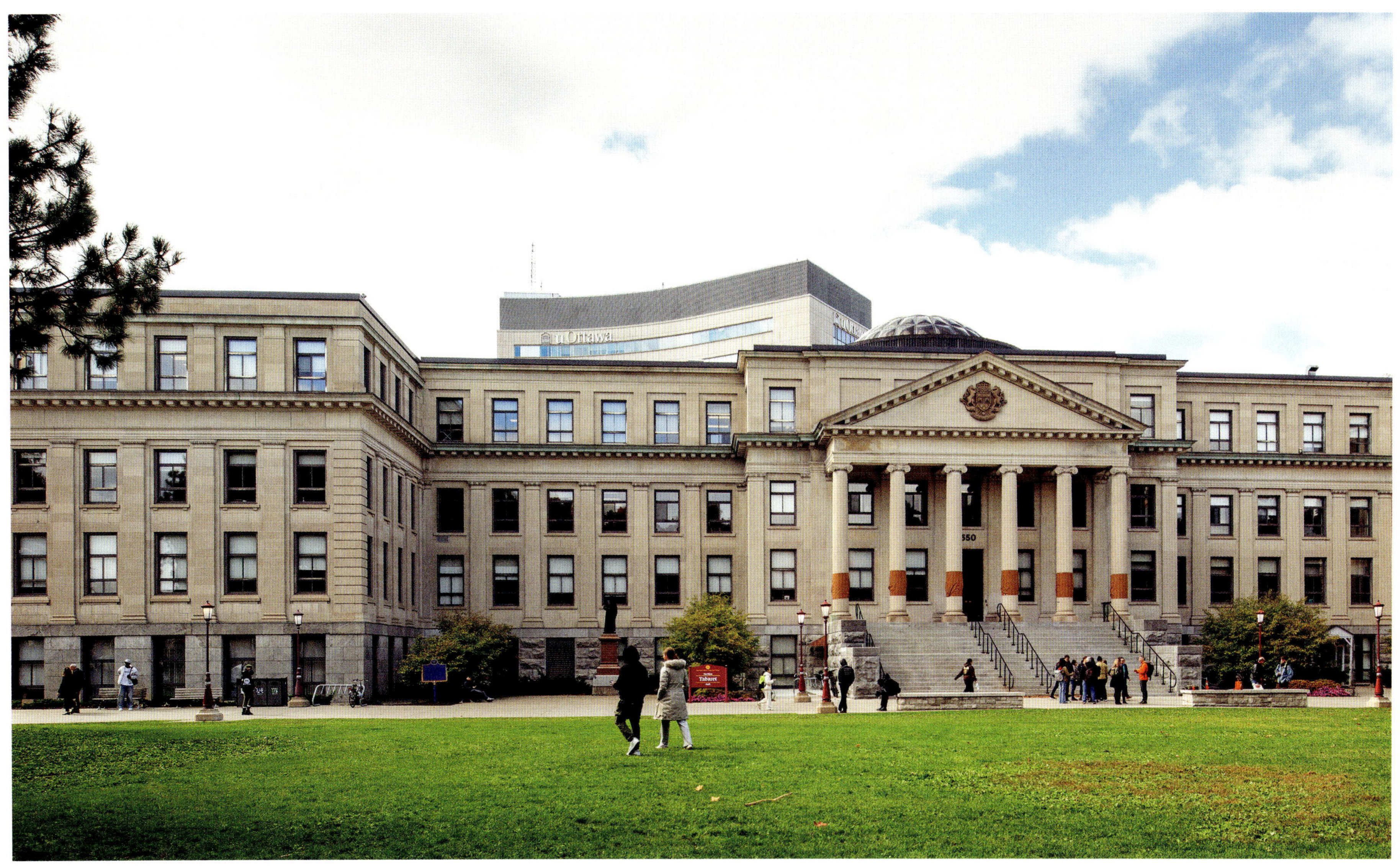

NOW: In 1971 the main building of what is now the University of Ottawa was officially named "Tabaret Hall," in honour of Father Joseph-Henri Tabaret. A Roman Catholic priest, Tabaret wished to become an educator—a desire realized in 1853 when he became head of the college. Tabaret believed his school should teach classes in both French and English, arguing that "in this part of Canada, the use of both languages is not a matter of discussion," but instead a necessity. Today, Tabaret Hall pays tribute to the spirit of bilingualism in which Tabaret believed, and that the university has continued to foster.

AUJOURD'HUI: En 1971, l'édifice principal de ce qui est devenu l'université d'Ottawa a été officiellement désigné « pavillon Tabaret » en l'honneur du père Joseph-Henri Tabaret. Prêtre catholique romain, Tabaret voulait devenir éducateur, souhait qu'il a réalisé en 1853 lorsqu'il a été nommé directeur du Collège. Tabaret croyait que son école devait enseigner des cours en français et en anglais, car « dans cette partie du Canada, la nécessité des deux langues ne se discute pas », elle s'impose. Aujourd'hui, le pavillon Tabaret rend hommage à l'esprit du bilinguisme préconisé par Tabaret et que l'université continue à encourager.

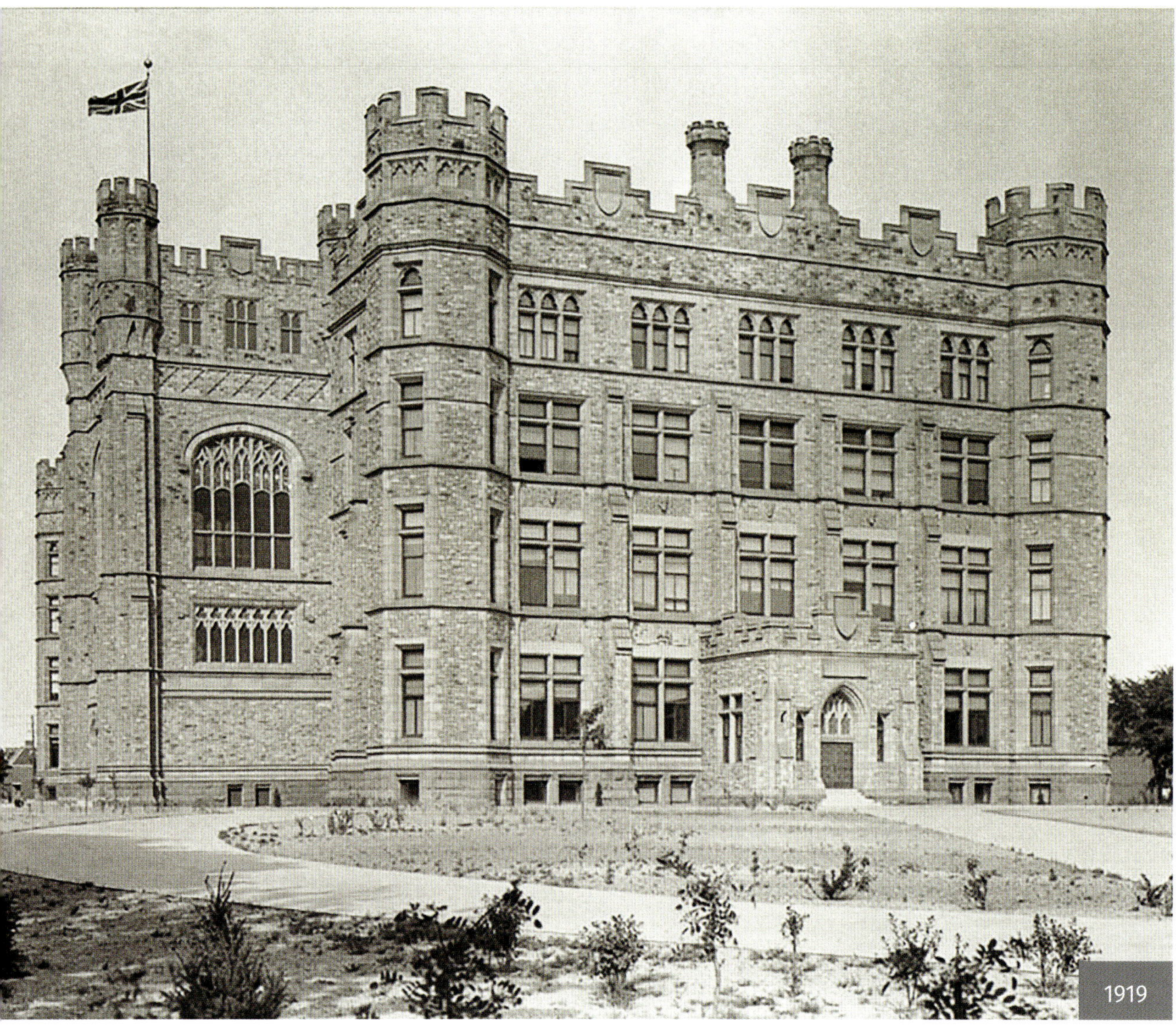

VICTORIA MEMORIAL MUSEUM BUILDING / CANADIAN MUSEUM OF NATURE

Canada's first national museum, and an emergency House of Parliament

THEN: Opening to the public in 1912 as a museum of natural history, the building's arresting Scottish-baronial structure was another jewel created by the federal government's chief architect, Scottish-born David Ewart. Nature-inspired decorative details included Canadian flora and fauna depicted on stained-glass windows and stone panels above exterior doors, as well as—in the museum's central atrium—a large mosaic moose.

When it first opened, the museum's exhibits mainly concerned birds, mammals, and minerals. A celebrated new exhibit in 1913, however, paved the way for another persistently popular museum subject when a landmark fossil exhibition was shown, including the first complete dinosaur skeleton on display in Canada—an Edmontosaurus.

From 1916 to 1920, the Victoria Memorial Museum building served as the temporary home of the Parliament of Canada after a fire destroyed the Centre Block of the Parliament Buildings.

AUTREFOIS: La structure saisissante de style baronnial écossais de l'édifice, ouvert au public en 1912 en tant que musée d'histoire naturelle, est encore un joyau créé par l'architecte en chef du gouvernement fédéral David Ewart, né en Écosse. Parmi les détails décoratifs inspirés de la nature figurent des éléments de la flore et de la faune du Canada représentés sur des vitraux, des panneaux de pierre installés au-dessus des portes extérieures et — dans l'atrium central du musée — un gros orignal en mosaïque.

À son inauguration, le musée exposait surtout des oiseaux, des mammifères et des minéraux. Cependant, en 1913, il a préparé le terrain pour un autre sujet de musée toujours populaire avec une nouvelle exposition marquante de fossiles, y compris le premier squelette complet d'un dinosaure exposé au Canada — un edmontosaure.

Entre 1916 et 1920 l'édifice du Musée-Commémoratif-Victoria a servi de site temporaire du Parlement du Canada après la destruction dans un incendie de l'édifice du Centre des édifices du Parlement.

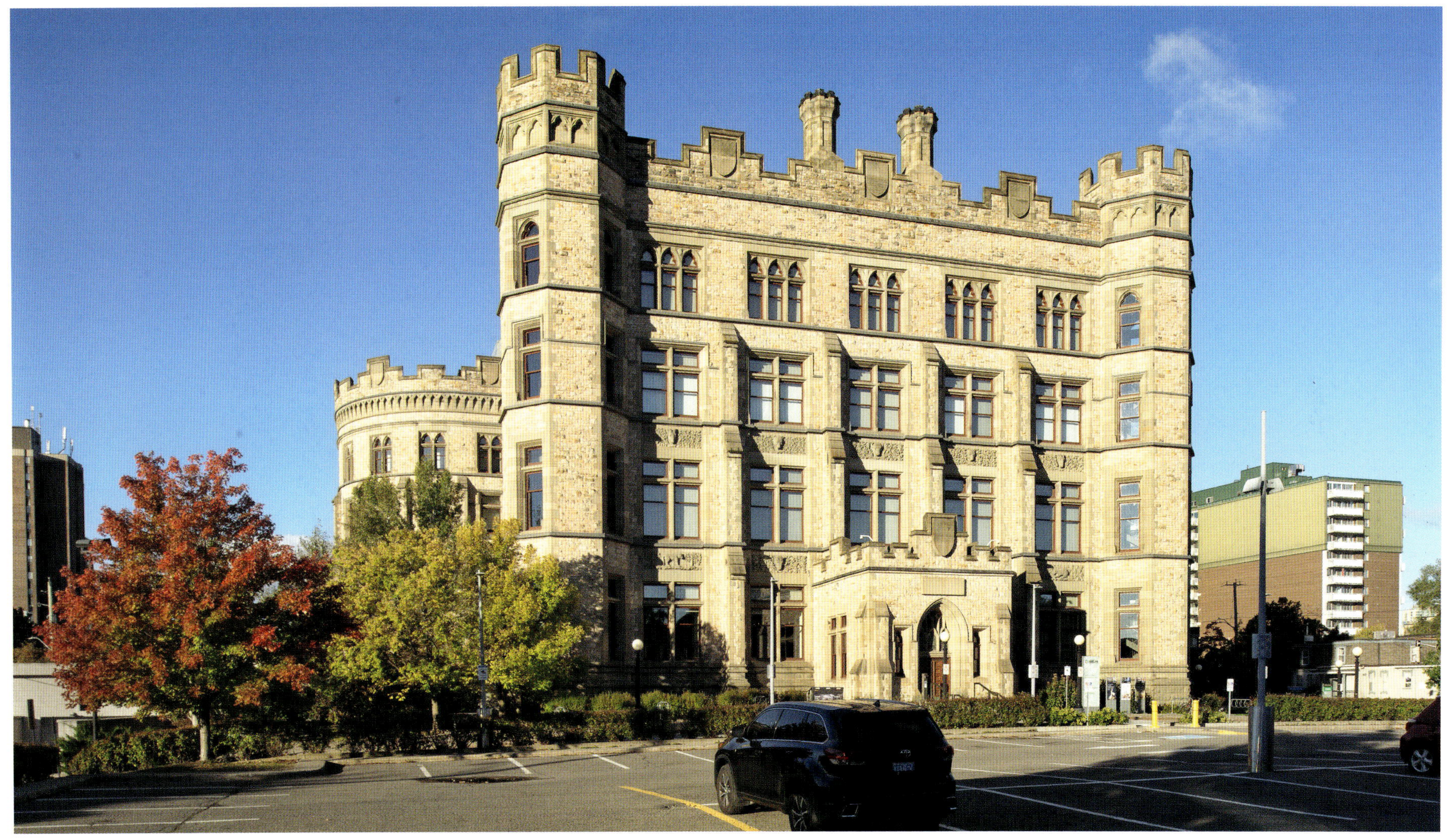

NOW: Built on clay, the building has suffered persistent issues related to sinking into the ground, leading to the removal of its original tower entryway. The site's history as a "second" House of Parliament did help save it from demolition in the 1970s and led to significant restoration efforts. In 1990, the same year it adopted a new name of the "Canadian Museum of Nature," it was declared a national historic site for its architectural value and unique status as the first purpose-built federal museum in Canada. Additional renovations from 2004 to 2010 included erecting a 65-foot-high glass Queens' Lantern where the building's original tower had stood.

AUJOURD'HUI: Bâti sur de l'argile, l'édifice subit des problèmes constants à cause de l'affaissement de la structure, entraînant l'élimination de la tour d'origine de l'entrée. L'histoire du site en tant que « seconde Chambre du Parlement » a contribué à le sauver de la démolition au cours des années 1970 et a mené à des efforts importants de restauration. En 1990, la même année où il avait adopté le nom de « Musée canadien de la nature » il a été proclamé lieu historique national en raison de sa valeur architecturale et de son statut unique de premier musée fédéral au Canada construit à cette fin. D'autres rénovations entreprises entre 2004 et 2010 comprennent l'érection du Lanternon des reines en verre, haut de 65 pieds, à l'emplacement de la tour d'origine de l'édifice.

BEECHWOOD CEMETERY

The National Military Cemetery, one of Ottawa's oldest cemeteries

THEN: Six years after Ottawa was named the capital city, Beechwood Cemetery opened its gates in 1873. Originally sitting well outside of town, due to a decree made that no burials take place within the city limits, this rural cemetery was established following the decision to close Ottawa's main Sandy Hill cemetery (now, Macdonald Gardens Park).

Initially a Protestant cemetery, Beechwood quickly became non-denominational, reflecting the many cultures and societies that made up Ottawa. This led to the first burial, in 1903, of a person of Chinese origin—establishing a dedicated burial place for Ottawa's Chinese community.

AUTREFOIS: En 1837, six ans après la désignation de la ville d'Ottawa comme capitale nationale, le Cimetière Beechwood a ouvert ses portes. Situé au début en dehors de la petite ville, en raison d'un décret interdisant les enterrements à l'intérieur de ses limites, ce cimetière champêtre a été fondé à la suite de la décision de fermer le cimetière principal d'Ottawa, Sandy Hill (aujourd'hui le parc Macdonald Gardens).

Cimetière protestant à l'origine, Beechwood est vite devenu non confessionnel pour refléter les nombreuses cultures et sociétés qui existaient à Ottawa. Cela a mené en 1903 au premier enterrement dans la ville d'une personne d'origine chinoise — établissant ainsi un lieu de sépulture dédié à la communauté chinoise d'Ottawa.

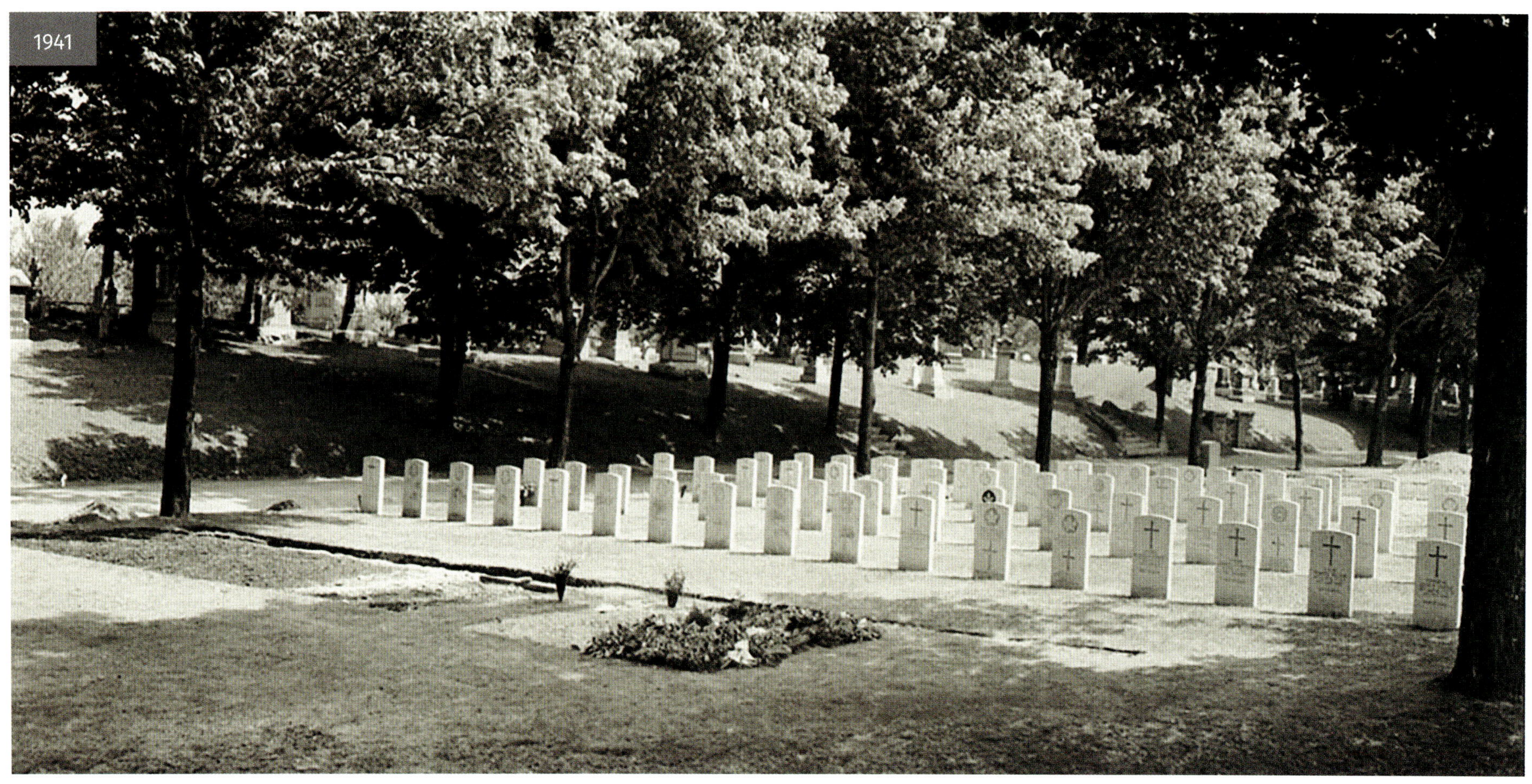

1941

NOW: In the years since its founding, Beechwood Cemetery has become a literal repository of not only Ottawa history but Canadian history. On the site you will find graves of poets, scientists, actors, dignitaries, and a Father of Confederation. In 2001, Beechwood was designated a national historic site, and has retained many distinctive nineteenth-century features, including its winding roads and multitude of monuments in different styles.

Long associated with the burial of Canadian soldiers killed in the line of duty, since 2001 Beechwood has served as the official National Military Cemetery of the Canadian Forces. In 2004, the site also became the National Memorial Cemetery for the Royal Canadian Mounted Police.

AUJOURD'HUI: Au fil des ans depuis sa fondation, le cimetière Beechwood est devenu un véritable dépositaire non seulement de l'histoire d'Ottawa, mais aussi de l'histoire du Canada. On y trouve des tombes de poètes, de scientifiques, d'acteurs, de dignitaires et de l'un des Pères de la Confédération. En 2001, Beechwood a été désigné lieu historique national ; le cimetière a retenu beaucoup d'éléments distinctifs du 19e siècle, y compris des parcours serpentins et de nombreux monuments de différents styles.

Longtemps associé à l'enterrement de soldats canadiens morts au combat, Beechwood sert depuis 2001 de Cimetière militaire national des Forces armées canadiennes. En 2004, le lieu est aussi devenu le Cimetière commémoratif national de la Gendarmerie royale canadienne.

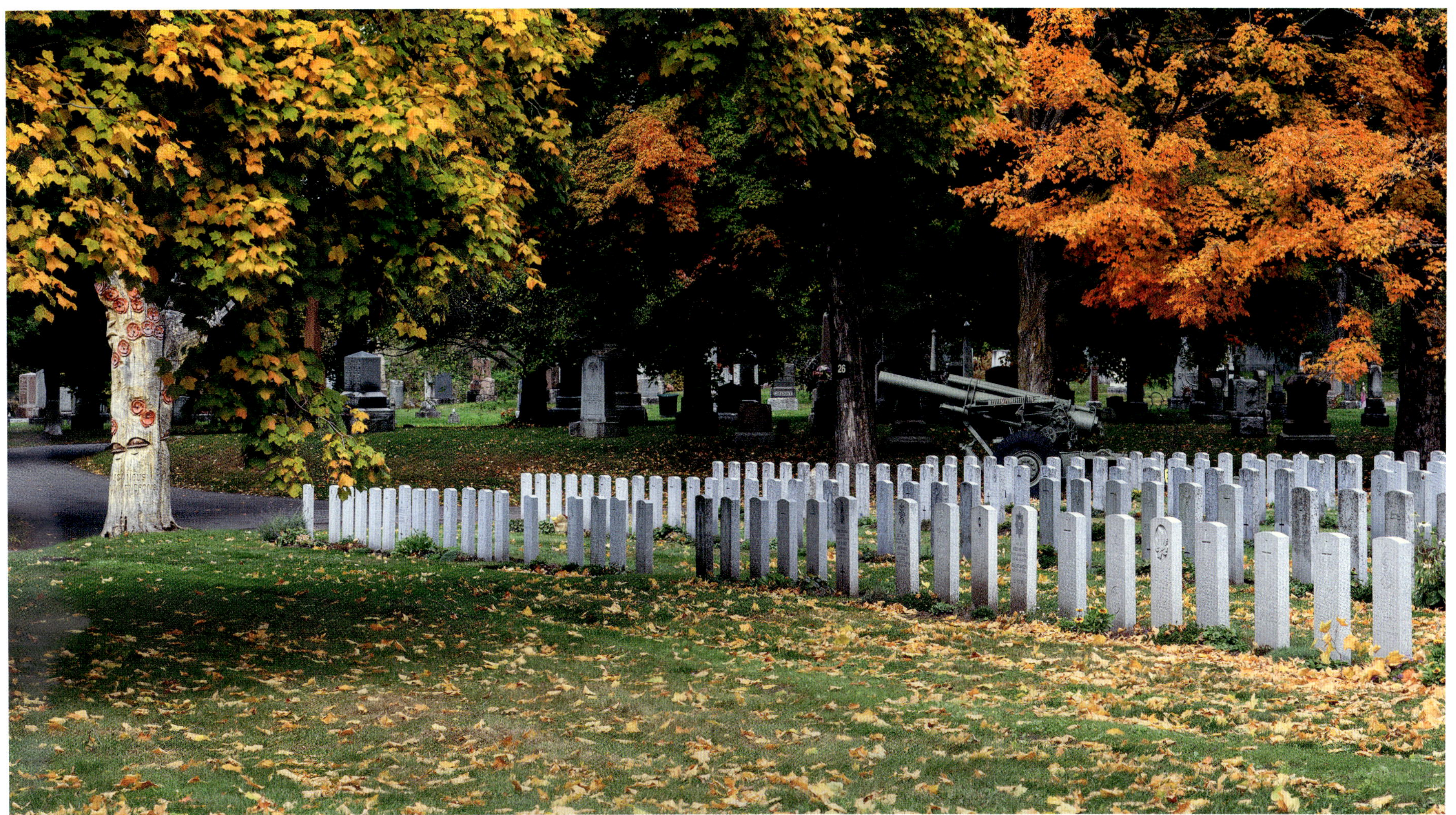

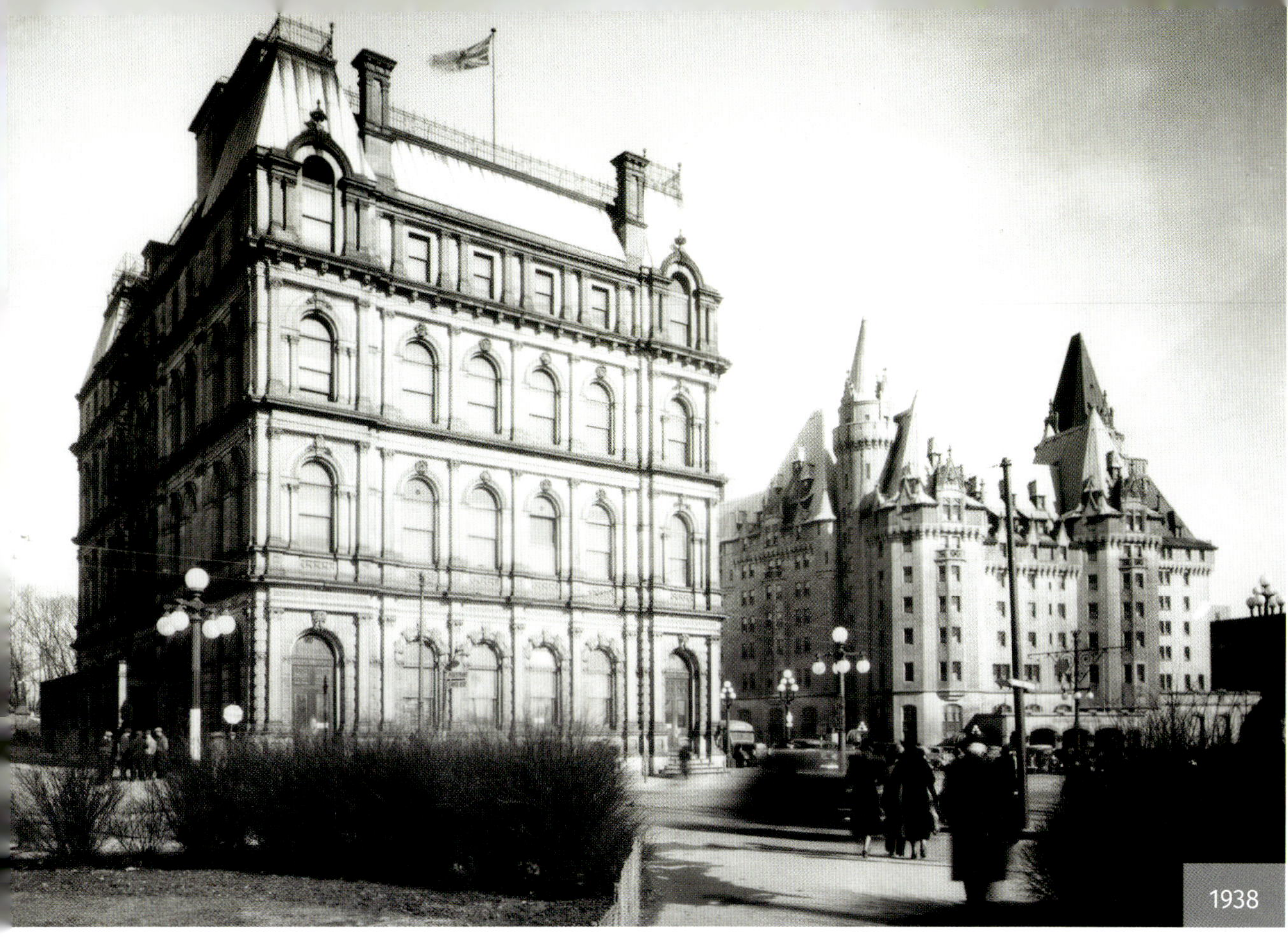
1938

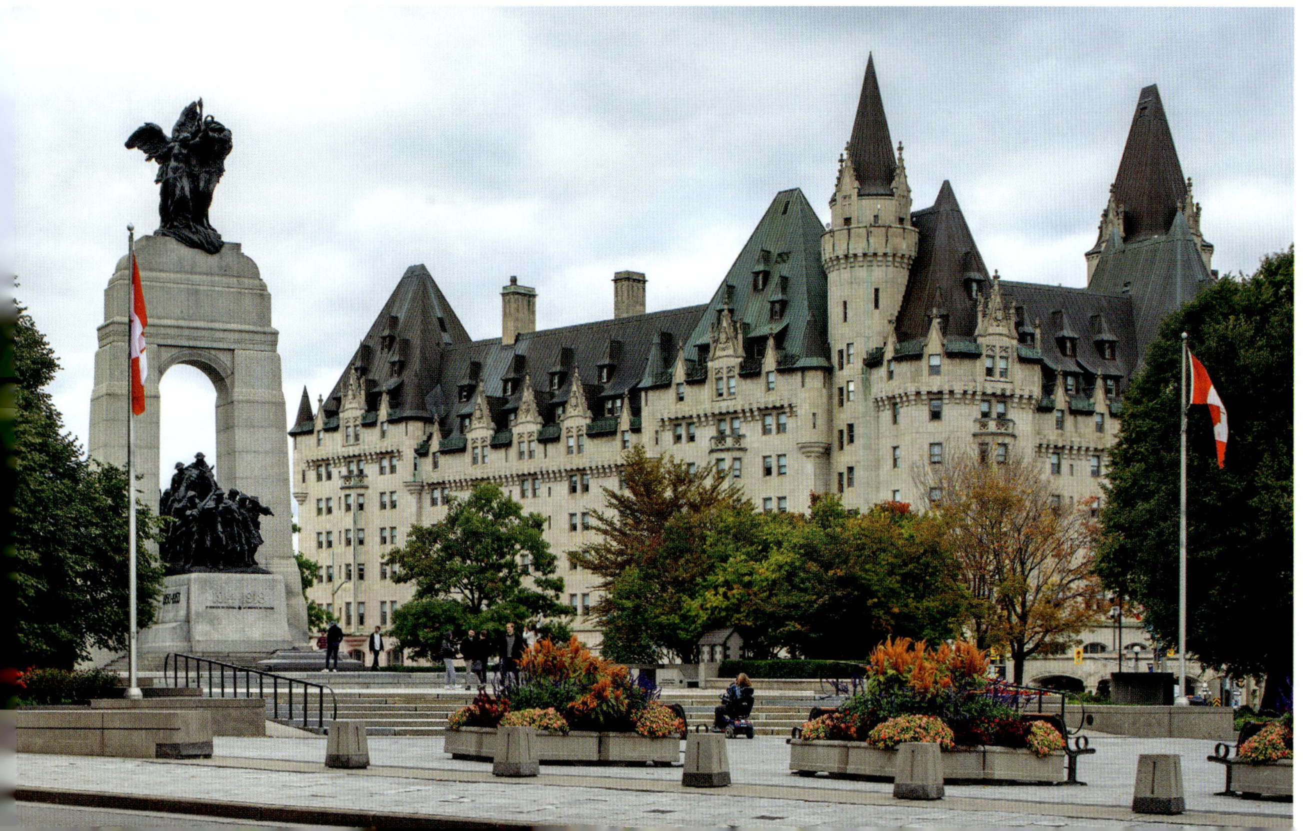

OLD OTTAWA POST OFFICE / CENTRAL POST OFFICE

Ottawa's downtown graced by grand, historic Post Offices

THEN: Completed in 1876, at the corner of Elgin and Wellington, the "Old Ottawa Post Office" was designed by local architect Walter Chesterton. For his design, Chesterton employed an Italianate take on Second Empire Style (of Napoleon III), creating one of the most stunning buildings in all of Ottawa. A main feature of the building was a clock tower by which citizens would often set their watches.

In 1904, the building's upper floors were gutted by fire. Despite extensive damage, the building was renovated and enlarged, and continued operation until 1938, when it was demolished to make way for the National War Memorial. At the time, a new post office was being built nearby at the corner of Sparks Street and Wellington—which became the Central Post Office.

AUTREFOIS: Construit en 1876 à l'angle des rues Elgin et Wellington, « l'ancien bureau de poste d'Ottawa » a été conçu par Walter Chesterton, architecte local. La conception de Chesterton était basée sur une interprétation à l'italienne du style Second Empire (de Napoléon III), créant ainsi l'un des édifices les plus étonnants d'Ottawa. L'une des caractéristiques principales du nouvel édifice est la tour d'horloge, que les habitants utilisaient souvent pour régler leurs montres.

En 1904, les étages supérieurs de l'édifice ont été ravagés par un incendie. Malgré les dégâts considérables, l'immeuble, rénové et agrandi, a continué à fonctionner jusqu'en 1938, lorsqu'il a été démoli pour faire place au Monument national de guerre du Canada. À cette époque-là, un nouveau bureau de poste — le futur bureau de poste central — était déjà en construction tout près, à l'angle des rues Sparks et Wellington.

NOW: Opened in 1938, the Central Post Office lights up Ottawa's nights with the striking glow of its own clock, perched atop the attractive Art Deco building. Designed by architect Werner Ernst Noffke (a German immigrant who also designed Ottawa's Art Deco Medical Arts Building), the building's Châteauesque-style roof, which is covered in bronze, harmonizes with the similar styling of nearby Parliament Hill buildings and the Château Laurier Hotel.

This new post office was integral to the redesigning of Ottawa's central business district, and it became the main hub for all downtown mail. Receiving Federal Heritage Building status in 1986, it was the oldest federal building in Ottawa devoted to local use. Today the building no longer functions as a post office and is used as a federal office space.

AUJOURD'HUI: Inauguré en 1938, le bureau de poste central, bel édifice de style Art déco, éclaire la nuit à Ottawa grâce à la lumière incandescente de l'horloge qui le surmonte. Conçu par l'architecte Werner Ernst Noffke (immigré allemand qui a aussi conçu le Medical Arts Building d'Ottawa dans le style Art déco), le toit de style Château de l'édifice, recouvert de bronze, s'accorde avec le style similaire des édifices voisins de la Colline du Parlement et de l'Hôtel Château Laurier.

Ce nouveau bureau de poste, partie intégrante du réaménagement du quartier commercial d'Ottawa, est devenu le centre de tri principal de tout le courrier du centre-ville. Désigné édifice fédéral à valeur patrimoniale en 1986, le bureau de poste central était le plus ancien édifice fédéral à Ottawa dédié à un usage local. Aujourd'hui, il abrite des bureaux fédéraux et ne sert plus de bureau de poste.

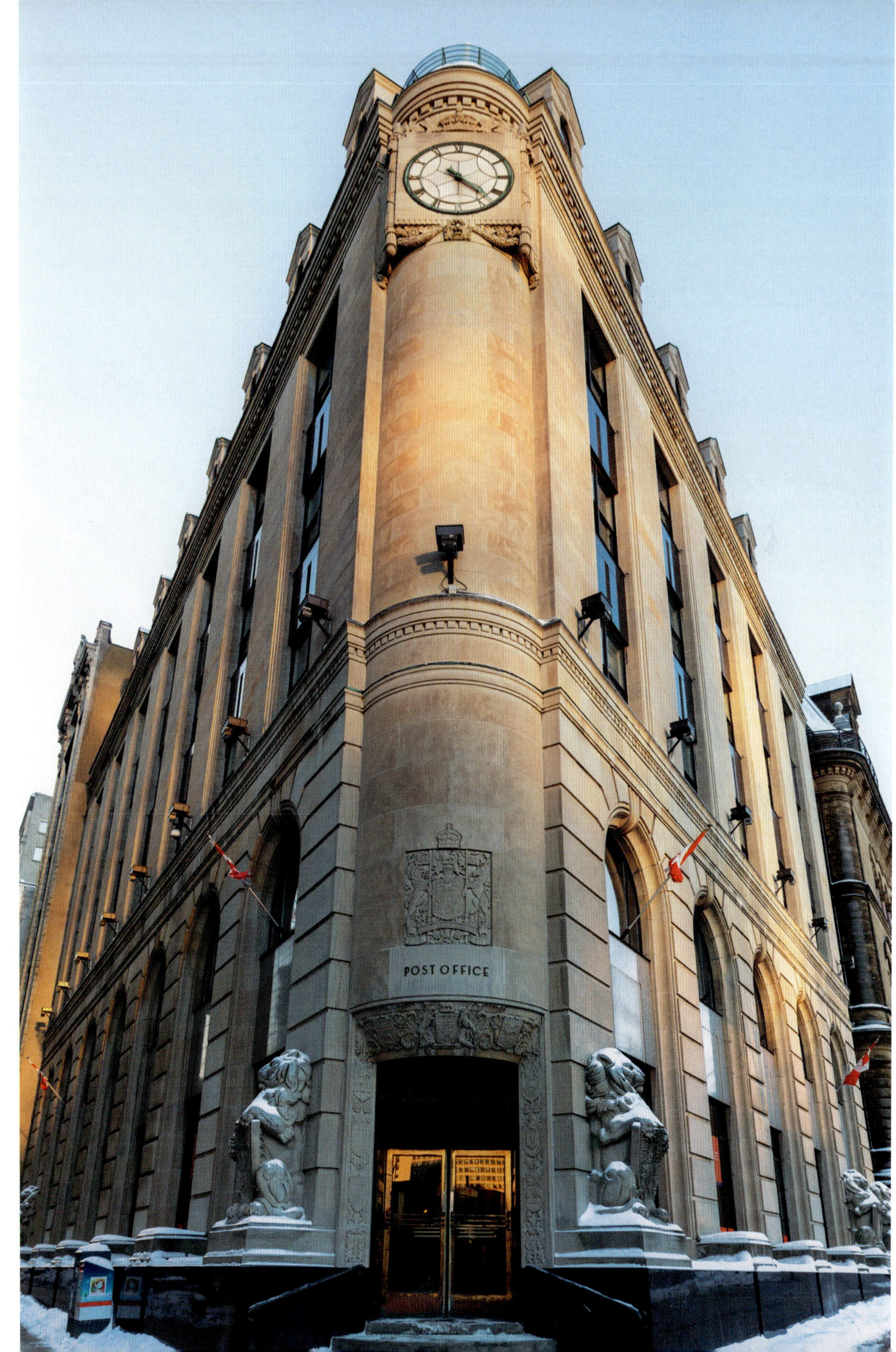

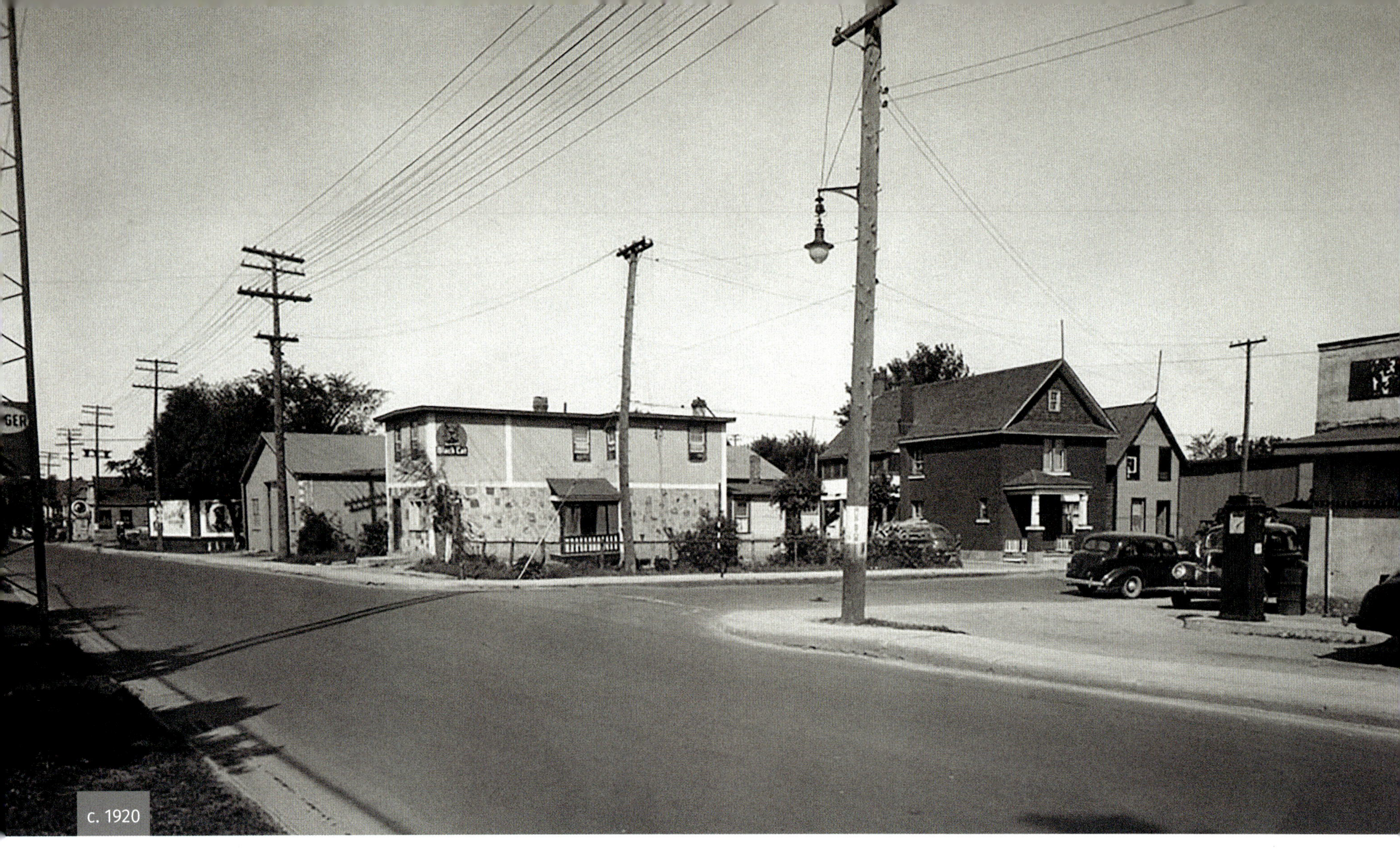

c. 1920

PRESTON STREET / CORSO ITALIA

Ottawa's "Little Italy"

THEN: In the early 1900s, the area surrounding Ottawa's Preston Street was increasingly populated by European immigrants seeking a new life. This bustling neighbourhood held a mixture of people from Ireland, Poland, Greece, and Italy, among other places, and was filled with family-owned businesses. The smells of its bakeries, and the sounds of its children and large families developed a lively community atmosphere. Over time, new arrivals came predominately from Italy, with many escaping poor economic conditions in Southern Italy, seeking to settle in a neighbourhood already known for its openness to immigrants. This migration eventually created Ottawa's "Little Italy."

AUTREFOIS: Au début des années 1900, de plus en plus d'immigrants à la recherche d'une nouvelle vie s'établissaient dans le quartier entourant la rue Preston à Ottawa. Dans ce quartier animé, abritant des gens provenant, notamment, d'Irlande, de Pologne, de Grèce et d'Italie, des entreprises familiales abondaient. Les odeurs de pain frais et de pâtisseries, la voix des enfants et la présence de familles nombreuses contribuaient à créer une ambiance communautaire dynamique. Au fil du temps, de nouveaux arrivants, venus surtout du sud de l'Italie pour échapper à des conditions économiques pénibles, cherchaient à s'établir dans un quartier déjà connu pour accueillir des immigrants. Cette migration a fini par créer le quartier de « la petite Italie » ou « Little Italy » d'Ottawa.

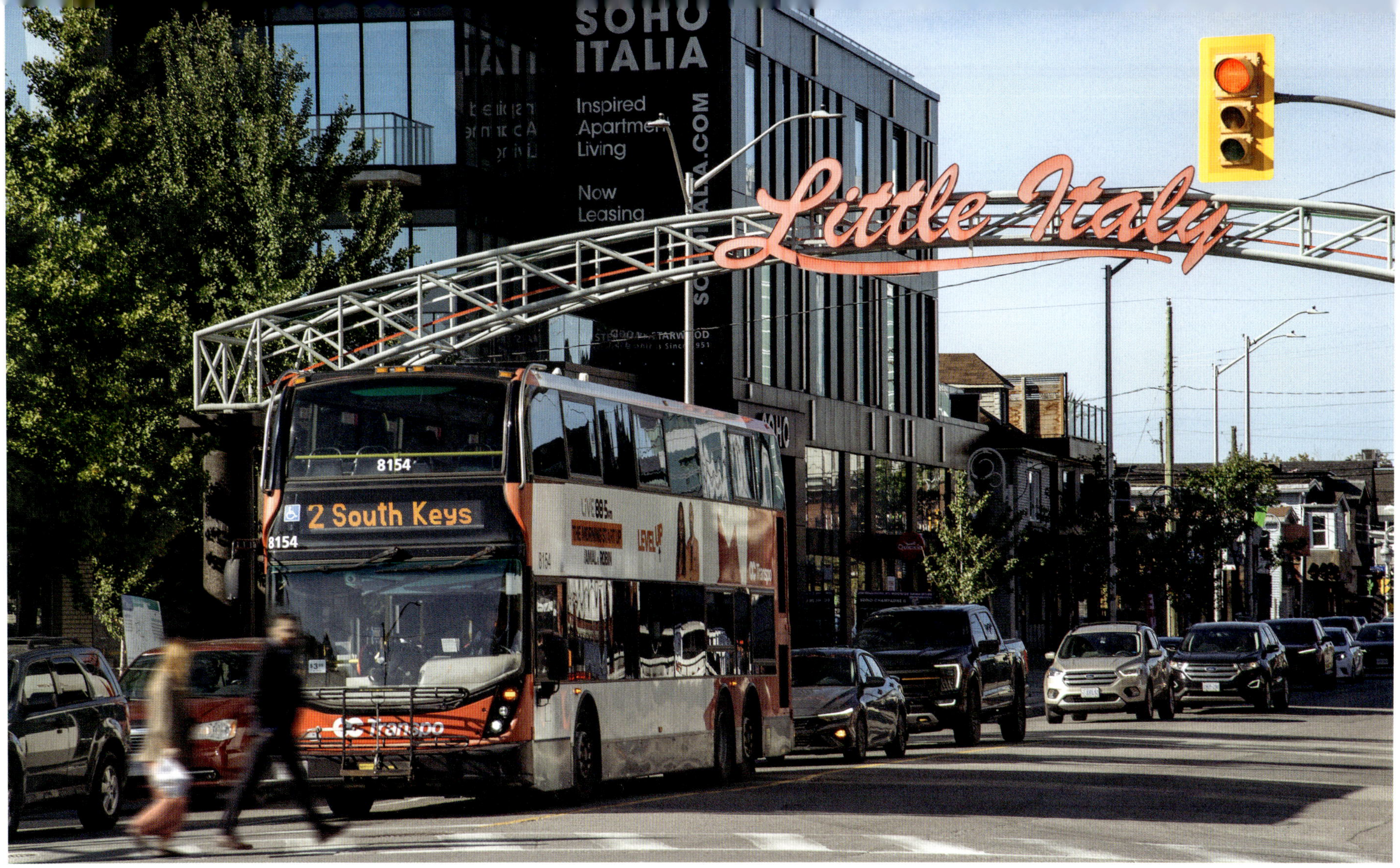

NOW: Since 1975, Preston Street has hosted an annual summer celebration of the neighbourhood's Italian culture and traditions, known as "Italian Week." This festival presents cultural events, good food, and the always popular "Italian Car Parade"—ranging from Fiats to Ferraris—that traditionally closes the week's events.

Over the years, the City of Ottawa and the Preston Street Business Improvement Association have worked together to enhance the neighbourhood's identity as Ottawa's "Little Italy." One particularly transformative innovation is the funding for works of art, steeped in Italian culture, installed along the street. These include sculptures, murals, banners, and street signs that read "Corso Italia."

In 2002, a curved arch—supported by two 4.8 metre (over 15 feet) tall, granite columns—was erected at the intersection of Carling Avenue and Preston Street, displaying a neon sign welcoming people to Little Italy.

AUJOURD'HUI: Chaque été depuis 1975, la rue Preston organise « Italian Week » pour fêter la culture et les traditions italiennes du quartier. Ce festival offre des événements culturels et une cuisine délicieuse ainsi que le très populaire défilé de voitures italiennes « Italian Car Parade », présentant aussi bien des Fiats que des Ferraris, qui marque traditionnellement la fin des événements de la semaine.

Au cours des années, la ville d'Ottawa et l'association d'amélioration des affaires de la rue Preston ont collaboré pour renforcer l'identité du quartier en tant que « petite Italie » dans la capitale nationale. L'une des innovations les plus marquantes est le financement d'œuvres d'art imprégnées de culture italienne installées le long de la rue. Parmi ces œuvres figurent des sculptures, des peintures murales, des bannières et des plaques de rue indiquant « Corso Italia ».

En 2002, un arc soutenu par deux colonnes en granit de 4,8 mètres (plus de 15 pi) de haut a été érigé à l'intersection de l'avenue Carling et de la rue Preston pour afficher un panneau au néon accueillant les visiteurs à Little Italy.

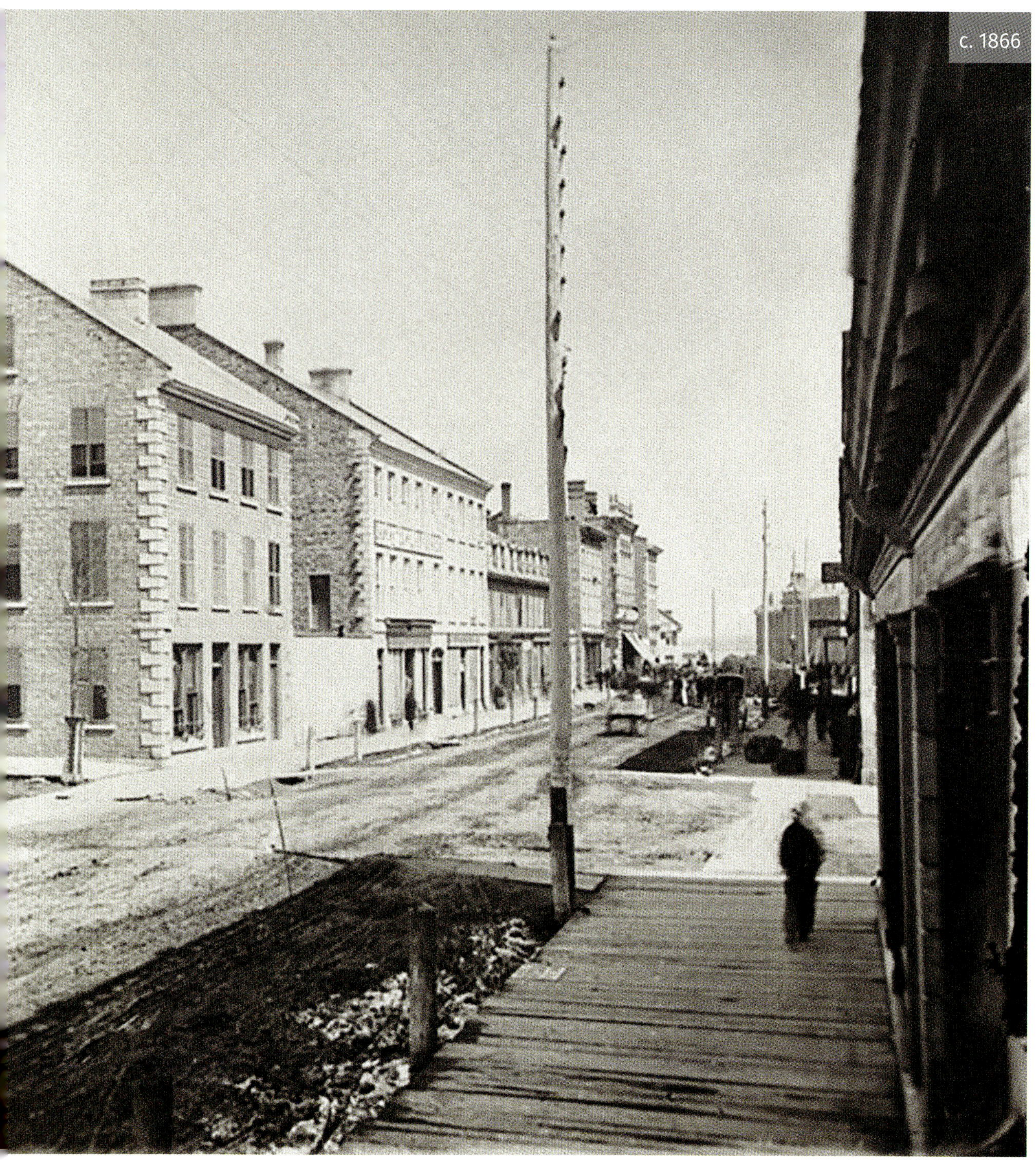
c. 1866

SPARKS STREET

A pedestrian mall and route for a hero

THEN: Nicholas Sparks became one of the largest landowners of the Ottawa Valley when, in the 1820s, he purchased the wooded lands that extended across what is mostly now downtown Ottawa. Through these woods Sparks cut a path and erected a log cabin.

He eventually sold off property to workers building the Rideau Canal, and constructed a magnificent Georgian-style home (the first stone house in newly formed Bytown—now Ottawa) along this country path, which became known as Sparks Street. Sparks spent the remainder of his life pursuing the dream of his land becoming Bytown / Ottawa's epicentre of commerce and administration; and Sparks Street became its heart.

AUTREFOIS: Nicholas Sparks est devenu l'un des plus grands propriétaires fonciers de la vallée de l'Outaouais lorsqu'il a acheté, au cours des années 1820, les terres boisées qui couvraient la plus grande partie de ce qui est de nos jours le centre-ville d'Ottawa. Sparks a battu un chemin à travers ces bois et a érigé une cabane en bois rond. Plus tard, le propriétaire foncier a vendu des terrains aux travailleurs qui construisaient le canal Rideau et a bâti au bord de ce chemin champêtre, connu par la suite sous le nom de la rue Sparks, une magnifique maison de style géorgien (la première maison de pierres de la petite ville récemment constituée de Bytown, maintenant Ottawa).

Sparks a passé le restant de sa vie à poursuivre le rêve de transformer ses terrains en l'épicentre commercial et administratif de Bytown / Ottawa ; la rue Sparks en est devenue le cœur.

BELOW: The Sparks Street pedestrian mall runs from Elgin Street to Bank Street in downtown Ottawa, close to Parliament Hill.

CI-DESSOUS: La rue piétonne Sparks s'étend de la rue Elgin à la rue Bank au centre-ville d'Ottawa, près de la Colline du Parlement.

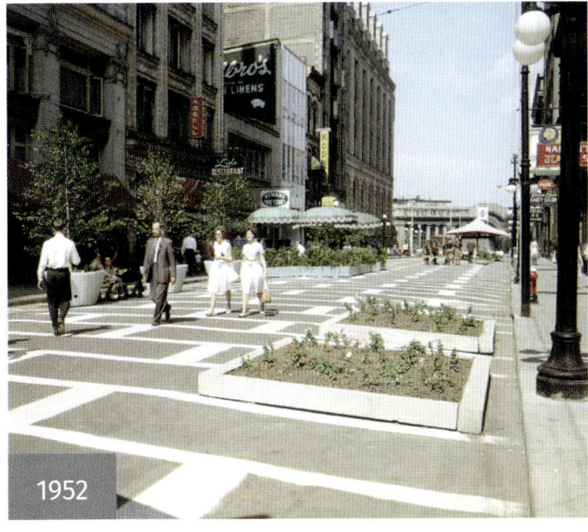

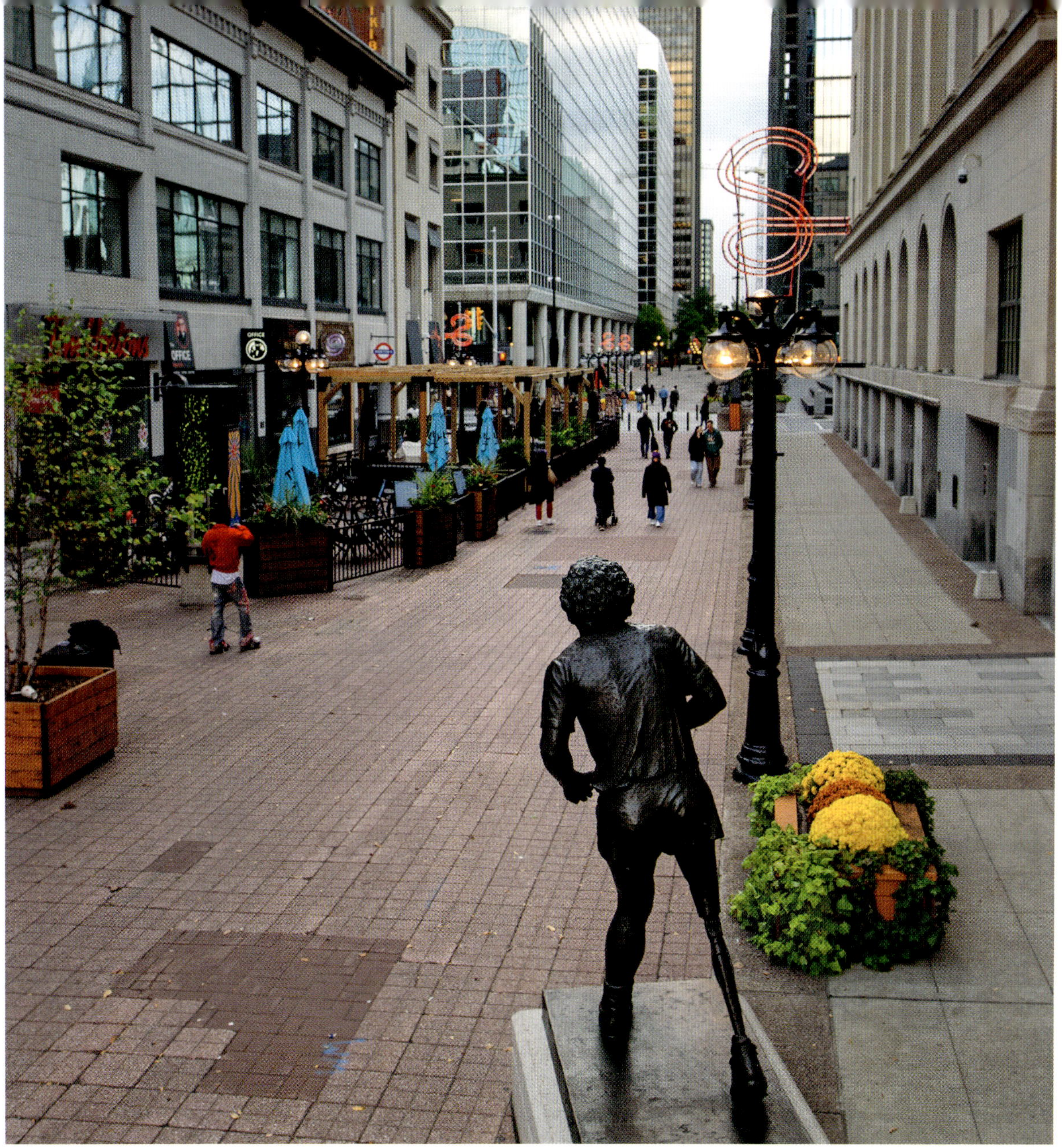

NOW: When eighteen-year-old Terry Fox lost his leg to cancer, he vowed to run across Canada, raising money for research. Using a prosthetic leg, Fox began his Marathon of Hope on April 12, 1980. He reached Ottawa on June 30, telling a gathered crowd on the Sparks Street Mall, "I want to show that cancer can be beaten." Sadly, on September 1, having traversed 5,373 kilometres, Fox abandoned his run—the cancer had returned, and would soon take his life.

In September 2024 a statue of Fox on Parliament Hill was relocated to Sparks Street, commemorating Terry's original path through Ottawa. A plaque by the statue reminds passersby that "Terry's steps still echo in the legacy he continues to weave through the example he set for all of us: that dreams can come true."

AUJOURD'HUI: Lorsque Terry Fox, âgé de 18 ans, a perdu une jambe à cause du cancer, il s'est juré de traverser le Canada en courant pour recueillir des fonds aux fins de la recherche. Muni d'une jambe prothétique, Fox a commencé son Marathon de l'espoir le 12 avril 1980. Il est arrivé à Ottawa le 30 juin, disant à la foule rassemblée dans le mail de la rue Sparks : « Je veux montrer que le cancer peut être vaincu. » Malheureusement, le 1er septembre, après avoir traversé 5 373 kilomètres, Fox a abandonné la course — le cancer était revenu et lui coûterait bientôt sa vie.

En septembre 2024 une statue de Fox installée sur la Colline du Parlement a été transférée à la rue Sparks pour commémorer la route que Terry avait empruntée pour traverser Ottawa. Une plaque installée près de la statue rappelle aux passants que : « Les pas de Terry résonnent toujours dans le legs qu'il continue à tisser à travers l'exemple qu'il nous a tous donné : que les rêves peuvent se réaliser. »

POULIN'S SPARKS STREET DEPARTMENT STORE / WINNERS

A retail store on Sparks Street since the nineteenth century

THEN: In 1872 the *Ottawa Daily Citizen* declared this newly completed commercial building on the corner of Sparks and O'Connor Streets a "handsome addition to this section of the city." Showcasing dramatic round-headed windows and ornate decorative details in Italianate-style, the three-storey brick building, designed by local architect William Hodgson, famously housed one of Ottawa's finest department stores—L. N. Poulin, Ltd., known simply as "Poulin's."

Beginning in his family's cabinet-making business, Hodgson was highly regarded for construction and design, and instrumental in creating the turn-of-the-twentieth-century Ottawa. Upon his death, in 1904, the *Ottawa Journal* eulogized Hodgson as having transformed Metcalfe Street alone "from one end to the other" into "a living monument [to his] enterprise."

AUTREFOIS: En 1872, le quotidien *Ottawa Daily Citizen* a proclamé l'immeuble commercial récemment construit au coin des rues Sparks et O'Connor un « bel ajout à cette partie de la ville ». Orné de fenêtres cintrées spectaculaires et de détails décoratifs de style italien, ce bâtiment en brique à trois étages, conçu par l'architecte local William Hodgson, est renommé pour avoir abrité l'un des grands magasins les plus chics d'Ottawa : L. N. Poulin, Ltd., connu sous le nom de « Poulin's ».

Hodgson, qui travaillait au début pour l'entreprise familiale d'ébénisterie, était hautement estimé pour ses talents dans la construction et la conception et a joué un rôle clé dans la création de la ville d'Ottawa au tournant du siècle. Au moment de sa mort en 1904, le quotidien Ottawa Journal a fait l'éloge de Hodgson et de sa transformation de la rue Metcalfe « d'un bout à l'autre » en un « monument vivant [à son] entreprise ».

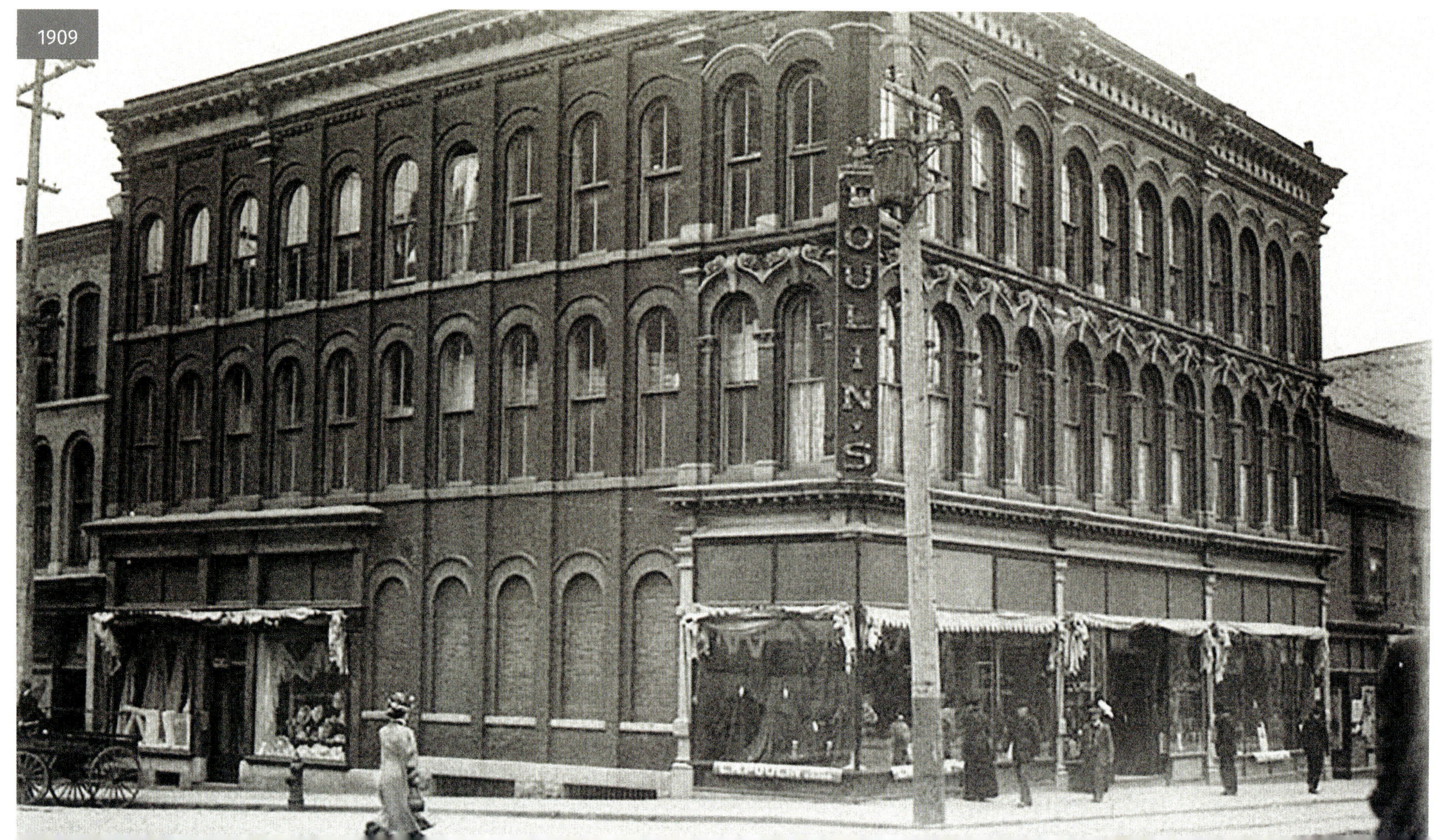

1909

NOW: Long after Poulin's closed in 1929, Hodgson's building continued to house retailers—including, for over eighty years, a Zellers store. In 1980, the exterior of the building's upper two floors received heritage status for being a surviving example of Confederation-era architecture. Despite this, the following spring a permit to demolish the building was granted, to make way for a high-rise development.

Activists helped secure Zellers' preservation, and architect Julia Gersovitz—a future Order of Canada recipient—oversaw the project, and restored the building's original 1872 cornice pieces and storefronts. With the closing of Zellers in 2013, the chain store Winners moved in during 2015, maintaining the building's long history of retail tenants.

AUJOURD'HUI: Longtemps après la fermeture de Poulin's en 1929, l'immeuble de Hodgson a continué d'abriter des commerces, y compris, pendant 80 ans, un magasin Zellers. En 1980, la façade des deux étages supérieurs du bâtiment a reçu le statut patrimonial en tant qu'exemple survivant de l'architecture de l'époque de la Confédération. Malgré cette désignation, un permis de démolition a été délivré le printemps suivant pour permettre la construction d'une tour.

Des militants ont aidé à préserver Zellers, et l'architecte Julia Gersovitz — future récipiendaire de l'Ordre du Canada — a géré le projet pour restaurer les corniches et les vitrines du bâtiment original datant de 1872. Après la fermeture de Zellers en 2013, la chaîne Winners a emménagé en 2015, préservant ainsi la longue histoire de détaillants-locataires de ce bâtiment.

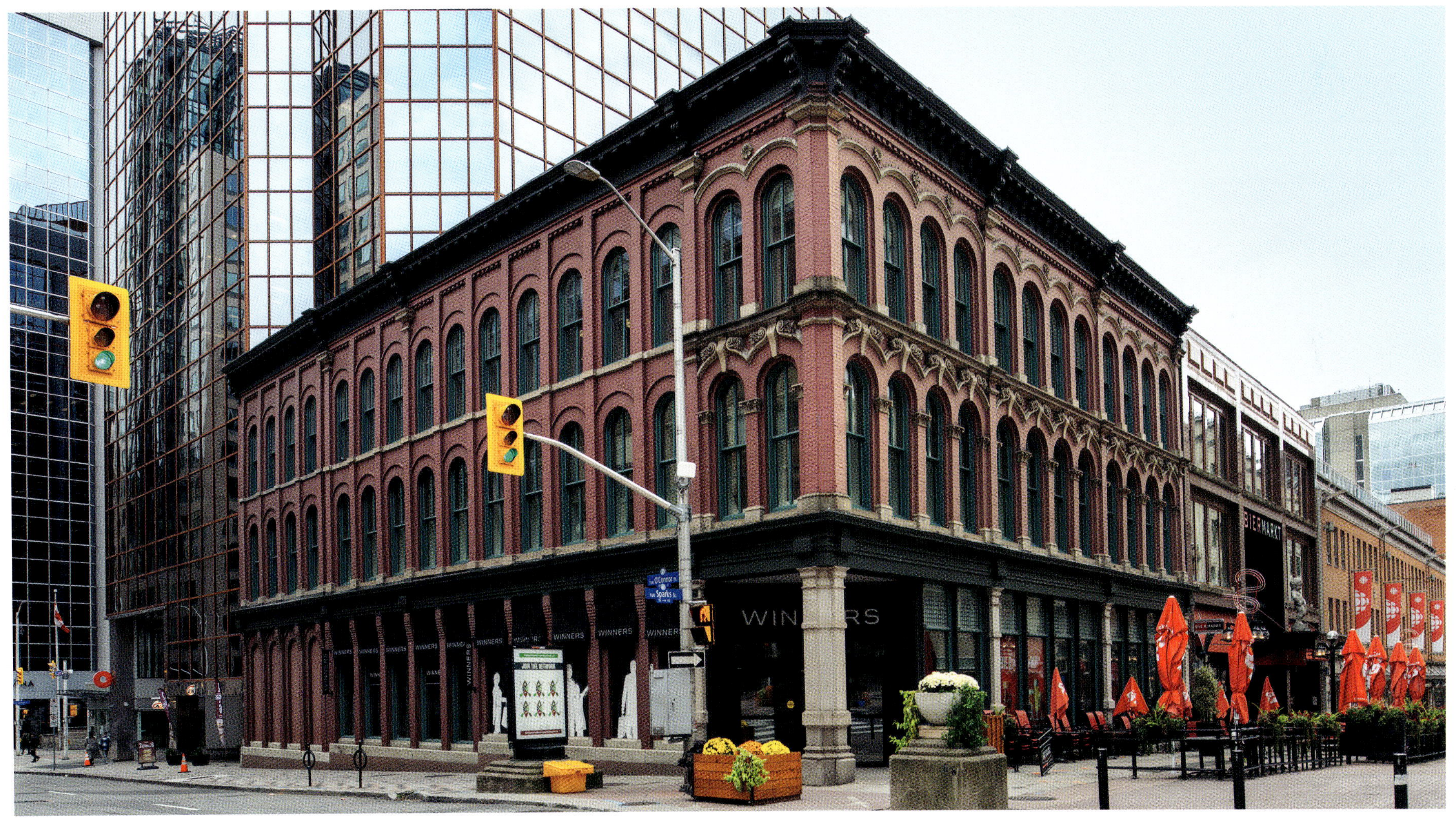

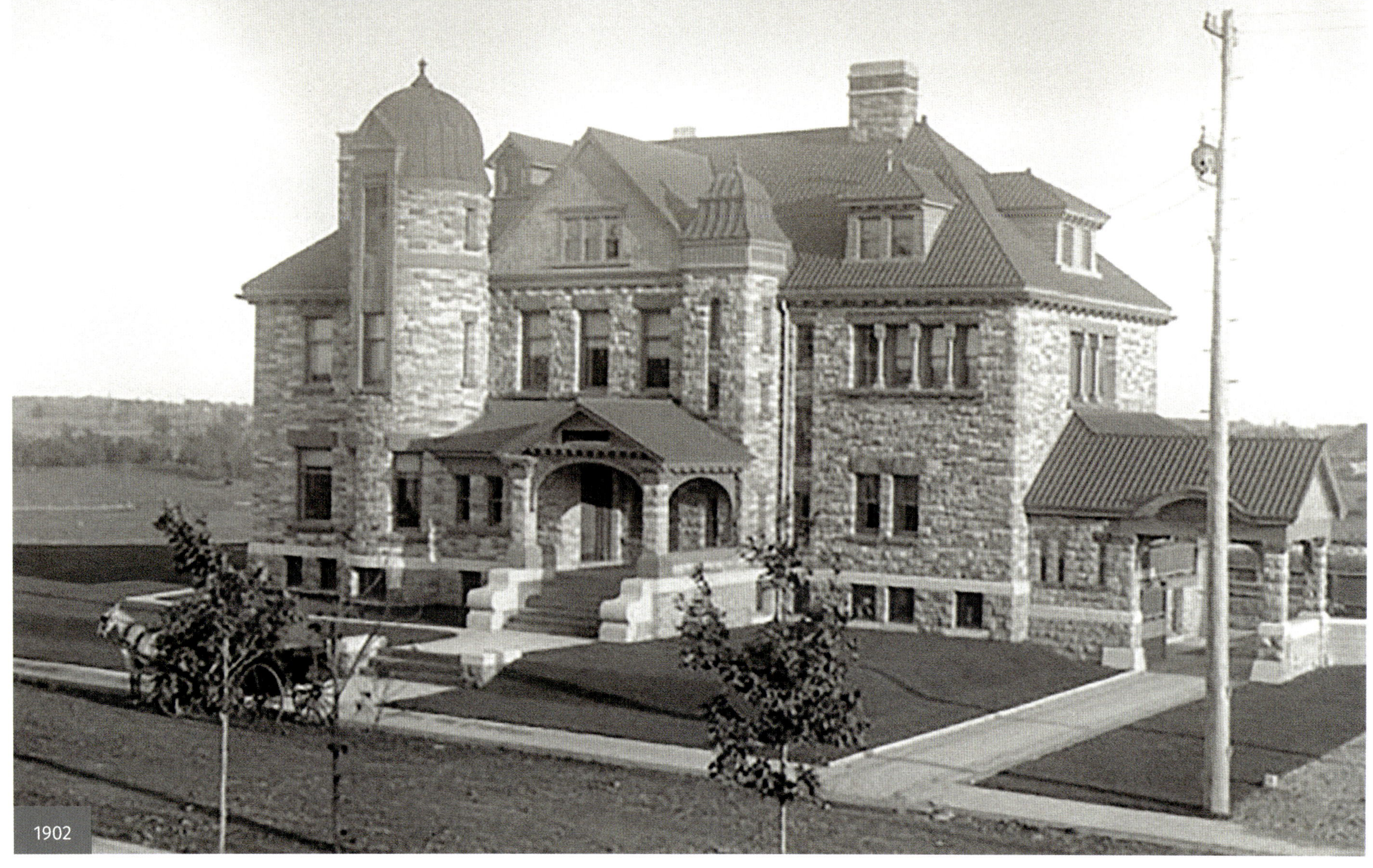
1902

FLECK-PATERSON HOUSE

Former home to a lumber baron's daughter turned international Embassy

THEN: The magnificent mansion at 500 Wilbrod Street, completed in 1902, was the work of Ottawa architect John William Hurrell Watts. He designed this Queen Anne Revival-style home—incorporating dramatically contrasting red and grey sandstone—for Canada's "lumber king" J. R. Booth. Booth had the home built for his daughter Helen Gertrude and her railway baron husband Andrew Fleck. In 1941, Canadian Senator Norman Paterson bought the house (valued at $1,181,954) for an undisclosed sum. A highlight of Paterson's time in the home was the ornate 1948 wedding of his daughter Nancy, who wore a "floor-length gown of white Rosalba crepe" and a tulle veil held in place by "sprays of orange blossoms."

AUTREFOIS: Le manoir magnifique situé au 500 rue Wilbrod, terminé en 1902, était l'œuvre de l'architecte John William Hurrell Watts d'Ottawa. Il a conçu cette maison de style néo-Queen-Anne composée d'un mélange contrasté de grès rouge et gris pour J. R. Booth, le « baron du bois » du Canada. Booth a fait construire la maison pour sa fille Helen Gertrude et son mari, le baron des chemins de fer Andrew Fleck. En 1941, le sénateur canadien Norman Paterson a acheté la maison (évaluée à 1 181 954 $) pour une somme non divulguée. L'un des événements marquants de l'époque où Paterson habitait la maison était le mariage grandiose en 1948 de sa fille Nancy, qui portait une « robe longue en crêpe Rosalba blanc » et un voile en tulle maintenu par des « bouquets de fleurs d'oranger ».

BELOW: Norman Paterson was Canada's longest serving Senator (he lived to 100, retiring only at 97) and principal benefactor of Carleton University's "Norman Paterson School of International Affairs."

CI-DESSOUS: Norman Paterson détient le record de longévité au poste de sénateur du Canada (il a vécu jusqu'à 100 ans et n'a pris sa retraite qu'à 97 ans). Il était le principal bienfaiteur de la Norman Paterson School of International Affairs de l'université Carleton.

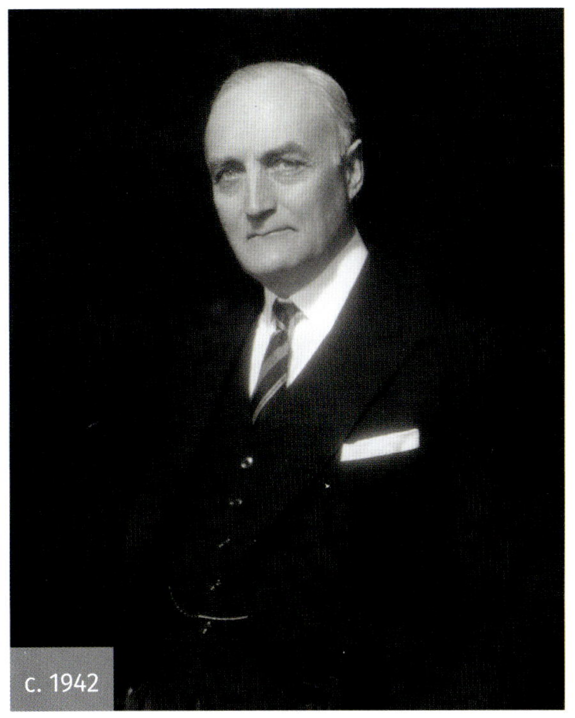
c. 1942

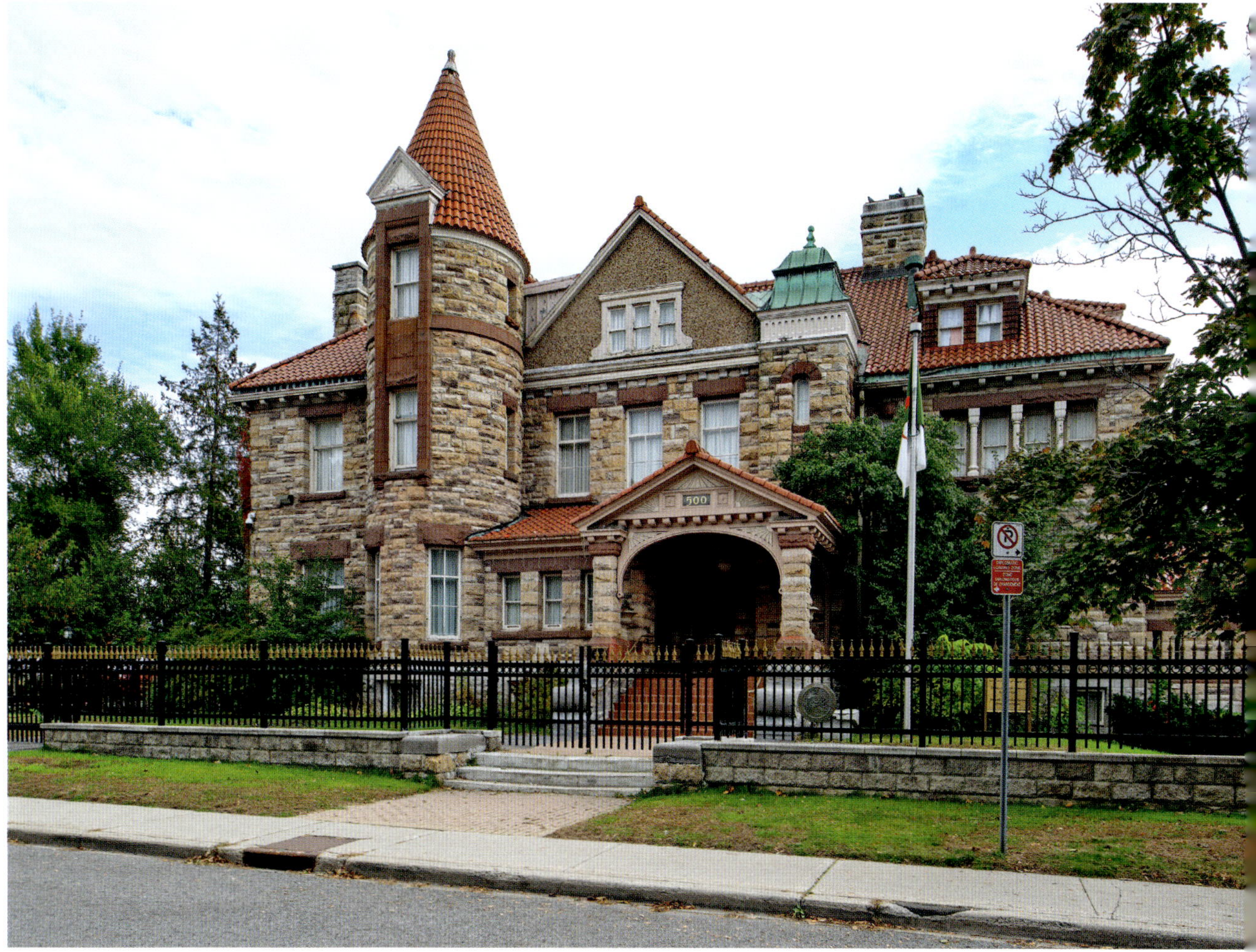

NOW: By 1986, the home no longer housed any residents, had fallen into neglect, and suffered from extensive vandalism. In 1988, the building was threatened with demolition. Instead, preservationists and community activists convinced the city to undertake emergency repairs, and the home became a meditation centre in 1991. Further extensive renovations were made to the house before being sold in 2002, at a price of $2.95 million, to the People's Democratic Republic of Algeria. The grand old home stands today as the Embassy of Algeria to Canada.

AUJOURD'HUI: Vers 1986, la maison n'hébergeait plus de résidents, était tombée dans l'oubli et souffrait d'un vandalisme extrême. En 1988, elle était menacée de démolition, mais des préservationnistes et des militants communautaires ont persuadé la ville d'effectuer des réparations d'urgence ; en 1991 elle est devenue un centre de méditation. Des rénovations importantes ont été entreprises avant la vente de la maison en 2002 à la République algérienne démocratique et populaire au prix de 2,95 millions de dollars. Aujourd'hui, la belle vielle maison abrite l'ambassade de l'Algérie au Canada.

CARLETON COUNTY GAOL

This historic jail becomes a popular hostel where guests sleep in prison cells

THEN: Opened in 1862, and with an underground tunnel connecting its cellblock directly to the courthouse, Carleton County Gaol was created to house everyone from Ottawa's least nefarious to the most notorious of criminals. Although small, the cells were designed to modern (for the nineteenth century) standards and aimed to keep prisoners safe by separating them. The jail remained active for over 100 years. Not just a place for incarceration, it also had a "Gallows Yard" for hangings. The first person hanged at the prison was a man named Patrick Whelan, convicted for assassinating Father of Confederation Thomas D'Arcy McGee.

It is the last person hanged in Ottawa, however, whose story constitutes the stuff of movies. Twenty-four-year-old Eugène Larment was executed at the Gaol just after midnight, on March 27, 1946. Having a history of run-ins with the law—including a joyride in a stolen taxi which he drove down Bronson Street, ending with a crash on Chaudière Bridge, all while exchanging gun fire with police—Larment's fatal crime stemmed from a robbery of the Canadian War Museum (then on Sussex Street), where he and two associates made off with a small arsenal. Larment later gunned down a police detective investigating the crime.

c. 1890

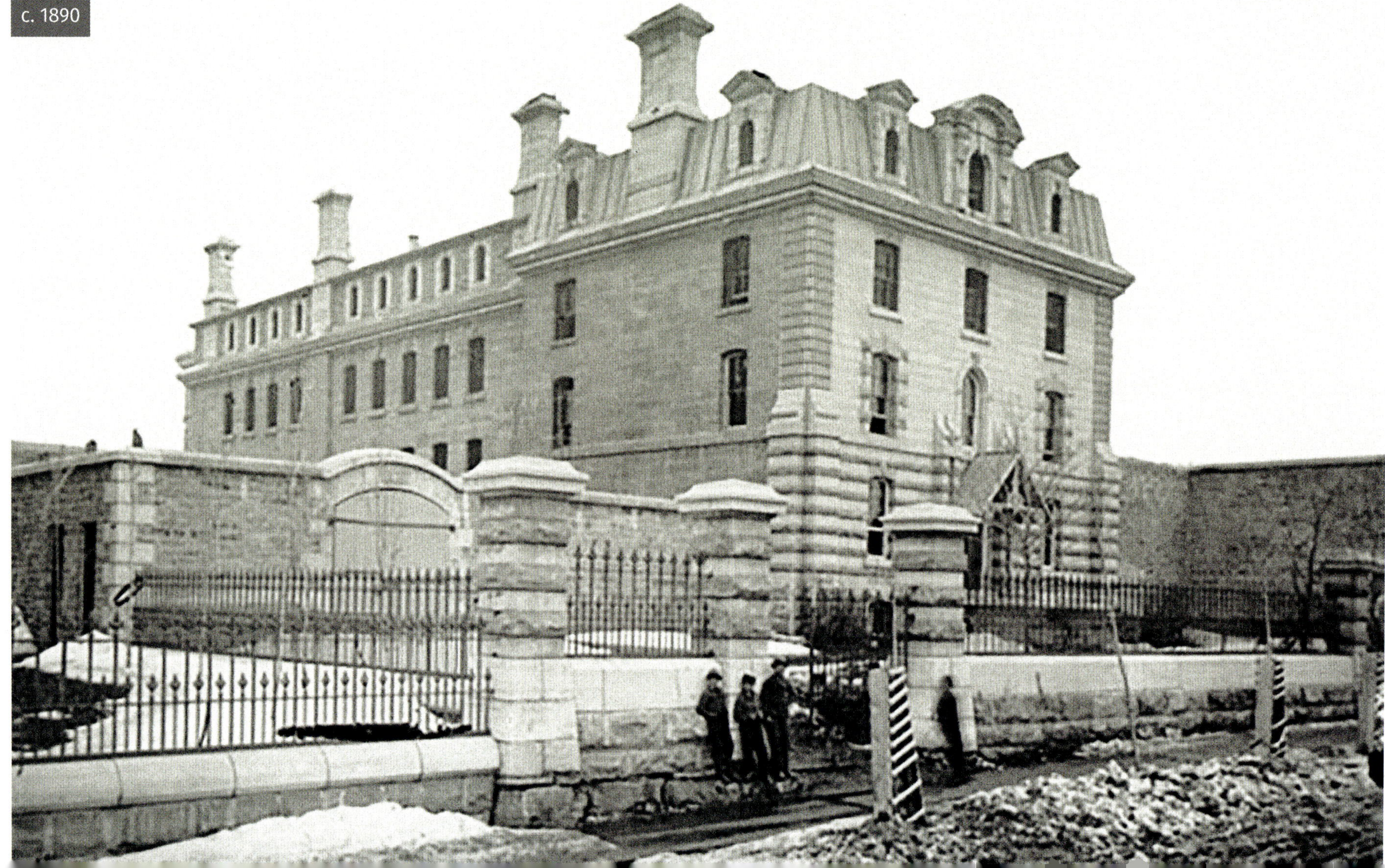

AUTREFOIS: La geôle du comté Carleton, ouverte en 1862, comportait un tunnel sous-terrain reliant le pavillon cellulaire directement au palais de justice. Elle a été créée pour recevoir tous les criminels d'Ottawa, des plus inoffensifs jusqu'aux plus notoires. Tout en étant petites, les cellules étaient conçues conformément aux normes modernes (du 19e siècle), destinées à protéger les prisonniers les uns des autres en les séparant. La geôle a fonctionné pendant plus de 100 ans. Elle servait non seulement de lieu d'emprisonnement, mais aussi de lieu de pendaison avec son « cours du gibet ». La première personne à être pendue à la geôle s'appelait Patrick Whelan, condamné pour l'assassinat de l'un des pères de la Confédération, Thomas D'Arcy McGee.

C'est la toute dernière personne pendue à Ottawa, par contre, dont l'histoire est digne d'un film. Eugène Larment, âgé de 24 ans, a été exécuté à la geôle peu après minuit le 27 mars 1946. À la suite d'une série d'ennuis avec la justice — y compris une virée en taxi volé, qu'il a conduit dans la rue Bronson en échangeant des coups de feu avec la police avant de s'écraser sur le pont Chaudière — Larment a commis un crime fatal après avoir volé avec deux complices un petit arsenal du Musée canadien de la guerre (situé à l'époque dans la rue Sussex). Plus tard, Larment a tiré un coup mortel sur l'un des agents de la police judiciaire qui enquêtait sur ce crime.

TOP RIGHT: Female inmates standing in front of their cells in the Carleton County Gaol.

EN HAUT À DROITE: Des prisonnières devant leurs cellules dans la geôle du comté Carleton.

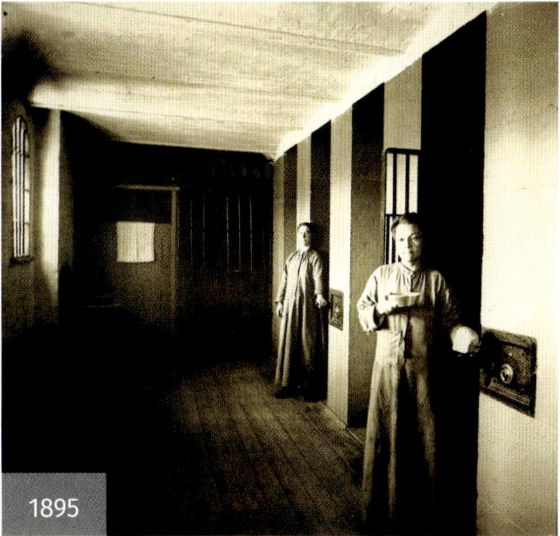
1895

NOW: The Gaol closed in 1972 and received historical designation in 1978. Given its long history, the site is supposedly haunted. Today it is a frequent stop for Ottawa & Area Ghost Tours. After closing, the Gaol was transformed into a popular youth hostel—not least owing to its reputation of unearthly sightings—officially opened in 1973 by England's Prince Philip.

AUJOURD'HUI: La geôle a fermé ses portes en 1972 et a reçu la désignation historique en 1978. Vu sa longue histoire, le site est censé être hanté. De nos jours, Ottawa & Area Ghost Tours s'y arrête souvent. Après sa fermeture, la geôle a été transformée en auberge de jeunesse, officiellement ouverte par le prince Philip d'Angleterre en 1973, et très populaire — sans doute à cause de sa réputation de manifestations surnaturelles.

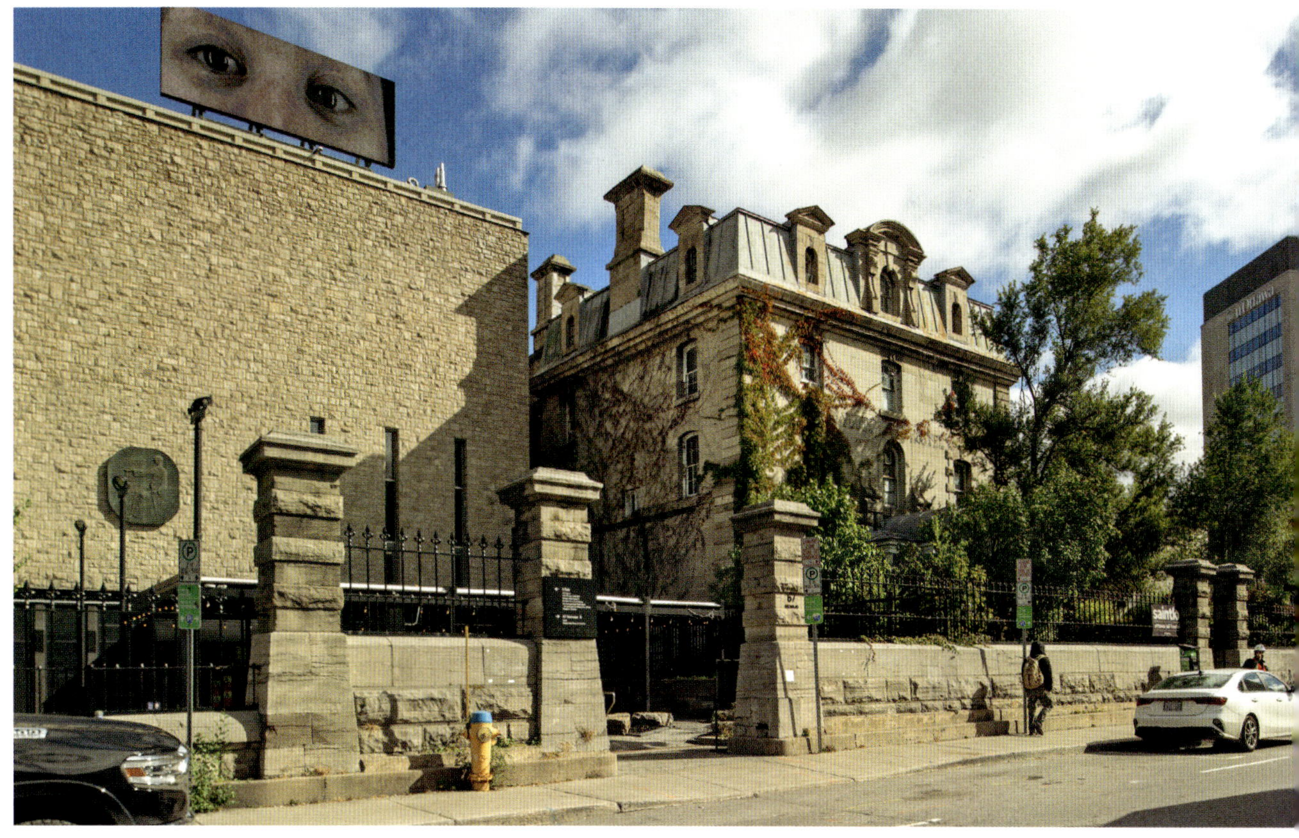

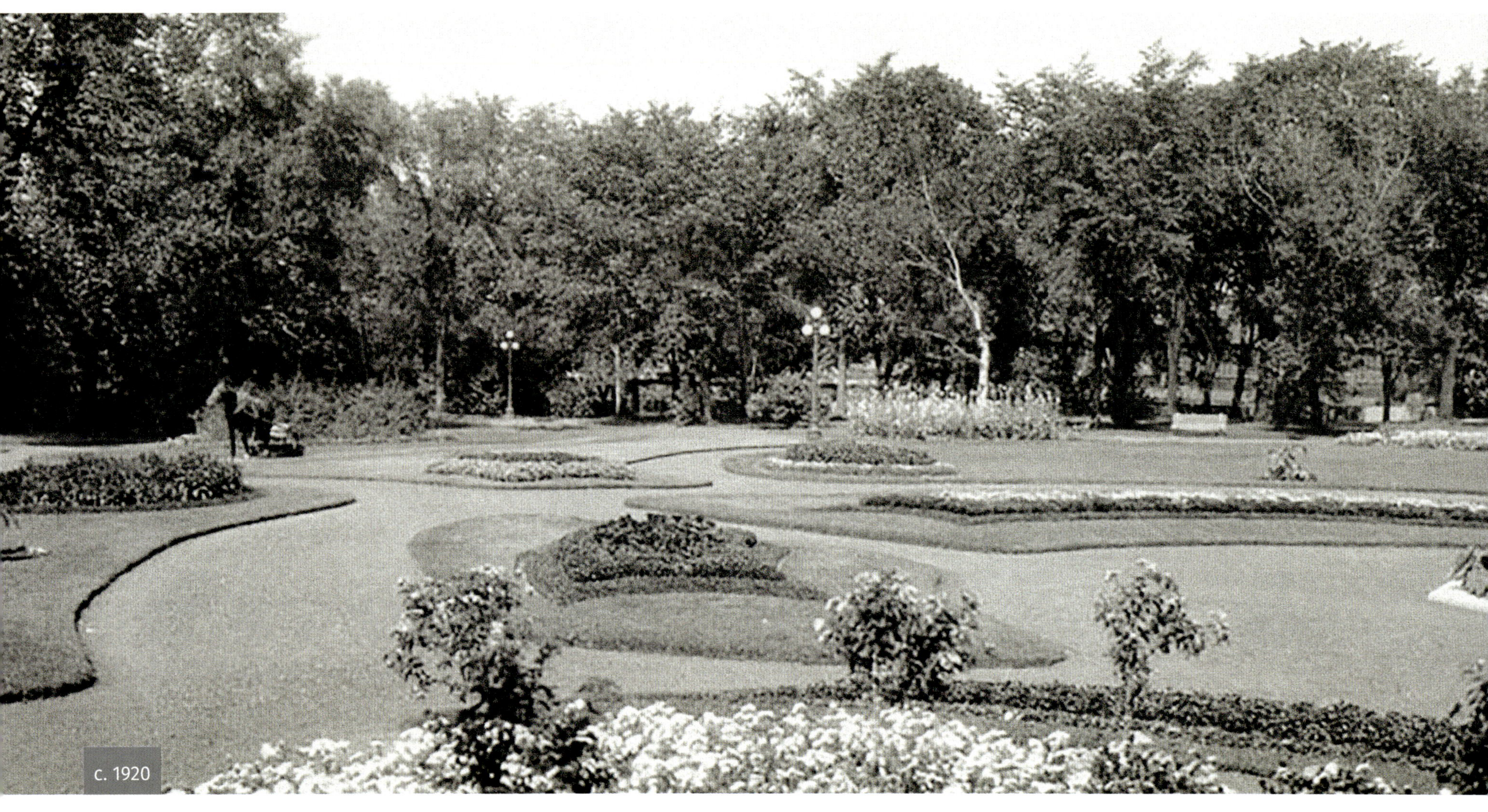

c. 1920

MAJOR'S HILL PARK

Ottawa's oldest park

THEN: When Ottawa's founder Lieutenant-Colonel By built his home overlooking the Ottawa River, in the 1820s, the surrounding hill became known as the "Colonel's Hill." After By's departure, the house was occupied by his successor, Major Daniel Bolton, giving the area a name that would stick: "Major's Hill."

As early as 1860 the city's residents began petitioning the provincial government to convert Major's Hill into a public park. Despite this early petition's failure, Ottawa's residents continued to use the area as a space of their own, until, in 1874, Ottawa's City Council finally secured a lease on the park. Extensive landscaping added formal gardens and pathways, and mounted cannons were installed for decoration. The residents loved their new park: in 1909, a man declaring himself "a workingman" penned a letter to the editor of the *Ottawa Citizen*, capturing the feelings of many when he wrote that it was a flower garden "where the people's fancy is deeply rooted."

AUTREFOIS: Dans les années 1820, lorsque le fondateur d'Ottawa, le lieutenant-colonel By, a construit sa maison surplombant la rivière des Outaouais, la colline environnante était connue sous le nom de « Colline du colonel ». Après le départ du colonel By, la maison était habitée par son successeur, le majeur Daniel Bolton, donnant à la région le nom qui a perduré : « Major's Hill ».

Dès 1860, les résidents de la ville ont commencé d'adresser des pétitions au gouvernement provincial pour demander la transformation de Major's Hill en un parc public. Malgré l'échec de la pétition initiale, les résidents d'Ottawa continuaient d'utiliser les lieux comme un espace public jusqu'en 1874, lorsque le conseil municipal d'Ottawa a obtenu un bail sur le parc. Un vaste aménagement du terrain a ajouté des jardins à la française traversés de sentiers ainsi que des canons montés en décoration. Les résidents adoraient leur nouveau parc. En 1909, un homme se déclarant « ouvrier » a adressé à la rédaction du quotidien Ottawa Citizen une lettre où il décrit les sentiments de beaucoup lorsqu'il dit qu'il s'agit d'un jardin de fleurs « où la fantaisie du peuple est profondément enracinée ».

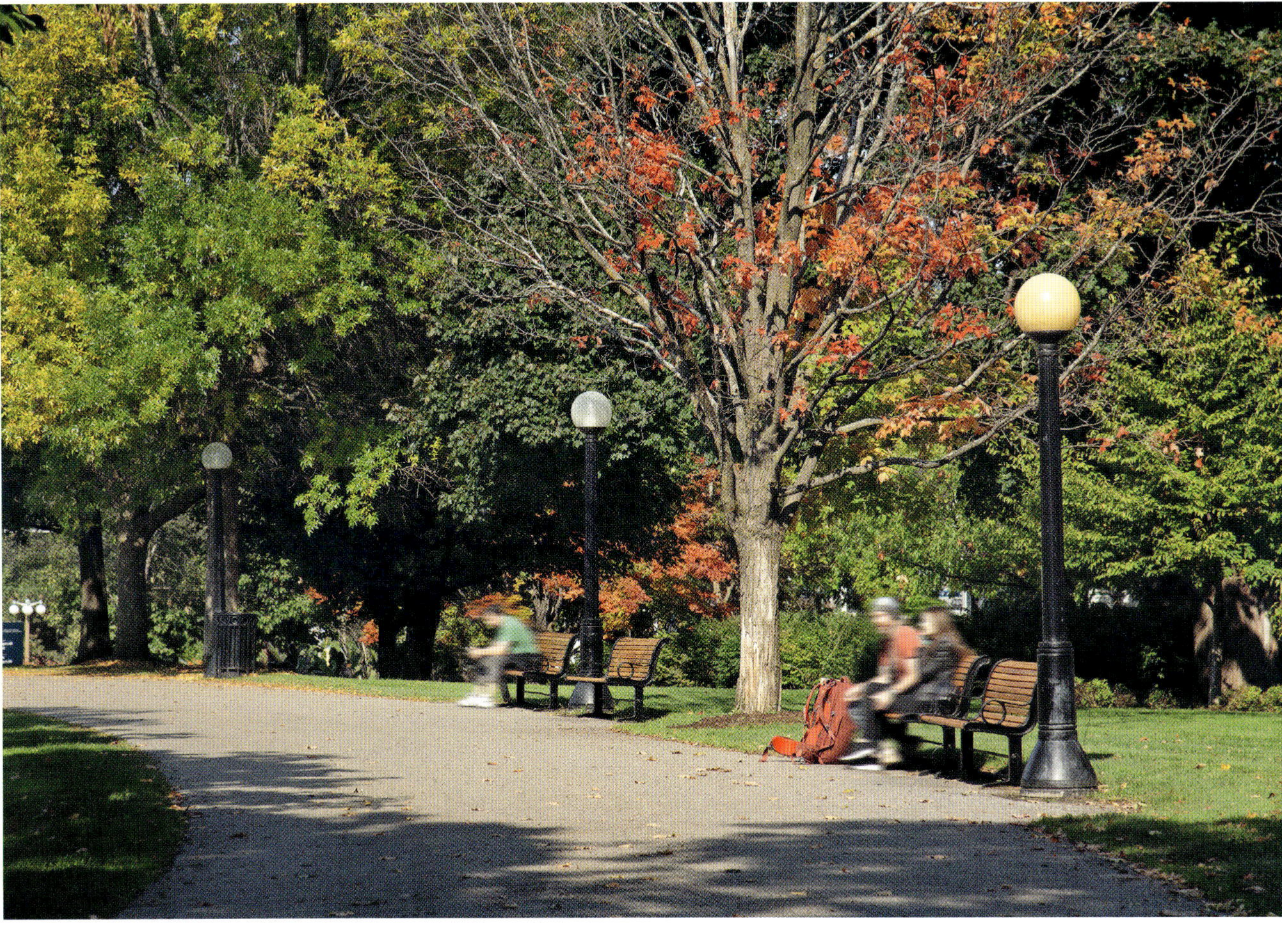

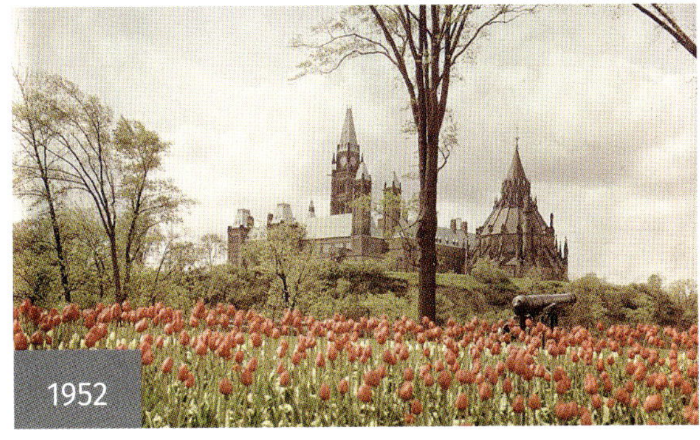

1952

ABOVE: Especially during Ottawa's annual Tulip Festival, the flowerbeds in Major's Hill Park surround visitors with glorious riots of colour.

AU-DESSUS: Les visiteurs du parc Major's Hill sont entourés de glorieux parterres de fleurs colorées, surtout pendant le Festival annuel des tulipes d'Ottawa.

NOW: Over 150 years since Ottawa's residents first petitioned for a public park on Major's Hill, the location continues to serve as a beautiful oasis in the centre of the city. Always popular, the park attracts particularly large crowds during Canada Day celebrations on July 1, and during the annual Tulip Festival in May. The National Capital Commission manages the park and has placed interpretative panels throughout. Visitors can learn about Ottawa's early history while strolling or picnicking, and enjoying magnificent views, including of Parliament Hill and the Ottawa River.

AUJOURD'HUI: Même si plus de 150 ans se sont écoulés depuis la première pétition des résidents d'Ottawa pour un parc public situé sur Major's Hill, le lieu continue à servir de belle oasis au centre de la ville. Toujours populaire, le parc attire beaucoup de monde surtout lors des célébrations annuelles de la fête du Canada le 1er juillet et du Festival canadien des tulipes en mai. La Commission de la capitale nationale gère le parc et a fait installer des panneaux d'interprétation historique un peu partout. Les visiteurs peuvent se renseigner sur l'histoire d'Ottawa tout en se baladant ou en pique-niquant et en profitant des vues magnifiques, y compris de la Colline du Parlement et la rivière des Outaouais.

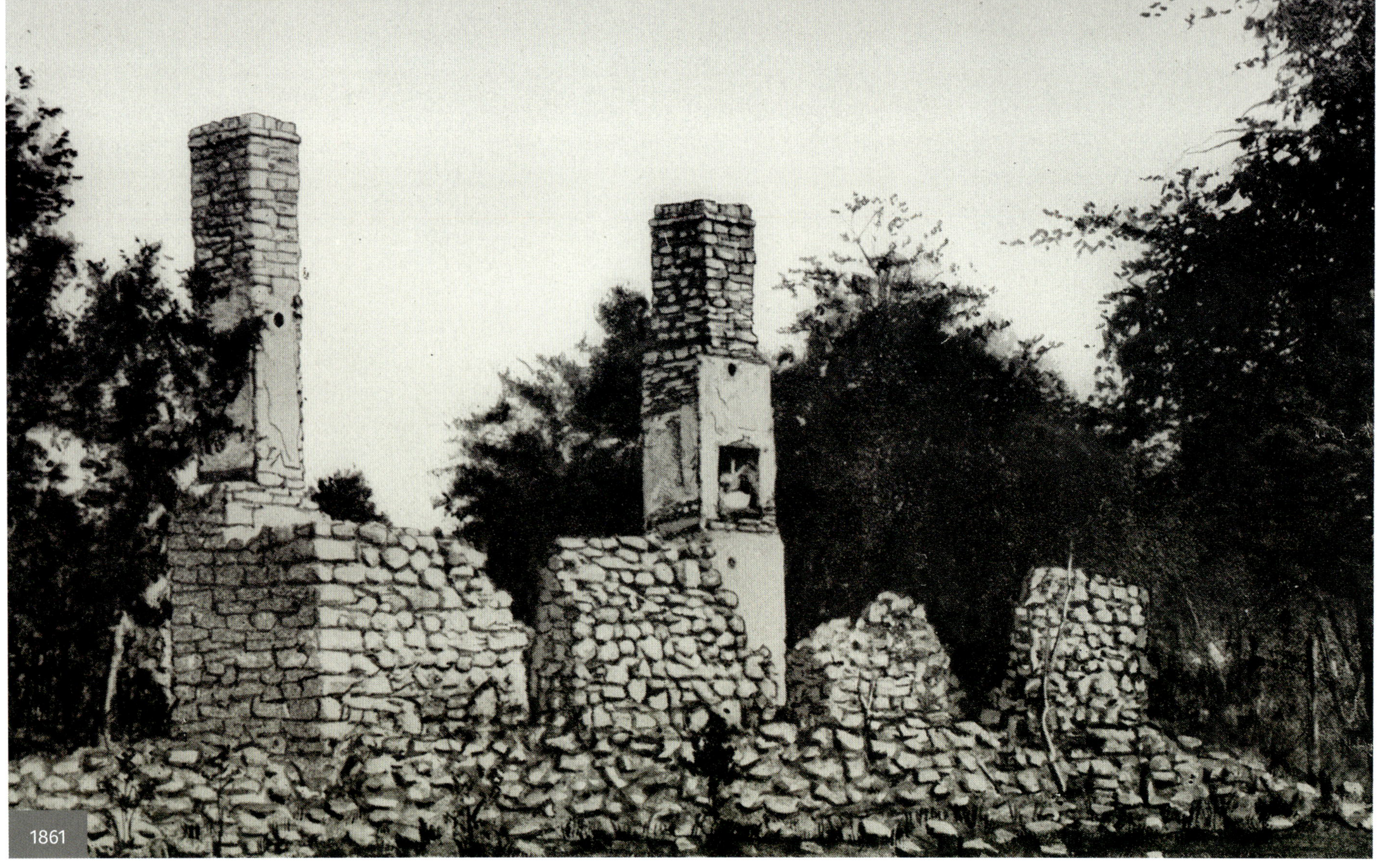
1861

COLONEL BY'S HOUSE

Home of Ottawa's founder

THEN: The man who was tasked to build a defensive waterway for the British military in the Ottawa River valley, retired Lieutenant-Colonel John By, moved to the region with his family during 1826. The settlement he created became known as "Bytown"—later, the city of Ottawa. From 1827 until they returned to England in 1832, By, his wife, and two daughters, occupied an ornate cottage-style house in what is now Major's Hill Park. Visitors to the home commented on its lovely English gardens and magnificent views of the Ottawa River. In 1848, the house tragically burned down, leaving only ruins.

AUTREFOIS: Le lieutenant-colonel John By, retraité, chargé de la construction d'une voie navigable défensive pour l'armée britannique dans la vallée de la rivière des Outaouais, s'est établi dans la région accompagné de sa famille en 1826. La colonie qu'il a établie était connue sous le nom de « Bytown » — devenu plus tard la ville d'Ottawa. De 1827 jusqu'à leur retour en Angleterre en 1832, le colonel By, sa femme et leurs deux filles, habitaient une maison style fermette, richement décorée, dans le quartier que l'on appelle aujourd'hui Major's Hill Park. Des visiteurs à la maison remarquaient les beaux jardins anglais et les vues magnifiques de la rivière des Outaouais. Tragiquement, en 1848, un incendie s'est déclaré dans la maison, la laissant en ruines.

BELOW: This 1834 watercolour shows, in the left foreground, what was at the time known as Colonel's Hill; Colonel By's residence is the large home on the hill.

CI-DESSOUS: Cette aquarelle de 1834 montre au premier plan à gauche ce qui était connu à l'époque sous le nom de Colonel's Hill ; la résidence du colonel By est la grande maison sur la colline.

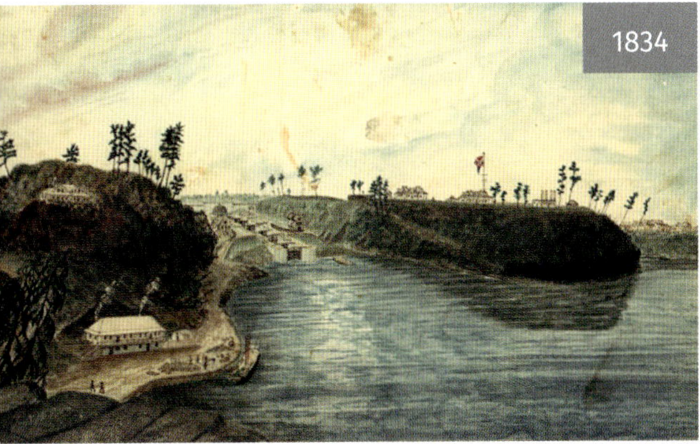

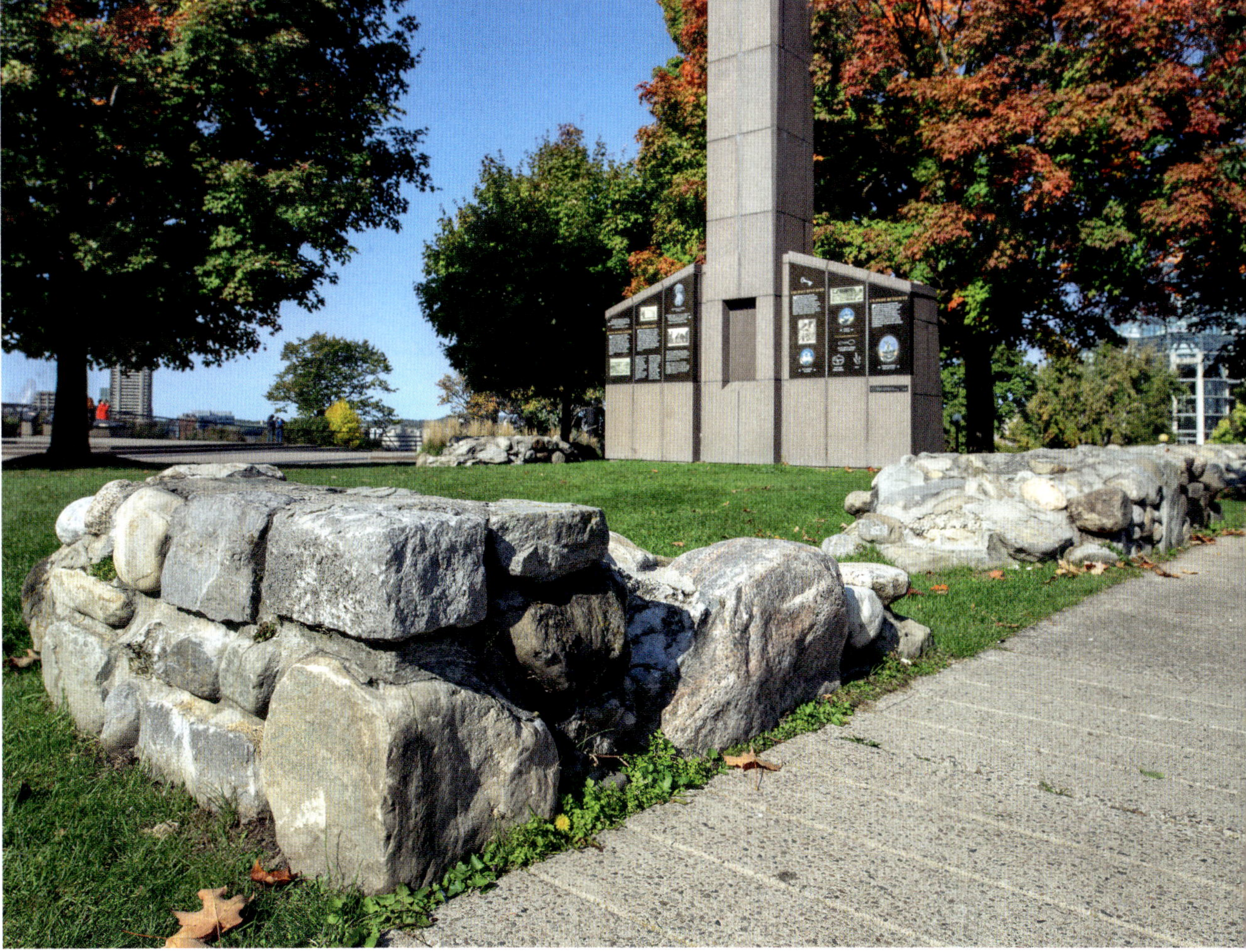

NOW: For many years the ruins of By's home were covered over. Between 1972 and 1974, archaeologists from Parks Canada and the National Capital Commission carried out digs on the site, uncovering parts of the original building and several objects. These ruins can be viewed in the park today, along with bronze reproductions of some of the household items found, which are displayed within a ceremonial edifice that imitates the outlines of the home's chimney.

Although not much is left of By's house, one could say he eventually came back to take up residence once again on Major's Hill. In 1971 a statue of By—by Canadian sculptor Joseph-Émile Brunet, who was nearly eighty at the time of its completion—was erected by The Historical Society of Ottawa. Visitors can "meet with By" near the grounds of his old house, as he overlooks the canal he helped build, holding a plan for its construction in his hand.

AUJOURD'HUI: Pendant des années, les ruines de la maison de By étaient recouvertes. Entre 1972 et 1974, des archéologues de Parcs Canada et de la Commission de la capitale nationale ont effectué des fouilles sur le site, découvrant des éléments de la structure originale et plusieurs objets. Aujourd'hui, ces ruines sont visibles dans le parc et des reproductions en bronze de certains objets ménagers retrouvés sont exposées dans un édifice cérémonial rappelant le tracé de la cheminée de la maison.

Quoiqu'il reste peu de la maison de By, on pourrait dire qu'il est revenu y habiter sur Major's Hill. En 1971 une statue de By du sculpteur canadien Joseph-Émile Brunet, qui avait presque 80 ans lorsqu'il l'a achevée, a été installée par la Société historique d'Ottawa. Les visiteurs peuvent « rencontrer » le colonel By près de l'emplacement de son ancienne maison, où il surveille le canal qu'il a aidé à construire, un plan de construction à la main.

CIVIC HOSPITAL / CIVIC HOSPITAL CAMPUS (THE OTTAWA HOSPITAL)

The birthplace of a princess

THEN: Opened in 1924 with 550 beds, replacing three decrepit hospitals in the area (the Carleton County Protestant General Hospital, Ottawa Maternity, and St. Luke's), Ottawa's Civic Hospital's most renowned act of service occurred during January 1943, in its assistance to Crown Princess Juliana of the Netherlands.

Along with her family, Princess Juliana had fled to Canada in 1940 for safety following her country's invasion by Nazi Germany. On January 19, 1943, Princess Juliana gave birth at the Civic to a seven-pound 12-ounce daughter, Margriet. In order that Margriet would hold exclusive Dutch nationality, before the princess's birth the Canadian government declared the part of the hospital where she would be born temporarily extraterritorial—thus falling under no particular jurisdiction.

AUTREFOIS: Ouvert en 1924 et comptant 550 lits pour remplacer trois hôpitaux délabrés de la région (Carleton County Protestant General Hospital, Ottawa Maternity et St. Luke), l'Hôpital Civic d'Ottawa a effectué son acte de service le plus célèbre en janvier 1943 en portant assistance à la Princesse héritière Juliana des Pays-Bas.

Accompagnée de sa famille, la princesse Juliana s'était enfuie au Canada en 1940 à la suite de l'invasion de son pays par l'Allemagne Nazi. Le 19 janvier 1943, à l'Hôpital Civic, la princesse a accouché d'une fille de 7 livres 12 onces, Margriet. Pour assurer que Margriet ne possèderait que la nationalité néerlandaise, le gouvernement du Canada a déclaré avant la naissance de la princesse que la partie de l'hôpital où elle devait naître serait provisoirement extraterritoriale, donc sans juridiction particulière.

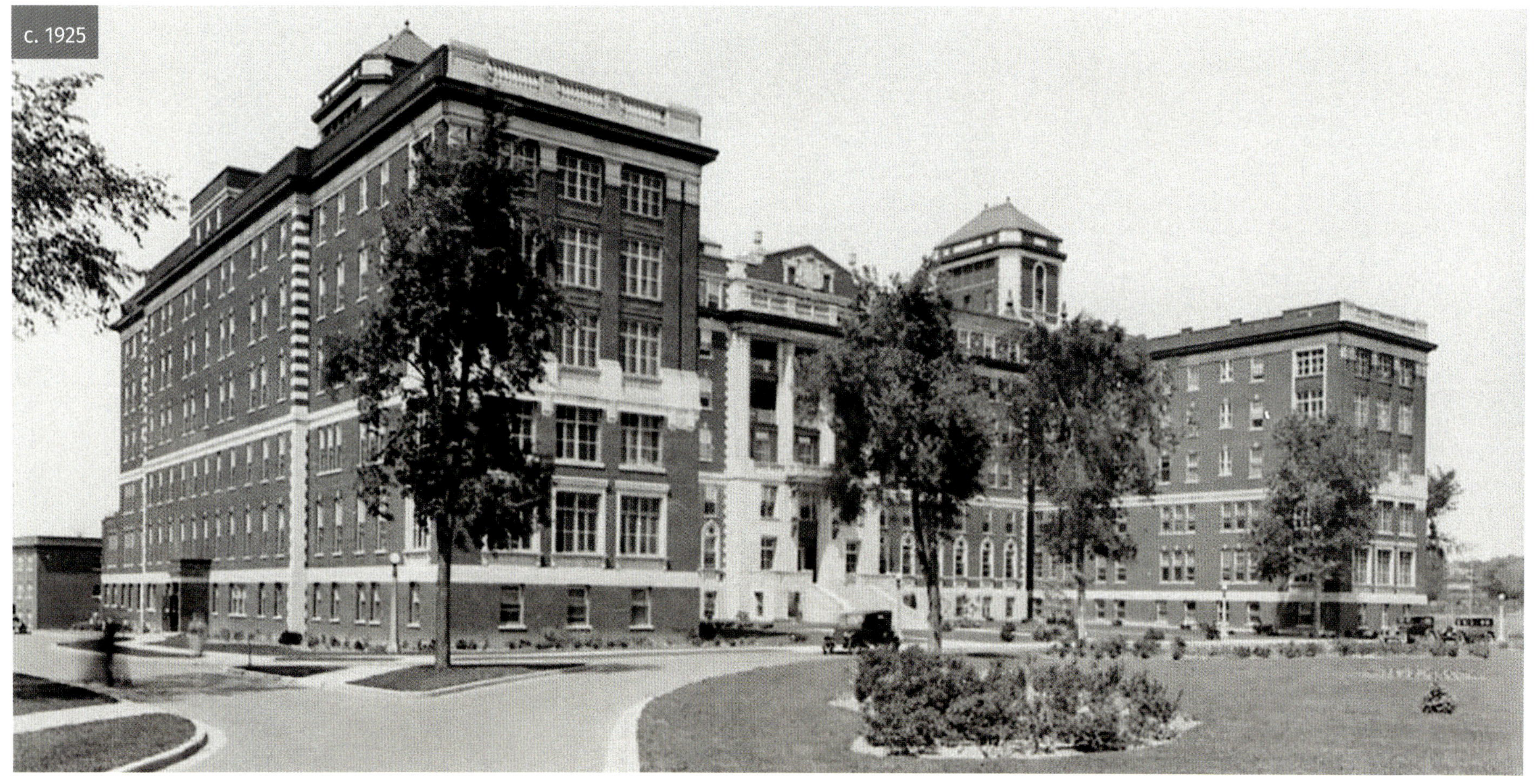
c. 1925

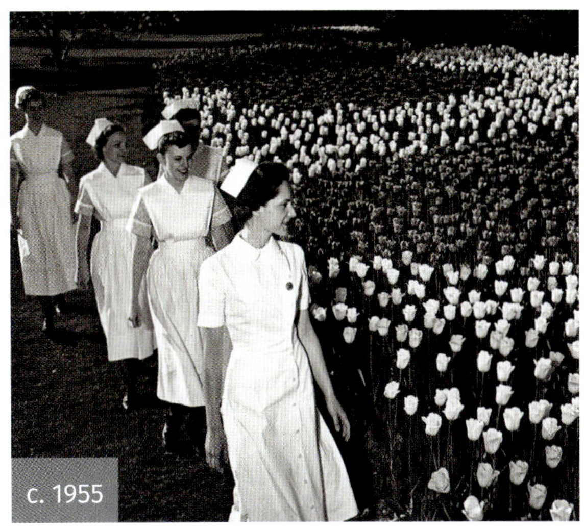

NOW: Following the war, the Dutch royal family began a tradition of sending Ottawa an annual gift of tulip bulbs. These bulbs are planted in flower beds at the Civic Hospital Campus and the nearby Commissioners Park. In 2024, in honour of the Civic Hospital's 100th anniversary, Her Royal Highness Princess Margriet recorded a special address in which she thanked Canada for the sacrifices it made for the liberation of her country, and wished the Civic Hospital a bright future in what she described as "my hometown."

LEFT: Nurses from Ottawa's Civic Hospital admiring tulips gifted by the Dutch royal family in the park adjoining the hospital grounds.

AUJOURD'HUI: Après la guerre, la famille royale néerlandaise a commencé la tradition d'envoyer à Ottawa une fois par an des bulbes de tulipes en cadeau. Ceux-ci sont plantés dans des plates-bandes sur le Campus de l'Hôpital Civic et dans le parc des Commissaires tout proche. En 2024, en l'honneur du 100e anniversaire de l'Hôpital Civic, Son Altesse Royale la princesse Margriet a enregistré un discours spécial dans lequel elle remerciait le Canada pour les sacrifices consentis pour libérer son pays et souhaitait à l'Hôpital Civic un bel avenir dans ce qu'elle décrit comme « ma ville natale ».

GAUCHE: Des infirmières de l'Hôpital Civic d'Ottawa admirent les tulipes reçues en cadeau de la famille royale néerlandaise dans le parc attenant à l'hôpital.

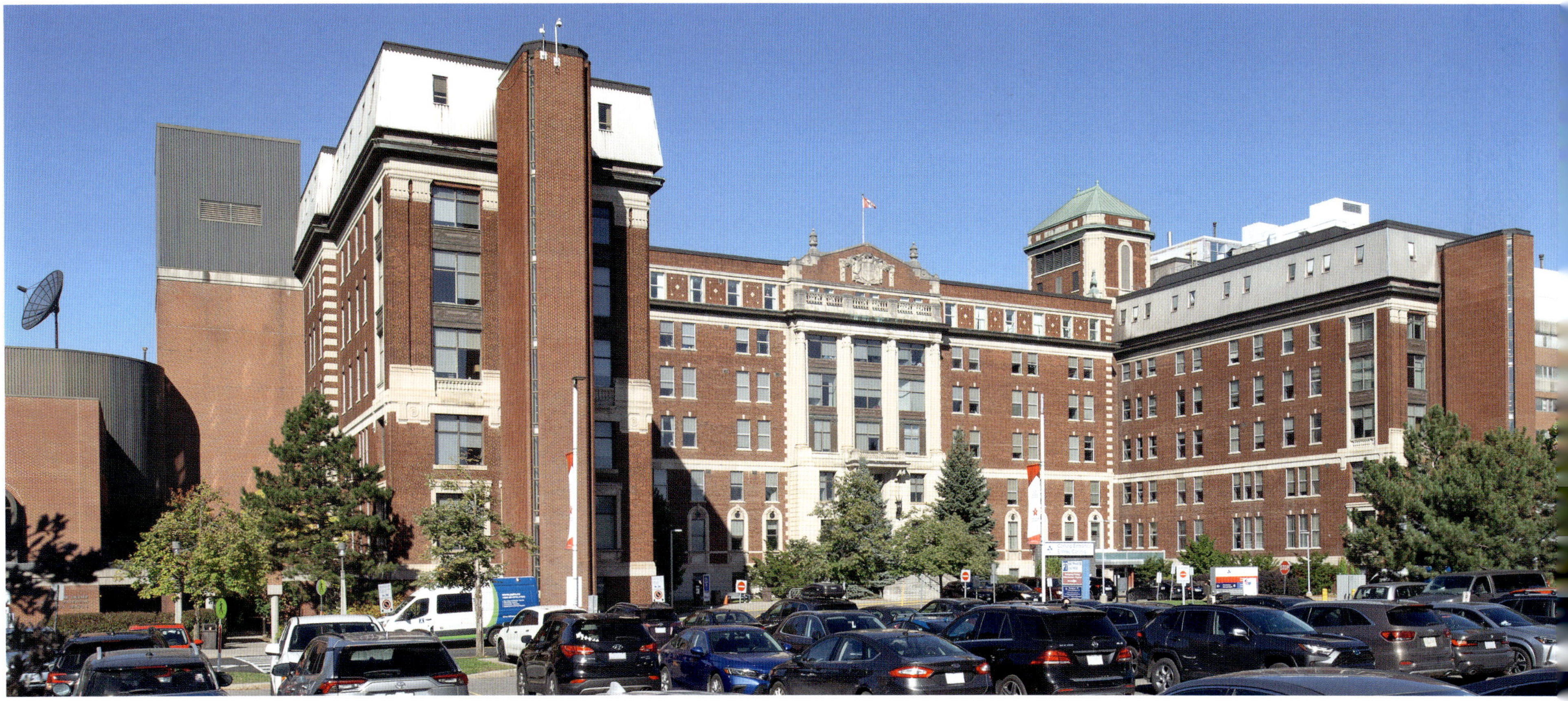

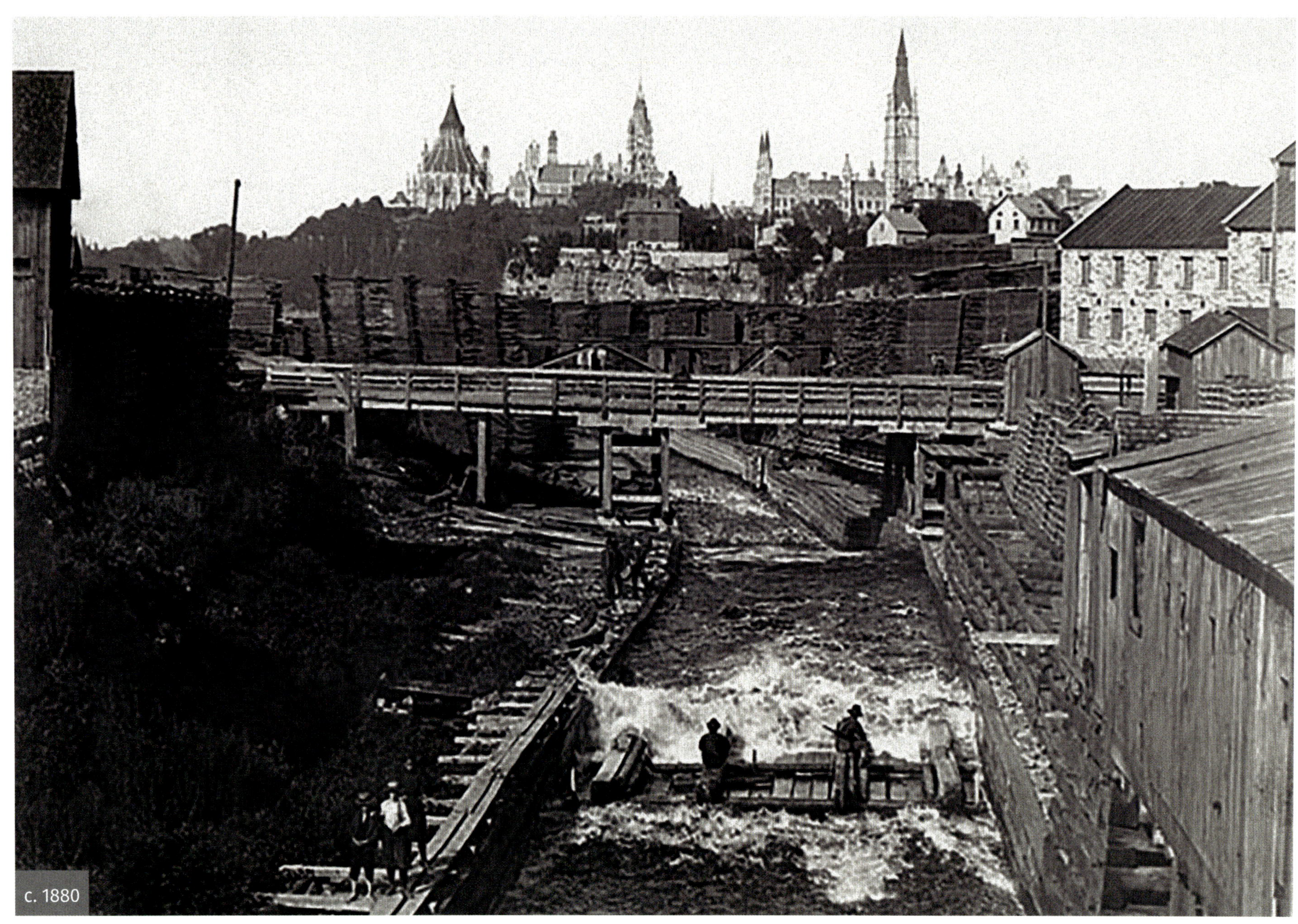
c. 1880

CHAUDIÈRE FALLS

One of Ottawa's most stunning natural landmarks restored to view

THEN: Historically, the Algonquin Anishinaabe and other First Nations considered the Chaudière Falls on the Ottawa River a sacred site, having named its location Akikodiwan (from the word akikok, meaning "cauldron" or "boiler") for its frothing power. This Indigenous observation of the falls churning so strongly they appear to boil led early French explorers to name the falls *Chutes de la Chaudière*, meaning "Cauldron Falls."

In 1800, American-born Philemon Wright founded the small agricultural community of "Wright's Town" (later known as "Hull") at the Chaudière Falls. Several industries soon sprang up, including a sawmill, grist mills, a forge, two distilleries, a brewery, and a tavern. It was the beginning of the industrialization of the area, which continued strongly into the nineteenth century when this area, along with LeBreton Flats across the river, was at the heart of the city's lumber trade. At the time, some of Canada's largest sawmills were located near the falls, including those of Ottawa lumber baron John Rudolphus Booth.

AUTREFOIS: Historiquement, pour les Anichinabés et d'autres Premières Nations, les chutes de la Chaudière dans la rivière des Outaouais étaient un site sacré, qu'ils appelaient Akikodiwan (du mot Akikok, qui signifie « chaudron » ou « chaudière ») à cause de leur puissance écumeuse. Cette observation des Autochtones de chutes qui tourbillonnaient si violemment qu'elles avaient l'air de bouillir a amené les premiers explorateurs français à les appeler « chutes de la Chaudière ».

En 1800, Philemon Wright, né aux États-Unis, a fondé une petite communauté agricole appelée « Wright's Town » (connue plus tard sous le nom de « Hull ») à l'endroit des chutes de la Chaudière. Plusieurs industries se sont vite établies, y compris une scierie, des moulins à grain, un atelier de forgeron, deux distilleries, une brasserie et une taverne. C'était le début de l'industrialisation de la région, qui s'est poursuivie pendant longtemps au 19e siècle lorsque cette région, ainsi que les plaines LeBreton, situées de l'autre côté de la rivière, se trouvaient au cœur du commerce du bois de la ville. À la même époque, certaines des scieries les plus grandes du Canada se sont installées près des chutes, y compris celles appartenant au baron du bois John Rudolphus Booth.

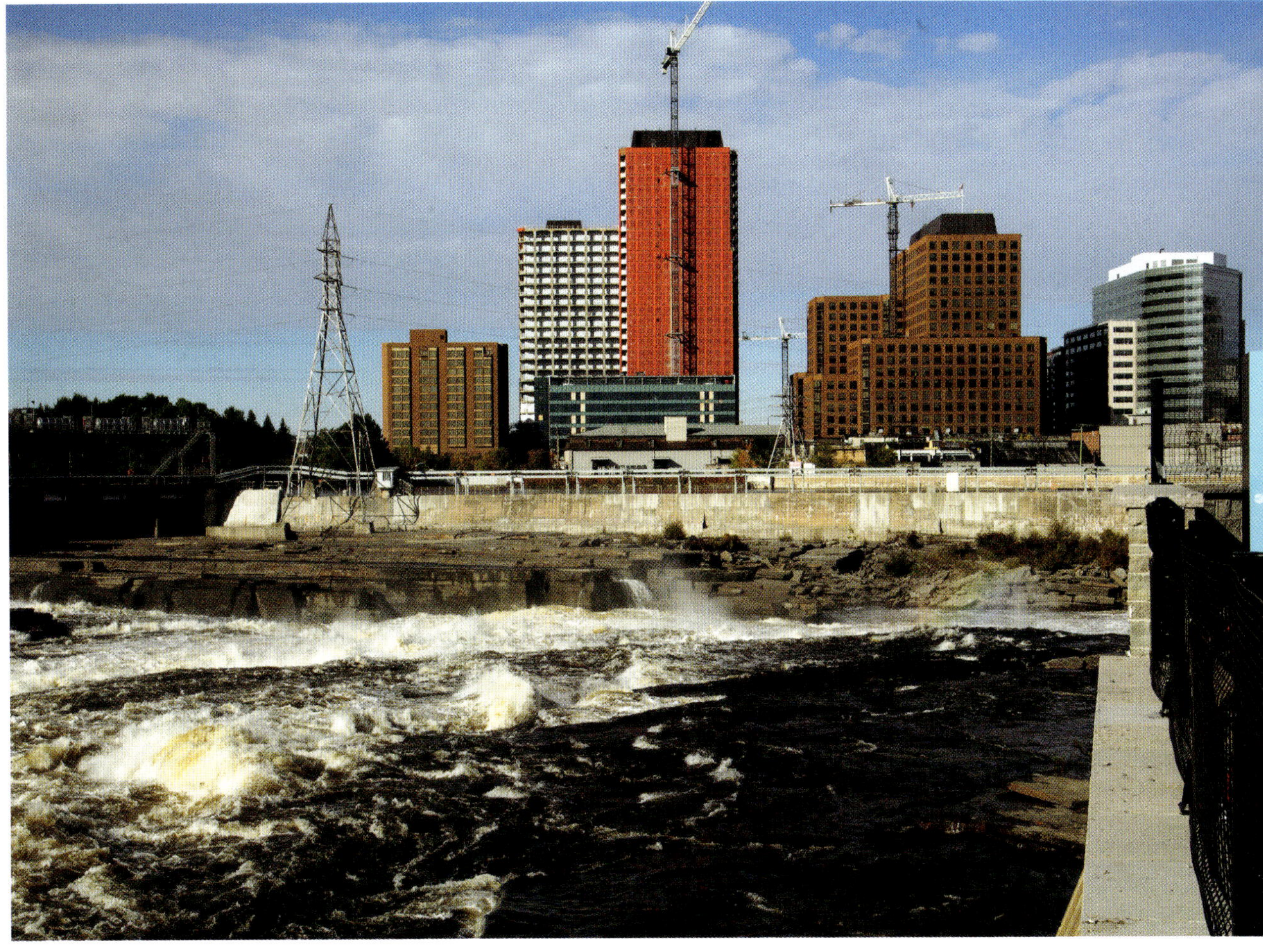

NOW: Hidden from Ottawa's residents for over a century by hydro power complexes, public enjoyment of this dramatic, boiling waterway was restored in 2017 with the opening of Chaudière Falls Park. Several viewing platforms and walkways overlooking the falls were added where once stood turbines and buildings. Industry continues drawing on the strength of the churning waters. However, now that Hydro Ottawa has built an underground facility for its hydroelectric turbines, the falls are finally accessible.

AUJOURD'HUI: En 2017, lorsque le parc de la Chute-des-Chaudières a été inauguré, le public a pu profiter de cette spectaculaire voie navigable d'eau bouillonnante restaurée, qui avait été cachée des résidents d'Ottawa pendant plus de 100 ans par des installations hydroélectriques. Plusieurs plateformes d'observation et passerelles avec vue sur les chutes ont été ajoutées là où se trouvaient autrefois des turbines et des bâtiments. L'industrie continue à profiter de la force des eaux tourbillonnantes, mais Hydro Ottawa a construit une installation souterraine pour ses turbines hydroélectriques — et, finalement, les chutes sont accessibles.

GREAT OTTAWA FIRE OF 1900

The site of Ottawa's Great Fire transformed into a memorial for first responders

THEN: The fire started just after midday on April 26, 1900, in Hull. Quickly levelling almost half the town's residential areas and the mills of E. B. Eddy, the area's largest employer, the fire crossed into Ottawa by lapping up the wooden bridge at Victoria Island. The lumberyard-filled industrial area across the bridge was quickly decimated. As the day turned to evening, firefighters desperately blew up several homes with the aim of stopping the conflagration's progress, but to no avail.

Ultimately, only a lucky shift in the wind pushed the fire toward the river. The Great Ottawa Fire of 1900 caused over $12 million in damage, left an estimated seven people dead (including one firefighter), and rendered some 12,000 people homeless, while reducing most of Ottawa's West End, and almost the entirety of Hull, to "a desert of blackened ruins."

AUTREFOIS: La conflagration s'est déclarée à Hull peu après midi le 26 avril 1900. Après avoir rasé presque la moitié des quartiers résidentiels de la ville et les scieries E. B. Eddy, l'employeur le plus important de la région, l'incendie a atteint Ottawa en consommant le pont en bois de l'île Victoria. La zone industrielle remplie de parcs à bois débités de l'autre côté du pont a été vite décimée. En début de soirée, les pompiers ont fait exploser désespérément plusieurs maisons dans le but d'empêcher le feu d'avancer, mais en vain.

En fin de compte, seul un changement fortuit de la direction du vent a poussé l'incendie vers la rivière. Le Grand feu d'Ottawa de 1900 a causé plus de 12 millions de dollars de dommages et la mort d'environ sept personnes (y compris un pompier), laissant environ 12 000 personnes sans abri en détruisant la plupart du quartier ouest d'Ottawa et presque la ville entière de Hull pour en faire « un désert de ruines noircies ».

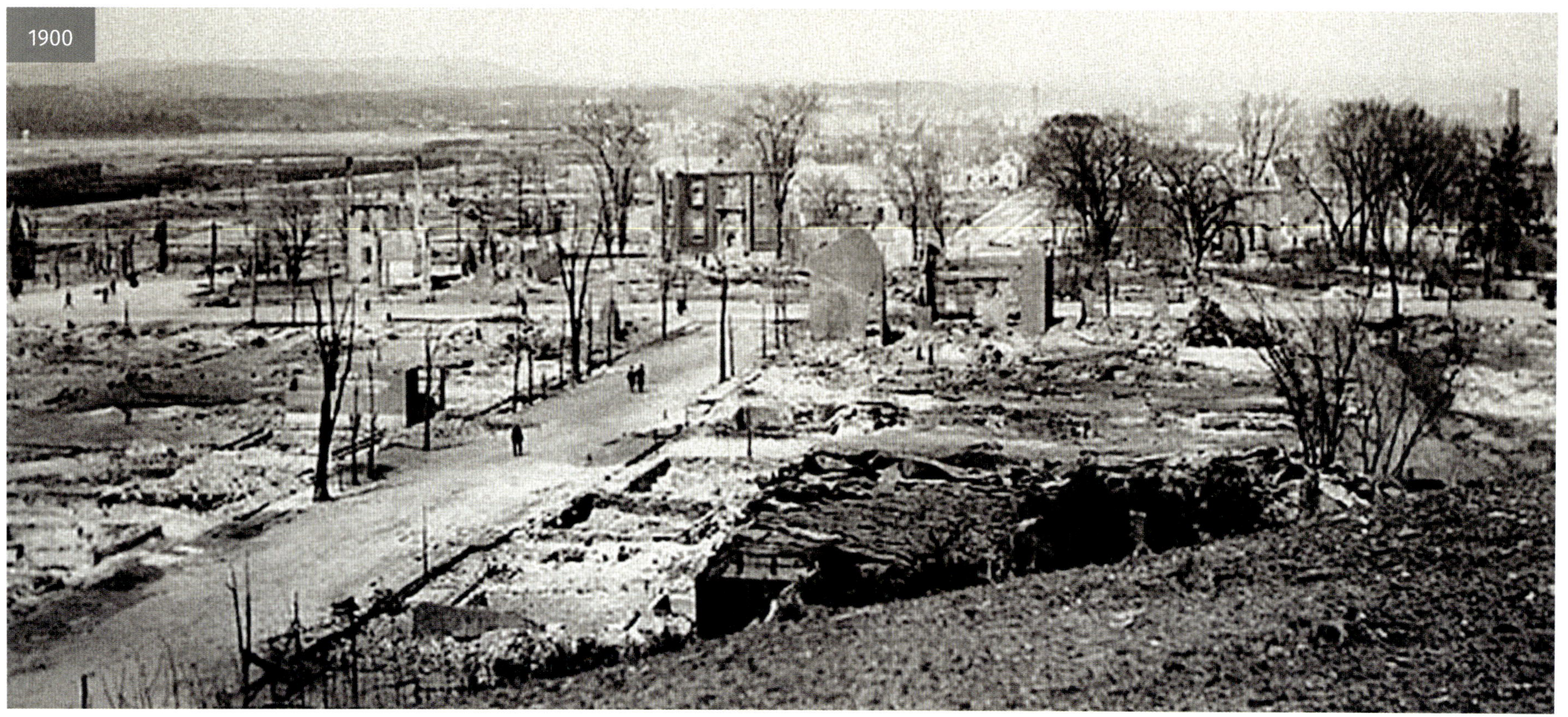
1900

NOW: In 2012 a national memorial to fallen Canadian firefighters was erected by the city in the central part of the LeBreton Flats neighbourhood, the area of Ottawa most affected by the Great Fire. This tribute includes a six-metre-high statue of a firefighter, an 18-metre fire pole, and a memorial wall on which are written the names of firefighters who have died in the line of duty since 1848. The brass used to make the memorial came from recycled brass couplings donated by the country's fire stations; and every year since the memorial's inception, the Canadian Fallen Firefighters Foundation have hosted a ceremony at this location, tied to the city's "greatest calamity."

AUJOURD'HUI: En 2012, un monument commémoratif national dédié aux pompiers canadiens décédés a été érigé à Ottawa dans la partie centrale du quartier des plaines LeBreton, la partie d'Ottawa la plus affectée par le Grand feu. Cet hommage comprend une statue de pompier de 6 mètres de haut, un mât de descente de 18 mètres de haut et un mur commémoratif sur lequel sont inscrits les noms des pompiers morts en service depuis 1848. Le laiton utilisé pour fabriquer le monument commémoratif provenait de raccords en laiton recyclés contribués par des casernes de pompiers à travers le pays. Par ailleurs, chaque année depuis la création du monument commémoratif la Fondation canadienne des pompiers morts en service tient une cérémonie sur ce site lié au « plus grand cataclysme » de la ville.

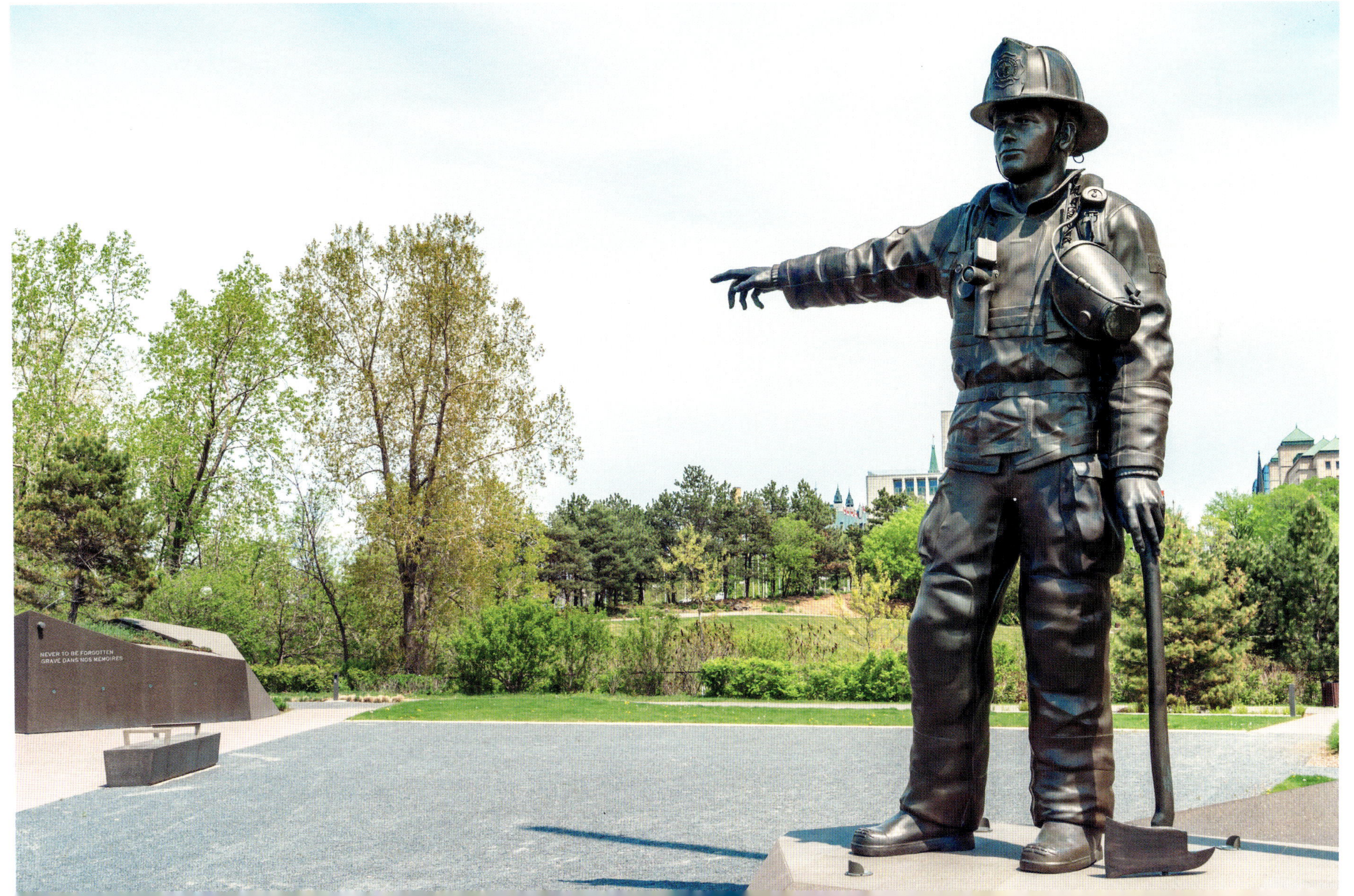

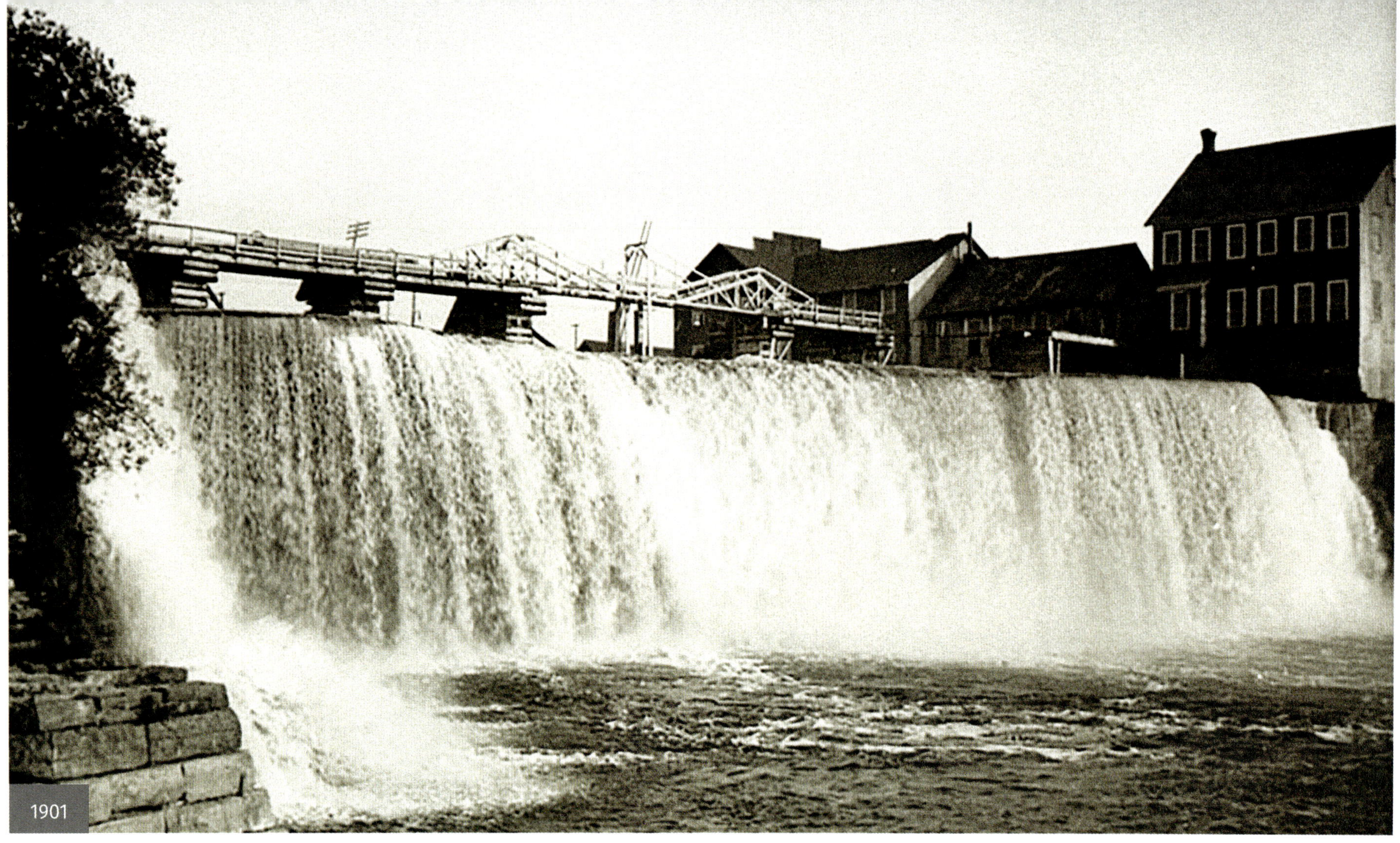
1901

RIDEAU FALLS AND PARK

Dramatic twin waterfalls stun where rivers meet

THEN: In the early seventeenth century, French explorers in the region came across two crashing falls of water, each descending 11 metres (36 feet) from what is now the Rideau River into the Ottawa River. They called these falls "rideau" (meaning "curtain") for the way they concealed the rockface like a vast drape. These "Rideau Falls," separated by Green Island, contributed to Ottawa's early development as a city, in part thanks to the business acumen of stonemason Thomas McKay.

Scottish-born McKay built locks on the Rideau Canal and many of proto-Ottawa's stone buildings—including the Commissariat Building and Rideau Hall. McKay proved a clever businessman by purchasing land near the falls, and erecting industries there—including sawmills, a grist mill, a brewery and distillery, and a cloth mill—to draw on their power.

AUTREFOIS: Au début du 17e siècle, des explorateurs français dans la région sont tombés par hasard sur deux chutes d'eau retentissantes, chacune dévalant les 11 mètres (36 pi) séparant l'actuelle rivière Rideau de la rivière des Outaouais. Ils ont appelé ces chutes des « rideaux » car elles cachaient le rocher comme d'énormes tentures. Les chutes Rideau, divisées par l'île Green, ont contribué au développement précoce de la ville d'Ottawa grâce, en partie, au flair commercial du maçon en pierres Thomas McKay.

McKay, né en Écosse, a construit les écluses du canal Rideau et beaucoup des bâtiments de pierre de la jeune ville, y compris le Bâtiment de l'intendance et le Rideau Hall. McKay s'est avéré un homme d'affaires averti en achetant le terrain près des chutes et en y installant des industries pour profiter de leur puissance, y compris des scieries, un moulin à grain, une brasserie, une distillerie et une usine de textile.

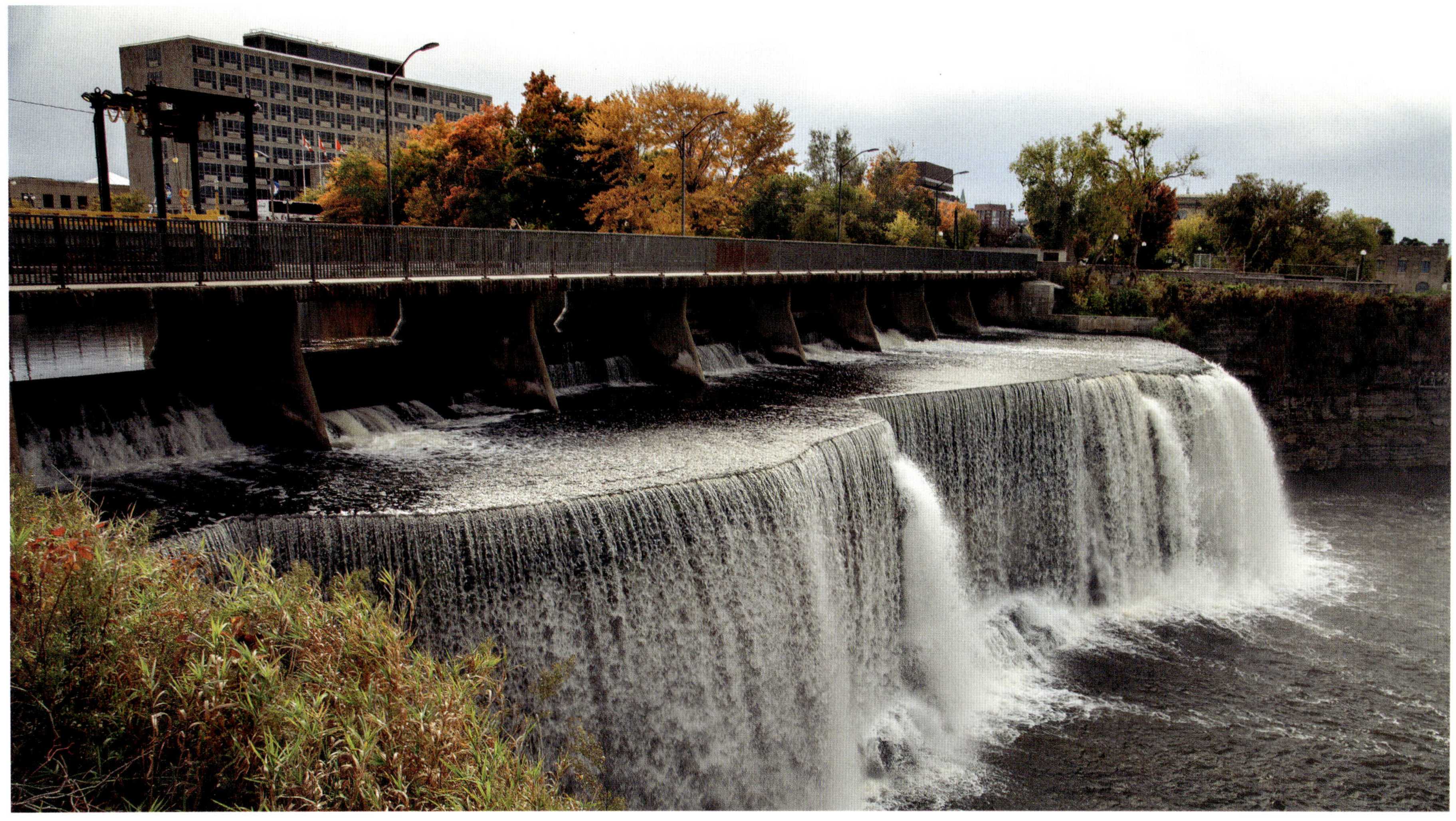

NOW: Previously associated with industry, the area of the falls now serves as a peaceful oasis, having been purchased after World War II by the federal government, who operate it as a park.

Visitors to Rideau Falls Park and Green Island can find a large, bronze, latticework globe (showing lines of longitude and latitude) topped by an eagle with outstretched wings. Unveiled by Queen Elizabeth II, this "Ottawa Memorial," and its accompanying inscribed walls, memorializes members of the Commonwealth Air Forces killed between 1939 and 1945 who have no known graves. Canada had hosted training centres for pilots during World War II when the United Kingdom proved vulnerable to attack.

AUJOURD'HUI: Autrefois liée à l'industrie, la région des chutes sert aujourd'hui d'oasis tranquille, exploitée comme parc par le gouvernement fédéral, qui l'a achetée après la Seconde Guerre mondiale.

Les visiteurs du parc des Chutes-Rideau et de l'île Green trouveront un énorme globe en bronze treillagé (pour représenter les lignes de longitude et de latitude), coiffé d'un aigle, les ailes déployées. Dévoilé par la reine Elizabeth II, le monument *Mémorial d'Ottawa* et les murs gravés qui l'accompagnent, commémorent les membres des Forces aériennes du Commonwealth tués entre 1939 et 1945, dont les tombes restent inconnus. Lors de la Seconde Guerre mondiale, le Canada a accueilli des centres de formation d'aviateurs lorsque le Royaume-Uni s'est avéré vulnérable à des attaques.

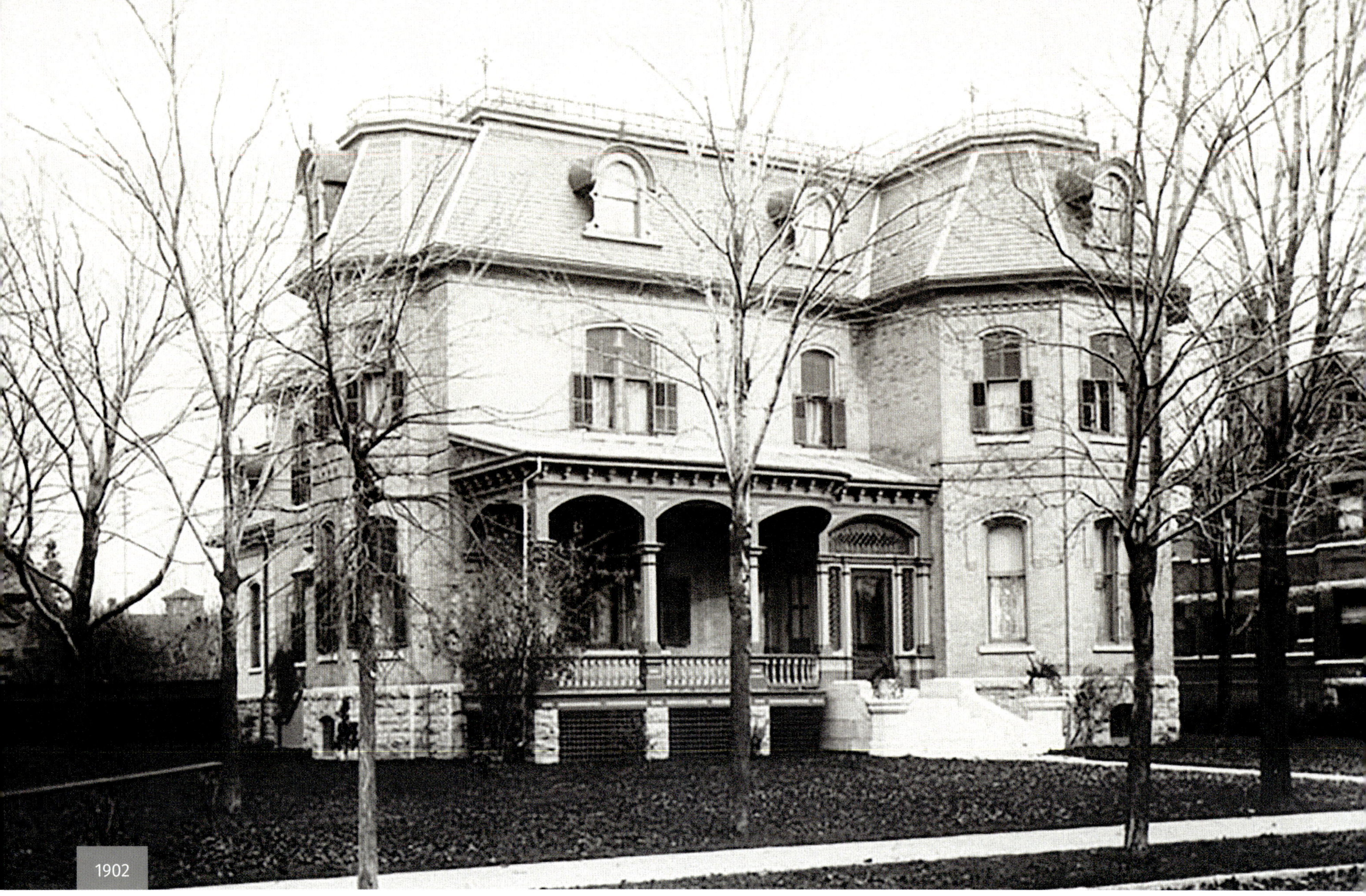

LAURIER HOUSE

Home to two of Canada's longest serving Prime Ministers

THEN: Built in 1878, this Second Empire Style home (with its eclectic and highly stylized architecture) was purchased by Wilfrid Laurier in 1897. Laurier, the first Canadian Prime Minister of French-Canadian descent, who was living in the Province of Québec, needed to find a place to live in Ottawa after being elected Prime Minister as, at that time, the federal government did not provide an official residence. Under his tenure, Canada added the provinces of Saskatchewan and Alberta to the confederation.

Serving fifteen years as Prime Minister, and having been knighted during that time by Queen Victoria for his services to the nation, Laurier lived in this house until his death in 1919, after which it became the property of his wife, Zoé.

BELOW: Zoé Laurier generously gifted her home to Prime Minister William Lyon Mackenzie King.

CI-DESSOUS: Zoé Laurier a généreusement offert sa maison en cadeau au premier ministre William Lyon Mackenzie King.

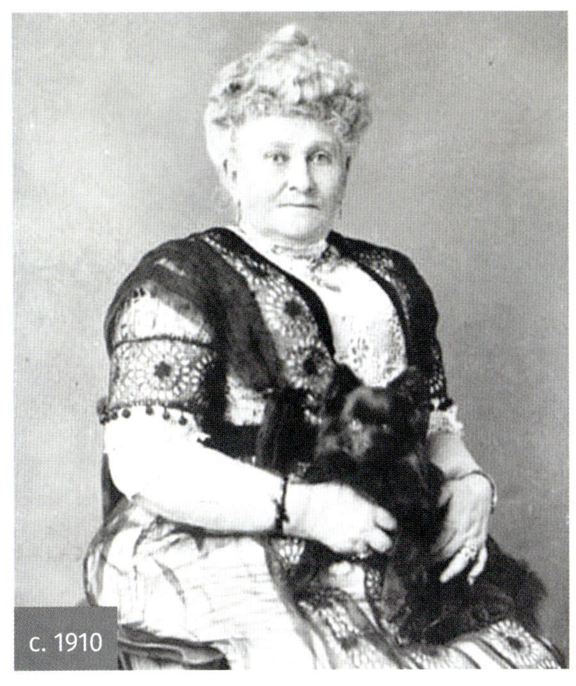

AUTREFOIS: Construite en 1878, cette maison de style Second Empire (d'une architecture éclectique et très stylée) a été achetée par Wilfrid Laurier en 1897. Laurier, le premier premier ministre du Canada d'origine franco-canadienne, qui résidait dans la province du Québec, avait besoin d'un logement à Ottawa une fois élu premier ministre. À cette époque-là, le gouvernement fédéral n'offrait pas de résidence officielle. Le Canada a ajouté les provinces de la Saskatchewan et de l'Alberta à la confédération pendant son mandat.

Laurier, qui a servi de premier ministre pendant 15 ans et a été fait chevalier par la reine Victoria pour ses services rendus à la nation, a habité cette maison jusqu'à sa mort en 1919. La maison est devenue par la suite la propriété de son épouse Zoé.

NOW: In her will, Lady Laurier bequeathed the house to the newly elected Prime Minister William Lyon Mackenzie King, who lived at the residence from 1923 to 1950. King was Canada's longest serving Prime Minister—with over 21 years of service—and guided the nation through the Great Depression and World War II. Under his leadership, the federal government introduced important social security measures, such as unemployment insurance. Likely in thanks to Zoé for gifting him the house, it was King who named it "Laurier House," and following her generous example, in his will he bequeathed the house to the people of Canada upon his own death. Laurier House opened to the public as a museum in 1951, and was declared a national historic site in 1960.

AUJOURD'HUI: Dans son testament, lady Laurier a légué la maison au premier ministre nouvellement élu, William Lyon Mackenzie King, qui a habité la résidence entre 1923 et 1950. King est le premier ministre qui a servi le plus longtemps au Canada — comptant plus de 21 ans de service — et a guidé la nation à travers la Grande Dépression et la Seconde Guerre mondiale. Sous sa direction, le gouvernement fédéral a instauré d'importantes mesures de sécurité sociale telles que l'assurance-chômage. Il est probable que King a nommé la maison « Maison Laurier » pour remercier Zoé, qui la lui avait donnée en cadeau. À l'instar de son exemple généreux, King a légué la maison au peuple du Canada à son propre décès. La Maison Laurier, devenue musée ouvert au public en 1951, a été désignée un lieu national historique en 1960.

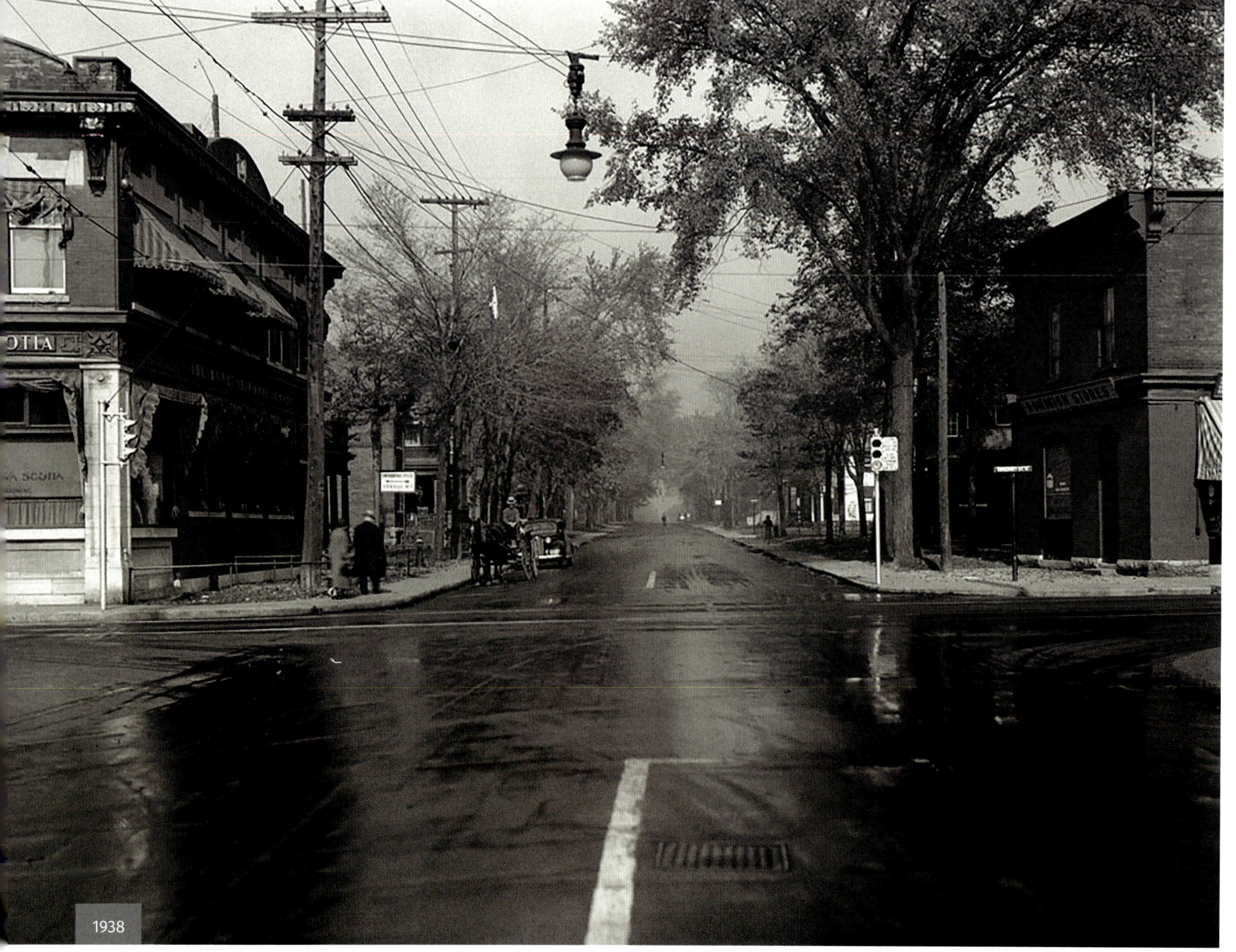

1938

SOMERSET STREET WEST / CHINATOWN

Street named under colonialism becomes a beacon of diversity

THEN: Streets are often named to honour a person or place connected to that location. One such honour, and a remnant of Canada's colonial past, is Ottawa's Somerset Street. It was named after a man who never set foot in Canada, Edward Adolphus St. Maur, the 12th Duke of Somerset, who, in 1859, was appointed First Lord of the British Admiralty.

In 1887 the first Chinese immigrant arrived in Ottawa, opening a laundry on Elgin Street. As more Chinese emigrants arrived, despite draconian laws designed to curtail their numbers, a community began to take hold; and by the 1930s a small-Chinatown along Albert Street had developed. Although the population within this first Chinatown soon declined in the 1940s, a second location with a cluster of Chinese-owned businesses began to soar during the 1960s, on Somerset Street West.

AUTREFOIS: Souvent, les rues sont nommées en l'honneur d'un individu ou d'un lieu lié à l'endroit. L'un de ces honneurs, et un vestige du passé colonial du Canada, est la rue Somerset d'Ottawa. La rue porte le nom d'Edward Adolphus St. Maur, le 12e duc de Somerset nommé le premier lord de l'Amirauté britannique en 1859, qui n'a jamais mis les pieds au Canada.

En 1887, le premier immigrant chinois est arrivé à Ottawa où il a ouvert une buanderie dans la rue Elgin. À mesure que d'autres immigrants chinois arrivaient, en dépit des lois draconiennes conçues pour en réduire le nombre, une communauté commençait à s'établir ; vers les années 1930, un petit quartier chinois se développait le long de la rue Albert. La population du quartier chinois initial a baissé au cours des années 1940, mais un second quartier dans la rue Somerset Ouest, abritant de nombreux commerces appartenant à des Chinois, a pris son essor au cours des années 1960.

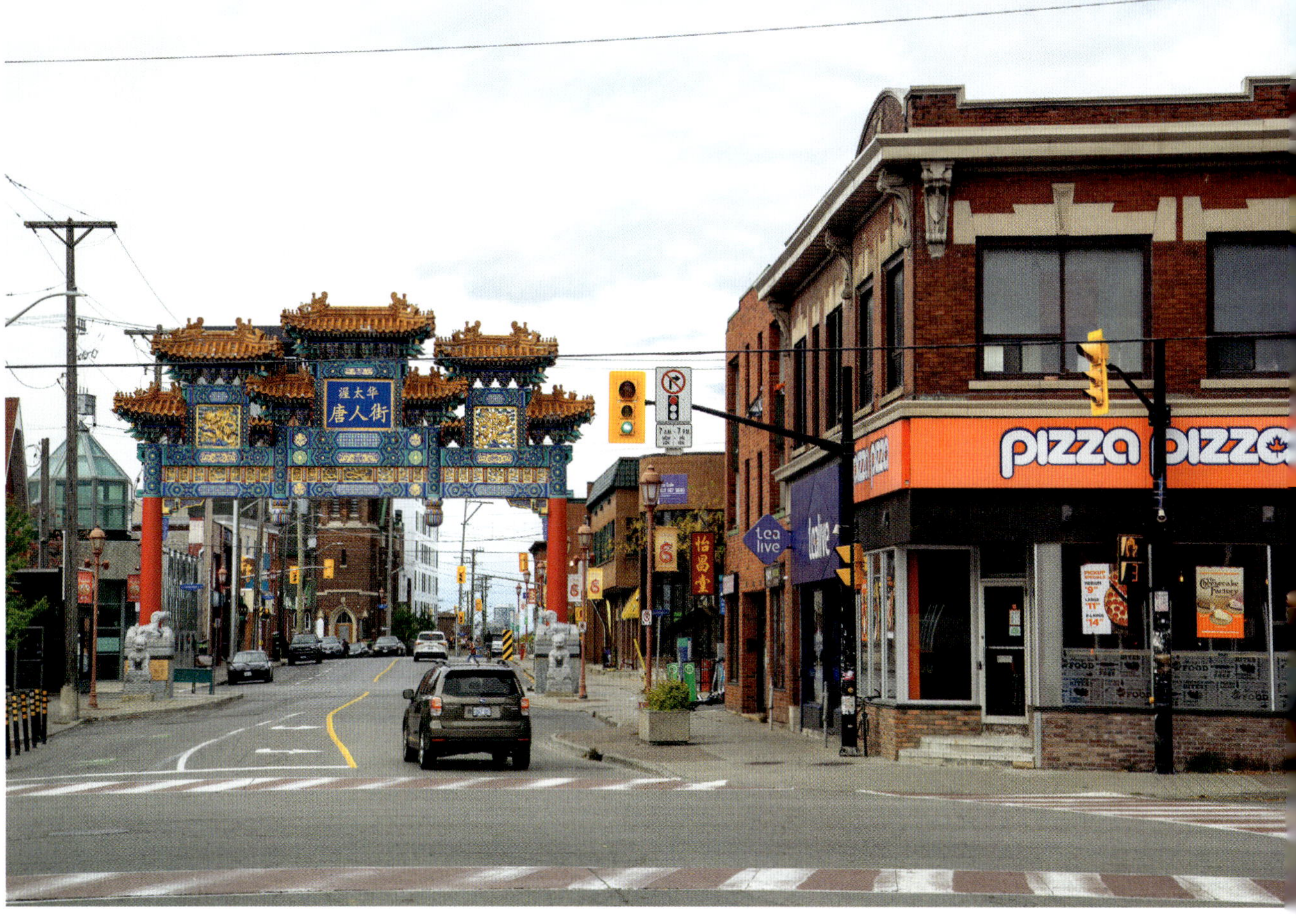

NOW: Somerset Street West—between Bay and Preston Streets—is no longer known so much for its namesake but as for being the centre of Ottawa's Chinatown. Officially designated in 2005, Ottawa's Chinatown is famous for its colourful, Chinese Northern-royal-style archway near the intersection at Bronson Avenue and Somerset. Erected by the city in 2010, in tribute to the 40th anniversary of established diplomatic relations between China and Canada, the archway symbolizes the friendship between the two nations and celebrates Canada's cultural diversity.

AUJOURD'HUI: La rue Somerset Ouest — entre les rues Bay et Preston — est moins connue aujourd'hui pour son homonyme, qu'en tant que centre du quartier chinois d'Ottawa. Désigné officiellement quartier chinois en 2005, il est célèbre pour son arc coloré de style chinois-royal-du-nord près de l'intersection des rues Bronson et Somerset. Érigé par la ville en 2010 pour rendre hommage au 40e anniversaire des relations diplomatiques établies entre la Chine et le Canada, l'arc symbolise l'amitié entre les deux nations et célèbre la diversité culturelle du Canada.

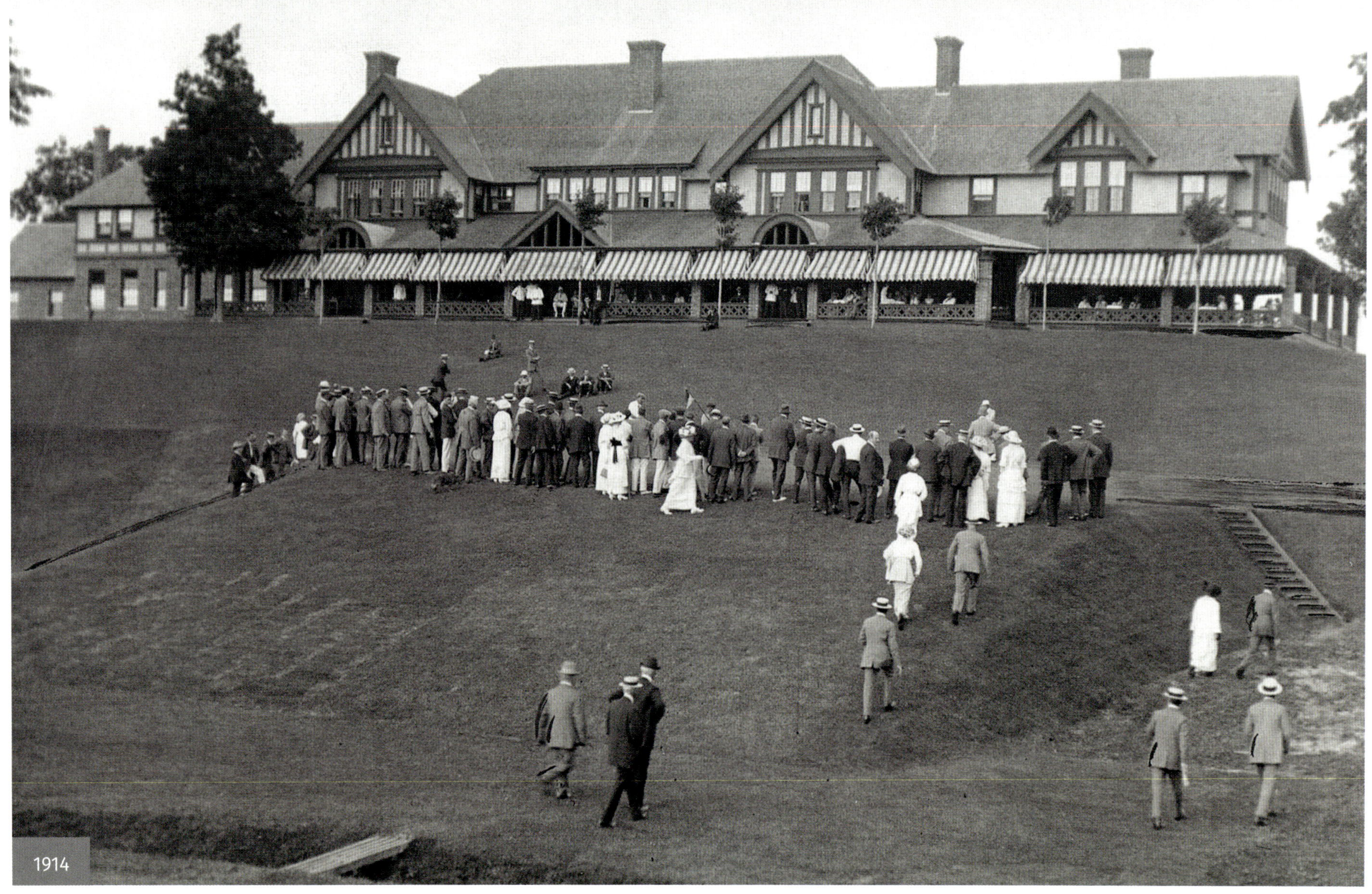

1914

ROYAL OTTAWA GOLF CLUB

Historic golf club graced by a king's favour

THEN: The Ottawa Golf Club was founded in 1891 when a group of enthusiasts decided to organize to promote the sport. Originally located in Ottawa's Sandy Hill neighbourhood, the club soon moved across the river, into Aylmer, Québec (now part of Gatineau), to escape the rising costs of leasing land. On what was previously an orchard, a new course and a grand clubhouse were built, opening in 1904.

When the original clubhouse burned down in 1909, a new, equally magnificent building was erected in the same location. It was here that former British Prime Minister David Lloyd George held a public appearance, during his 1923 tour of North America, a tour reported on by writer Ernest Hemingway, then working for the *Toronto Star* newspaper.

Twenty-one years later, this building too burned down—with the Governor General (Viscount Willingdon), his wife, and their guests, seen carrying furniture and valuables out of the burning building. A new clubhouse was then built in 1931.

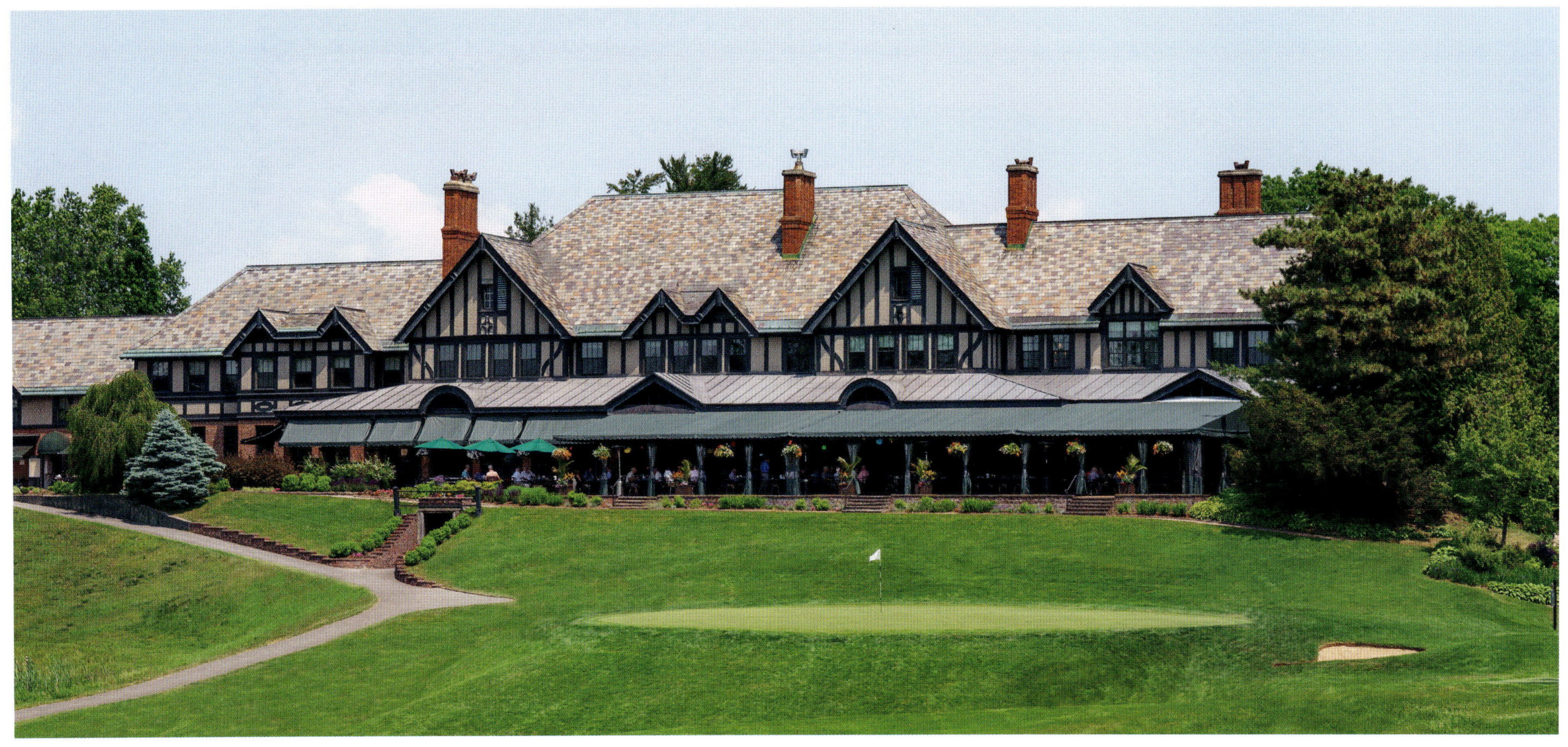

AUTREFOIS: Le Club de golf Royal Ottawa a été fondé en 1891 par un groupe d'enthousiastes qui a décidé de s'organiser pour promouvoir le sport. Situé à l'origine dans le quartier de Sandy Hill d'Ottawa, le club a déménagé peu de temps après vers l'autre côté de la rivière, à Aylmer au Québec (qui fait maintenant partie de Gatineau) pour échapper à la hausse des coûts pour louer un terrain. En 1904, un nouveau parcours et un grand pavillon ont été construits dans un ancien verger.

Lorsqu'un incendie a détruit le pavillon original en 1909, une nouvelle structure aussi magnifique a été érigée sur le même site. C'est ici, en 1923, que l'ancien premier ministre britannique David Lloyd George a rencontré le public lors de sa visite en Amérique du Nord, documentée par l'écrivain Ernest Hemingway, qui travaillait à l'époque pour le quotidien *Toronto Star*.

Cet édifice a aussi été détruit par le feu 21 ans plus tard, quand on a vu le gouverneur général (le vicomte Willingdon), sa femme et leurs invités en train de sortir du mobilier et des objets de valeur de l'édifice en feu. Un nouveau pavillon a été construit en 1931.

NOW: In 1912, the club was granted permission from King George V to use the designation "Royal," becoming the Royal Ottawa Golf Club. Apart from the legacy of over a century of storied players and champion games, it is the club's magnificent clubhouse which garners the most attention. Having burned down twice, the third clubhouse still stands relatively unchanged. The regal setting has become one of the National Capital Region's premier locations for weddings, conferences, and private events—giving guests what the club refers to as the "Royal Treatment."

AUJOURD'HUI: En 1912, le roi George V a permis au club d'utiliser la désignation « royal » pour devenir le Club de golf Royal Ottawa. En dehors de l'histoire de plus d'un siècle de joueurs légendaires et de championnats, c'est le magnifique pavillon du club qui attire le plus d'attention. Deux fois détruit par le feu, le pavillon reconstruit une troisième fois se dresse relativement inchangé. Le cadre majestueux est devenu l'un des lieux les plus prestigieux de la région de la capitale nationale pour des mariages, des conférences et des événements privés — permettant aux invités de profiter d'un « traitement royal » selon le club.

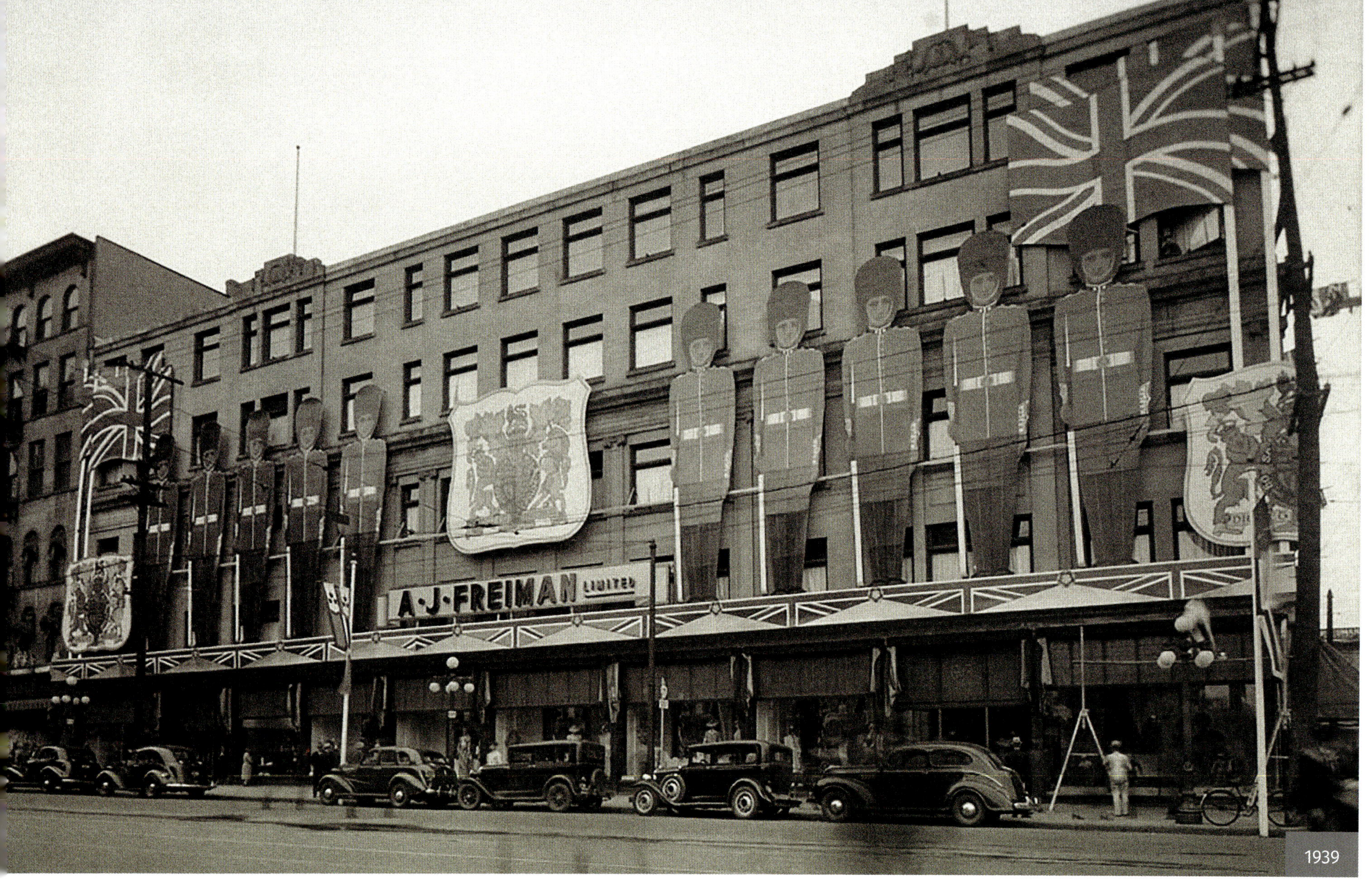

1939

FREIMAN'S DEPARTMENT STORE

One of Ottawa's oldest department stores

THEN: Branded A. J. Freiman Limited in 1923, Archibald Jacob Freiman's department store—best known as simply Freiman's—was a popular shopping destination in Ottawa's downtown core during the first decades of the twentieth century.

The Lithuanian-born Freiman was a longtime leader in Canadian Zionism. He increasingly became a target, during the 1930s, of anti-Semitic groups who made statements against him, and made calls to boycott Jewish-owned stores. In 1935, when targeted in an anti-Semitic journal, originally published in French and reprinted in English in Ottawa, Freiman went to court, suing for libel. After the successful conclusion of this trial, local newspapers praised him for taking action to stop "the spreading of racial hatred among ignorant people."

Four years later, in 1939, Freiman's Rideau Street store achieved a crowning moment when it was decked out in high-finery for the royal visit by British monarch King George VI, and his wife Queen Elizabeth. Like the royals' visit, Freiman's display was a hit.

AUTREFOIS: Baptisé A. J. Freiman Limited en 1923, le grand magasin d'Archibald Jacob Freiman — mieux connu comme « Freiman's » — était une destination populaire de magasinage au centre-ville d'Ottawa pendant les premières décennies du 20e siècle.

Freiman, né en Lituanie, était longtemps leader du sionisme canadien. Pendant les années 1930, il est devenu de plus en plus la cible de groupes antisémites qui se prononçaient contre lui et incitaient les gens à boycotter les magasins appartenant à des Juifs. En 1935, ciblé par un journal antisémite publié à l'origine en français, puis réimprimé en anglais à Ottawa, Freiman a poursuivi celui-ci pour diffamation. Suivant l'issue favorable de ce procès, des journaux locaux l'ont acclamé pour avoir pris des mesures pour mettre fin à « la propagation de la haine raciale parmi les ignorants ».

Quatre ans plus tard, en 1939, le magasin Freiman's de la rue Rideau a connu un moment de gloire lorsqu'il était décoré de façon splendide pour la visite royale du roi Georges VI et de son épouse, la reine Elizabeth. Tout comme la visite du couple royal, les décorations de Freiman's ont remporté un gros succès.

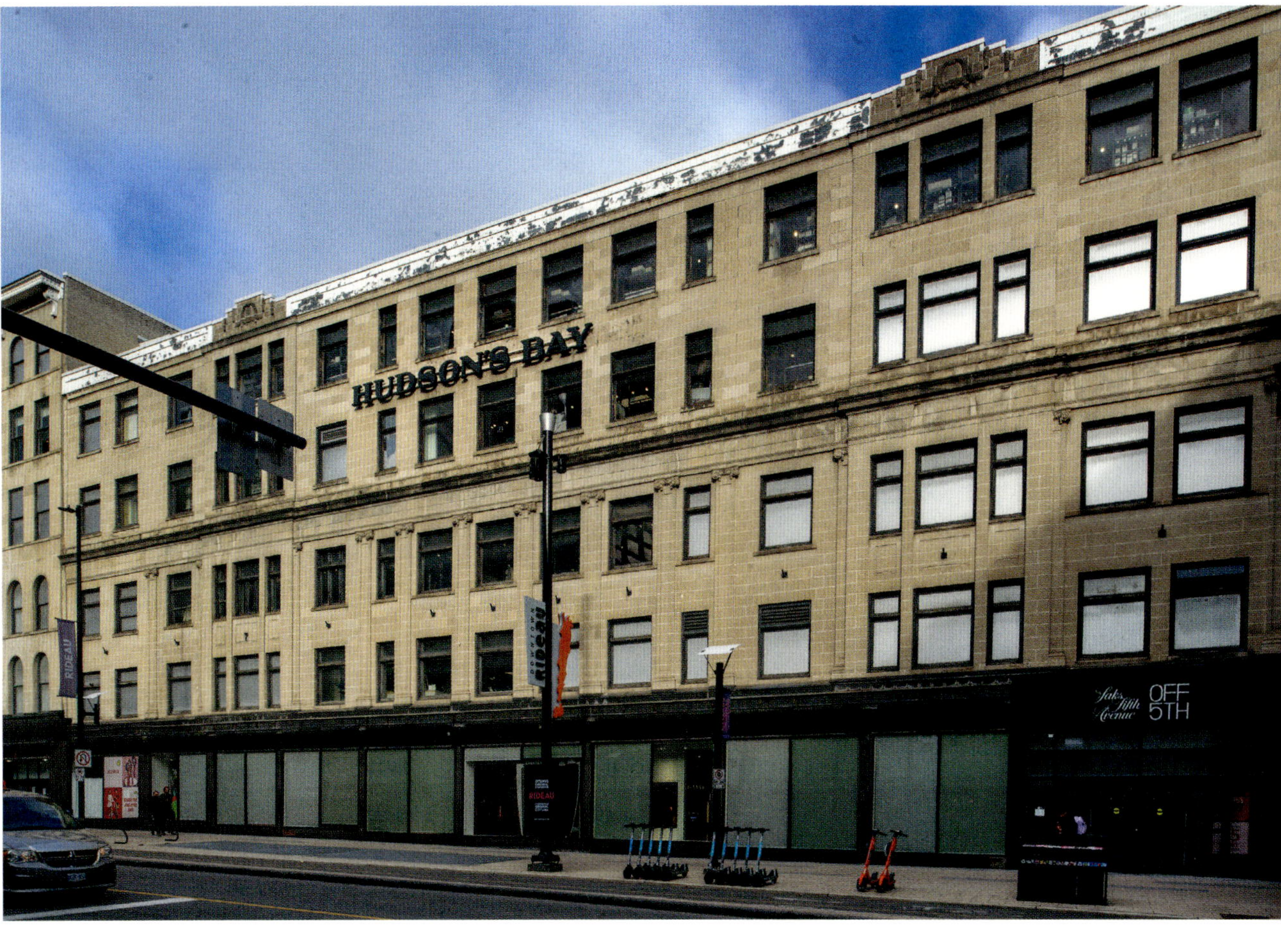

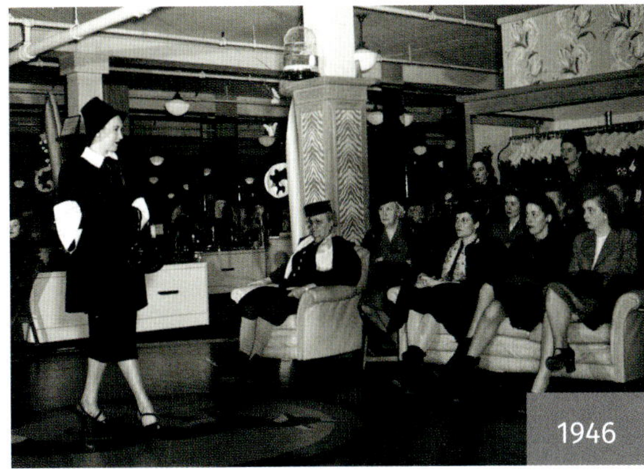

ABOVE: Ottawa women at the first spring fashion show held at Freiman's department store after World War II.

AU-DESSUS: Des femmes d'Ottawa assistent au premier défilé de mode du printemps au grand magasin Freiman's après la Seconde Guerre mondiale.

NOW: Following Freiman's death in 1944, his son Lawrence took over as head of the department store. It remained a family-operated business until 1971, when the ailing Lawrence agreed to a friendly takeover by the Hudson's Bay Company. To honour the store's history, in 1983 the City of Ottawa, in cooperation with the Hudson's Bay Company, named the indoor arcade linking Rideau Centre mall shops to the Hudson's Bay department store "Freiman Mall." A dedicatory plaque in the mall honours A. J. Freiman and his family for their outstanding contribution to the city's "commercial and social vitality."

AUJOURD'HUI: Suivant la mort de Freiman en 1944, son fils Lawrence a pris le contrôle du grand magasin. L'entreprise familiale a continué jusqu'en 1971, lorsque Lawrence, alors en mauvaise santé, a approuvé une acquisition amicale par la Compagnie de la Baie d'Hudson. En 1983, pour rendre hommage à l'histoire du magasin, la ville d'Ottawa, en collaboration avec la Compagnie de la Baie d'Hudson, a désigné l'arcade intérieure reliant les boutiques du centre commercial Rideau Centre au grand magasin de la Baie d'Hudson « Freiman Mall ». Une plaque dédicatoire installée dans le centre commercial rend hommage à A. J. Freiman et à sa famille pour leur contribution exceptionnelle au « dynamisme commercial et social » de la ville.

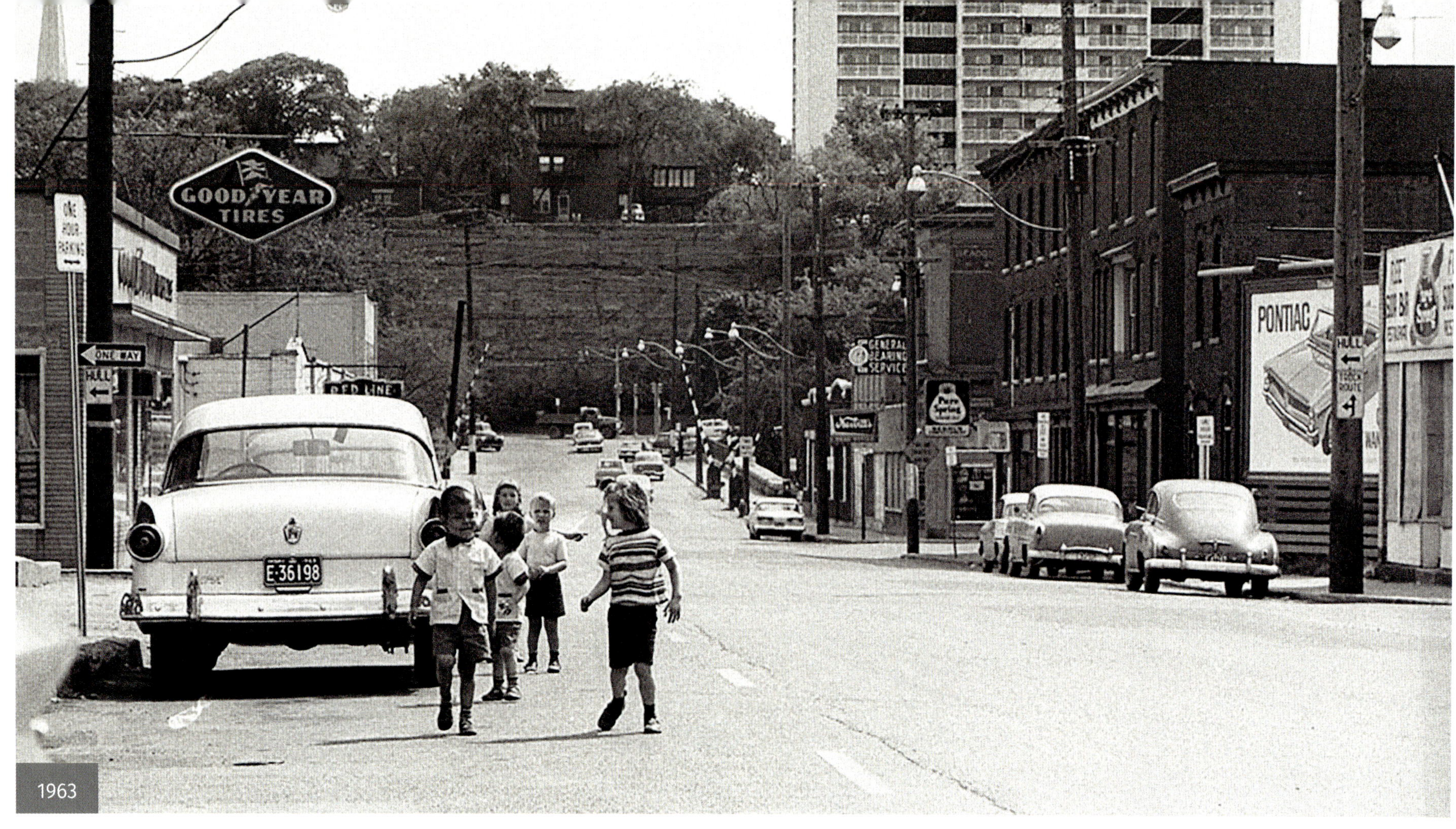

1963

LEBRETON FLATS / CANADIAN WAR MUSEUM

An embattled historic neighbourhood restored to life

THEN: Named after Lieutenant John LeBreton, an early settler in the Ottawa River valley and veteran of the War of 1812, LeBreton Flats is one of the oldest neighbourhoods in Ottawa. The area's proximity to Chaudière Falls resulted in it becoming a densely populated centre for the lumber trade, as both the location of sawmills and the homes of the workers in the industry. The large number of inhabitants also made it one of the worst hit areas in the 1900 Ottawa-Hull Great Fire.

Having been almost completely razed by fire, the neighbourhood rebuilt itself into a thriving, working-class area again—only to once more be destroyed half a century later. In the early 1960s, the neighbourhood was designated for "urban renewal" and the land expropriated. This meant nearly 3,000 people were displaced, and homes and buildings were destroyed. At the end of it all, the renewal plans fell through, and the area became mainly populated by grass and weeds.

AUTREFOIS: Nommées en l'honneur du lieutenant John LeBreton, l'un des premiers colons établis dans la vallée de la rivière des Outaouais et ancien combattant de la Guerre de 1812, les plaines LeBreton constituent l'un des quartiers les plus anciens d'Ottawa. Grâce à la proximité des chutes de la Chaudière, ce quartier est devenu densément peuplé par le commerce du bois, avec des scieries et des maisons d'ouvriers. La population nombreuse en a fait aussi l'un des quartiers les plus dévastés par le Grand feu d'Ottawa-Hull en 1900.

Le quartier, presque entièrement rasé par l'incendie, s'est reconstruit pour redevenir un quartier prospère de la classe ouvrière — avant d'être détruit à nouveau 50 ans plus tard. Au début des années 1960, le quartier était destiné à la rénovation urbaine et le terrain a été exproprié. Près de 3 000 personnes ont été déplacées et des maisons et des bâtiments détruits. En fin de compte, le projet de rénovation n'a pas abouti et le quartier s'est vu en grande partie envahi d'herbes et de mauvaises herbes.

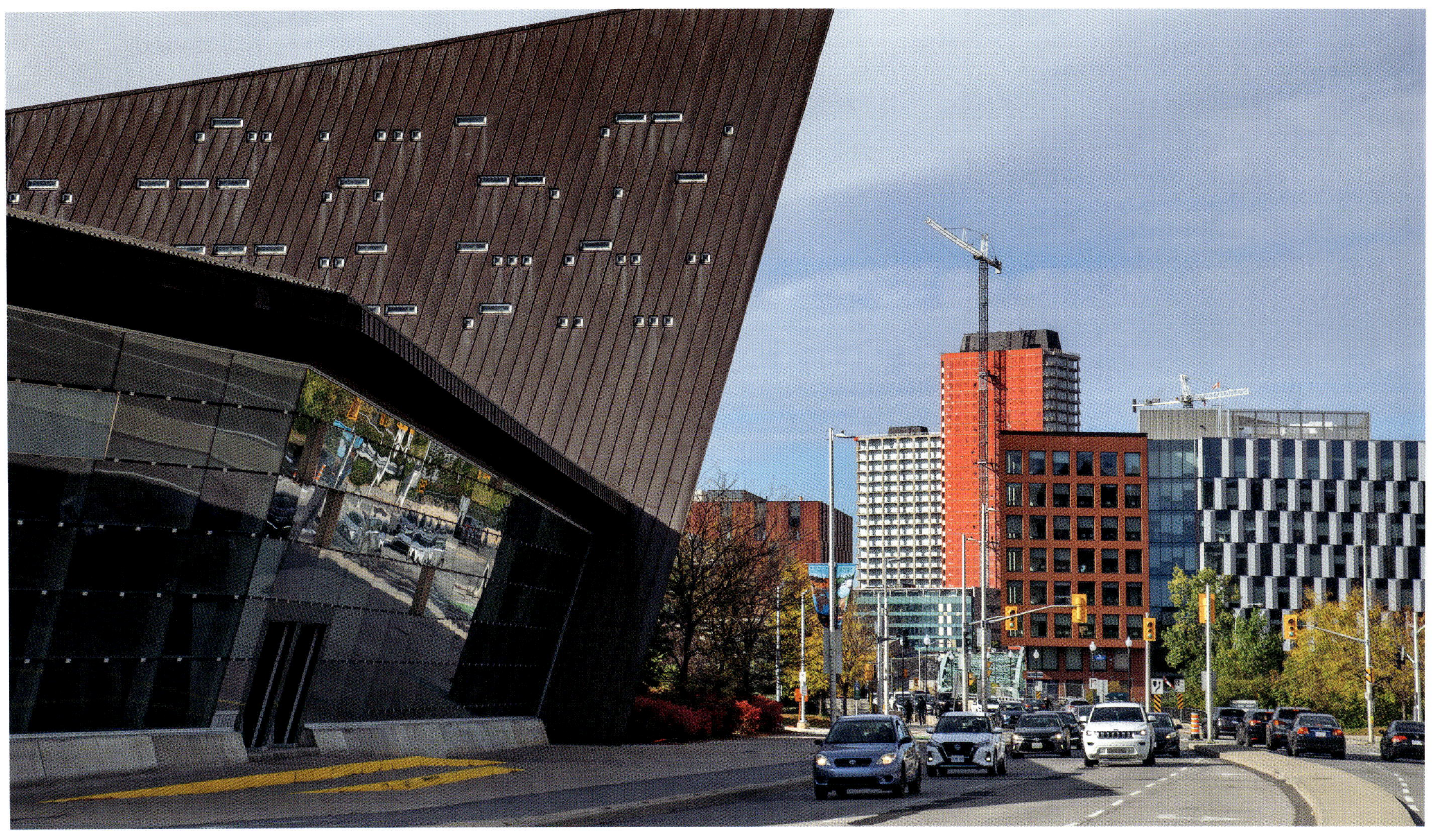

NOW: LeBreton Flats remained mostly vacant until, in 2005, the Canadian War Museum opened its doors. Soon after, the area witnessed the construction of new condominiums, parks, and an impressive building shared between the Ottawa Public Library and the Library and Archives Canada called Ādisōke, an Anishinābemowin word, meaning "storytelling." To remind visitors of the tragedies of war, the Canadian War Museum's rooftop windows spell out in Morse code, in both English and French, "Lest We Forget." The expression also captures the tragic history of this neighbourhood and the lives uprooted; an area that, now, is once again beginning to teem with life.

AUJOURD'HUI: Les plaines LeBreton sont restées surtout en friche jusqu'en 2005, lorsque le Musée canadien de la guerre a ouvert ses portes. Peu après, le quartier a vu la construction de nouveaux condominiums, de parcs et d'un édifice impressionnant appelé *Ādisōke*, mot Anishinābemowin qui signifie « l'art de raconter », partagé entre la Bibliothèque publique d'Ottawa et Bibliothèque et Archives Canada. Pour rappeler aux visiteurs les tragédies de la guerre, les fenêtres sur le toit du Musée canadien de la guerre forment en code Morse, en français et en anglais, l'expression « N'oublions jamais ». Cette expression reflète aussi la tragique histoire des vies déracinées et de ce quartier, qui, de nos jours, commence encore à grouiller de vie.

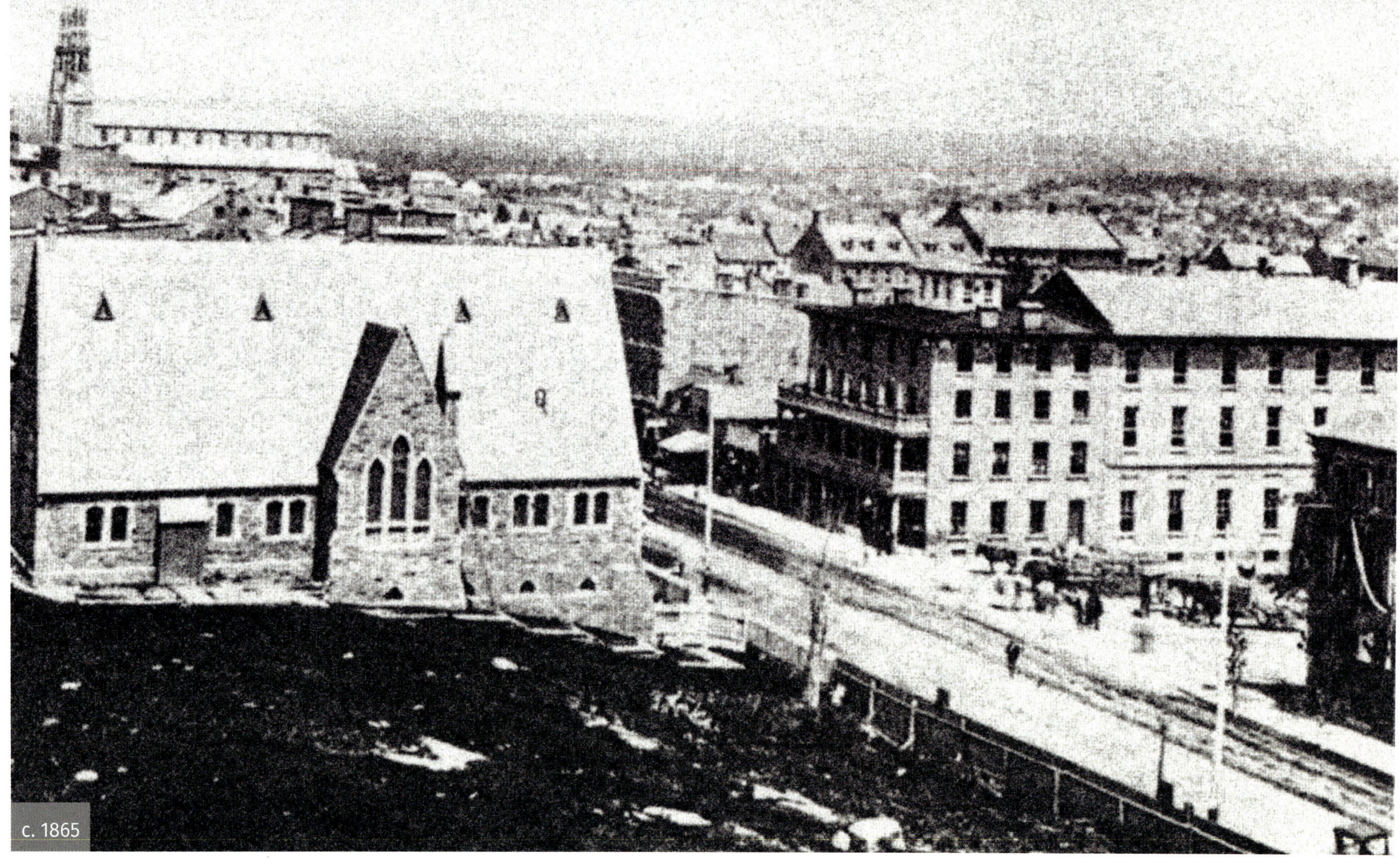
c. 1865

EMBASSY OF THE UNITED STATES

Parking lot on a ceremonial driveway becomes a diplomatic landmark

THEN: Named after the British Prince Augustus Frederick, Duke of Sussex—an abolitionist son of King George III, and favourite uncle to Queen Victoria—Sussex Drive is one of the oldest streets in Ottawa. Dating back to when the city was still Bytown, this road has long been associated with prominent Ottawa landmarks. Along it, one will find the Connaught Building, the National Gallery, the Royal Canadian Mint, and Notre-Dame Cathedral (the spires of which, under construction, can be seen in this image).

Originally a conglomeration of three separate streets, ultimately named "Sussex Street" during the 1880s, the street later became an important ceremonial route. This was officially marked in 1953, when it was renamed "Sussex Drive" during a visit by the Queen Mother.

AUTREFOIS: Nommée en l'honneur du prince britannique Augustus Frederick, duc de Sussex – le fils abolitionniste du roi Georges III et l'oncle préféré de la reine Victoria – la promenade Sussex est l'une des rues les plus anciennes d'Ottawa. Lorsque la ville s'appelait encore Bytown, cette rue abritait déjà des monuments célèbres d'Ottawa. C'est là où se trouvent l'Édifice Connaught, le Musée des beaux-arts du Canada, la Monnaie royale canadienne et la Cathédrale Notre-Dame (dont la construction des flèches est illustrée dans cette image).

À l'origine, au cours des années 1880, avant de devenir une route cérémoniale importante, la rue finalement nommée « rue Sussex » comprenait trois rues distinctes. Son importance a été confirmée officiellement lorsqu'elle a été rebaptisée la « promenade Sussex » pendant la visite de la Reine-Mère en 1953.

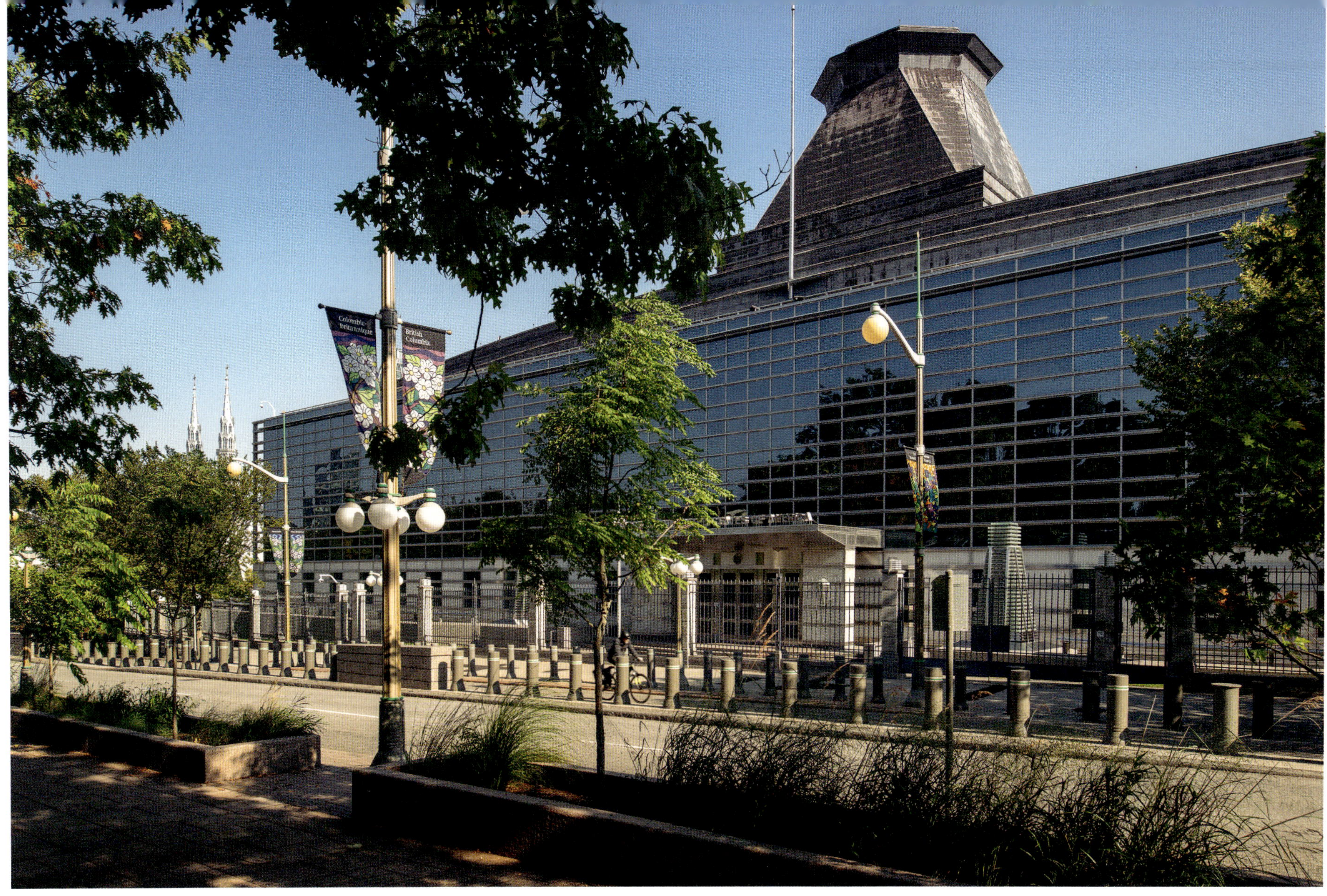

NOW: When the former United States Embassy to Canada on Wellington Street became too small for the American delegation, Sussex Drive was chosen as the location for a new embassy building. Designed by American David Childs, later the architect of One World Trade Center, in New York City, the boat-shaped building was constructed on an unoccupied section of land, and a parking lot, nestled between the historic ByWard Market area and Major's Hill Park.

Opening in 1999, the completed building was designed to pay homage to the surrounding architecture. The east-facing side features granite and limestone, imitating historic buildings of the ByWard Market area. The west side is covered with tinted glass—a nod to the similarly glass-coated National Gallery of Canada—creating a dramatic canvas reflecting Parliament Hill.

AUJOURD'HUI: Lorsque l'ancienne ambassade des États-Unis au Canada dans la rue Wellington est devenue trop petite pour la délégation américaine, la promenade Sussex a été choisie pour le site du nouvel édifice de l'ambassade. Conçu par l'Américain David Childs, ultérieurement l'architecte de One World Trade Center à New York, l'édifice en forme de bateau a été construit sur une parcelle de terrain vague et un parc de stationnement nichés entre le quartier historique du marché By et le parc Major's Hill.

Inauguré en 1999, l'édifice a été conçu pour rendre hommage à l'architecture environnante. La façade est est composée de granit et de pierre calcaire pour imiter les édifices historiques du quartier du marché By. La façade ouest est recouverte de verre teinté — un clin d'œil au Musée des beaux-arts du Canada également revêtu de verre — créant une toile spectaculaire qui reflète la Colline du Parlement.

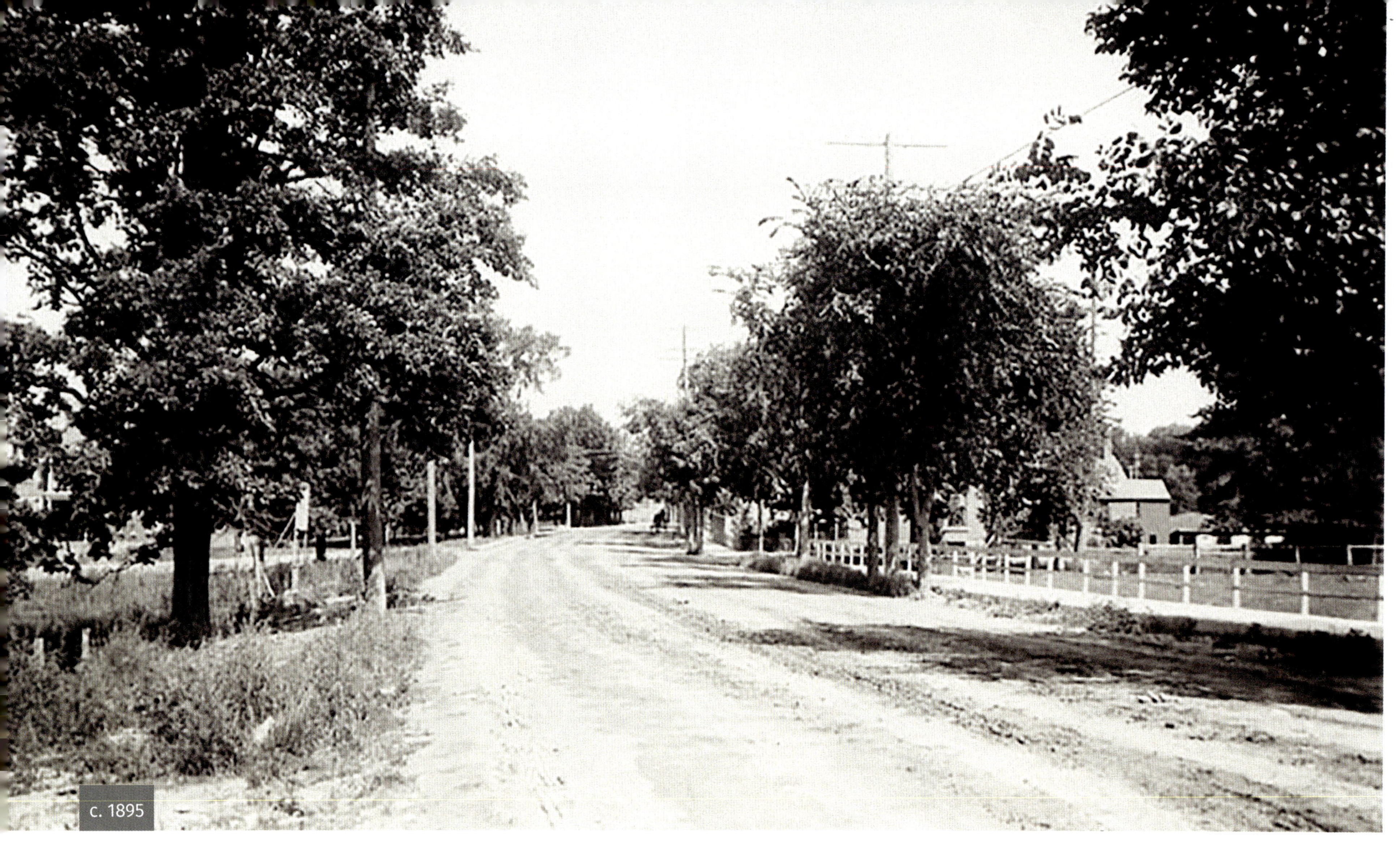

c. 1895

BANK STREET

One historic street extends through Ottawa's gay village and into a trendy shopping district

THEN: One of Ottawa's oldest and longest streets, dating back to the city's founding, Bank Street was first called "Esther Street," in honour of the wife of Colonel By (the city's founder). The street originally ran from the Ottawa River in the north to the Rideau River in the south—this "bank" to "bank" likely giving it the name it is known by today. Bank Street was—and remains—one of Ottawa's few major north-south transportation corridors, today extending to the city limits in the south. During the early twentieth century, streetcar tracks beyond the Rideau Canal encouraged rapid growth at Bank Street's south end; an area that, until then, had been mainly rural and sparsely populated.

AUTREFOIS: L'une des rues les plus anciennes et les plus longues d'Ottawa qui datent de la fondation de la ville, la rue Bank s'appelait à l'origine « rue Esther » pour honorer la femme du colonel By (le fondateur de la ville). Au début, la rue s'étendait de la rivière des Outaouais au nord jusqu'à la rivière Rideau au sud ; l'idée des deux rives ou « banks » lui a probablement valu le nom par lequel elle est connue aujourd'hui. La rue Bank était — et reste — l'un des rares corridors de transport nord-sud importants à Ottawa et se prolonge aujourd'hui jusqu'aux limites sud de la ville. Au début du 20e siècle, les voies de tramway au-delà du canal Rideau ont favorisé la croissance rapide de l'extrémité sud de la rue Bank, une zone qui, jusqu'alors, était surtout rurale et peu peuplée.

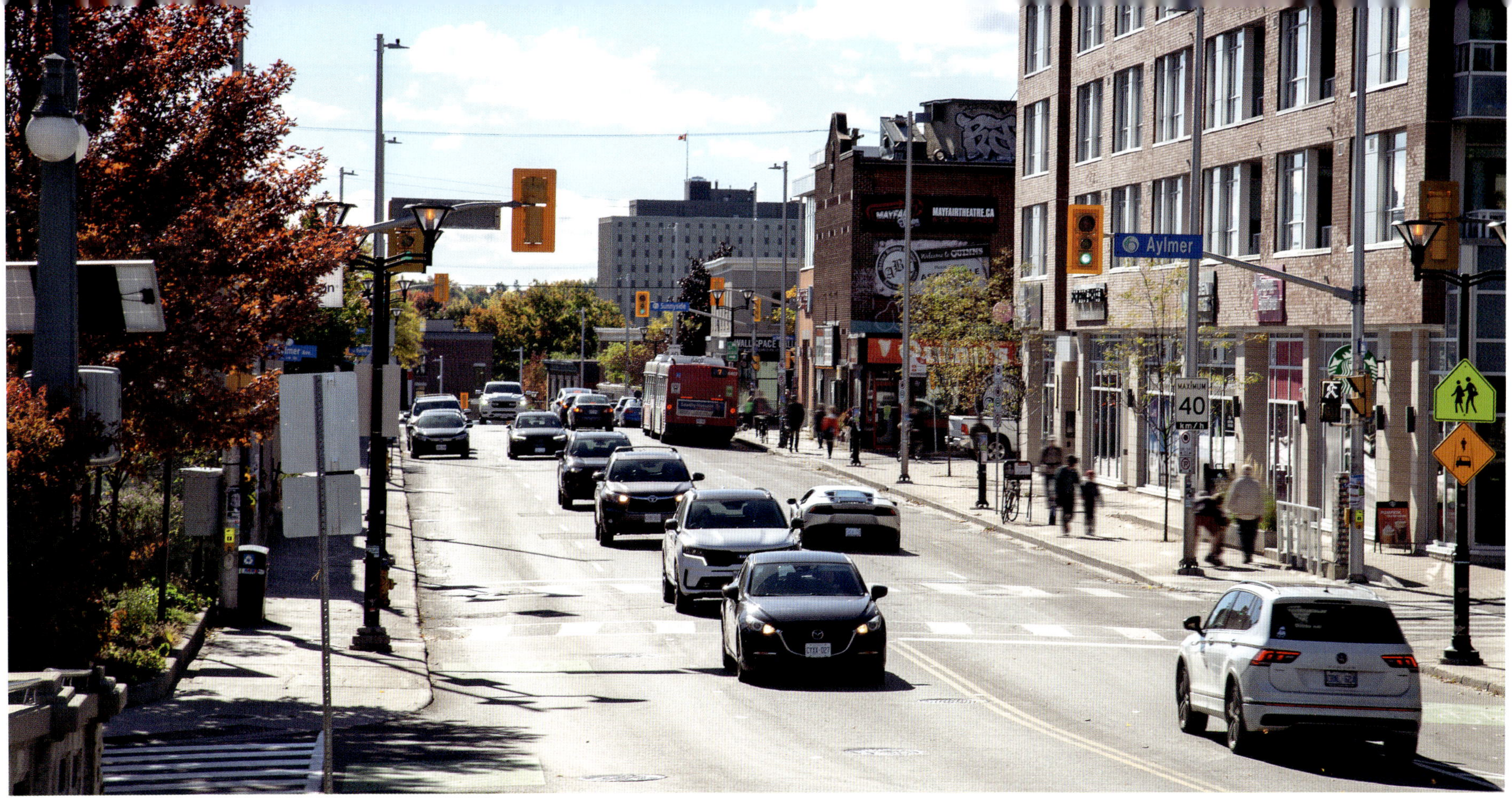

NOW: The street that originated with the city has changed with it. A section between Somerset Street West and Gladstone Avenue runs through Ottawa's "gay village," as rainbow-decorated street signs proclaim. Shops between the Queensway and Holmwood Avenue, in the Glebe neighbourhood, offer boutique charm and proximity to Lansdowne Park's sports and entertainment district.

The greatest transformation can be felt where the street once ran deep into the countryside. This part, between the Bank Street Canal Bridge and Billings Bridge, has become a hip shopping district in the neighbourhood of Old Ottawa South. Visitors to this stretch come across such wittily named businesses as the "Life of Pie" bakery, the milkshake bar "For God Shakes," and the "Oat Couture" breakfast bar.

AUJOURD'HUI: La rue, dont l'origine date de la fondation de la ville, a évolué en même temps qu'elle. La section entre la rue Somerset ouest et l'avenue Gladstone traverse « le village gai » d'Ottawa, proclamé par les enseignes de rue aux couleurs de l'arc-en-ciel. Les petits commerces situés entre le Queensway et l'avenue Holmwood dans le quartier « Glebe » offrent le charme de boutiques et la proximité au quartier du sport et des divertissements du parc Lansdowne.

La plus grande transformation se ressent là où la rue plongeait autrefois au fin fond de la campagne. Ce secteur entre le pont de la rue Bank, qui enjambe le canal Rideau, et le pont Billings est devenu une zone commerciale branchée dans le quartier « Vieil Ottawa Sud ». Les visiteurs à cette partie de la rue trouveront des commerces aux noms amusants comme la boulangerie « Life of Pie », le bar de lait frappé « For God Shakes » et le bar de petit déjeuner « Oat Couture ».

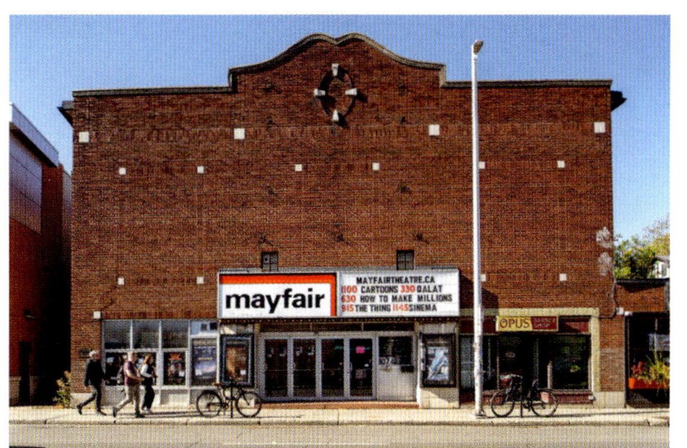

ABOVE: Located on Bank Street is Ottawa's oldest independent movie theatre, the red-bricked Mayfair Theatre, which opened in 1932.

AU-DESSUS: Situé dans la rue Bank se trouve le plus vieux cinéma indépendant d'Ottawa, le théâtre Mayfair en brique rouge, qui a ouvert ses portes en 1932.

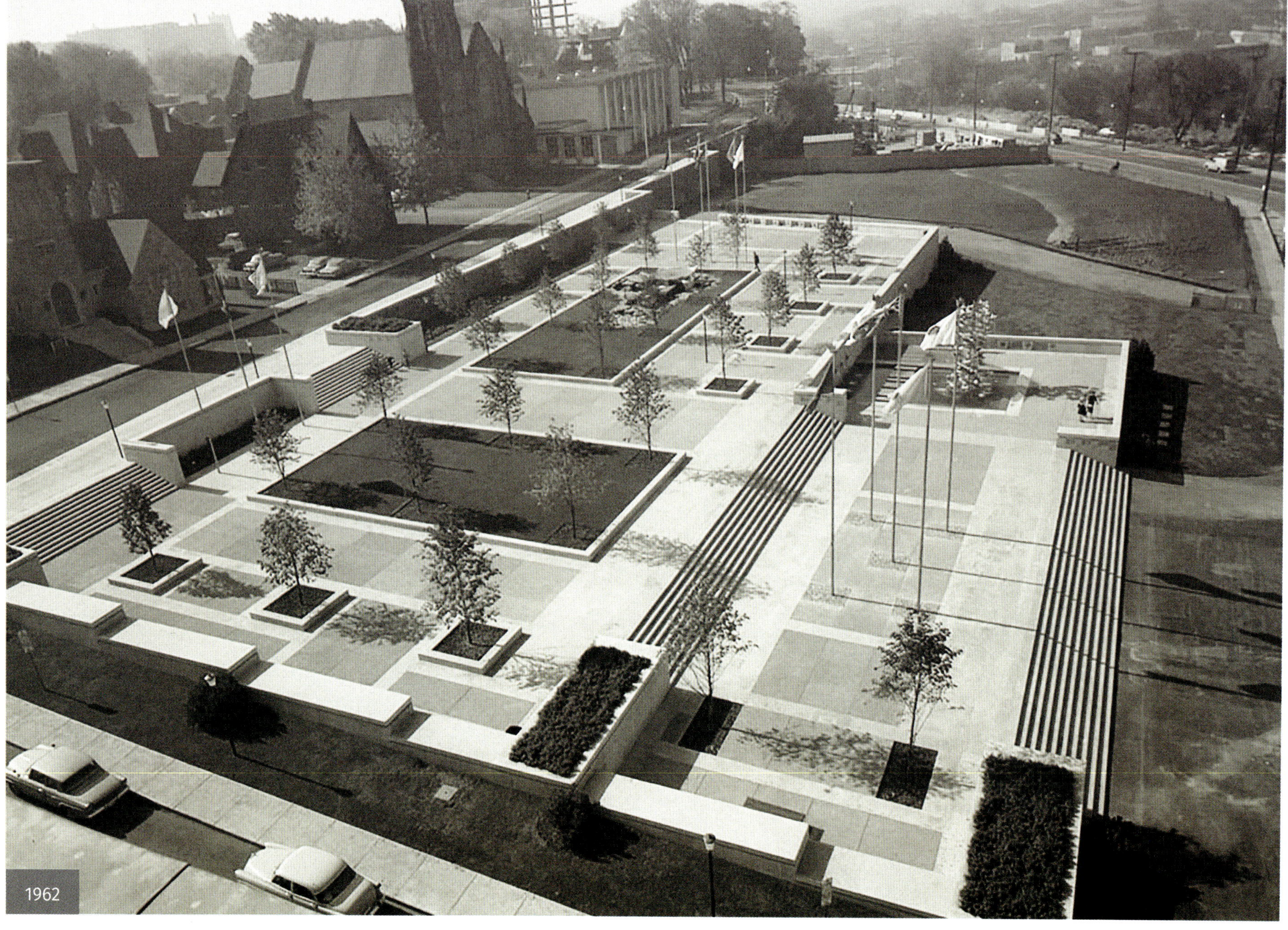

GARDEN OF THE PROVINCES / GARDEN OF THE PROVINCES AND TERRITORIES

Unusual park project celebrates Canada's confederation

THEN: Designed to celebrate Canada's 100th anniversary of confederation, the Garden of the Provinces first opened in 1962. For this project landscape architect Donald W. Graham (founder of the first landscape architectural consulting firm in the nation's capital) designed an area of formal terraces with plants and fountains, alongside an adjacent park.

The plants chosen for the garden consist of flora commonly found in Canada's prairie and tundra regions, and along its seashores. Ottawa-based landscape architect Emil G. van der Meulen's "Great Lakes Fountain" represents the Great Lakes region, and Montréal sculptor Norman Slater's six-metre (almost 20 feet) tall stainless steel "Tree Fountain" symbolizes Canada's forests.

AUTREFOIS: Le Jardin des provinces, conçu pour fêter le 100e anniversaire de la Confédération canadienne, a été inauguré en 1962. Pour ce projet, l'architecte paysagiste Donald W. Graham (fondateur du premier cabinet d'experts-conseils en architecture de paysage dans la capitale nationale) a conçu, le long d'un parc attenant, un jardin en terrasses à la française agrémenté de fontaines.

Les plantes choisies pour le jardin comprennent des fleurs trouvées couramment dans les régions canadiennes des prairies et du toundra, ainsi qu'au bord de la mer. La fontaine des Grands Lacs de l'architecte paysagiste Emil G. van der Meulen, basé à Ottawa, représente la région des Grands Lacs, et la Fontaine arborescente, en acier inoxydable haute de six mètres (presque 20 pi), du sculpteur montréalais Norman Slater, symbolise les forêts du Canada.

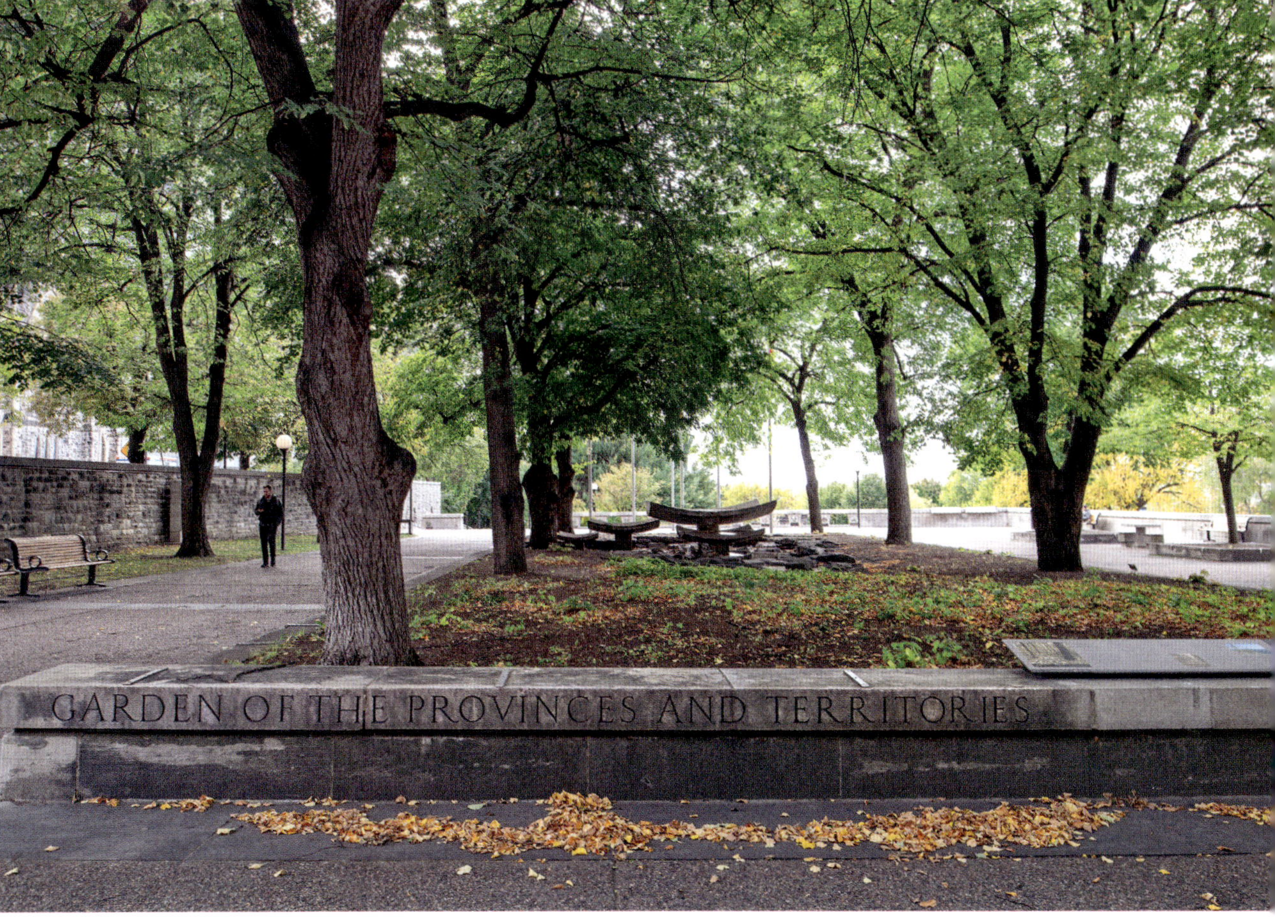

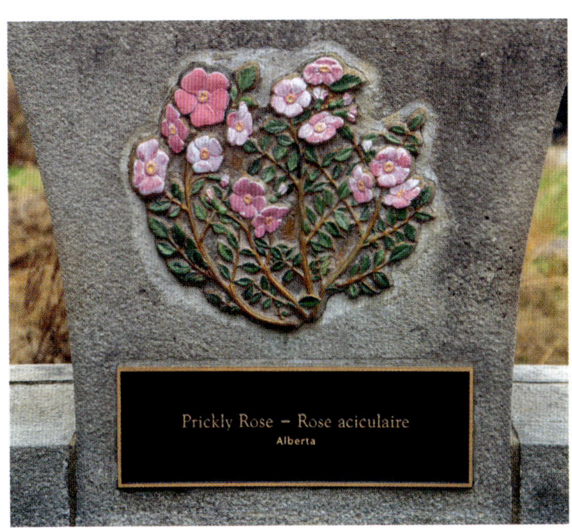

ABOVE: One of the garden's most popular features consists of decorative bronze and ceramic insets documenting each of the country's official flowers.

AU-DESSUS: L'un des détails les plus populaires du jardin consiste en des inserts décoratifs en céramique et en bronze illustrant chacune des fleurs officielles du pays.

NOW: Between 2004 and 2009 the park's fountains and masonry were restored, and the name was updated to include the nation's territories. In December 2024, the "Arc of Memory" memorial was unveiled. A celebration of Canada as a land of refuge for victims of communist authoritarianism, the "Arc of Memory" is a living calendar with more than 4,000 bronze rods and 365 posts tracing angles of the Sun. Visitors are encouraged to step through the divide in the memorial's middle at the point marking the winter solstice—the darkest day of the year—to pass through "dark" into "light;" and in doing so, reflect on those who were lost, and celebrate Canada's welcoming spirit.

AUJOURD'HUI: Entre 2004 et 2009, les fontaines et la maçonnerie du parc ont été restaurées, et le nom a été mis à jour pour inclure les territoires de la nation. En décembre 2024, le monument l'*Arc du souvenir* a été dévoilé. Célébrant le Canada comme pays refuge pour les victimes de l'autoritarisme communiste, l'*Arc du souvenir* est un calendrier vivant composé de plus de 4 000 tiges en bronze et de 365 poteaux qui tracent les angles du soleil. Les visiteurs sont encouragés à franchir la brèche au centre du monument au point marquant le solstice d'hiver — la journée la plus sombre de l'année — pour passer de « l'obscurité » à « la lumière » ; et, ce faisant, de réfléchir à tous ceux qui sont décédés et célébrer l'esprit accueillant du Canada.

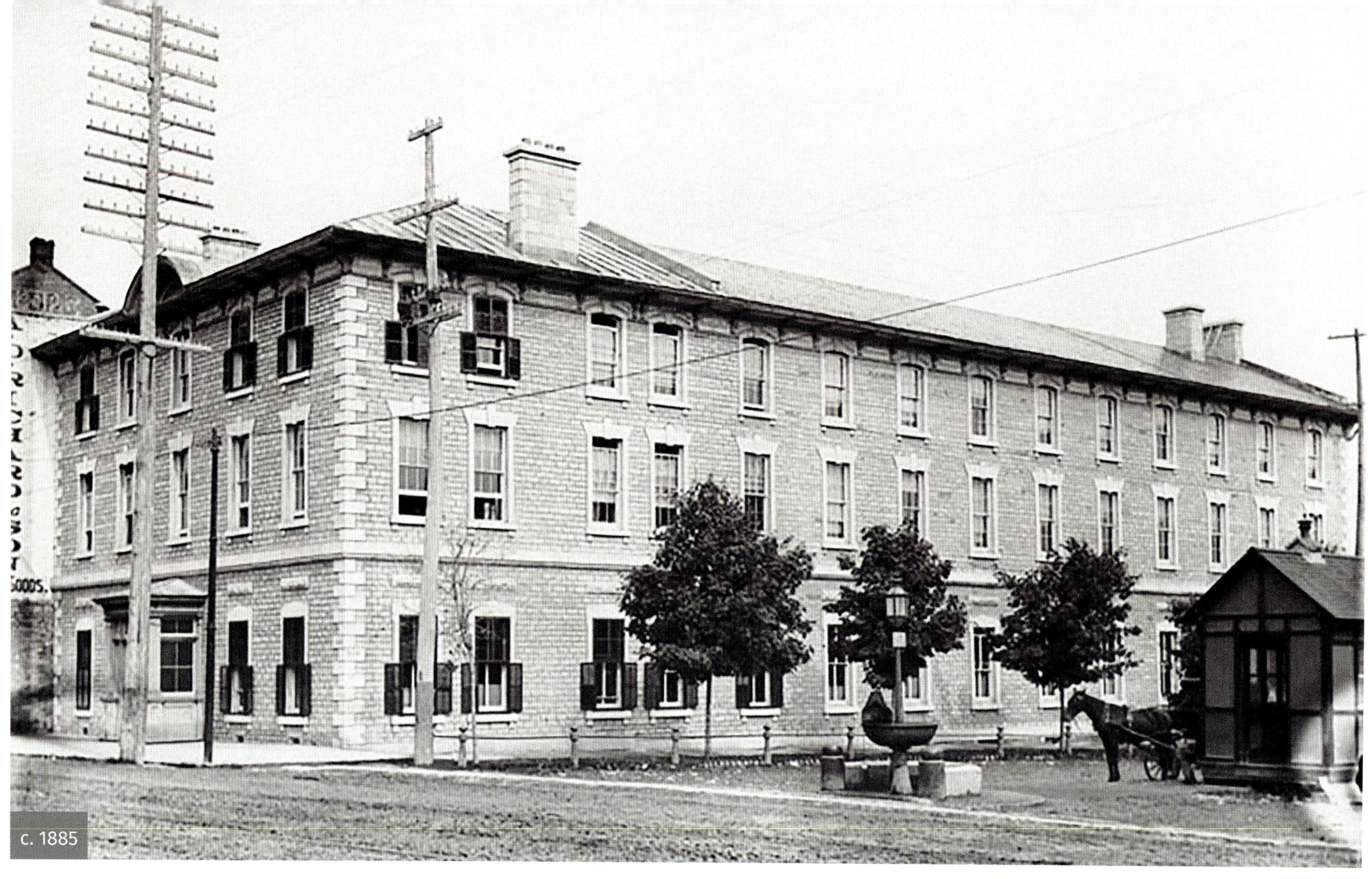

c. 1885

FOUNTAIN AT GEORGE AND SUSSEX / YORK STREET MILLENNIUM FOUNTAIN

Artistic re-creation of a historic fountain brings joy to the ByWard Market area

THEN: In the nineteenth century, to provide its residents with fresh, clean drinking water, the City of Ottawa began financing the construction of wells and drinking fountains. Not only were these designed to relieve citizens of the arduous task of hauling water from the Ottawa River, but they were also often made out of attractive materials (such as cast iron or stone) in an effort to beautify the city.

One such elaborate fountain was installed sometime around the 1890s, at the northeast corner of Sussex and George Streets in Ottawa's ByWard Market area. Facing Sussex Street, for humans it featured a small basin with a cup on a chain; and along the side facing George Street, a trough had been installed for horses. At the fountain's centre was a gas lamp.

AUTREFOIS: Au cours du 19e siècle, la Ville d'Ottawa a commencé à financer la construction de puits et de fontaines à eau potable pour offrir aux résidents de l'eau potable fraîche et propre. Ils étaient conçus non seulement pour éviter aux citoyens la tâche ardue de chercher de l'eau de la rivière des Outaouais, mais aussi, construits souvent de matériaux intéressants (comme la fonte ou la pierre), pour embellir la ville.

Au cours des années 1890, l'une de ces fontaines travaillées a été installée à l'angle nord-est des rues Sussex et George dans le quartier du marché By d'Ottawa. Du côté rue Sussex, la fontaine offrait aux gens un petit bassin muni d'une tasse attachée par une chaîne, tandis que du côté rue George, un abreuvoir était installé pour les chevaux. Une lampe à gaz se trouvait au milieu de la fontaine.

NOW: Long after it had vanished, the fountain at George and Sussex has been replaced by an artistic reconstruction. The York Street Millennium Fountain project was undertaken at the turn of the millennium to provide a glimpse into Ottawa's past, and to memorialize the vanished beauty and the civic service of the city's public water fountains.

Officially unveiled on August 11, 2000, the Millennium Fountain (now on nearby York Street)—with its surrounding benches and night-time illumination of its imitation gas lamp—recreates the kind of happy, active public gathering space once provided by the original fountains.

AUJOURD'HUI: Bien après sa disparition, la fontaine des rues George et Sussex a été remplacée par une reconstruction artistique. Le projet de la Fontaine du millénaire de la rue York a été entrepris au tournant du millénaire pour offrir un aperçu du passé d'Ottawa et pour commémorer la beauté d'autrefois et le service civique des fontaines publiques à eau potable.

Inaugurée officiellement le 11 août 2000, la Fontaine du millénaire (aujourd'hui installée à proximité dans la rue York) — environnée de bancs et éclairée la nuit par une fausse lampe à gaz — recrée le genre d'espace de rassemblement public dynamique et joyeux qu'offraient les fontaines d'origine.

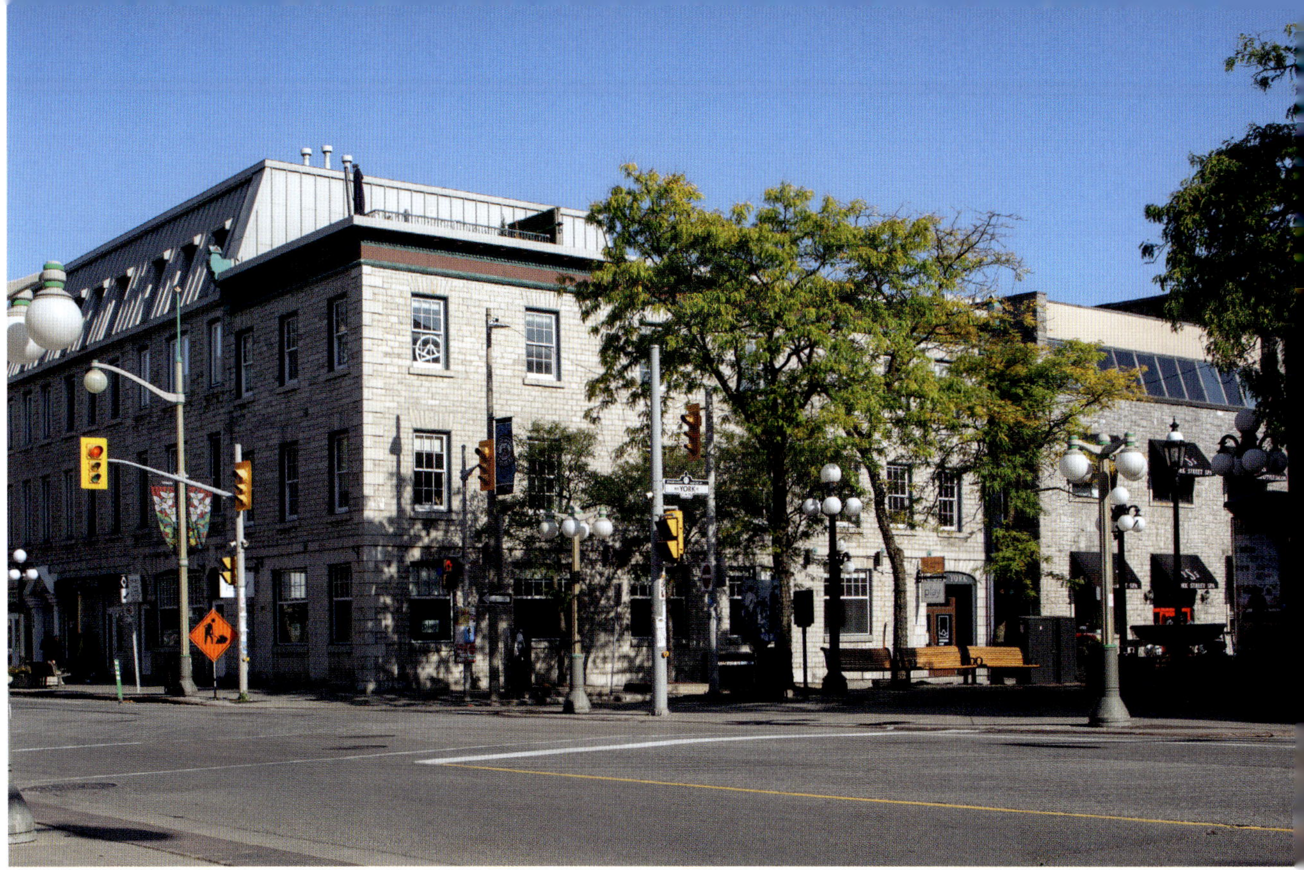

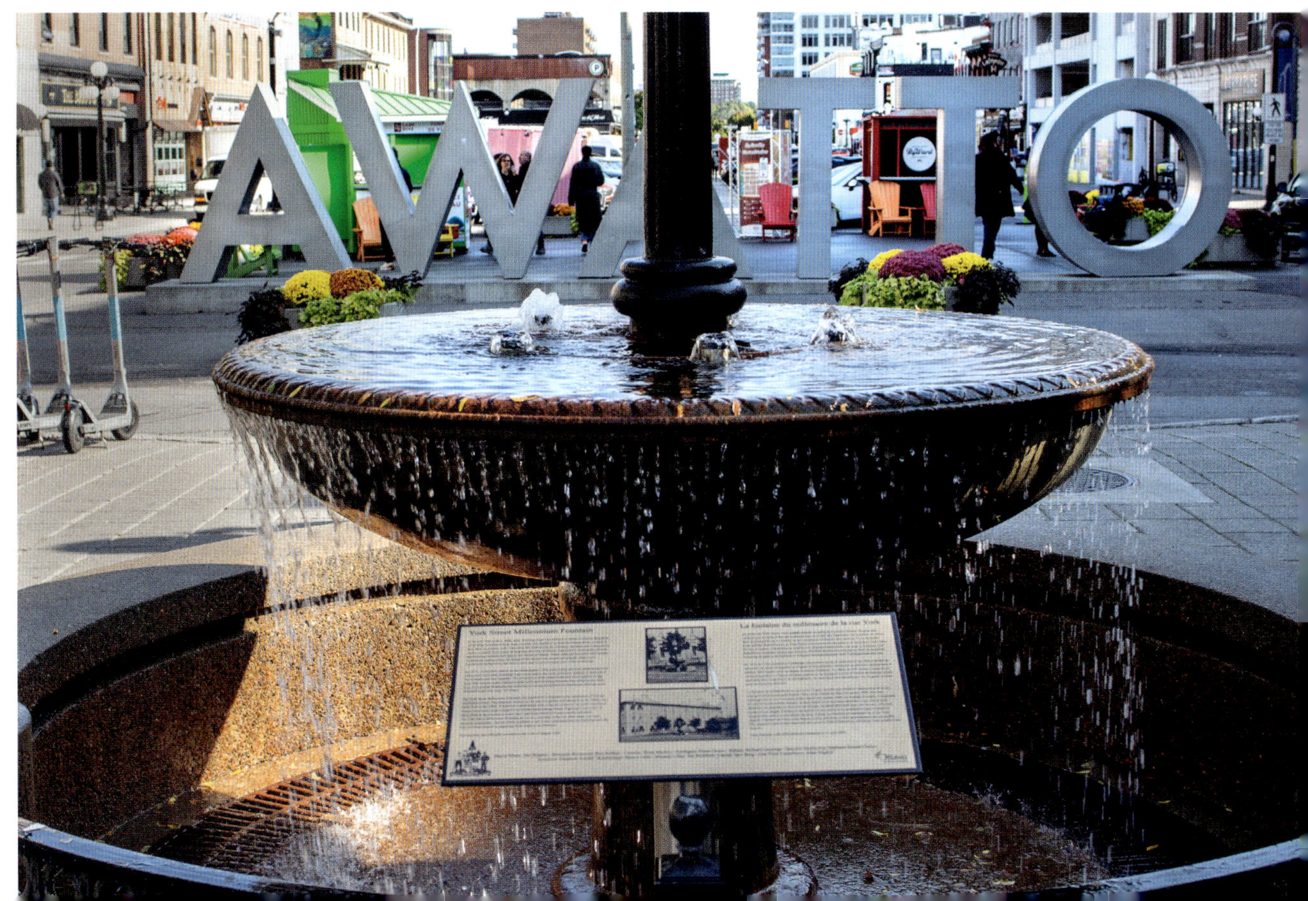

RIGHT: Just behind the York Street Millennium Fountain is the popular "OTTAWA" sign, placed in the York Street Plaza by the City of Ottawa and the ByWard Market business association in 2018. A favourite place for taking photos, tourists and locals alike also have fun posing on the "AWATTO" side of the sign.

DROITE: Le panneau populaire « OTTAWA » derrière la Fontaine du millénaire de la rue York a été installé en 2018 dans la place de la rue York par la Ville d'Ottawa et l'association commerciale du marché By. C'est un site de photo souvenir très apprécié des touristes et des résidents locaux, qui s'amusent aussi à poser devant le verso du panneau, « AWATTO ».

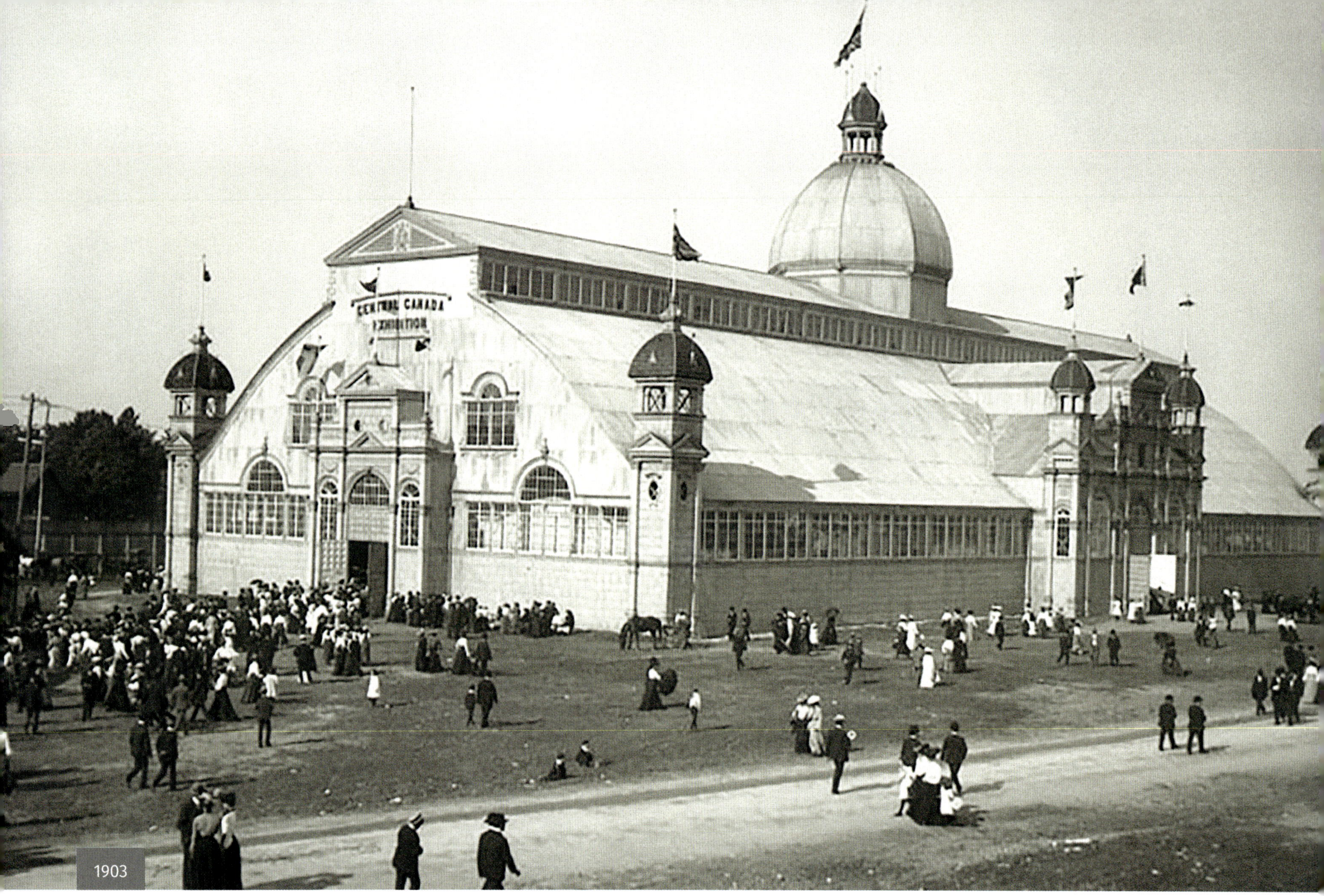

1903

ABERDEEN PAVILION

The oldest surviving fairground pavilion of its kind in North America

THEN: On September 20, 1898, a "splendid new building" on the city's fairgrounds, at Lansdowne Park, opened for the public to enjoy. Designed by local architect Moses Chamberlain Edey, this grand hall was part of an international movement to erect permanent exhibition structures, inspired by the remarkable Crystal Palace built in London for the Great Exhibition of 1851. Popular with locals from the start, the proudest moment for the city's venue came in 1904 when the Pavilion served as the skating rink on which the original Ottawa Senators hockey team won a Stanley Cup.

AUTREFOIS: Le 20 septembre 1898 un « nouvel édifice splendide » érigé sur le champ de foire municipal du parc Lansdowne a ouvert ses portes pour le plaisir du public. Conçu par l'architecte local Moses Chamberlain Edey, cet immense hall était inspiré par un mouvement international visant la construction de structures d'exposition permanentes à l'instar du remarquable Crystal Palace construit à Londres pour l'Exposition universelle de 1851. Apprécié par les habitants d'Ottawa dès le début, ce lieu a connu son plus grand moment de fierté en 1904 lorsque le pavillon a servi de patinoire sur laquelle l'équipe de hockey Ottawa Senators originale a gagné la coupe Stanley.

BELOW: On opening day, "rousing cheers" greeted Governor General Lord Byron Aberdeen—Queen Victoria's representative in Canada—who attended the ceremony with his wife (also pictured), and learned the building would be named after him.

CI-DESSOUS: Le jour de l'inauguration, des « acclamations enthousiastes » accueillaient le gouverneur lord Byron Aberdeen, le représentant au Canada de la reine Victoria, qui assistait à la cérémonie avec son épouse et a appris que l'édifice devait porter son nom.

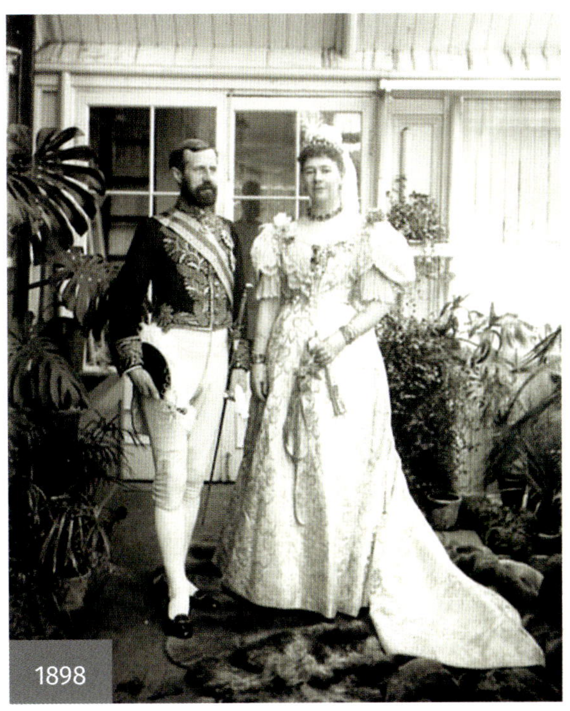

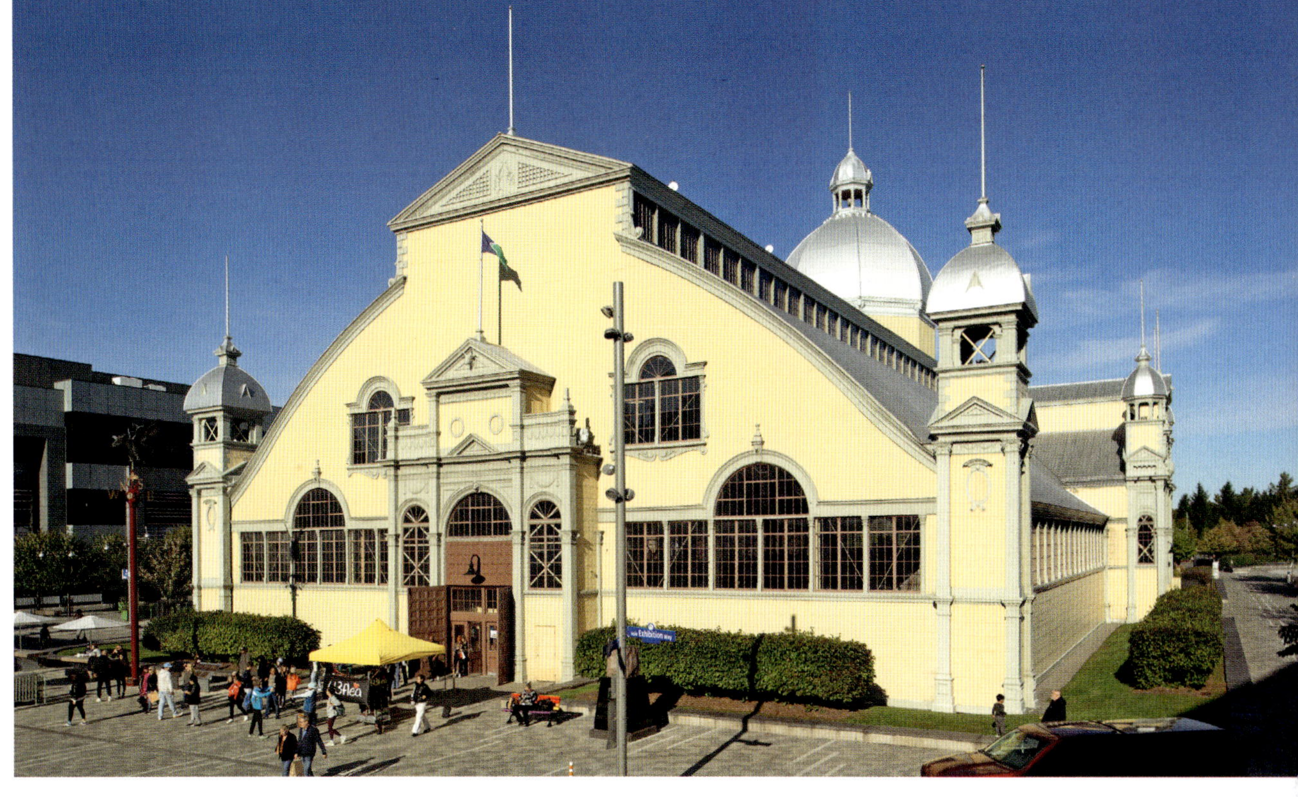

NOW: By the late 1980s, having fallen into neglect and significant disrepair, the Aberdeen Pavilion was condemned and scheduled for demolition. Through public outcry and the dedicated efforts of local preservationists—including a "Hands Around the Aberdeen" demonstration in 1991—the building was saved; and, in 1994, the architecture firm Julian Smith & Associates restored the hall thanks to funding provided by several levels of government.

Today, in keeping with its historic roots, the Aberdeen Pavilion is once again a hub for exhibits and public gatherings, and provides a venue for artisans and local farmers to sell their goods year-round. Visitors should pay attention to the building's entertaining historic details, including a steer-head gargoyle guarding the front door.

AUJOURD'HUI: Vers la fin des années 1980, négligé et sérieusement délabré, le pavillon Aberdeen a été condamné et destiné à la démolition. Le tollé général et les efforts dévoués de préservationnaistes locaux, y compris la manifestation « Hands Around the Aberdeen » en 1991, ont permis de sauver l'édifice. Par ailleurs, en 1994 le cabinet d'architectes Julian Smith & Associates a réussi à restaurer le pavillon grâce au financement accordé par plusieurs ordres de gouvernement.

Aujourd'hui, fidèle à ses racines historiques, le pavillon Aberdeen sert de nouveau de centre d'exposition et de rassemblement publics et offre aux artisans et aux cultivateurs locaux un lieu pour vendre leurs produits toute l'année. Les visiteurs sont invités à découvrir les détails historiques divertissants, y compris la gargouille sous forme de tête de bœuf qui surveille la porte d'entrée.

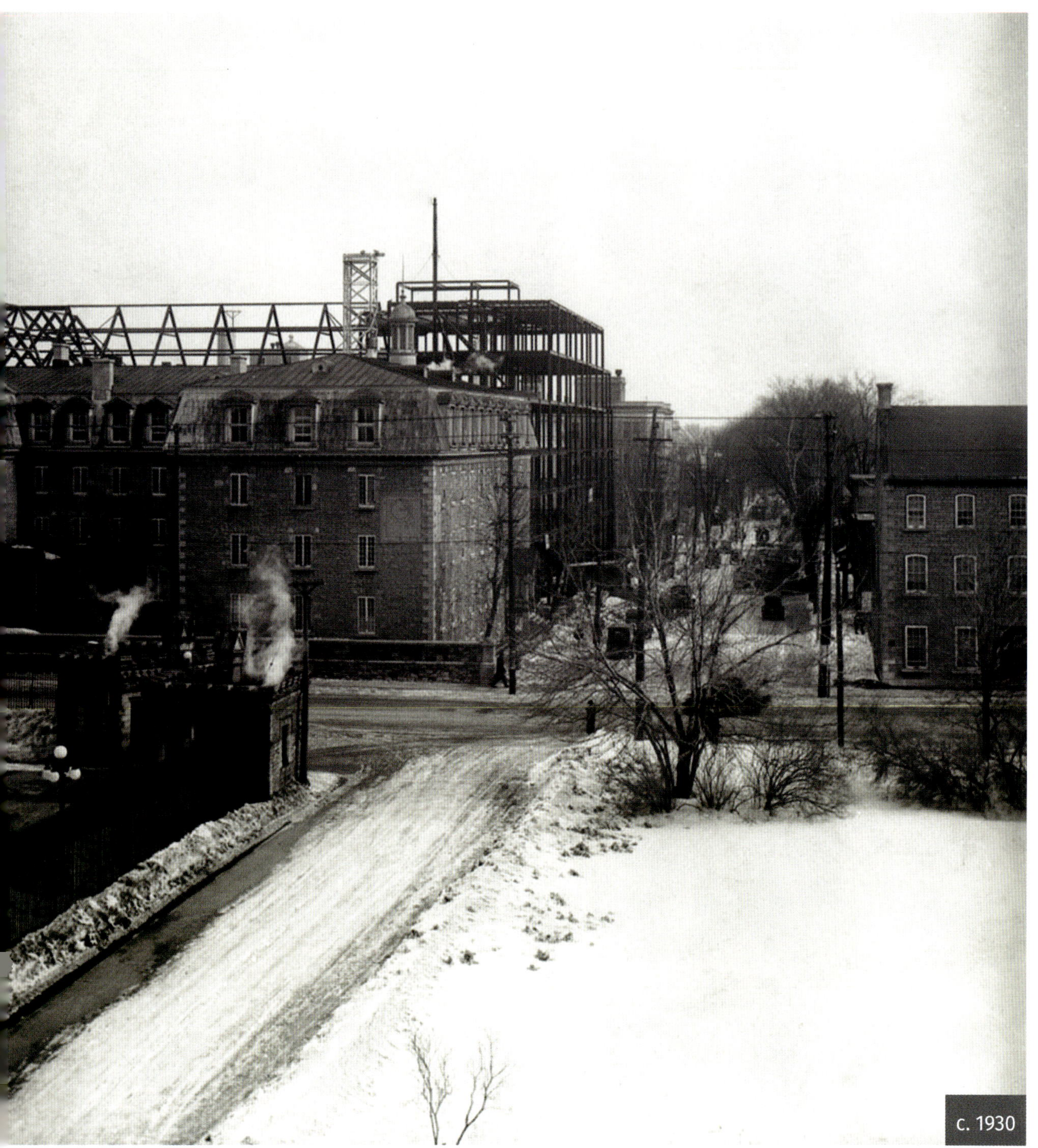
c. 1930

THE MOTHER HOUSE OF THE SISTERS OF CHARITY OF OTTAWA

Historic convent with an over 170-year-old public timepiece

THEN: One of Ottawa's oldest structures, the distinctive, four-storey, limestone building at the corner of Sussex and Bruyère Street remarkably continues in its original function as a convent. In 1845, Sister Élisabeth Bruyère arrived from Montréal to help care for the city's poor and sick—and also, being a teacher, to provide education. Construction of what became known as the "Grey Nuns Mother House," for Bruyère and those who accompanied her, began shortly after.

Serving as an infirmary, orphanage, and convent, the building was completed in stages between 1849 and 1937 under several architects, with its final stage being an Art Deco-influenced fourth storey added during the 1930s. The most notable feature was installed in 1851, a sundial designed and painted by priest Jean-François Allard.

AUTREFOIS: L'une des structures les plus anciennes d'Ottawa, l'édifice distinctif à quatre étages en pierre calcaire situé à l'angle de la promenade Sussex et la rue Bruyère, continue à remplir, étonnamment, sa fonction originale de couvent. En 1845, la sœur Élisabeth Bruyère est arrivée de Montréal pour aider à soigner les pauvres et les malades de la ville — et aussi pour enseigner, comme elle était enseignante. Peu après commençait la construction de ce qui serait connue plus tard sous le nom de la « Maison mère des Sœurs Grises » pour la sœur Bruyère et celles qui l'ont accompagnée.

Abritant une infirmerie, un orphelinat et un couvent, l'édifice a été achevé par étapes entre 1849 et 1937, sous la direction de plusieurs architectes ; l'étape final, le quatrième étage influencé par l'Art déco, a été ajouté au cours des années 1930. L'élément le plus remarquable, un cadran solaire conçu et peint par le prêtre Jean-François Allard, a été installé en 1851.

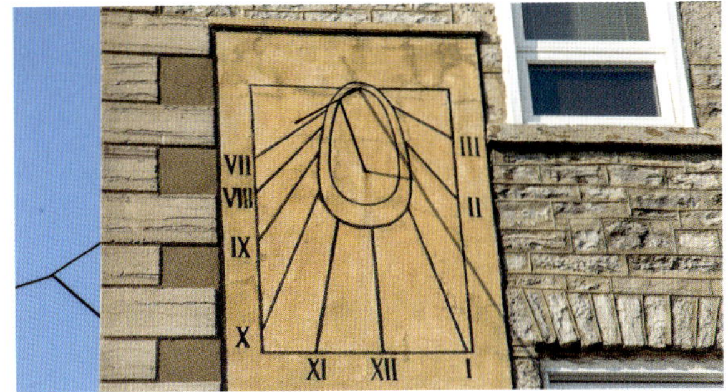

ABOVE: The sundial created by priest Jean-François Allard is the oldest surviving historical corner sundial in North America.

AU-DESSUS: Le cadran solaire créé par le prêtre Jean-François Allard constitue le plus ancien cadran solaire d'angle historique qui existe encore en Amérique du Nord.

NOW: Serving as it has from the beginning, as a centre for women wishing to lead spiritually-focused lives, the Mother House of the Sisters of Charity of Ottawa was designated a heritage property, in 1980. By supporting local and international efforts on education, health care, and pastoral ministry, the Sisters of Charity (also known as Grey Nuns of the Cross) continue to follow Sister Bruyère's counsel encouraging them to act with patience and charity.

In 1995 a small exhibit in the Mother House opened to the public, showcasing historical artifacts from the building's history. One such "artifact" has been continuously displayed for over 170 years—the building's exterior sundial, which offers passersby a no-longer-conventional way to tell the time of day.

AUJOURD'HUI: Servant dès l'origine de centre pour des femmes désireuses de mener une vie focalisée sur la spiritualité, la Maison mère des Sœurs de la Charité d'Ottawa a été désignée lieu patrimonial en 1980. En soutenant des efforts locaux et internationaux consacrés à l'éducation, aux soins de santé et au ministère pastoral, les Sœurs de la Charité (connues aussi sous le nom de Sœurs Grises de la Croix) continuent à suivre les conseils de la sœur Bruyère, qui les encouragent à agir avec patience et charité.

En 1995, une petite exposition dans la Maison mère a été inaugurée pour mettre en valeur les artefacts historiques de l'édifice. L'un des artefacts est exposé sans interruption depuis plus de 170 ans : un cadran solaire à l'extérieur de l'édifice. Il offre aux passants un moyen aujourd'hui insolite de dire l'heure.

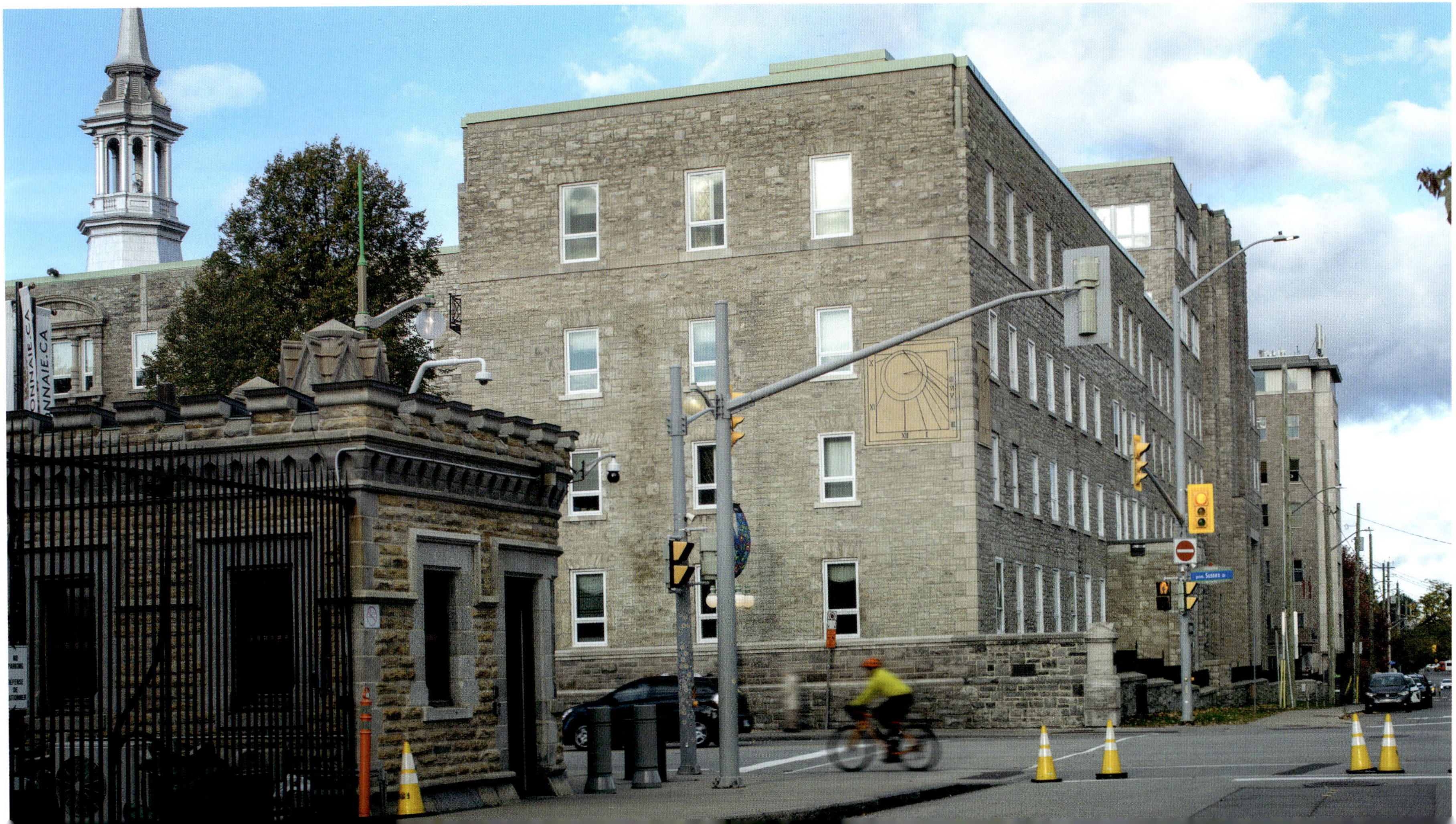

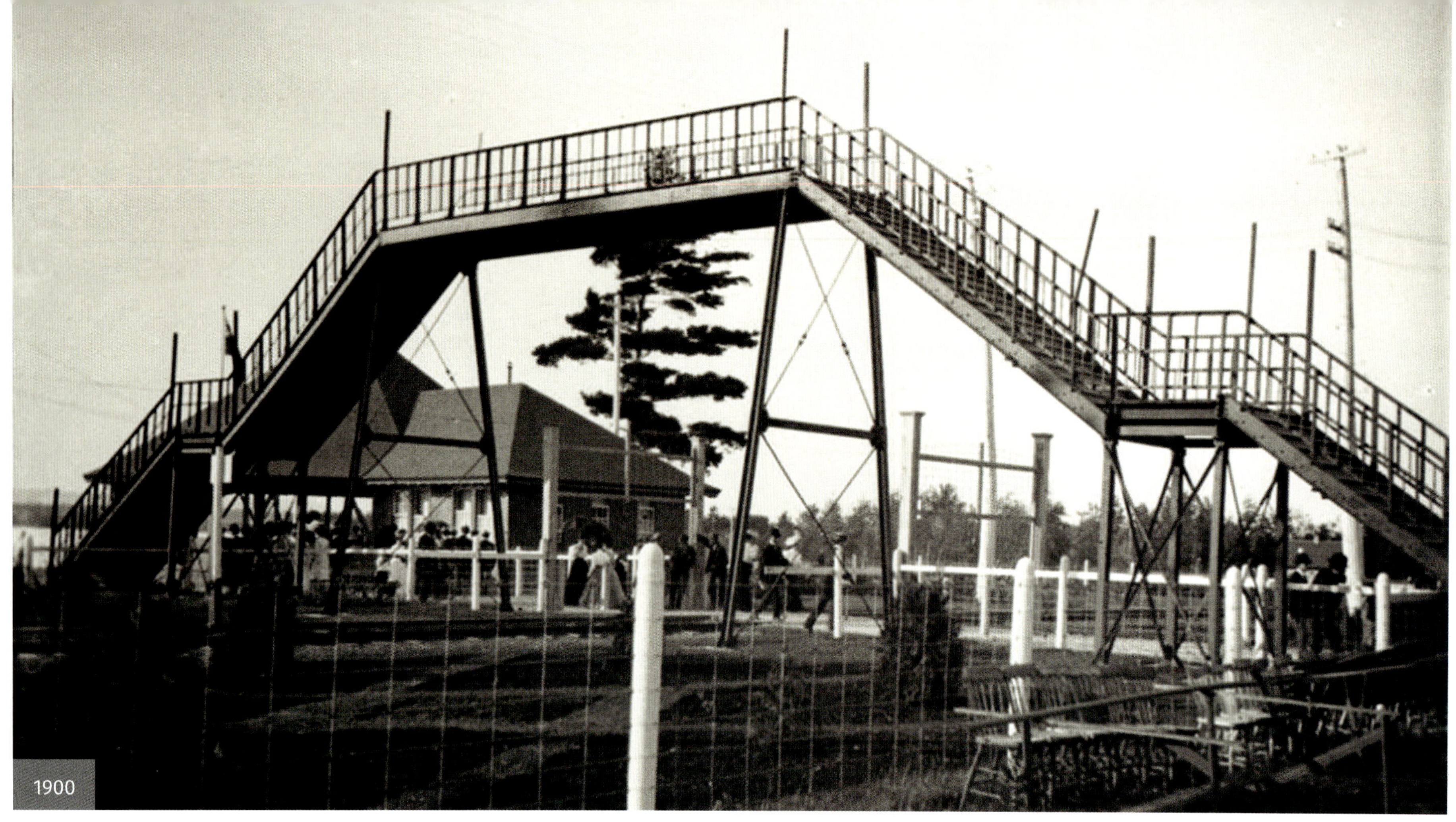

1900

BRITANNIA PARK & BRITANNIA BEACH

An electric streetcar company builds a destination park

THEN: During the 1800s streetcar companies created "trolley parks" to increase weekend use. These highly successful locales often hosted public events such as dances, concerts, and firework displays—and sometimes even amusement park rides. After streetcars began operating in Ottawa, in 1891, the Ottawa Electric Railway Company bought seven hectares (eighteen acres) of land, in the community of Britannia Village, to build a park of their own.

The park's amusements included a beach on Lac Deschênes and a large, brightly lit pier for concerts. A custom-built footbridge permitted visitors to cross safely over the Canadian Pacific Railway tracks as they made their way from the Britannia-on-the-Bay station trolley stop into the park. Excited reporters given a sneak peak of the trip before the park's official opening, in May 1900, noted that from the heart of downtown the ride took only twenty-eight minutes.

AUTREFOIS: Au cours des années 1800, les compagnies de tramways créaient des « parcs de trolleybus » pour en augmenter l'usage pendant les fins de semaines. Ces endroits extrêmement populaires présentaient souvent des événements publics tels que des bals, des concerts, des feux d'artifice, même des manèges de parc d'attractions de temps en temps. Après la mise en service de tramways à Ottawa en 1891, l'Ottawa Electric Railway Company a acheté 7 hectares (18 acres) de terrain dans la communauté de Britannia Village pour construire son propre parc.

Parmi les attractions du parc figuraient une plage au bord du lac Deschênes et une grande jetée bien éclairée pour des concerts. Une passerelle spécialement conçue permettait aux visiteurs de traverser en toute sécurité les voies du chemin de fer Canadien Pacifique pour se rendre au parc depuis l'arrêt de trolleybus à la station Britannia-on-the-Bay. Des journalistes enthousiasmés qui ont bénéficié d'un aperçu anticipé du voyage avant l'ouverture officielle du parc en mai 1900 ont remarqué qu'il n'avait pris que 28 minutes depuis le cœur du centre-ville.

BELOW: Elegant promenaders on the Britannia Beach pier.

CI-DESSOUS: Des flâneurs élégants sur le quai de la plage Britannia.

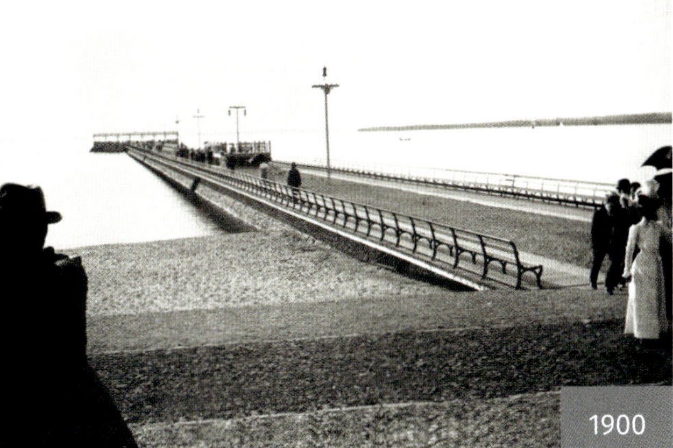

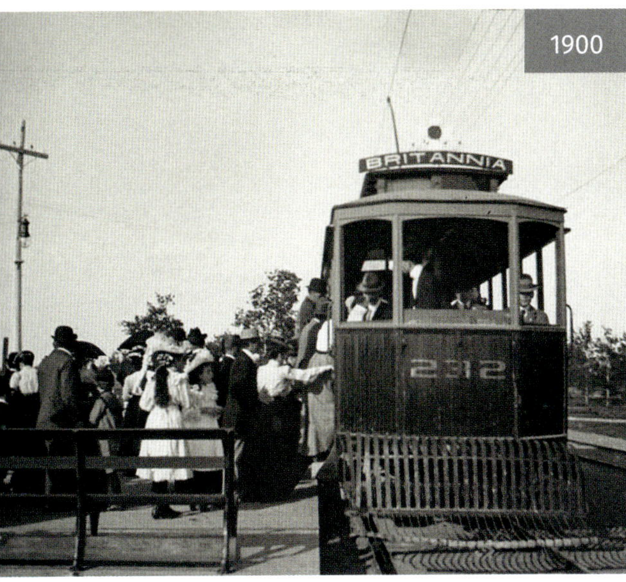

ABOVE: The boarding of an Ottawa Electric Railway Company streetcar at Britannia Park.

AU-DESSUS: L'embarquement au parc Britannia d'un tramway de l'Ottawa Electric Railway Company.

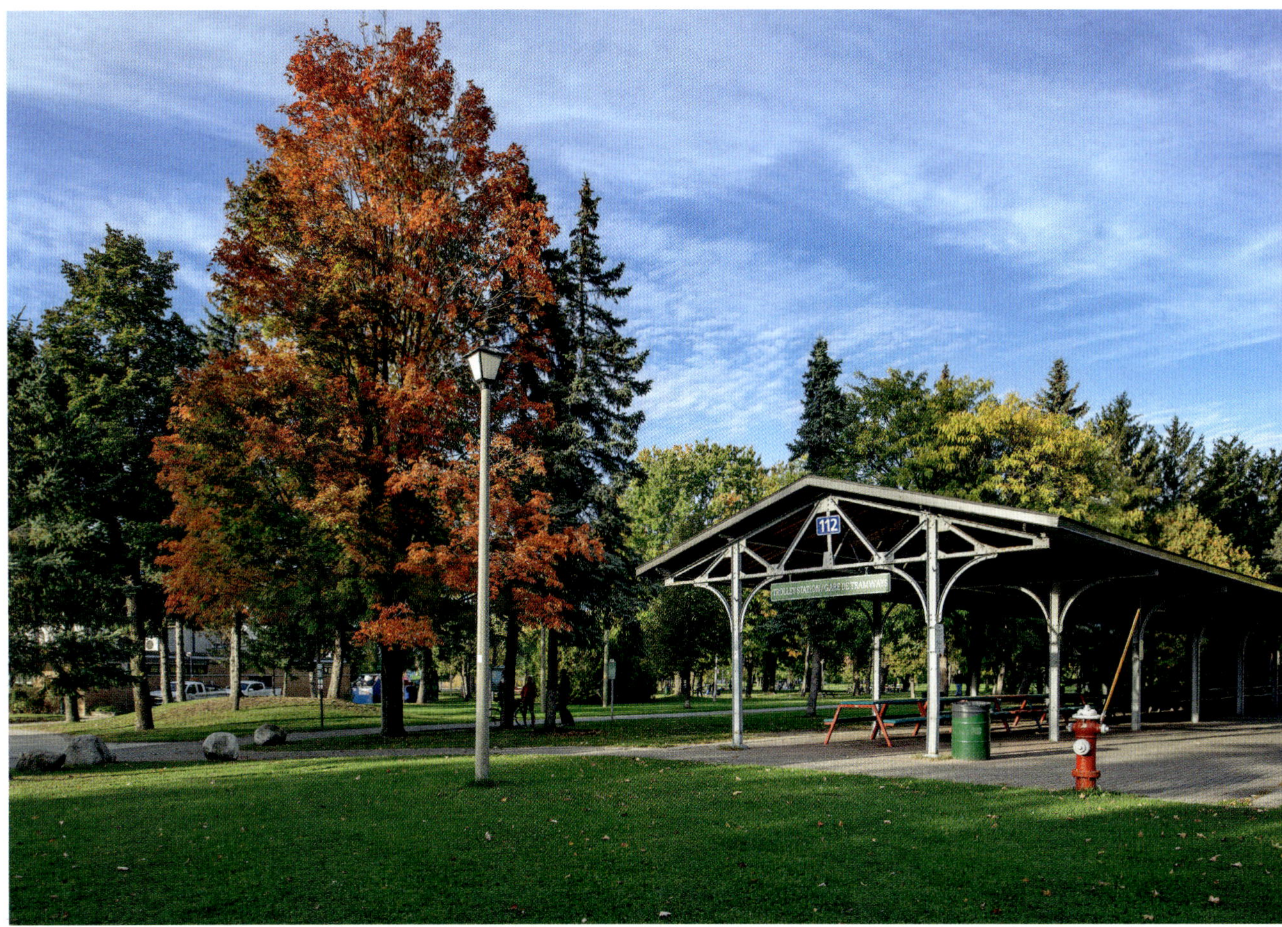

NOW: Although electric streetcar operations in Ottawa ceased in 1959, Britannia Park—today located well within the city limits—remains a beloved destination, and the original trolley park's feel of tranquil escapism persists. The long-standing pavilion, which was rebuilt after a fire in 1958, and operates under its new name of "The Ron Kolbus-Lakeside Centre," continues to offer entertainments such as dancing and big band orchestras. Fronting Lac Deschênes (a wide stretch in the Ottawa River) is the park's sandy beach—one of four such beaches in Ottawa—which remains a summertime highlight where northern beachgoers are able to relax in the sun.

AUJOURD'HUI: L'exploitation de tramways électriques à Ottawa a cessé en 1959, mais le parc Britannia — situé aujourd'hui à l'intérieur des limites de la ville — reste une destination appréciée, et la sensation d'évasion tranquille au parc de trolleybus original persiste. Le pavillon ancien, reconstruit après un incendie en 1958 et exploité sous le nouvel nom de « Centre Ron-Kolbus Lakeside », continue d'offrir des divertissements comme des bals et des orchestres big band. Face au lac Deschênes, là où la rivière des Outaouais s'élargit, se trouve la plage de sable du parc, l'une de quatre plages semblables à Ottawa, qui reste le lieu incontournable de l'été, où les visiteurs de cette plage du nord peuvent se détendre au soleil.

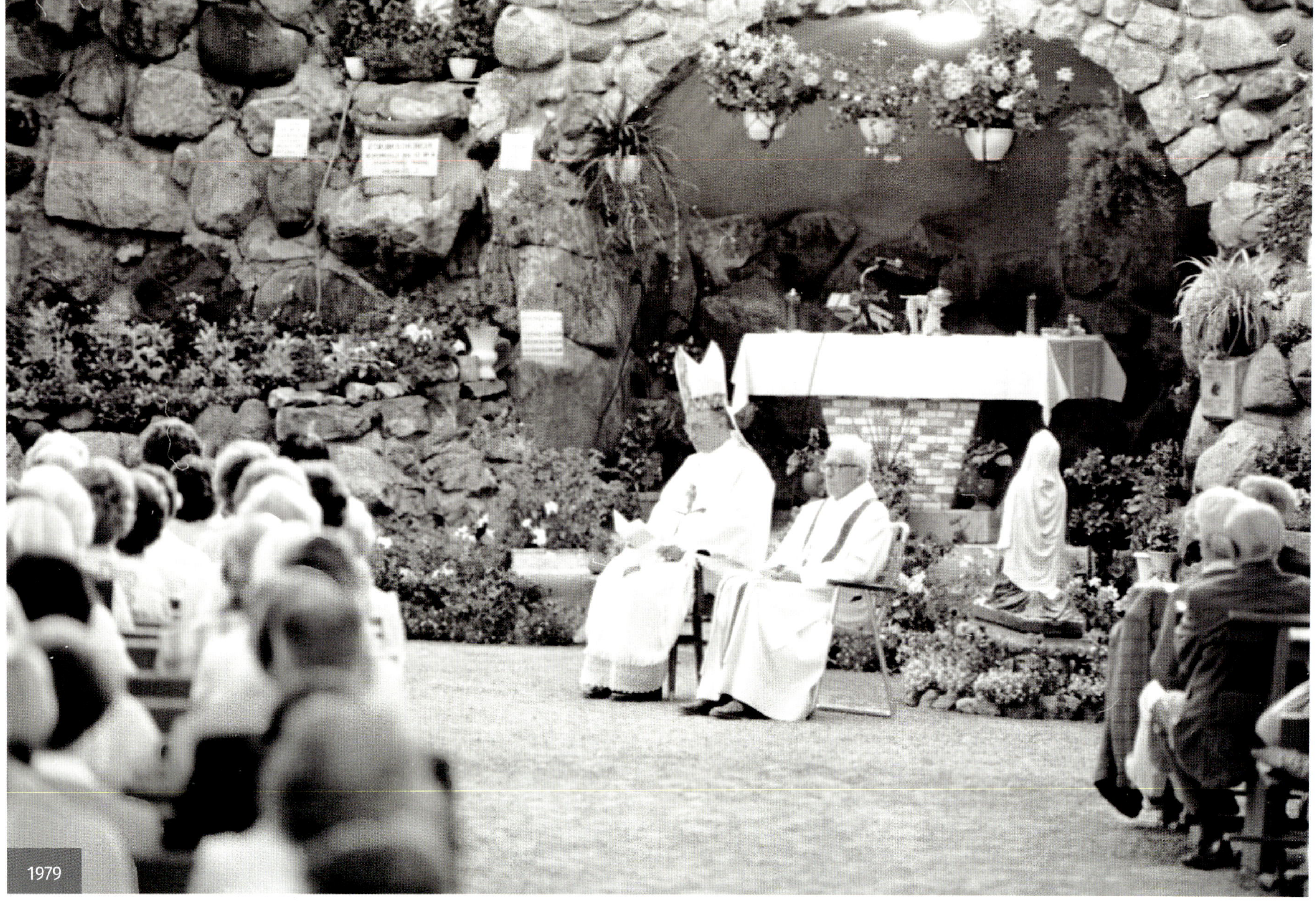

1979

NOTRE-DAME-DE-LOURDES GROTTO

Century-old pilgrimage site in the heart of a traditionally French-Canadian neighbourhood

THEN: "Lourdes grottos" are replicas of the place in France where the Virgin Mary was reported to have appeared and can be found worldwide. The one in Ottawa was reconstructed by Montfortian priests serving the parish of Notre-Dame-de-Lourdes, in the village of Vanier (formerly Eastview) when the communities of Janeville, Clarkstown and Clandeboye had combined.

Originally constructed in the 1870s, this shrine to the Virgin Mary once stood near the church in the village of Cyrville, in Ottawa's east end, which was a community of French Catholic settlers. In 1887, the Archbishop of Ottawa decided to transfer control of the Cyrville parish to the priests in, what was then, Janeville. Later, the grotto itself was relocated to Janeville, and blessed on September 18, 1910.

The grotto at the heart of this once francophone community quickly became, and remains, a popular place for religious tourism. On July 19, 1979, a special mass (above) was held to mark the 125th anniversary of the parish in Vanier.

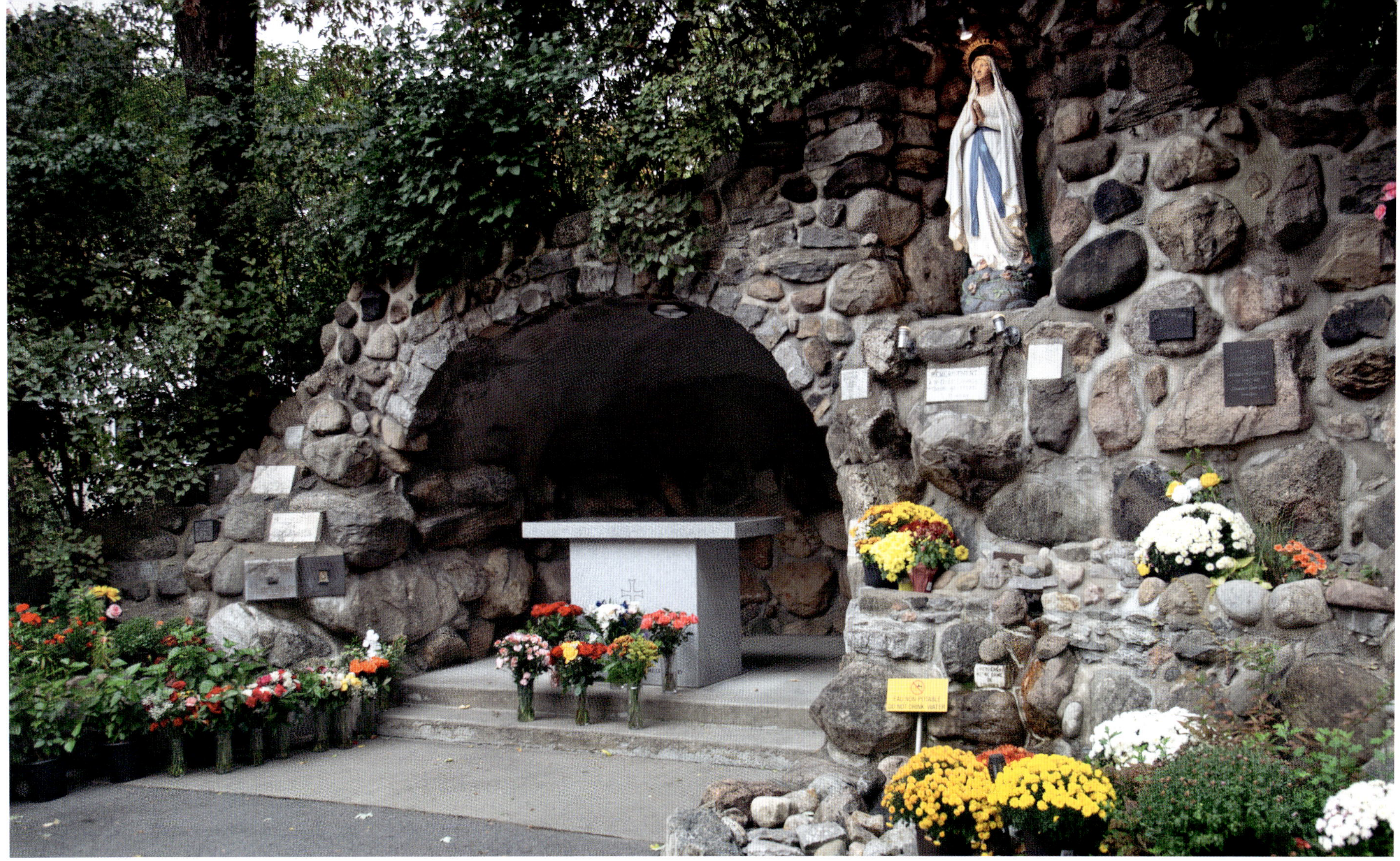

AUTREFOIS: Les « grottes de Lourdes » sont des reproductions à travers le monde de l'endroit en France où la Vierge se serait manifestée. Celle d'Ottawa a été reconstruite par des prêtres Montfortains desservant la paroisse de Notre-Dame-de-Lourdes dans le village de Vanier (anciennement Eastview) lorsque les communautés de Janeville, Clarkstown et Clandeboye se sont fusionnées.

Construite à l'origine au cours des années 1870, ce lieu saint dédié à la Vierge se dressait autrefois du côté est d'Ottawa près de l'église du village de Cyrville, une communauté de colons catholiques français. En 1887, l'archevêque d'Ottawa a décidé de transférer le contrôle de la paroisse de Cyrville aux prêtres habitant ce qui était à l'époque Janeville. Plus tard, la grotte a été transférée à Janeville et bénie le 18 septembre 1910.

NOW: In 2010, to mark the grotto's 100th anniversary, a special commemorative panel was erected at the site, asking Mary to reign in the homes of the faithful. During the summer months, Our Lady of Lourdes Church continues to hold outdoor masses at the grotto. Considered one of the most tranquil spots in all of Ottawa, the site retains a strong attraction for religious devotees. In 2024, a crowd of nearly 1,200 gathered on August 15 to commemorate the day the faithful associate with Mary's departure from life and assumption into heaven.

AUJOURD'HUI: En 2010, pour fêter le 100e anniversaire de la grotte, un panneau commémoratif spécial a été érigé sur le site pour demander à Marie de régner dans les maisons des fidèles. Pendant les mois d'été, l'église Notre-Dame-de-Lourdes continue à célébrer des messes en plein air à la grotte. Considéré l'un des lieux les plus tranquilles d'Ottawa, le site continue d'attirer beaucoup de croyants. En 2024, une foule de près de 1 200 personnes s'est réunie le 15 août pour commémorer le jour que les fidèles associent au décès et à l'assomption au ciel de Marie.

MINTO BRIDGE

Ottawa's most picturesque bridge restored to its former glory

THEN: Comprised of three separate bridges (the Minto Bridge East, Minto Bridge Centre, and Minto Bridge West) that meander in a manner similar to the effect of a skipped stone over the Rideau River, the Minto Bridge connects Union Street with Green Island and Maple Island. Constructed between 1900 and 1902, and named after Canada's eighth Governor General, the Earl of Minto, the bridge system was part of Prime Minister Sir Wilfrid Laurier's plan to beautify Ottawa into a Washington D.C. "of the North."

With graceful, decorative railings, and distinctive steel trusses supported by stone, the bridge is part of the ceremonial route of the Governor General from the official residence at Rideau Hall to Parliament Hill. When the Earl of Minto completed his tenure as Governor General, his departure route included passage over the bridge bearing his name, which the Ottawa Improvement Commission had decorated for the occasion.

AUTREFOIS: Composé de trois ponts distincts (le pont Minto est, le pont Minto centre et le pont Minto ouest) qui serpentent comme les ricochets d'un caillou jeté sur la rivière Rideau, le pont Minto relie la rue Union aux îles Green et Maple. Construit entre 1900 et 1902 et portant le nom du 8e gouverneur général du Canada, le compte de Minto, le système des ponts faisait partie intégrante du projet du premier ministre Wilfrid Laurier d'embellir la ville d'Ottawa pour en faire une Washington, D.C. « du Nord ».

Muni de balustrades décoratives gracieuses et de treillis en acier distinctifs soutenus par des pierres, le pont fait partie de la route cérémoniale du gouverneur général depuis la résidence officielle Rideau Hall jusqu'à la Colline du Parlement. À la fin du mandat du compte de Minto en tant que gouverneur général, la route de son départ comprenait la traversée du pont portant son nom que la Commission d'embellissement d'Ottawa avait décoré pour l'occasion.

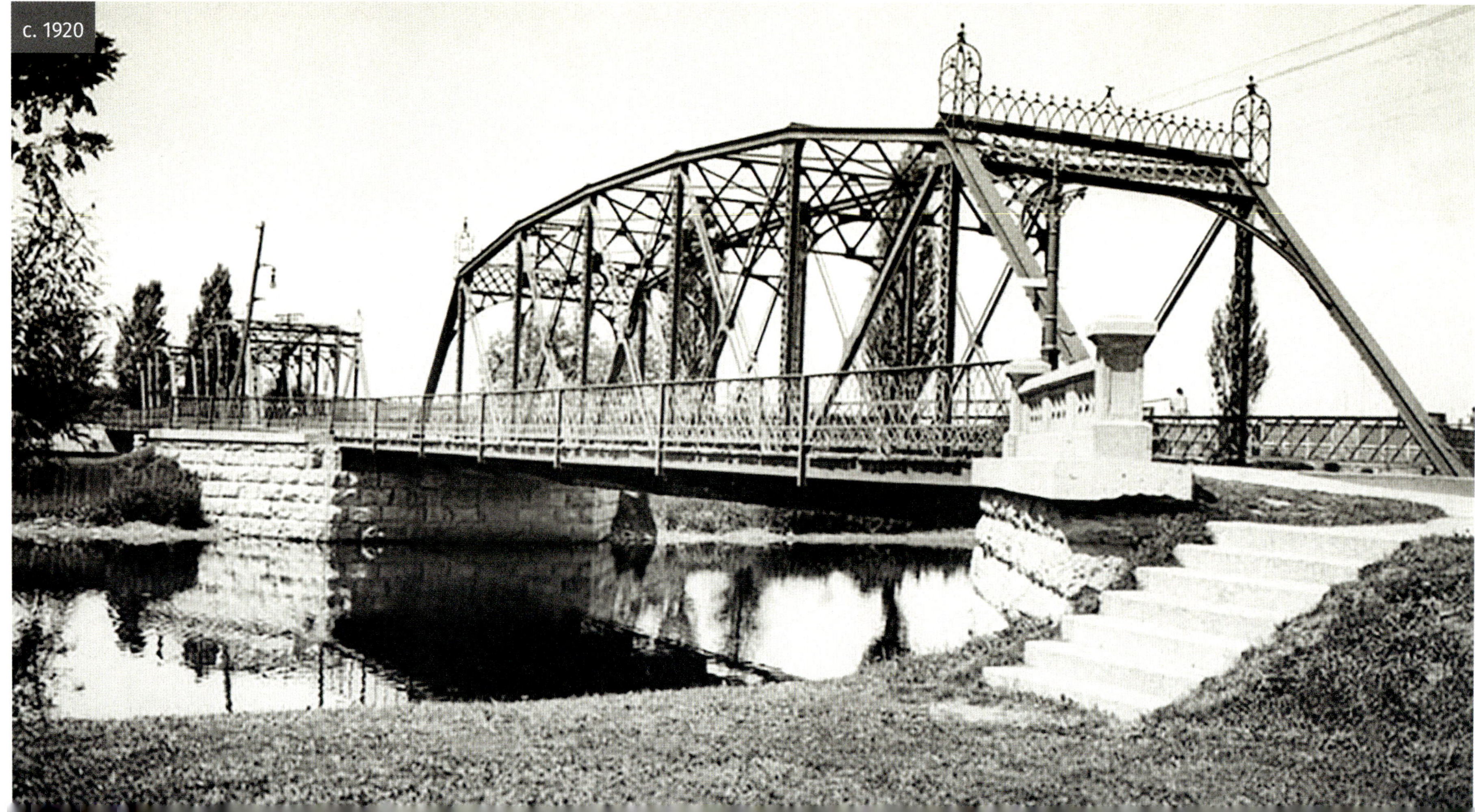
c. 1920

NOW: By 2013, due to extensive deterioration of the Minto Bridge's structural steel floor, it was closed to vehicular traffic. Restoration work began in 2015 with the objective of rehabilitating, extending the service life, and re-opening the three connected bridges to traffic, all while preserving historical and character-defining features, such as the timber plank sidewalks.

Much as it did 100 years ago, the delicate, white lace-like appearance of the bridges over the Rideau River continue to evoke admiration. Their restored beauty has inspired at least one musical tribute: Maurice J. Momy's 2014 "Prelude (summer by the Minto bridges) in B minor, op. 11, no. 3: for piano."

AUJOURD'HUI: Vers 2013, à cause de la détérioration significative du sol en acier structurel du pont Minto, il a été fermé aux véhicules. Le but des travaux de restauration entamés en 2015 était de réhabiliter les trois ponts reliés, prolonger leur vie utile et les rouvrir aux véhicules tout en conservant les éléments historiques, qui définissent leur caractère, tels que les trottoirs de planches en bois d'œuvre.

Tout comme il y a 100 ans, l'apparence de dentelle blanche délicate des ponts qui enjambent la rivière Rideau continue à susciter de l'admiration. Leur beauté restaurée a inspiré au moins un hommage musical : *Prelude (summer by the Minto bridges) in B minor, op. 11, no. 3 for piano* de Maurice J. Momy, 2014.

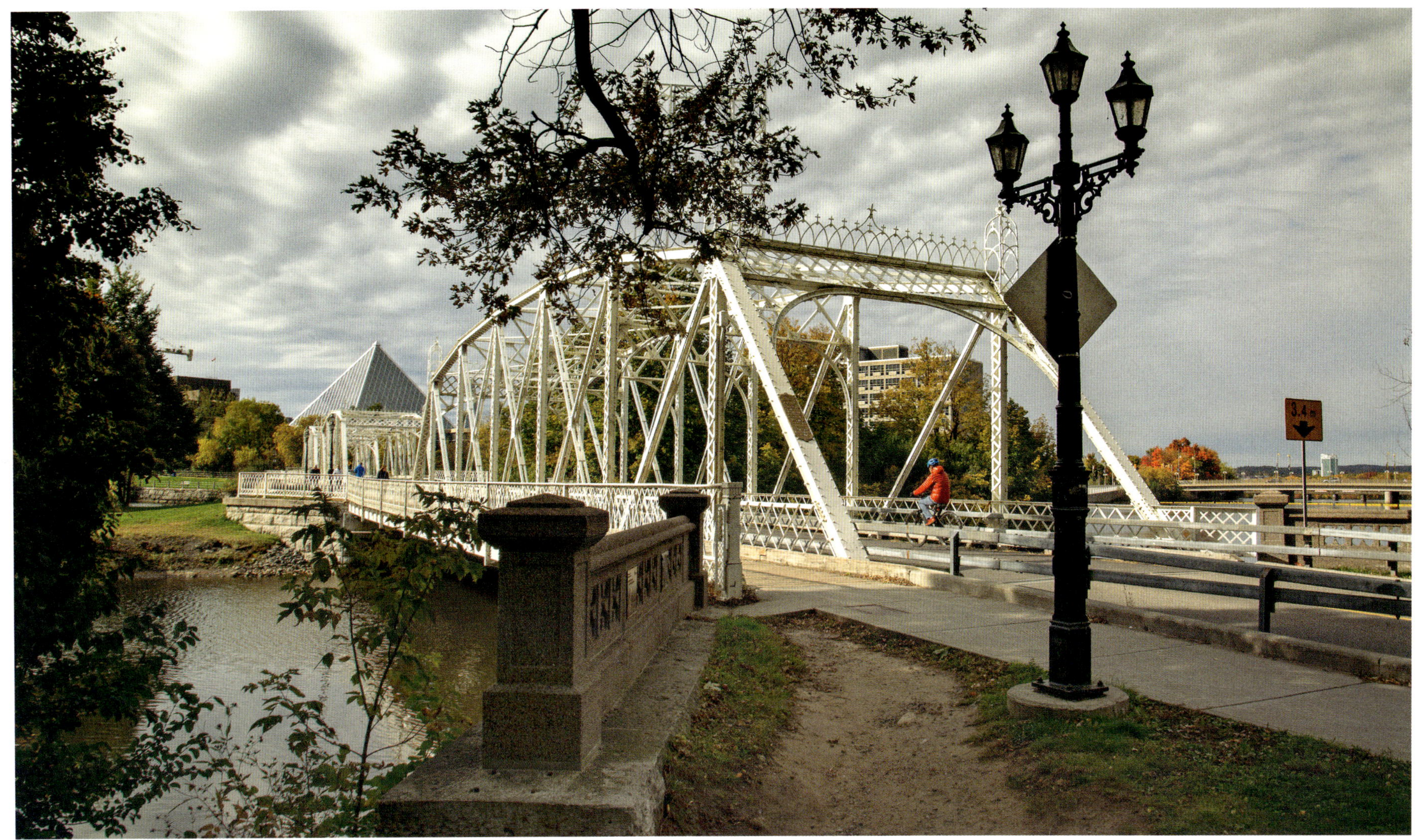

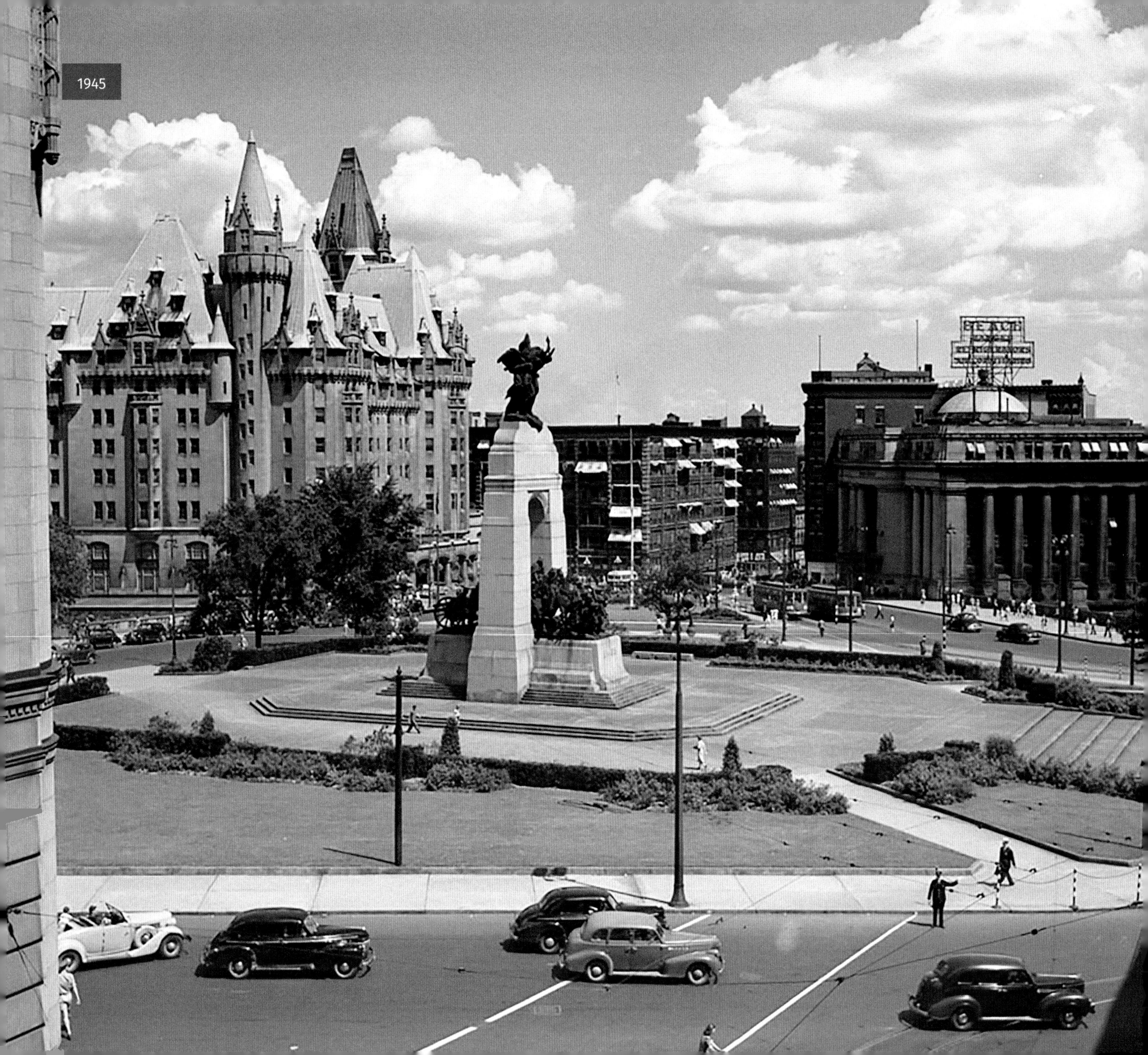
1945

CONFEDERATION SQUARE

A place for celebrations—from visits by monarchs to hockey's greatest prize

THEN: Canadian Prime Minister William Lyon Mackenzie King's plan for beautifying downtown Ottawa included the creation of a ceremonial square near Parliament. In 1928, the nearby Russell House hotel was destroyed by a fire, creating an ideal location for King's vision to become reality—a plan ultimately carried out through the expropriation and demolition of other buildings in the area, such as the 1876-built Post Office.

By October 1938, with the addition of what would be the National War Memorial at its centre, the location was mostly complete. When King George VI formally unveiled the War Memorial—in May 1939, during his tour of Canada and the United States to shore up North American support in the event of war against Germany—the roughly triangular square was dubbed Confederation Square.

AUTREFOIS: Le projet du premier ministre canadien William Lyon Mackenzie King d'embellir le centre-ville d'Ottawa comprenait la création d'une place cérémoniale près du Parlement. En 1928, l'hôtel Russell House avoisinant a été détruit par un incendie, créant le site idéal où King pouvait réaliser sa vision — projet exécuté, en fin de compte, grâce à l'expropriation et à la destruction d'autres structures dans le quartier, comme le bureau de poste érigé en 1876.

Vers octobre 1938, après l'ajout au milieu du site du futur Monument commémoratif de guerre du Canada, l'emplacement était quasiment complet. Lorsque le roi Georges VI a formellement inauguré le Monument commémoratif de guerre en mai 1939 lors de sa visite au Canada et aux États-Unis pour gagner le soutien de l'Amérique du Nord en cas d'une guerre contre l'Allemagne, la place quasi triangulaire a été surnommée la Place de la Confédération.

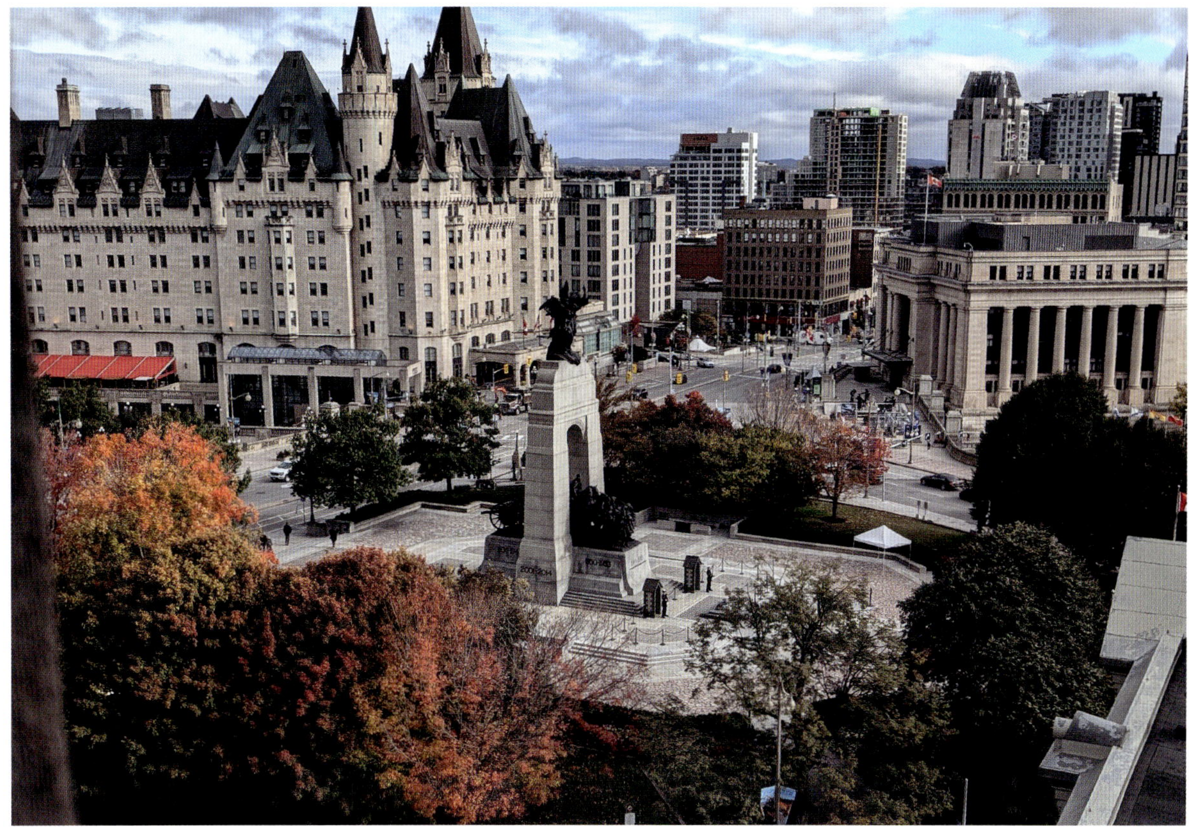

NOW: Owing to its status as the second-most important ceremonial site in the National Capital Region—after Parliament Hill—the Square was designated a national historic site in 1984.

Ceremonies celebrated at the Square included the unveiling, in 2017, of a sculpture representing Canada's best-known sports trophy: the Stanley Cup. Glistening year round near the intersection of Sparks and Elgin Streets, this public monument commemorates the 125th anniversary of Governor General Frederick Stanley's 1892 gift of a silver punch bowl—a trophy for Canada's best hockey team. The sculpture's location was chosen to commemorate the fact that Lord Stanley announced his gift to Canada during a dinner at the Russell House hotel, which once stood in what is now Confederation Square.

AUJOURD'HUI: En raison de son statut de deuxième site cérémonial le plus important dans la région de la capitale nationale — après la Colline du Parlement — la place a été désignée lieu historique national en 1984.

Parmi les cérémonies dont la place a témoigné figure l'inauguration en 2017 d'une sculpture représentant le trophée sportif le plus connu au Canada : la Coupe Stanley. Reluisant toute l'année près de l'intersection des rues Sparks et Elgin, ce monument public commémore le 125e anniversaire du cadeau du gouverneur-général Frederick Stanley en 1892 d'un bol à punch en argent — le trophée pour la meilleure équipe de hockey au Canada. L'emplacement de la sculpture a été choisi pour commémorer le fait que le lord Stanley a annoncé son cadeau au Canada pendant un dîner tenu à l'hôtel Russell House, qui se dressait autrefois sur le site actuel de la Place de la Confédération.

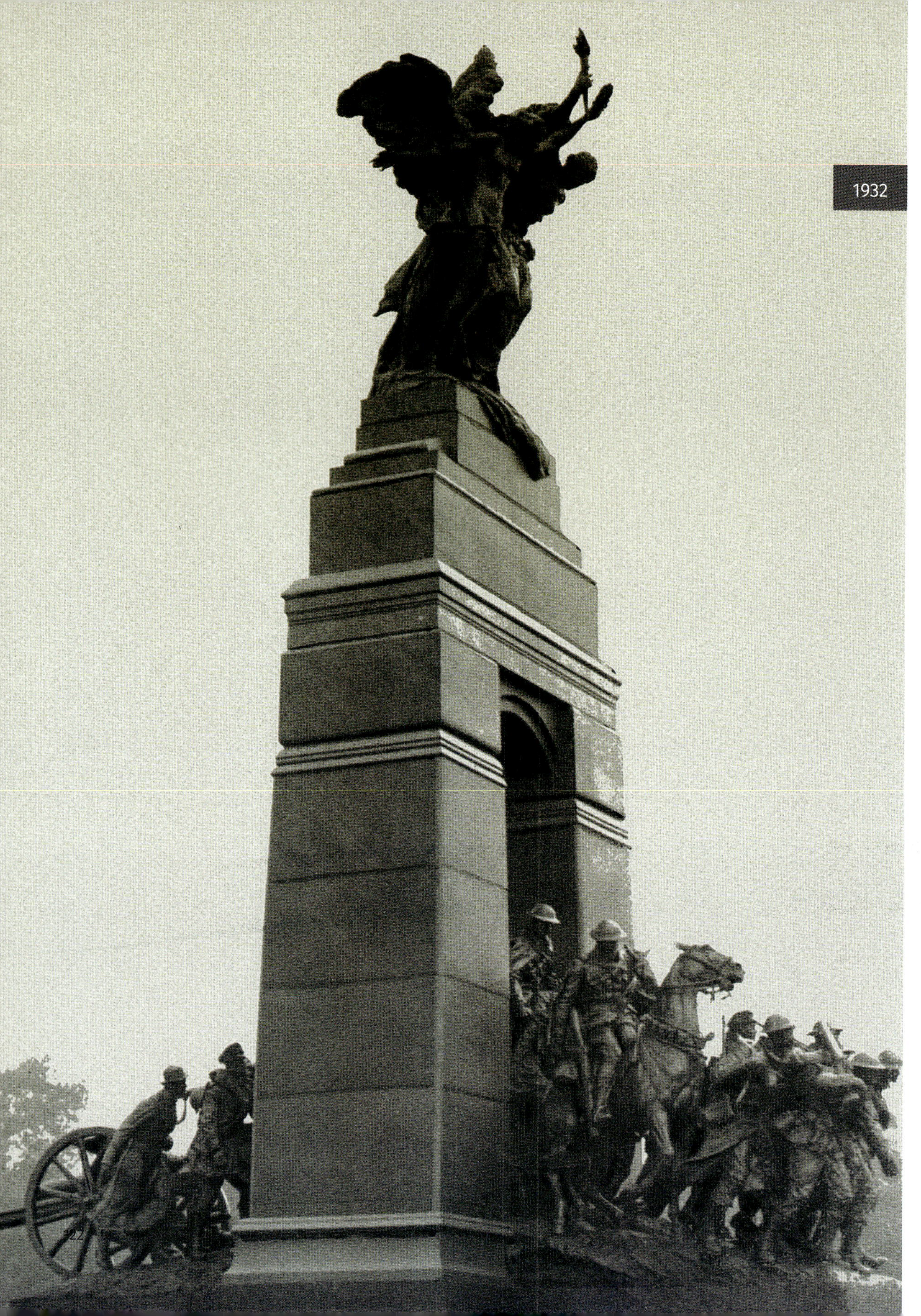

1932

NATIONAL WAR MEMORIAL

Memorial unveiled by a king becomes, also, a remembrance of the soldier killed guarding it.

THEN: On May 21, 1939, before a hushed crowd of 100,000, Britain's King George VI and Queen Elizabeth (the Queen Mother) unveiled Canada's National War Memorial, in Ottawa's Confederation Square. Depicting Canadian military and medical personnel serving during World War I, it's quite possible the King and Queen could have already seen the memorial's dramatic, full-sized bronze figures. They were on display in London's Hyde Park, during the early 1930s, while Confederation Square remained under construction.

AUTREFOIS: Le 21 mai 1939, le roi Georges VI et la reine Elizabeth de la Grande Bretagne ont dévoilé devant 100 000 spectateurs silencieux le Monument commémoratif de guerre du Canada installé dans la Place de la Confédération d'Ottawa. Il est fort possible que le roi et la reine aient déjà vu les spectaculaires figures en bronze de grandeur nature du monument commémoratif représentant le personnel militaire et médical canadien qui a servi pendant la Première Guerre mondiale, car elles étaient exposées au parc Hyde à Londres au début des années 1930 pendant la construction de la Place de la Confédération.

NOW: Through the efforts of the Royal Canadian Legion, Canada's Tomb of the Unknown Soldier was added to the memorial in 2000. Of the thousands of Canadian soldiers killed during World War I who have no identifiable grave, the remains of one soldier were selected from a cemetery near Vimy Ridge, in France (the site of a famous Canadian military victory). The unknown soldier arrived in Ottawa on May 25, 2000, and, after lying in state, was interred in the tomb on May 28.

Since 2007, sentries have been stationed as honour guards to the tomb. On October 22, 2014, shots rang out at the National War Memorial, wounding 24-year-old honour guard Corporal Nathan Cirillo. He did not survive.

On the 10th anniversary of Cirillo's murder, Canada's Minister of National Defence noted that no one could have imagined that the Tomb of the Unknown Soldier, "established to honour the Fallen," would later be "a place where one of Canada's service members would make the ultimate sacrifice while on duty."

AUJOURD'HUI: Grâce aux efforts de la Légion royale canadienne, la Tombe du Soldat inconnu du Canada a été ajoutée au monument commémoratif en 2000. Parmi les dépouilles mortelles de milliers de soldats canadiens tués pendant la Première Guerre mondiale sans tombe reconnaissable ont été sélectionnés les restes d'un soldat enterrés dans un cimetière près de la crête de Vimy en France (site d'une célèbre victoire militaire canadienne). Les restes du soldat inconnu, arrivés à Ottawa le 25 mai 2000, ont été exposés solennellement, puis mis en tombe le 28 mai.

Depuis 2007, des gardes d'honneur veillent sur la tombe. Le 22 octobre 2014 des coups de feu ont retenti au Monument commémoratif de guerre du Canada, blessant le garde d'honneur le caporal Nathan Cirillo. Âgé de 24 ans, il est mort des suites de ses blessures.

Au 10e anniversaire du meurtre de Cirillo, le ministre de la Défense nationale a remarqué que personne n'aurait imaginé que la Tombe du Soldat inconnu, créée « pour rendre hommage à nos soldats disparus », deviendrait plus tard un lieu où « un militaire canadien ferait le sacrifice ultime dans l'exercice de ses fonctions ».

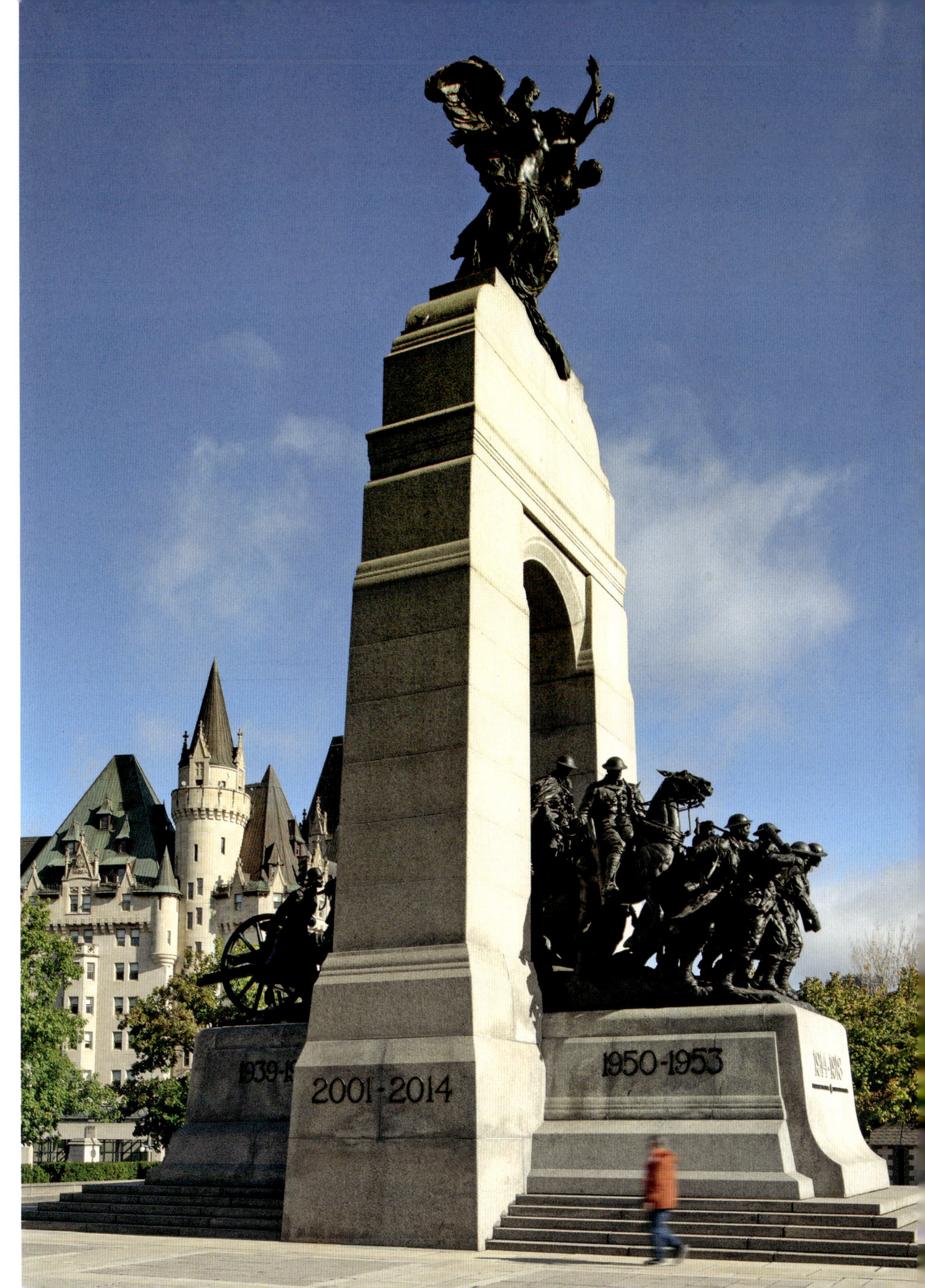

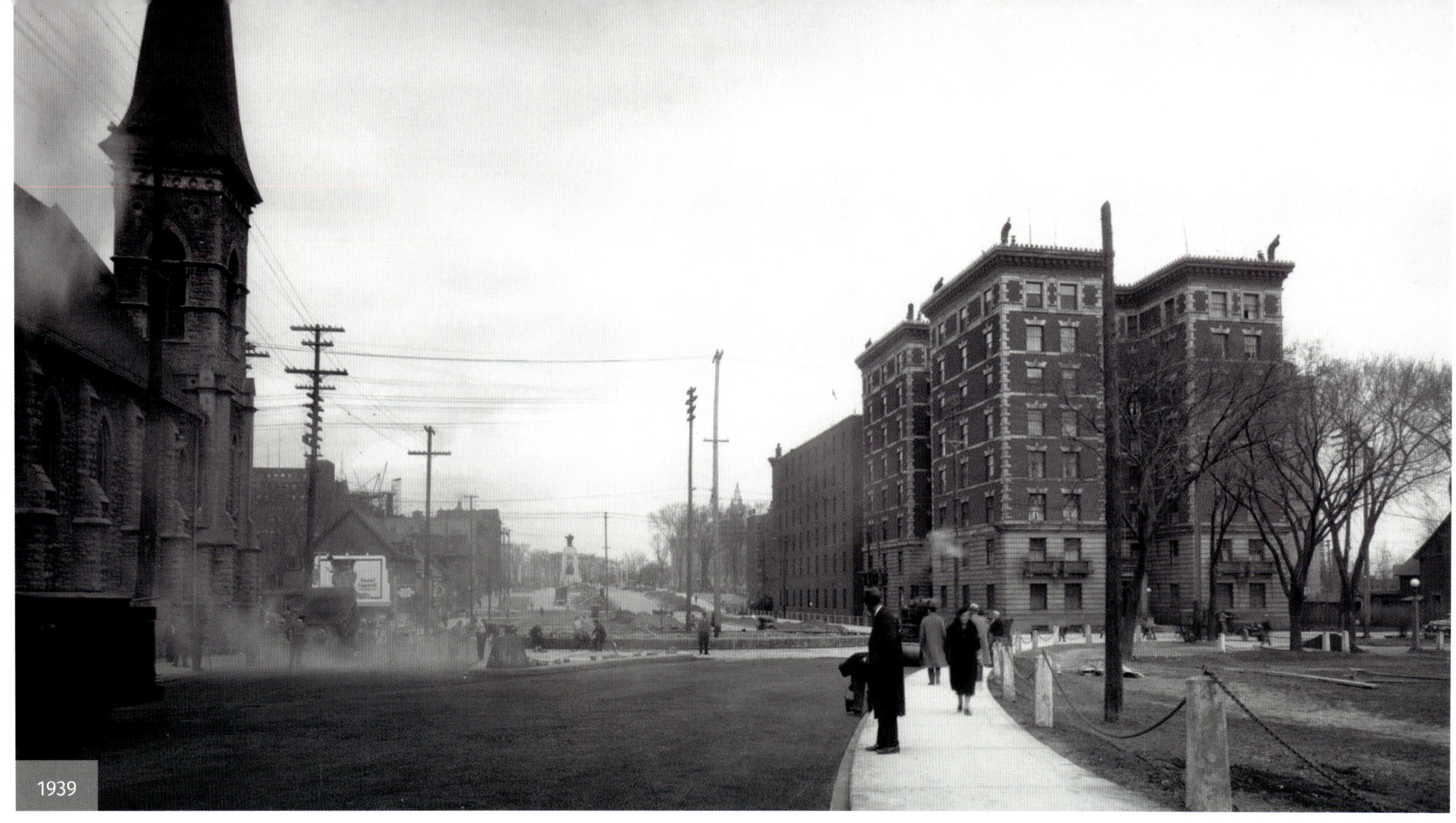

1939

CONFEDERATION PARK AND FOUNTAIN

The central fountain in this festive park celebrates, and redeems, Ottawa's founder

THEN: What was until the mid-twentieth century just an ordinary Ottawa street corner, became home to Ottawa's Confederation Park, which celebrates Canada's confederation. However, it is the park's 1800s red granite fountain, dedicated to Lieutenant-Colonel John By, that is the most beloved feature—serving as a centrepiece, and a form of apology.

In 1832, By was recalled to England under a cloud of dishonour. Although his work on the Rideau Canal was regarded an engineering marvel, the 1830 fall of British Prime Minister Arthur (Duke of Wellington) Wellesley's government created a political backlash against North American military expenditures. By was accused of unnecessary cost overruns.

During the investigation that followed, By proved he had completed in five years a project that would normally take twenty, and at less overall cost. He was quietly exonerated, but felt his professional reputation had suffered irreparable harm. He died four years later.

AUTREFOIS: Ce qui était, jusqu'au milieu du 20e siècle, un coin de rue ordinaire d'Ottawa est devenu le site du parc de la Confédération, célébrant la confédération du Canada. Cependant, c'est la fontaine en granit rouge des années 1800, dédiée au lieutenant-colonel John By, qu'il abrite qui en est l'élément le plus apprécié — servant de pièce maîtresse et d'excuse en quelque sorte.

En 1832, le colonel By, tombé en déshonneur, a été rappelé en Angleterre. Bien que son travail sur le canal Rideau ait été considéré comme une merveille d'ingénierie, la chute du gouvernement du premier ministre Arthur Wellesley (duc de Wellington) à l'automne de 1830 a déclenché une réaction politique contre les dépenses militaires en Amérique du Nord. Le colonel By était accusé de dépassements de coûts inutiles.

Pendant l'enquête, le colonel By a prouvé qu'il avait achevé un projet qui aurait pris normalement 20 ans en cinq ans et à un coût global moins élevé. Il a été exonéré sans fanfare, mais il estimait que sa réputation professionnelle avait subi un préjudice irréparable. Il est décédé quatre ans plus tard.

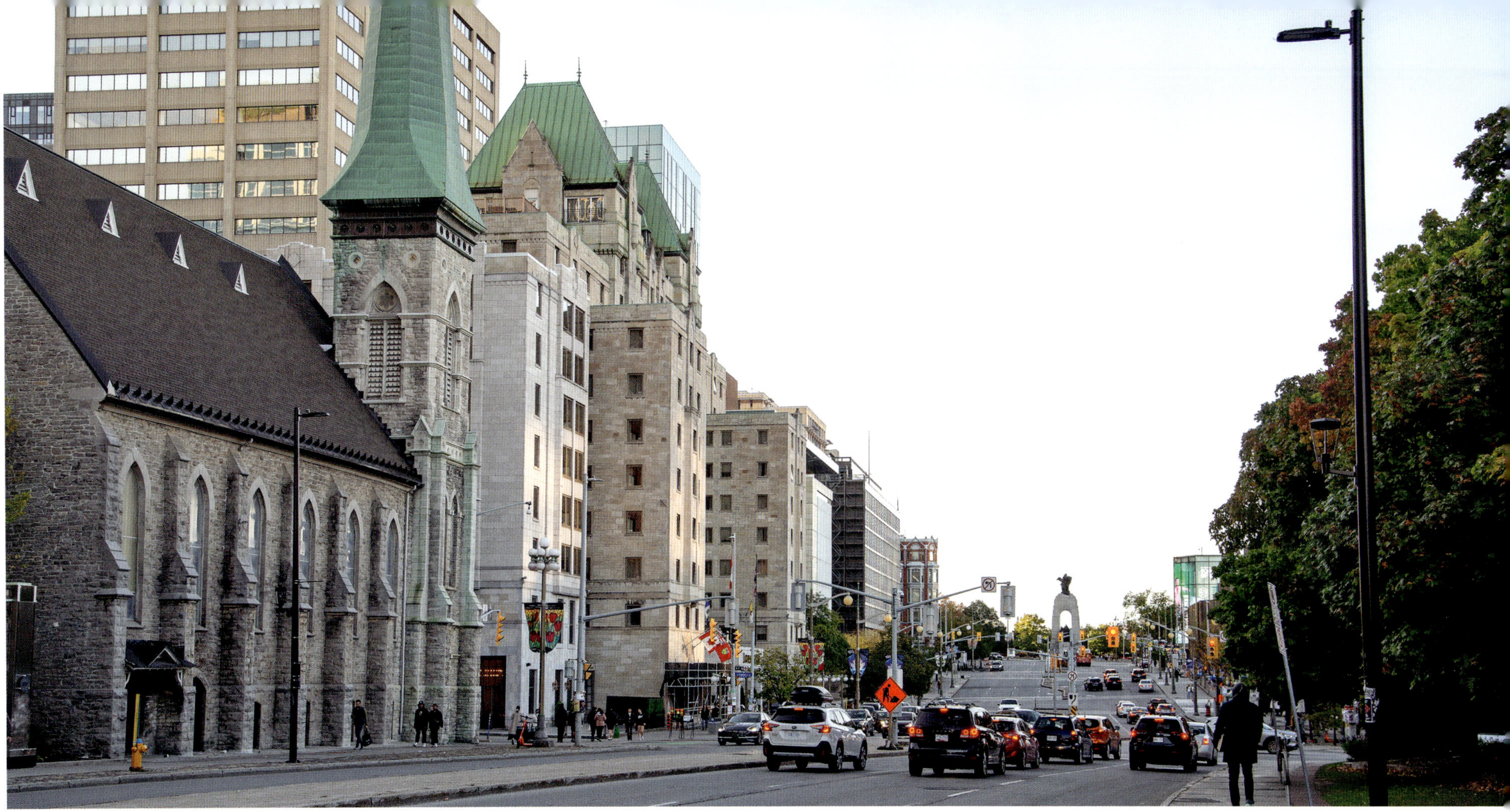

NOW: Confederation Park is one of Ottawa's main locations for public events, including Canada Day festivities and the Ottawa International Jazz Festival. In the centre of it all sits the park's fountain, honouring the memory of By (who, in life, had been scapegoated) and his accomplishments. One half of the twin fountains gifted to Canada by Great Britain, it had stood—for over 100 years—in London's Trafalgar Square until 1948. Visitors to the park today can see chips in the fountain, believed to be damage suffered during World War II.

AUJOURD'HUI: Le parc de la Confédération est l'un des principaux sites d' événements publics à Ottawa, acueillant la fête du Canada et le Festival de jazz d'Ottawa. En plein milieu se trouve la fontaine du parc, qui honore la mémoire et les réalisations du colonel By (devenu, de son vivant, un bouc émissaire). L'une de deux fontaines jumelées (l'autre se trouve au parc Wascana à Regina en Saskatchewan) que la Grande Bretagne a données en cadeau au Canada, elle se dressait pendant plus de 100 ans, jusqu'en 1948, à la place Trafalgar à Londres. Aujourd'hui les visiteurs du parc peuvent remarquer les ébréchures de la fontaine, dommages subis semble-t-il durant la Seconde Guerre mondiale.

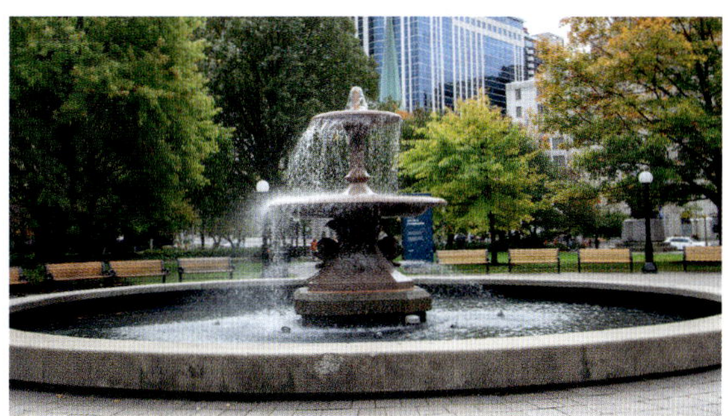

ABOVE: The fountain at Ottawa's Confederation Park was gifted to Canada along with a second one. The other now sits on the grounds of the Legislative Building in Regina, Saskatchewan's Wascana Park.

AU-DESSUS: La fontaine du parc de la Confédération d'Ottawa, ainsi qu'une seconde fontaine, ont été données en cadeau au Canada. L'autre fontaine se dresse aujourd'hui sur les lieux de l'édifice de l'Assemblée législative au Centre Wascana, à Regina en Saskatchewan.

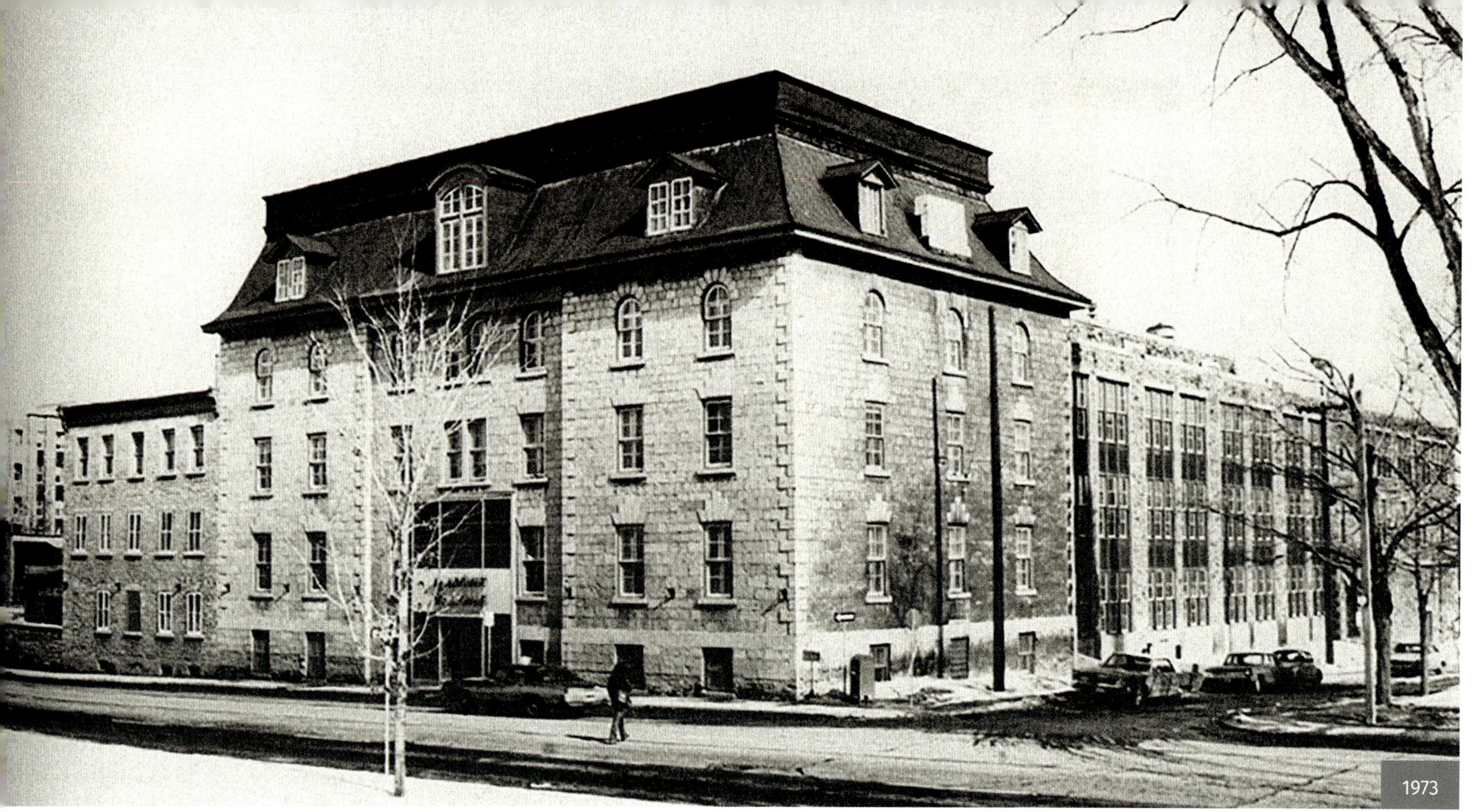

LA SALLE ACADEMY

A building long associated with education was also at one time a hotel, and even a military barracks

THEN: Shortly after Bytown College opened in 1848, the school quickly outgrew its original wooden structure and moved into a set of stone buildings along Sussex. One was a more modest building (likely built around 1843, making it the oldest building on Sussex), serving as the Bishop's Palace; the other, a more imposing construction (likely built around 1847), with a roof topped by a distinguishing octagonal cupola, became home to Bytown College from 1853 to 1856.

After the college moved to a new location (later evolving into the University of Ottawa) in 1856, the former Bytown College building was converted into a hotel, called Hotel de Champagne (or Champagne Hotel), named after its proprietor. A popular spot for celebrations and assemblies, it would remain Champagne's hotel until the 1880s, and was briefly leased to the government as military barracks during 1866 to 1867.

AUTREFOIS: Peu après l'ouverture du collège Bytown en 1848, l'école dépassait déjà la structure originale en bois et a dû emménager dans un édifice en pierre situé dans la promenade Sussex. La structure impressionnante abritant l'école (construite probablement vers 1847) comportait un toit couronné d'une coupole octogonale distinctive et a servi de site du collège Bytown entre 1853 et 1856.

Après l'emménagement du collège (qui deviendrait plus tard l'Université d'Ottawa) dans son nouvel emplacement en 1856, l'ancien bâtiment du collège Bytown a été converti en hôtel, appelé l'Hôtel de Champagne en l'honneur de son propriétaire. Lieu populaire pour des célébrations et des réunions, l'hôtel est resté la propriété de M. Champagne jusqu'aux années 1880, et entre 1866 et 1867 il a été loué au gouvernement, qui s'en est servi comme caserne militaire.

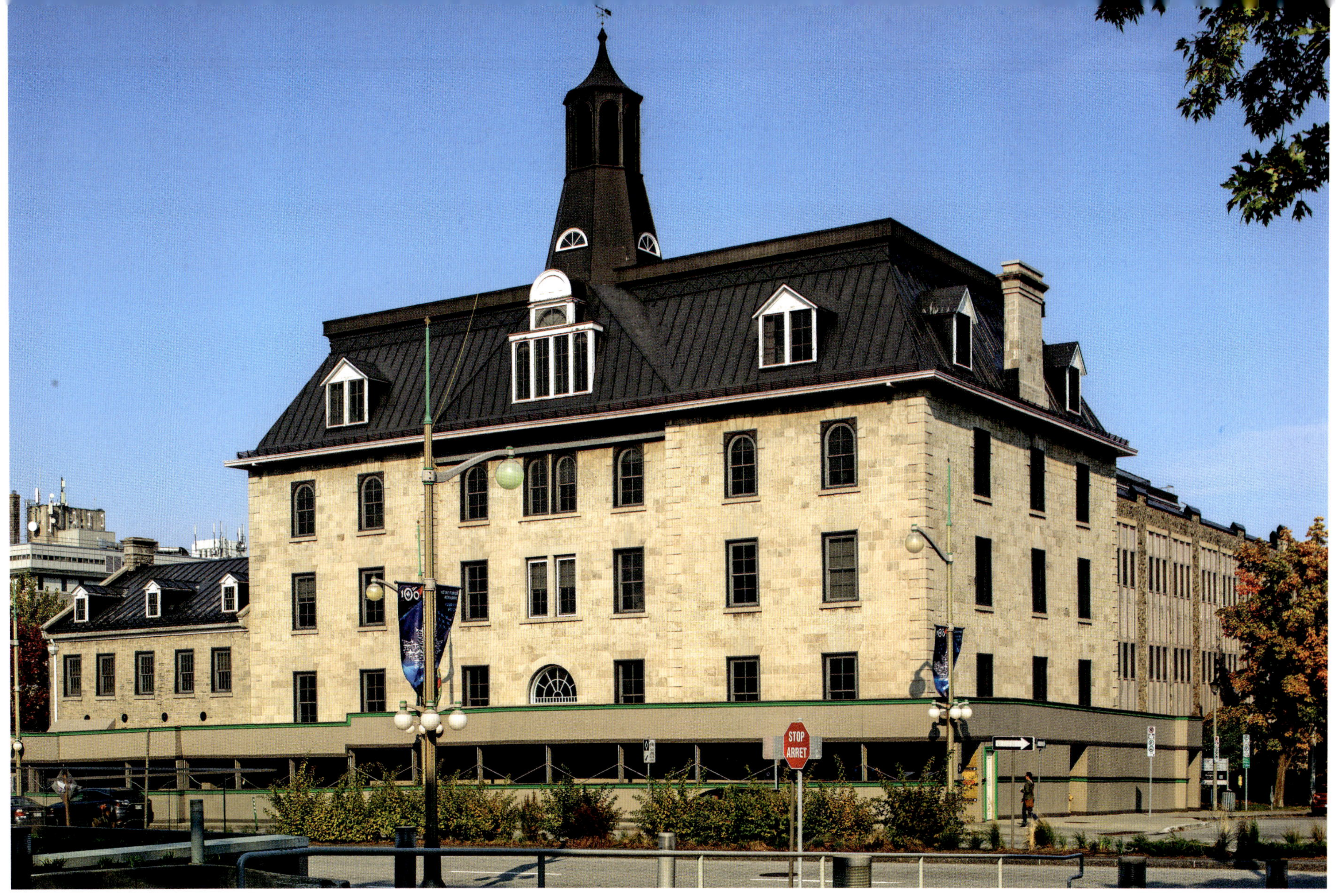

NOW: In 1888, the building that was once a college, barracks and hotel became the French-language school La Salle Academy. From 1948 to 1956, La Salle Academy was also home to the Canadian Repertory Theatre—Ottawa's first professional theatre company, one of whose directors, Amelia Hall, became the first woman to perform on stage at the Stratford Festival, in Stratford, Ontario.

La Salle Academy occupied the location until 1971. When the school moved out, word spread that developers had bought the building, and planned to turn it into an apartment complex. The federal government took action, purchasing the building in 1973, and fully restoring it in 1975. Today, it is considered an important member of Sussex Drive's "Mile of History."

AUJOURD'HUI: En 1888, le bâtiment, ayant déjà servi de collège, de caserne et d'hôtel, a été transformé en une école de langue française, l'Académie de La Salle. Entre 1948 et 1956, l'Académie de La Salle abritait également le Canadian Repertory Theatre — le premier théâtre professionnel d'Ottawa, dont une des régisseurs, Amelia Hall, est devenue la première femme à monter sur scène au Festival Stratford à Stratford, Ontario.

L'Académie de La Salle a occupé le site jusqu'en 1971. Lorsque l'école a déménagé, le bruit a couru que des promoteurs immobiliers avaient acheté l'édifice et voulaient le convertir en appartements. En 1973, le gouvernement fédéral est intervenu pour l'acheter, puis le restaurer complètement en 1975. Aujourd'hui, on le considère un élément important du « mile historique » de la promenade Sussex.

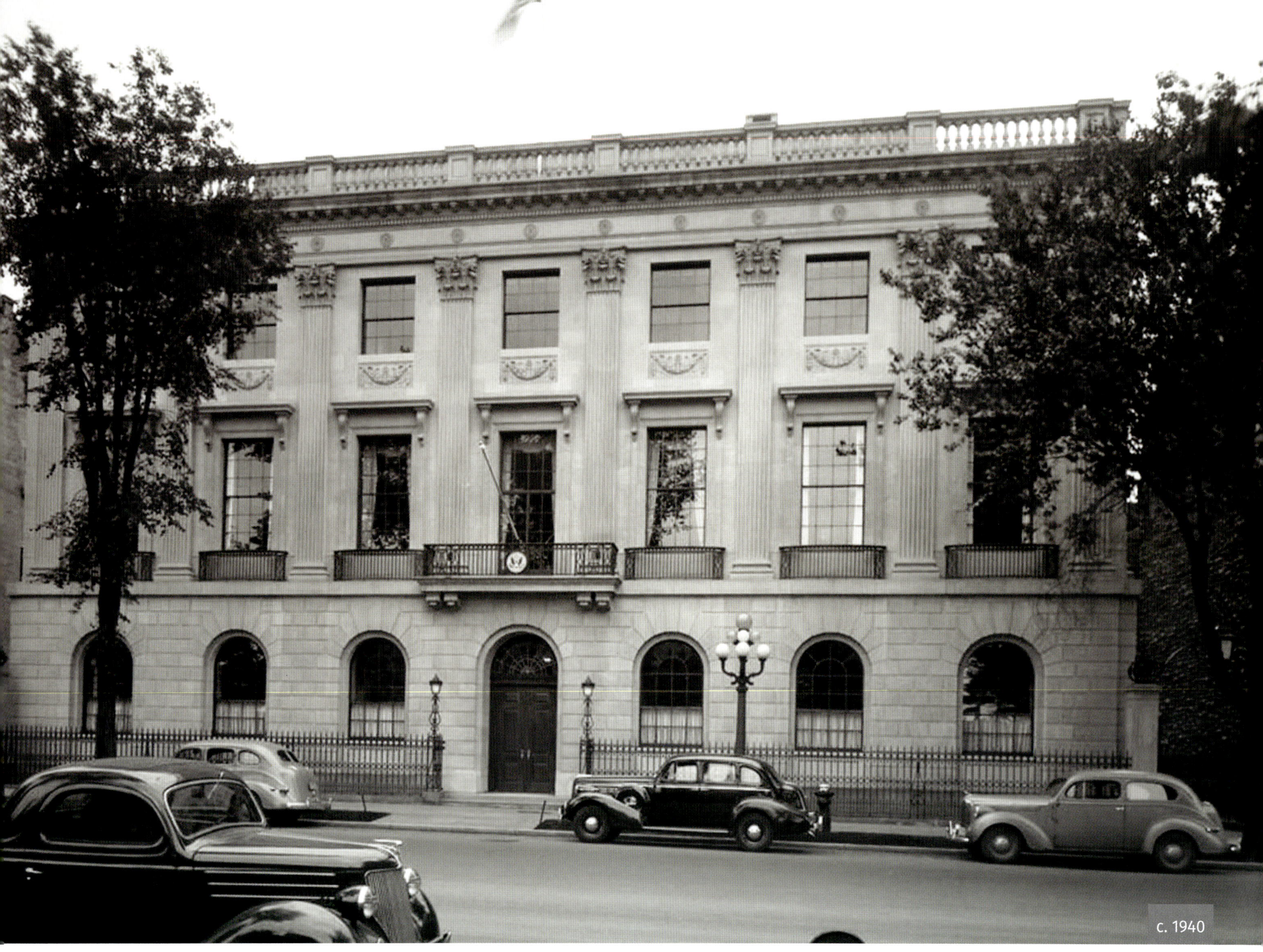

FORMER UNITED STATES EMBASSY TO CANADA / INDIGENOUS PEOPLES SPACE

First foreign mission to Canada transformed into a place for Indigenous Peoples

THEN: In 1931, when the Parliament of the United Kingdom ratified a new policy regarding the Crown's relationship with its Dominions, called the Statute of Westminster, Canada was granted a greater degree of sovereignty. In an observable recognition of Canada's increased independence from British rule, the United States commissioned to build in Ottawa its first permanent Diplomatic Mission to Canada.

Designed by American architect Cass Gilbert, who also designed the United States' Supreme Court building in Washington D.C., the charming Beaux-Arts building on Wellington Street, across from Canada's Parliament, opened in 1932 as an American legation, later becoming a full embassy in 1943.

AUTREFOIS: En 1931, lorsque le Parlement du Royaume-Uni a ratifié une nouvelle politique portant sur les relations entre la Couronne et ses dominions qui s'appelait le *Statut de Westminster*, le Canada a obtenu une souveraineté accrue. En reconnaissance évidente de l'indépendance plus importante du Canada par rapport à l'autorité britannique, les États-Unis ont commandé la construction à Ottawa de leur première mission diplomatique permanente au Canada.

Conçu par l'architecte américain Cass Gilbert, concepteur aussi de l'édifice de la Cour suprême des États-Unis à Washington, D.C., l'édifice charmant de style Beaux-Arts dans la rue Wellington en face du Parlement du Canada a ouvert ses portes en 1932 en tant que légation américaine avant de devenir l'ambassade officielle en 1943.

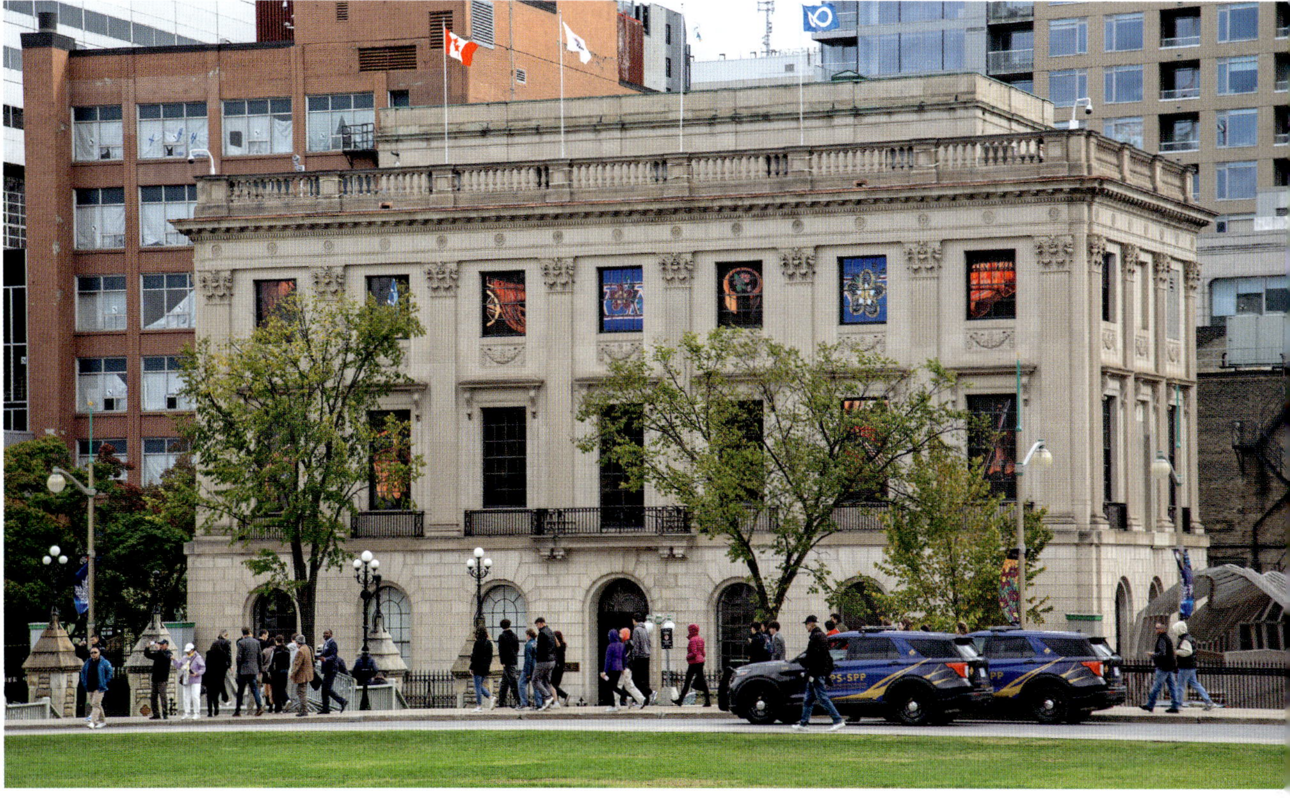

NOW: Gilbert's building served as the American Embassy to Canada until 1999, after which time, having become much too small for the American delegation to Canada, it was closed and replaced by a new embassy complex on Sussex Drive.

On June 21, 2017, the Canadian Prime Minister Justin Trudeau announced that the former U.S. Embassy would become a dedicated space for Indigenous Peoples. A press release from his office marked the occasion by stating: "This location symbolizes a turning point in Canada's relationship with Indigenous Peoples. It provides a concrete marker, in the heart of the Nation's capital and facing Parliament Hill, of the importance of Indigenous Peoples to this country's foundation, to its past and, most importantly, to its future."

AUJOURD'HUI: L'édifice de Gilbert a servi d'ambassade des États-Unis au Canada jusqu'en 1999, lorsqu'il est devenu beaucoup trop petit pour héberger toute la délégation américaine au Canada et a dû être fermé et remplacé par un nouveau complexe d'ambassade dans la rue Sussex.

Le 21 juin 2017, le premier ministre Justin Trudeau a annoncé que l'ancienne ambassade des États-Unis deviendrait un espace pour les peuples autochtones. Un communiqué de presse émis par son bureau a fêté l'occasion en annonçant : « Ce lieu symbolise un point tournant dans la relation que le Canada entretient avec les peuples autochtones. Situé au cœur de la capitale nationale et devant la Colline du Parlement, cet espace rappelle le rôle important qu'ont joué les peuples autochtones dans la fondation de ce pays et dans son passé, et surtout le rôle qu'ils jouent à façonner son avenir. »

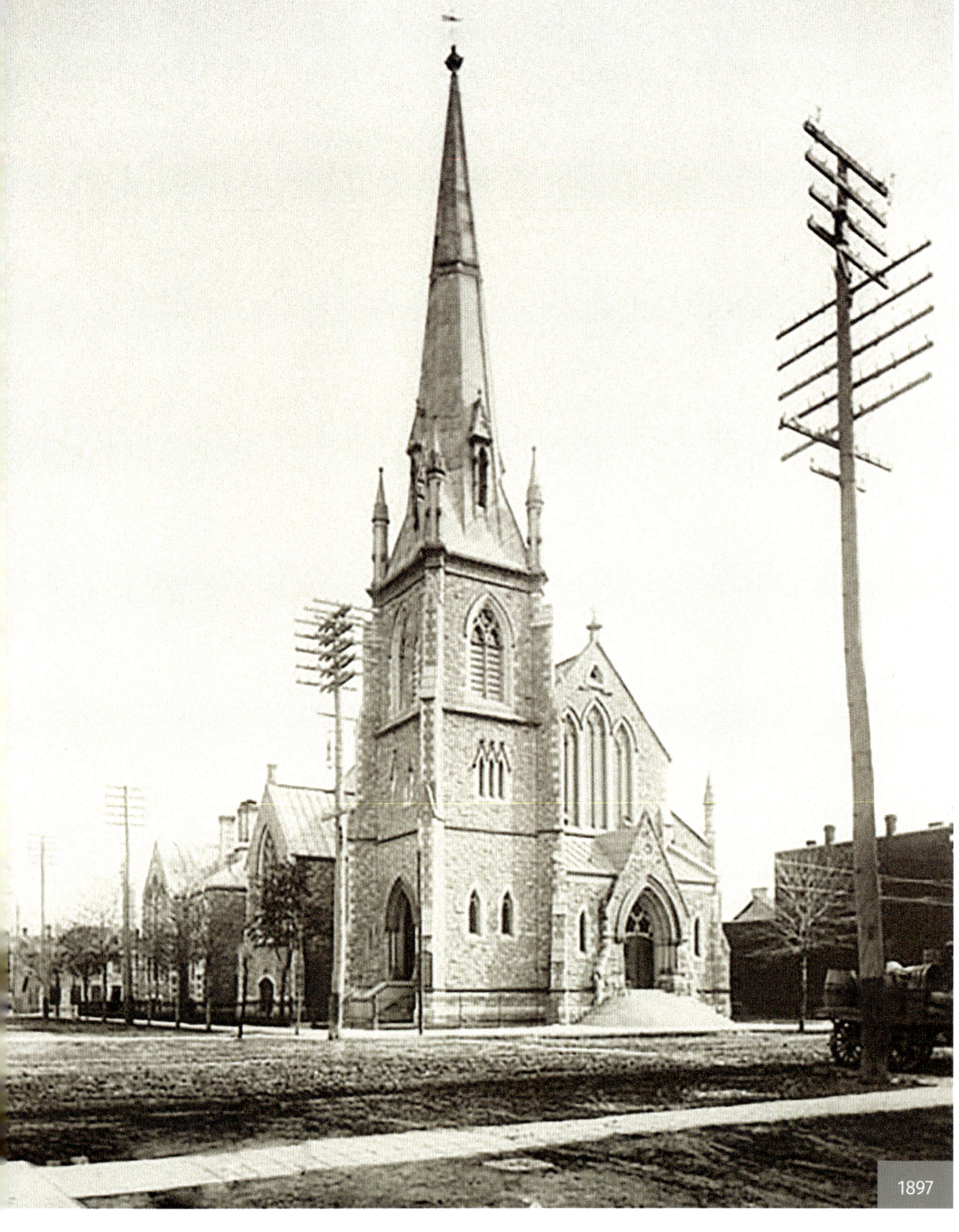
1897

ST. ANDREW'S PRESBYTERIAN CHURCH

A beloved historic landmark in downtown Ottawa

THEN: Built in 1828 on land purchased from Nicholas Sparks, St. Andrew's is the oldest Presbyterian church in Ottawa. Constructed by Scottish and Irish labourers who were also building the Rideau Canal, the church was rather plain inside and out, had no steeple, and seated around 300 people.

By the 1850s the congregation outgrew the church. Although extensions were added, it soon became clear a new building was necessary. The original church was torn down in 1872, with the current Neo-Gothic building opening in 1874. This new building was designed by Montréal-based architect William Tutin Thomas, who had just finished the beautiful gothic revival-style St. George's Anglican Church in that city.

AUTREFOIS: Érigée en 1828 sur un terrain acheté auprès de Nicholas Sparks, l'église Saint-Andrew est la plus ancienne des églises presbytériennes d'Ottawa. Bâtie par des ouvriers écossais et irlandais qui construisaient aussi le canal Rideau, l'église, qui accueillait jusqu'à 300 personnes, était plutôt simple à l'intérieur comme à l'extérieur, sans flèche de clocher.

Vers les années 1850, le nombre de fidèles dépassait les limites de l'église. Malgré l'ajout d'annexes, il est vite devenu évident qu'il fallait construire un nouveau bâtiment. L'église d'origine a été démolie en 1872 et remplacée en 1874 par l'église actuelle de style néogothique. La nouvelle église a été conçue par l'architecte montréalais William Tutin, qui venait de compléter à Montréal la belle église anglicane de style néogothique Saint-George.

BELOW: St. Andrew's Presbyterian church has occupied a place in Ottawa's history since the early nineteenth century, with the original church building erected on the church's current location in 1828.

CI-DESSOUS: L'église presbytérienne Saint-Andrew occupe une place dans l'histoire d'Ottawa depuis le début du 19e siècle, vu que l'église d'origine avait été érigée en 1828 sur le même site que l'église actuelle.

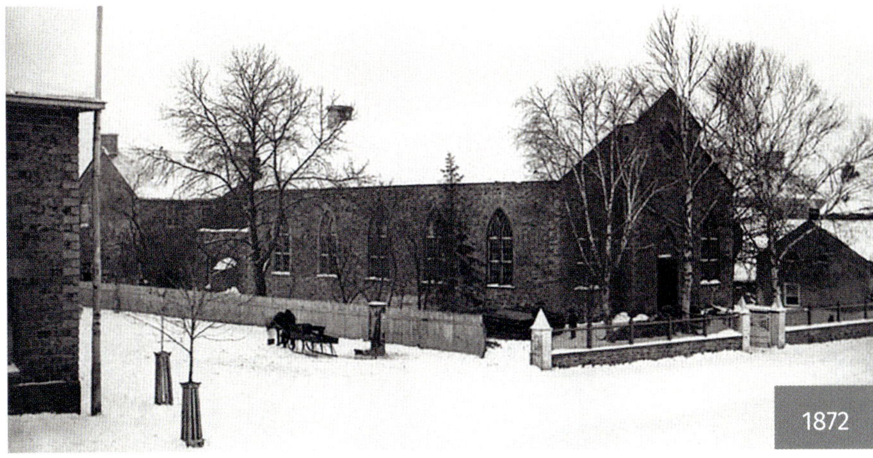

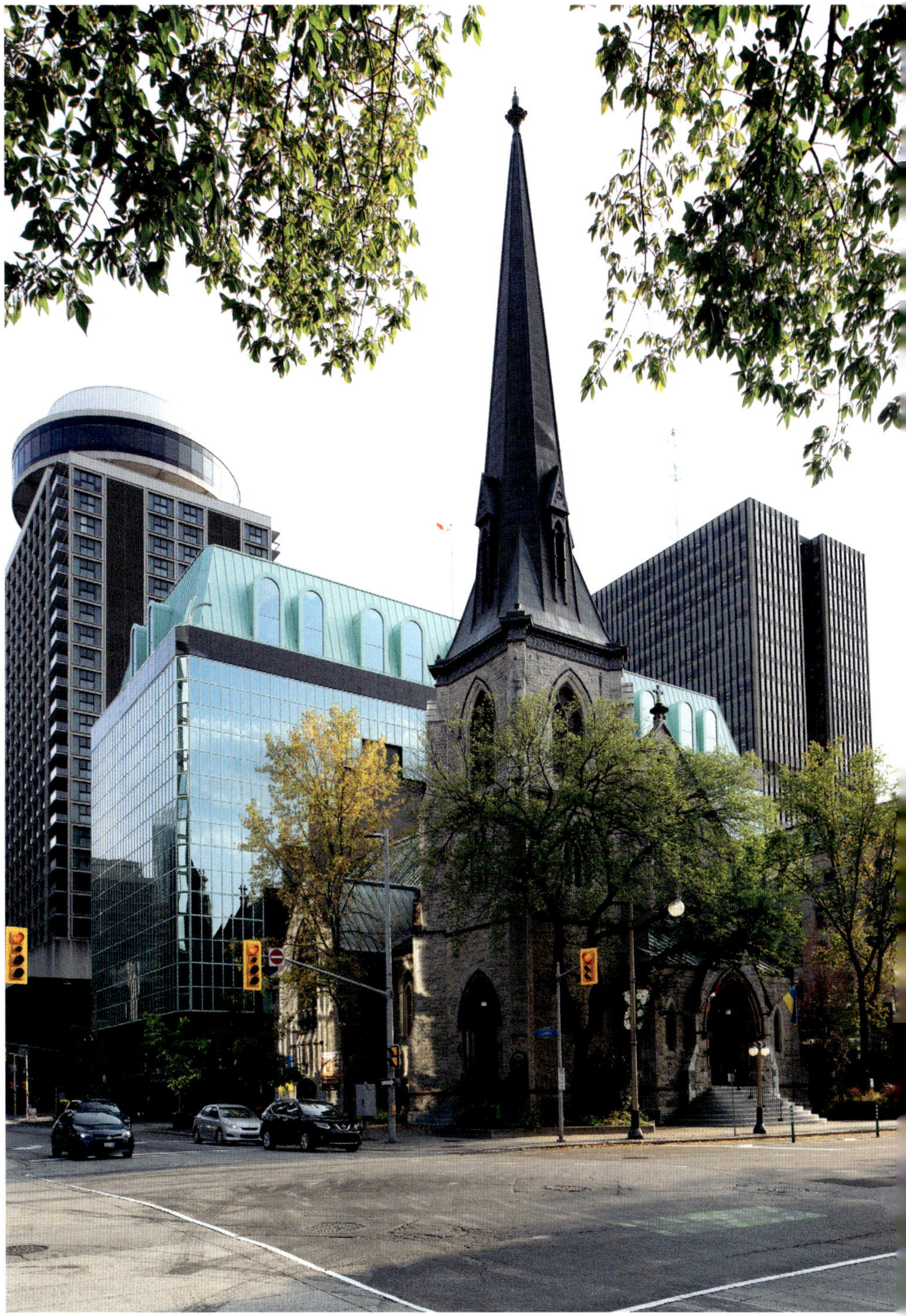

NOW: Notable congregants of St. Andrew's include Prime Minister William Lyon Mackenzie King and Scottish-born Governor General John Buchan (best-known as the author of the novel *The Thirty-Nine Steps*) who, in 1936, helped establish Canada's Governor General's Literary Awards. The Dutch Royal Family made this their church-home when they lived in Ottawa for their safety during World War II, and Princess Margriet of the Netherlands was baptized in the church. The Royal Family later donated a wooden lectern and a brass plaque in thanks.

During 1988 a significant change took place with the erection of St. Andrew's Tower on the land to the rear of the church. The tower is now the headquarters of the Canadian Department of Justice.

AUJOURD'HUI: Parmi les membres éminents de la congrégation de Saint-Andrew figurent le premier ministre William Lyon Mackenzie King et le gouverneur général d'origine écossaise John Buchan (connu surtout comme l'auteur du nouvel *Les trente-neuf marches*), qui a aidé à établir les Prix littéraires du Gouverneur général du Canada en 1936. Pendant la Seconde Guerre mondiale, la famille royale néerlandaise assistait uniquement aux offices religieux de cette église lorsqu'elle habitait Ottawa pour des raisons de sécurité, et la princesse Margriet des Pays-Bas a été baptisée dans l'église. Plus tard, la famille royale a donné à l'église un lutrin en bois et une plaque en laiton pour la remercier.

En 1988 un changement important a eu lieu lorsque la Tour de Saint-Andrew a été érigée sur le terrain situé derrière l'église. La tour abrite maintenant l'Administration centrale du ministère de la Justice du Canada.

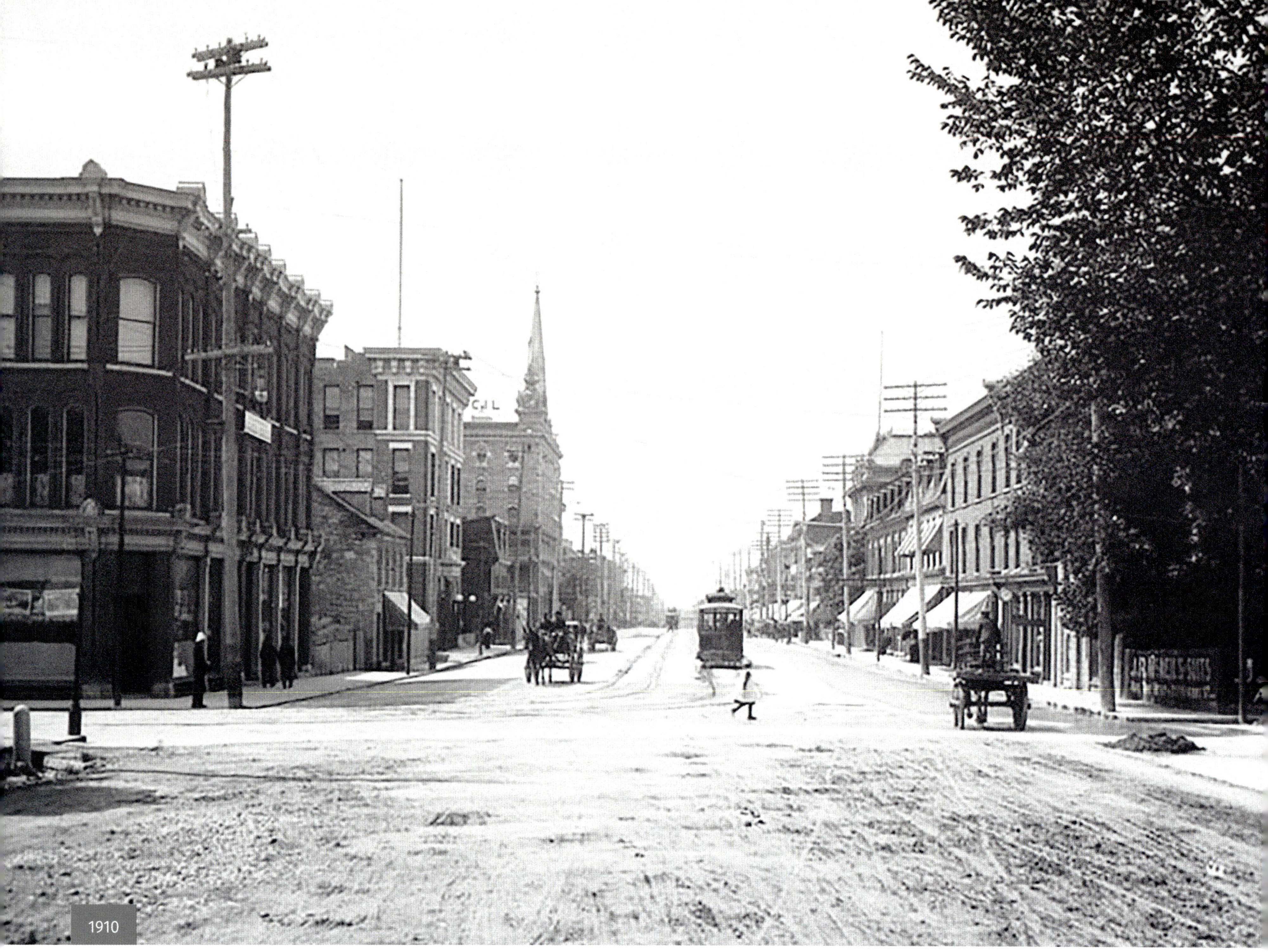

1910

CORNER OF WELLINGTON AND BANK STREETS / BANK OF CANADA MUSEUM

National currency museum where two of Ottawa's oldest streets intersect

THEN: Named after Arthur Wellesley, 1st Duke of Wellington, Wellington Street pays tribute to the role he played in the defence of Canada (after his defeat of Napoleon I). While serving as Master General of the Ordnance, in the 1820s, he directed Lieutenant-Colonel John By to build a defensive waterway, now the Rideau Canal, in what was then called Upper Canada.

Wellington Street was one of the first streets laid out in newly formed Bytown (today Ottawa) and is now the main artery of the Parliamentary Precinct. Then, as now, looking west down Wellington Street provides a glimpse into another vestige of the city's early history: St. Andrew's Presbyterian Church with its distinctive spire.

AUTREFOIS: Nommée en l'honneur d'Arthur Wellesley, le premier duc de Wellington, la rue Wellington rend hommage au rôle qu'il a joué dans la défense du Canada (après avoir vaincu Napoléon 1er). Pendant qu'il servait de Maître Général de l'équipement au cours des années 1820, il a chargé le lieutenant-colonel By de la construction d'une voie navigable défensive, le canal Rideau, dans ce que l'on appelait à l'époque le Haut-Canada.

L'une des premières rues tracées dans Bytown, (aujourd'hui Ottawa), alors récemment fondé, la rue Wellington est maintenant le principal axe de la cité parlementaire. Autrefois, comme de nos jours, la vue vers l'ouest depuis la rue Wellington offre un aperçu d'un autre vestige du début de l'histoire de la ville : l'église presbytérienne Saint-Andrew, avec sa flèche distinctive.

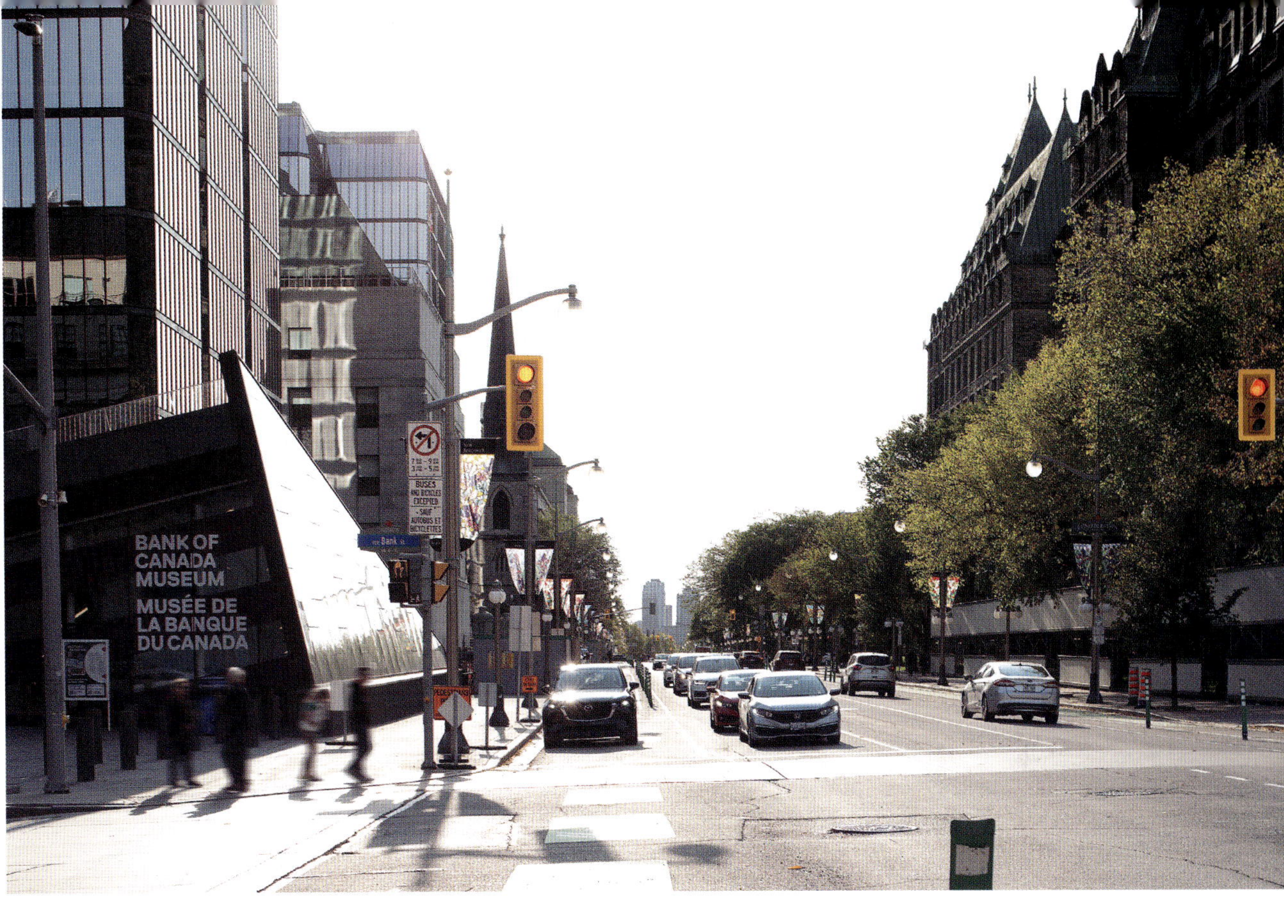

NOW: The Bank of Canada Museum originated with the formation of the National Currency Collection, which began in the 1950s. The collection was initially displayed in the glass-walled, 1970s-era, Bank of Canada complex, designed by architect Arthur Erickson around the Bank's heritage Art Deco headquarters. In 2017, the collection moved into new quarters at the corner of Bank and Wellington, characterized by a dramatic pyramidal glass entrance.

In 2024, the museum, still perched on a street whose name links it to British colonial rule, acquired Ojibway Anishinaabe artist Frank Shebageget's artwork "Free Ride," a collection of $5 bank notes from each year of his life, as a record of his treaty annuity payments. As the artist observes of the treaty negotiation process with the British Crown: "It's important to honour what was said and what was negotiated and not forget about it."

AUJOURD'HUI: L'origine du Musée de la Banque du Canada remonte à la création de la Collection nationale de monnaies, lancée au cours des années 1950. Au début, la collection était exposée dans le complexe de murs en verre, conçu par l'architecte Arthur Erickson dans les années 1970 pour envelopper l'architecture Art déco du siège social patrimonial de la Banque du Canada. En 2017, la collection a déménagé dans de nouveaux locaux, caractérisés par une spectaculaire entrée pyramidale vitrée, situés au coin des rues Bank et Wellington.

En 2024, le musée, toujours perché dans la rue dont le nom la relie au régime colonial britannique, a acquis l'œuvre d'art *Free Ride* de l'artiste Ojibwé Anichinabé Frank Shebageget, une collection de billets de 5 dollars, un pour chaque année de sa vie, représentant les paiements d'annuités découlant d'un traité qu'il reçoit. Comme dit l'artiste du processus de la négociation des traités avec la Couronne britannique : « Il est important d'honorer ce qui a été dit et négocié, et de ne pas l'oublier ».

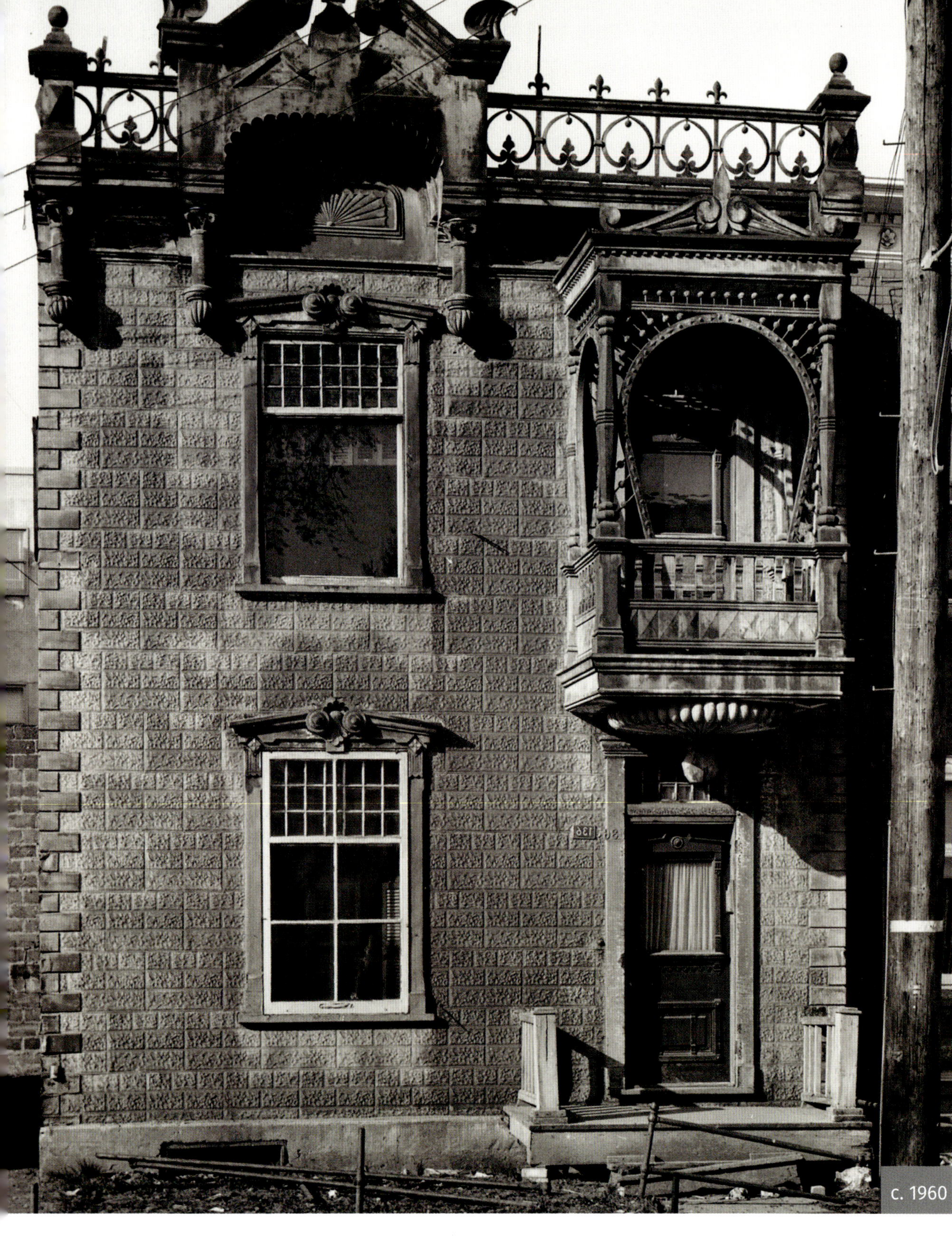

c. 1960

TIN HOUSE AND COURT

Treasured Ottawa landmark gets new purpose as a piece of art

THEN: In the early 1900s, second-generation tinsmith Honoré Foisy—who, between 1902 and 1916, lived in Ottawa's historic Lowertown—designed and built an elaborate sheet metal façade for his home, to advertise his skills. When the home was scheduled for demolition in 1961, the National Capital Commission bought the house and rescued its impressive metal shell.

In the 1970s, Edmonton-born artist Arthur Donald Price was hired to restore the façade, and give it new life as an artwork. Price was already well-known for his perfectly round stainless-steel sculpture "The Universe is You" (aka "The Sphere") commissioned by the National Research Council for their 50th anniversary. For this "Tin House" commission, Price created another beloved local metalwork by integrating the decorative façade of Foisy's home into a wall sculpture.

AUTREFOIS: Au début des années 1900, Honoré Foisy, ferblantier de deuxième génération qui habitait la Basse-Ville historique d'Ottawa entre 1902 et 1916, a conçu et construit une façade en tôle travaillée pour sa maison afin de promouvoir ses compétences. Lorsque la maison devait être démolie en 1961, la Commission de la capitale nationale l'a achetée pour sauver l'impressionnante structure métallique.

Au cours des années 1970, l'artiste Arthur Donald Price, né à Edmonton, a été engagé pour restaurer la façade et la réinventer sous forme d'œuvre d'art. Price était déjà renommé pour sa sculpture en acier inoxydable parfaitement ronde, *The Universe is You* (connue aussi sous le nom de *The Sphere*) commandée par le Conseil national de recherches pour son 50e anniversaire. Pour la commande de La maison de fer-blanc, Price a créé une nouvelle œuvre d'art en métal très appréciée localement en intégrant la façade décorative de la maison de Foisy dans une sculpture murale.

NOW: In the late 1960s, plans were introduced to develop a "Mile of History" corridor along Ottawa's Sussex Drive. The plan called for the restoration of historic buildings, and the erection of interconnected terraces and courtyards to encourage exploration behind Sussex Street's restaurants and shops. The first completed of these cobblestone courtyards was named "Tin House Court," after Foisy's house, which originally stood two blocks away at 136 Guigues Avenue. This is now the permanent location of Price's artwork made from Foisy's façade, hanging from the wall of one of the buildings enclosing the square. After decades of exposure to the elements, the artwork underwent a major restoration in 2003, giving it yet another lease of life.

AUJOURD'HUI: Vers la fin des années 1960, un projet a été présenté pour développer le corridor du « mile historique » le long de la promenade Sussex d'Ottawa. Le plan stipulait la restauration d'édifices historiques et la création de terrasses et de cours interconnectées pour encourager l'exploration derrière les restaurants et les commerces de la rue Sussex. La première de ces cours pavées s'appelait la « Cour de la maison de fer-blanc » en souvenir de la maison de Foisy, située à l'origine au 136, avenue Gigues, à deux rues de là. Aujourd'hui, c'est le site permanent de l'œuvre d'art de Price, créée à partir de la façade de Foisy et suspendue au mur de l'un des bâtiments qui entourent la place. Après avoir été exposée aux intempéries pendant des décennies, l'œuvre a subi une restauration importante en 2003, lui redonnant vie encore une fois.

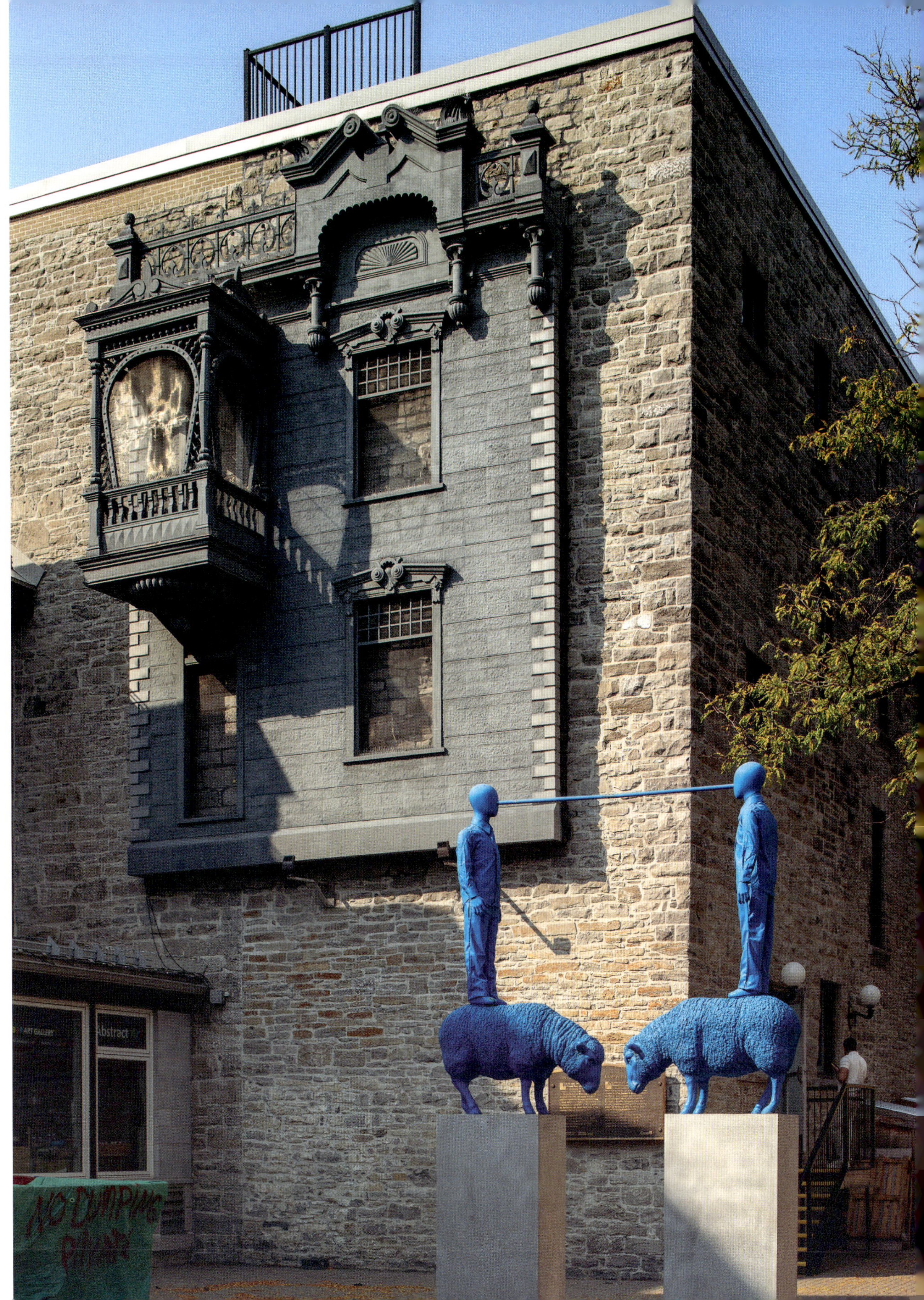

DOW'S SWAMP / LAKE

A swamp becomes one of Ottawa's most picturesque locations

THEN: During the 1820s, while Colonel By's Royal Sappers and Miners were creating the Rideau Canal, one of the most dismal stretches of the entire canal system was an area of swampland called Dow's Swamp. Named after Abram Dow, an early settler to the area, this thousand-plus-year-old swamp was a haven for fauna and flora, and also a vast breeding ground for mosquito-borne diseases (malaria was a leading cause of death among canal workers).

Dow eventually abandoned the land, in 1826. With the arrival of By that same year, for construction of the canal, he set out to raise the swamp's water level, making it navigable by creating dams to flood it. The result of this flooding was the conversion of Dow's Swamp into Dow's Lake.

AUTREFOIS: Pendant les années 1820, lorsque le groupe royal de sapeurs et de mineurs du colonel By créaient le canal Rideau, l'une des parties les plus lugubres de tout le système du canal était un marais appelé le marais Dow. Nommé en l'honneur d'Abram Dow, l'un des premiers colons de la région, ce marais, qui remonte à plus de mille ans, était un refuge pour la faune et la flore ainsi qu'un vaste terrain fertile pour des maladies transmises par des moustiques (le paludisme étant l'une des principales causes de décès parmi les travailleurs du canal).

En 1826, Dow a fini par abandonner le terrain. Le colonel By, qui est arrivé cette année-là pour construire le canal, a décidé de faire monter le niveau d'eau du marais en créant des barrages pour l'inonder et le rendre navigable. Grâce aux inondations, le marais Dow a été transformé en le lac Dow.

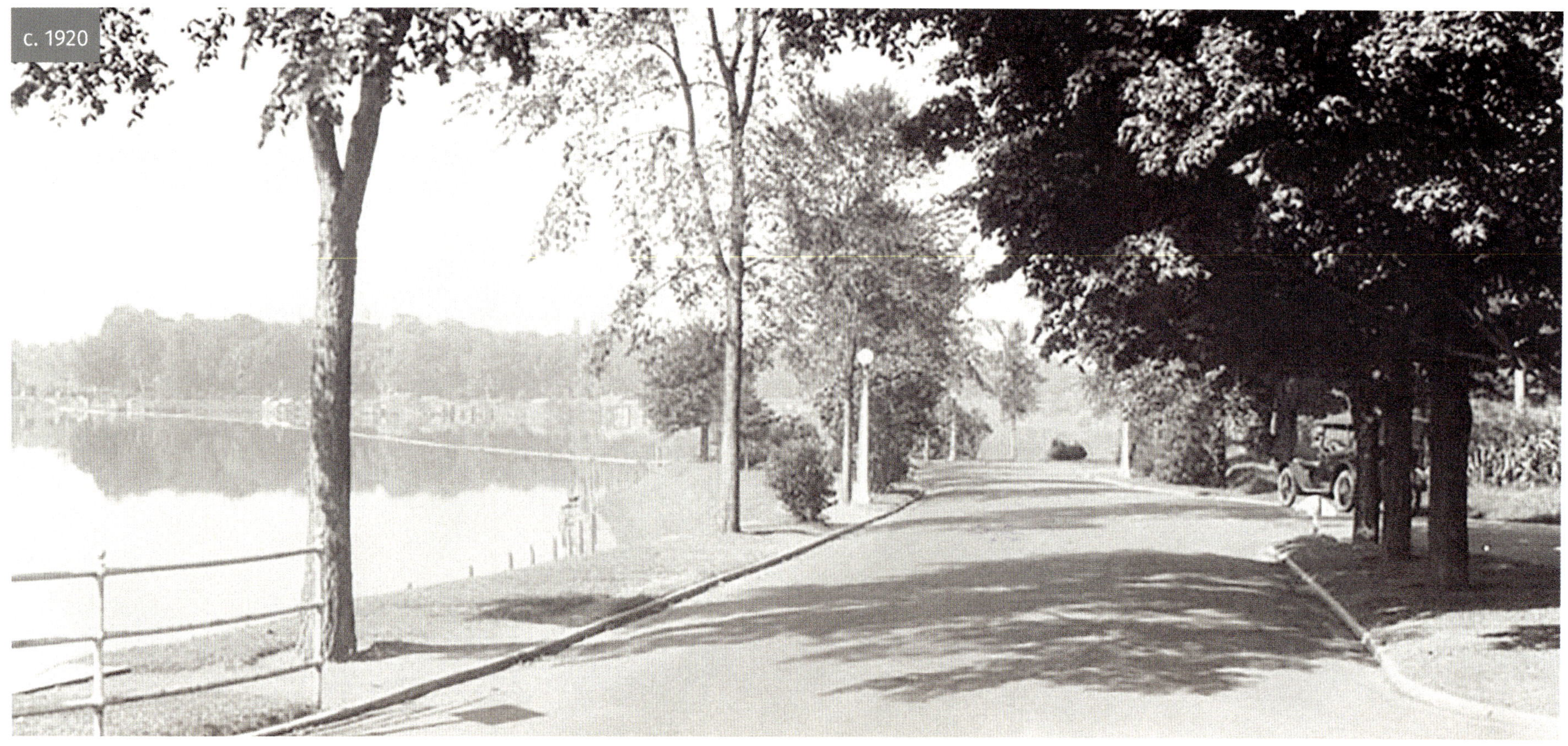

c. 1920

NOW: A small portion of Dow's Swamp survived until the 1950s, where rare orchids continued blooming, and remarkable butterflies took flight. Today, though, the swamp has completely vanished. Dow's Lake now extends alongside Commissioners Park and the Ottawa Arboretum, making this human-made lake one of the city's most attractive spots, and a favourite place for residents and visitors alike who can venture onto the water via canoe or rented paddleboat. In the springtime each year, the lake's already beautiful appearance undergoes considerable enhancement via its proximity to the world-renowned displays of tulips in Commissioners Park. When the weather permits, the lake also serves as a huge urban ice rink, as part of the Rideau Canal skateway.

AUJOURD'HUI: Une petite partie du marais Dow, où des orchidées rares continuaient d'éclore et de remarquables papillons s'envolaient, a survécu jusqu'aux années 1950. Cependant, le marais a complètement disparu de nos jours. Le lac Dow s'étend maintenant le long du parc des Commissaires et de l'Arboretum d'Ottawa, ce qui rend ce lac artificiel l'un des lieux les plus intéressants de la ville et un endroit apprécié autant des résidents que des visiteurs, qui peuvent s'y promener en canoë ou en pédalo de location. Chaque année au printemps, la beauté existante du lac est bien agrémentée par la proximité des tulipes exposées dans le parc des Commissaires. Lorsque le temps le permet, le lac sert également d'immense patinoire urbaine dans le cadre de la patinoire du canal Rideau.

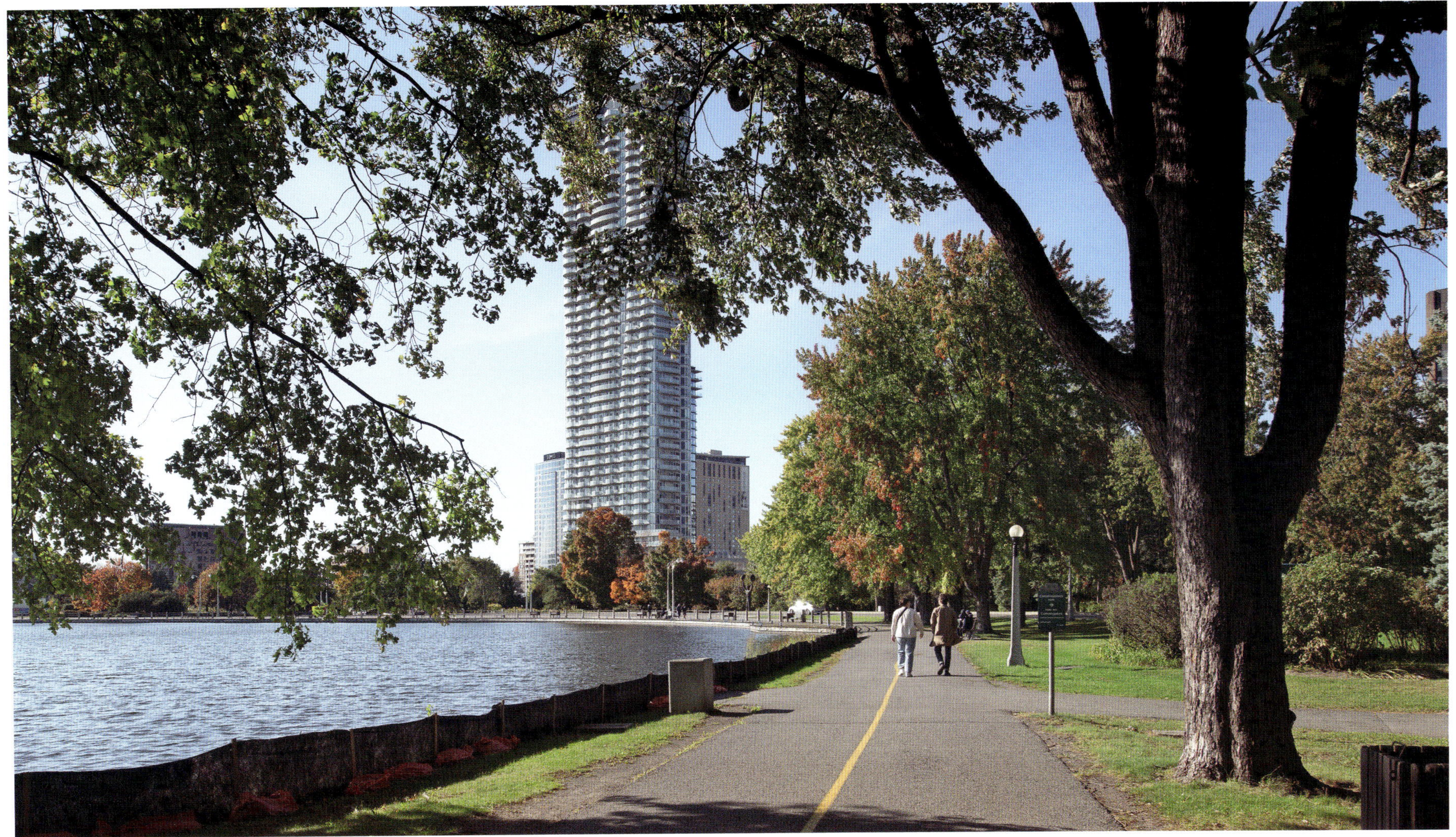

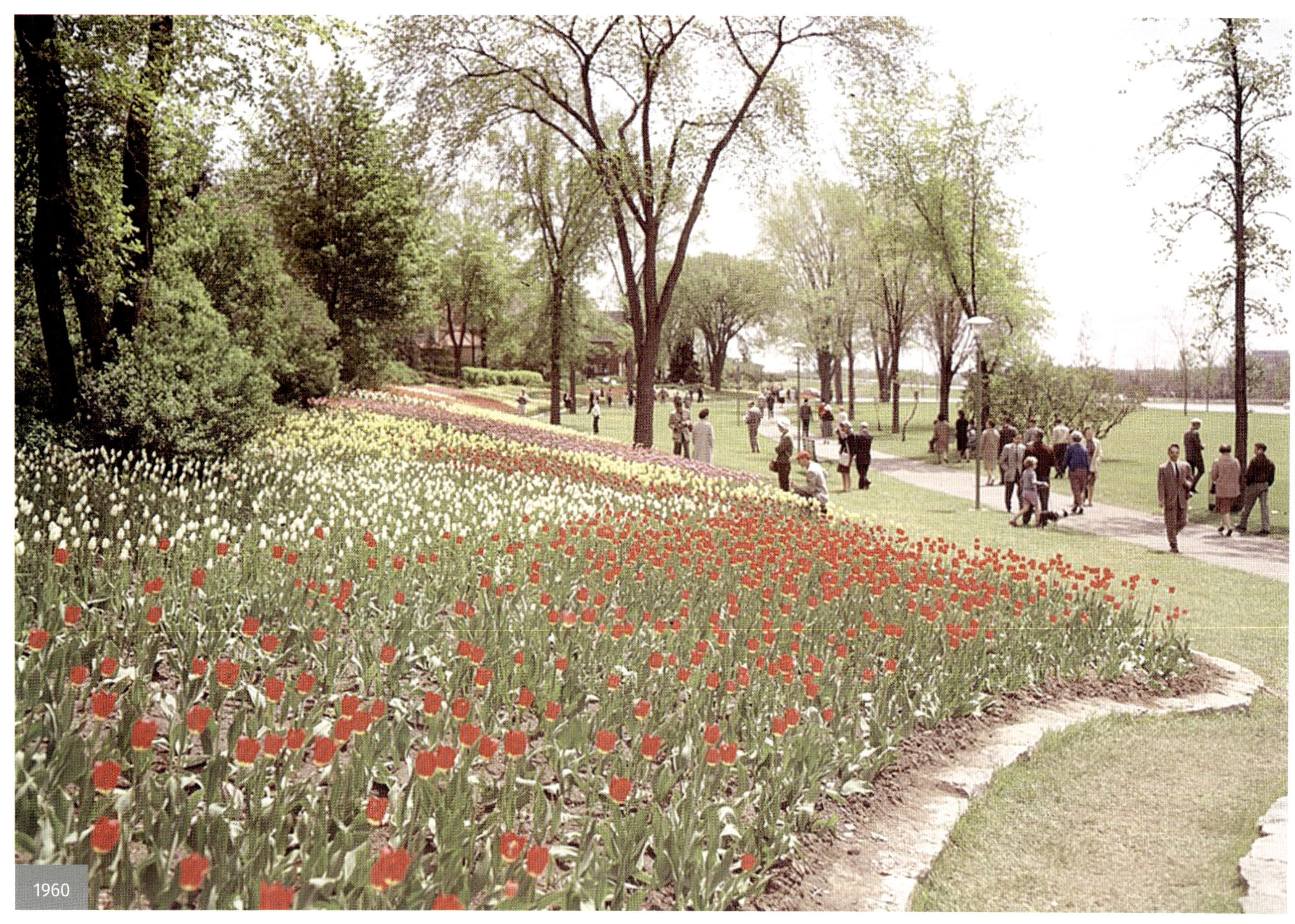

1960

COMMISSIONERS PARK, THE CANADIAN TULIP FESTIVAL HEADQUARTERS

The site of Ottawa's most stunning annual display of tulips

THEN: Situated between Carling Avenue and Queen Elizabeth Driveway (named after the Queen Mother during her 1953 visit) along Dow's Lake, Commissioners Park was once a lumber yard owned by lumber tycoon John Rudolphus Booth. The park developed in the 1920s, when it was a favourite field for Junior League baseball, and expanded throughout the 1950s into a botanical marvel, occupying over 8.95 hectares (roughly 22 acres).

Ottawa's connection to tulips dates back to 1943, when Princess Margriet of the Netherlands was born in the city. At the time, her family had taken refuge in Canada following Nazi invasion of their country. In 1945, the Dutch royal family thanked Canada through a gift of 100,000 tulip bulbs, and have sent new bulbs every year since. The Canadian Tulip Festival was first envisioned in 1952, an initiative suggested by photographer Malak Karsh (brother of famed Armenian-Canadian photographer Yousuf Karsh). Hosting a display of some 250,000 tulips, Commissioners Park serves as the festival's annual headquarters.

AUTREFOIS: Situé entre l'avenue Carling et la promenade de la Reine-Elizabeth (nommée en l'honneur de la Reine-Mère lors de sa visite en 1953), qui longe le lac Dow, le parc des Commissaires était autrefois un parc à bois débités qui appartenait au magnat du bois John Rudolphus Booth. Le parc a été développé au cours des années 1920, lorsqu'il était l'un des terrains de baseball préférés de la ligue junior, et agrandi pendant les années 1950 pour devenir une merveille botanique qui occupait plus de 8,95 hectares (environ 22 acres).

Le lien entre Ottawa et les tulipes remonte à 1943 lorsque la princesse Margriet des Pays-Bas est née dans la ville. À cette époque-là, sa famille s'était réfugiée au Canada à la suite de l'invasion Nazi de son pays. En 1945, la famille royale néerlandaise a remercié le Canada en lui offrant 100 000 bulbes de tulipes, ce qu'elle continue à faire chaque année depuis. Le Festival canadien des tulipes, conçu en 1952, était une initiative proposée par le photographe Malak Karsh (frère du célèbre photographe canado-arménien Yousuf Karsh). Exposant quelque 250 000 tulipes, le parc des Commissaires sert de siège social annuel du festival.

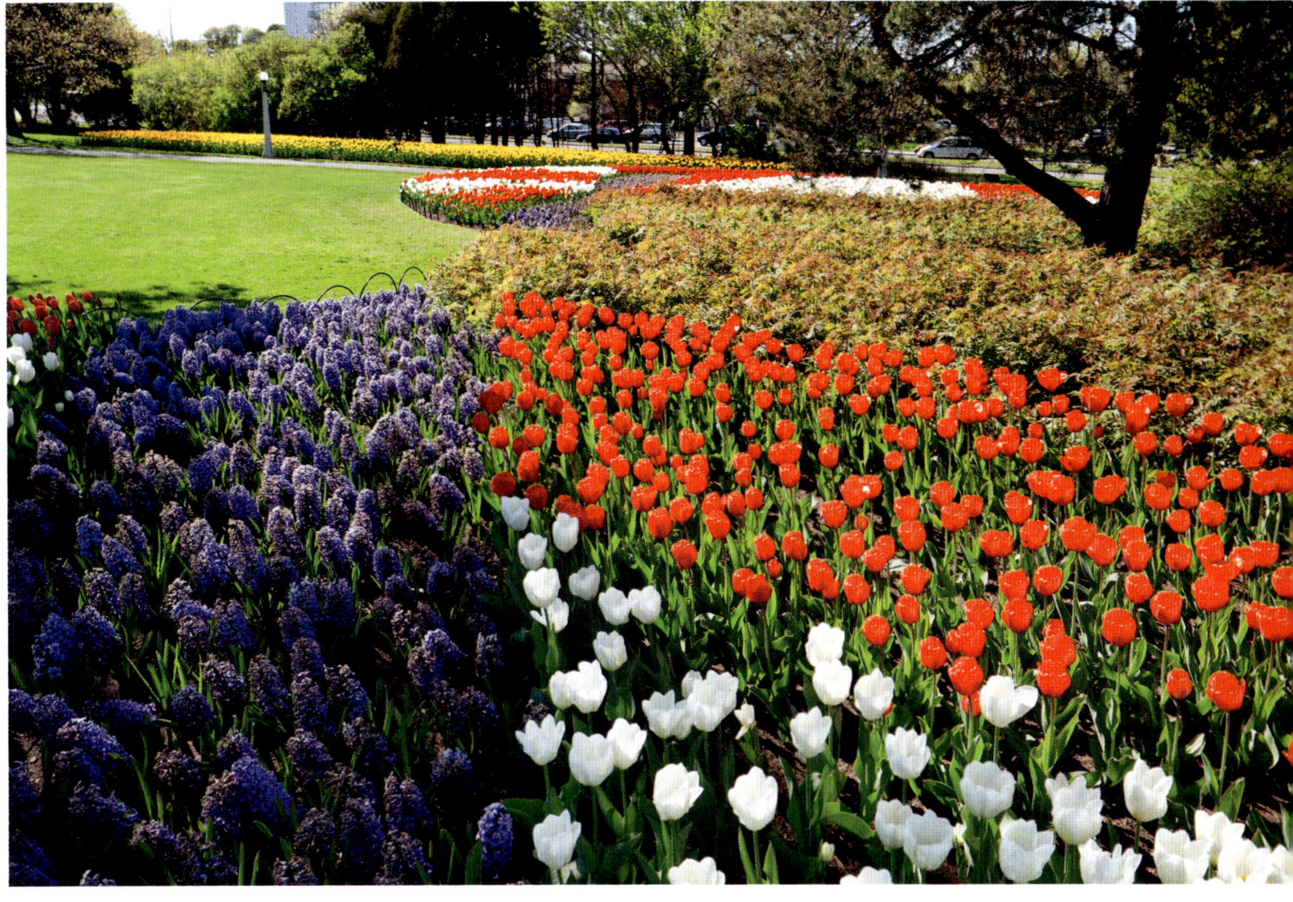

NOW: In May 2002, Princess Margriet returned to the city of her birth for the 50th anniversary of the Canadian Tulip Festival. While here, she unveiled "The Man with Two Hats" in Commissioners Park, a bronze sculpture by Dutch artist Henk Visch of a standing man with two hat-filled hands joyfully upraised. This further gift to Canada from the Netherlands pays tribute to the role Canadian soldiers played in the liberation of the Netherlands. It is a replica of an identical statue in the Dutch city of Apeldoorn—the twin statues symbolizing the ongoing friendship between the two countries.

AUJOURD'HUI: En mai 2002, la princesse Margriet est revenue dans sa ville natale pour le 50e anniversaire du Festival canadien des tulipes. Pendant sa visite, elle a inauguré u parc des Commissaires une sculpture en bronze intitulée « L'homme aux deux chapeaux » de l'artiste néerlandais Henk Visch. Elle représente un homme debout, levant de joie ses deux mains, dont chacune tient un chapeau. Ce cadeau supplémentaire des Pays-Bas au Canada rend hommage au rôle joué par les soldats canadiens dans la libération des Pays-Bas. Il s'agit d'une copie d'une statue identique qui se trouve dans la ville néerlandaise d'Apeldoorn — les statues jumelées symbolisant l'amitié durable entre les deux pays.

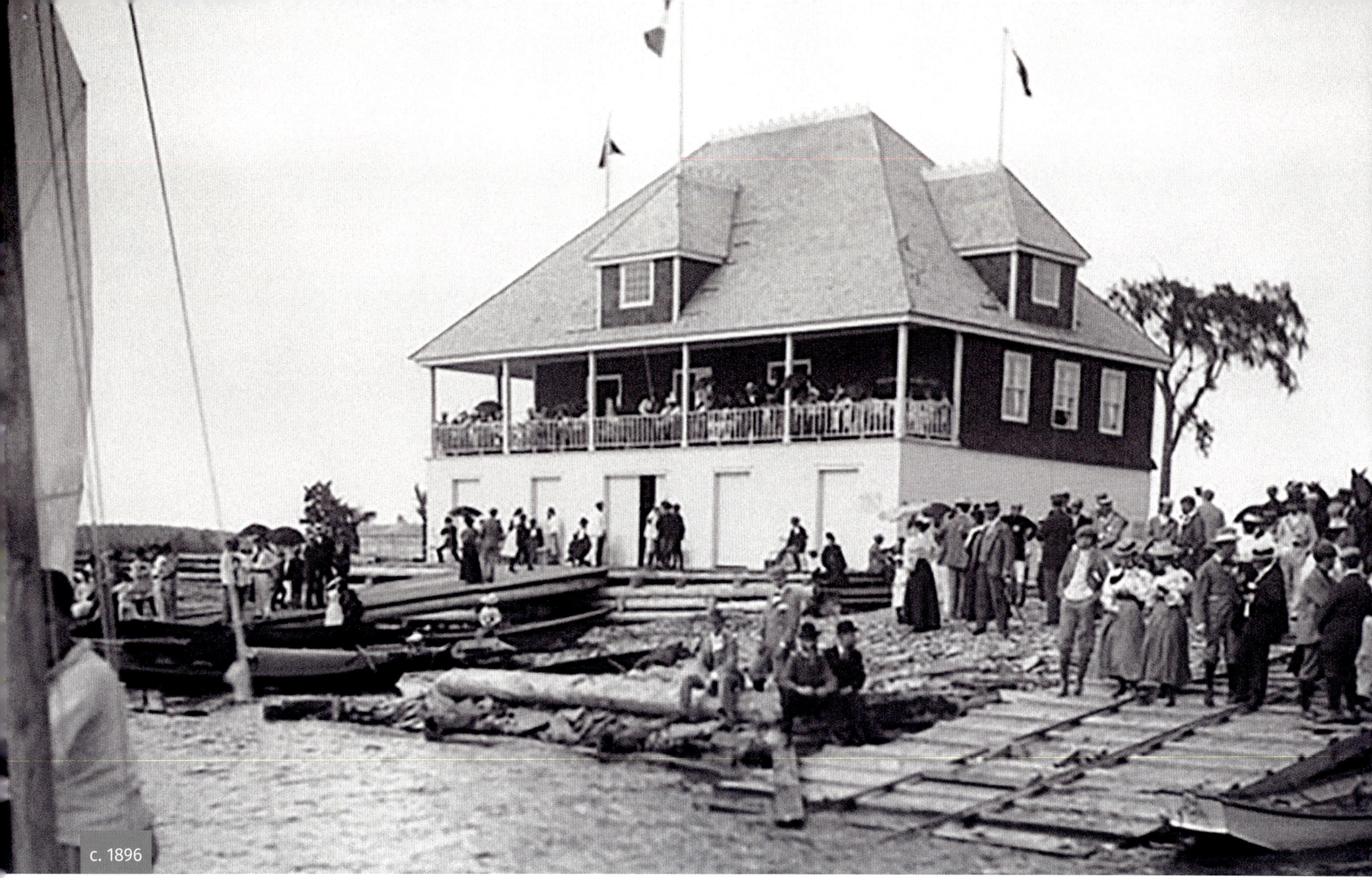
c. 1896

BRITANNIA BOAT HOUSE CLUB / BRITANNIA YACHT CLUB

The clubhouse where an Olympic champion and World War II navel hero trained

THEN: In the cottage community of Britannia Village (just outside Ottawa), the Britannia Aquatic Club, founded in 1887, first used a converted sawmill as its clubhouse. In 1896 the club, known as the Britannia Boat House Club, moved into a new building designed by Ottawa-based architect Edgar Lewis Horwood. When the clubhouse opened, the *Ottawa Daily Citizen* described it as "Ideal Quarters," with space for boats and "room for amusement."

Early members who trained at the club included sprint canoeist Francis "Frank" Amyot, for whom the club raised funds so he could attend the 1936 Olympics in Berlin, where he won a gold medal.

AUTREFOIS: Dans la communauté des chalets de Britannia Village (juste en dehors d'Ottawa), The Britannia Aquatic Club, fondé en 1887, a d'abord transformé une scierie en pavillon. En 1896, le club, connu sous le nom de Britannia Boat House Club, a déménagé dans un nouvel immeuble conçu par l'architecte Edgar Lewis Horwood, basé à Ottawa. À l'ouverture du pavillon, le quotidien *Ottawa Daily Citizen* l'a décrit comme « des quartiers idéaux », avec de l'espace pour des bateaux et « de la place pour s'amuser ».

Parmi les premiers membres qui s'entraînaient au club figurait le canoéiste de vitesse Francis « Frank » Amyot, pour qui le club a réuni des fonds pour lui permettre de participer aux Jeux olympiques de 1936 à Berlin, où il a remporté la médaille d'or.

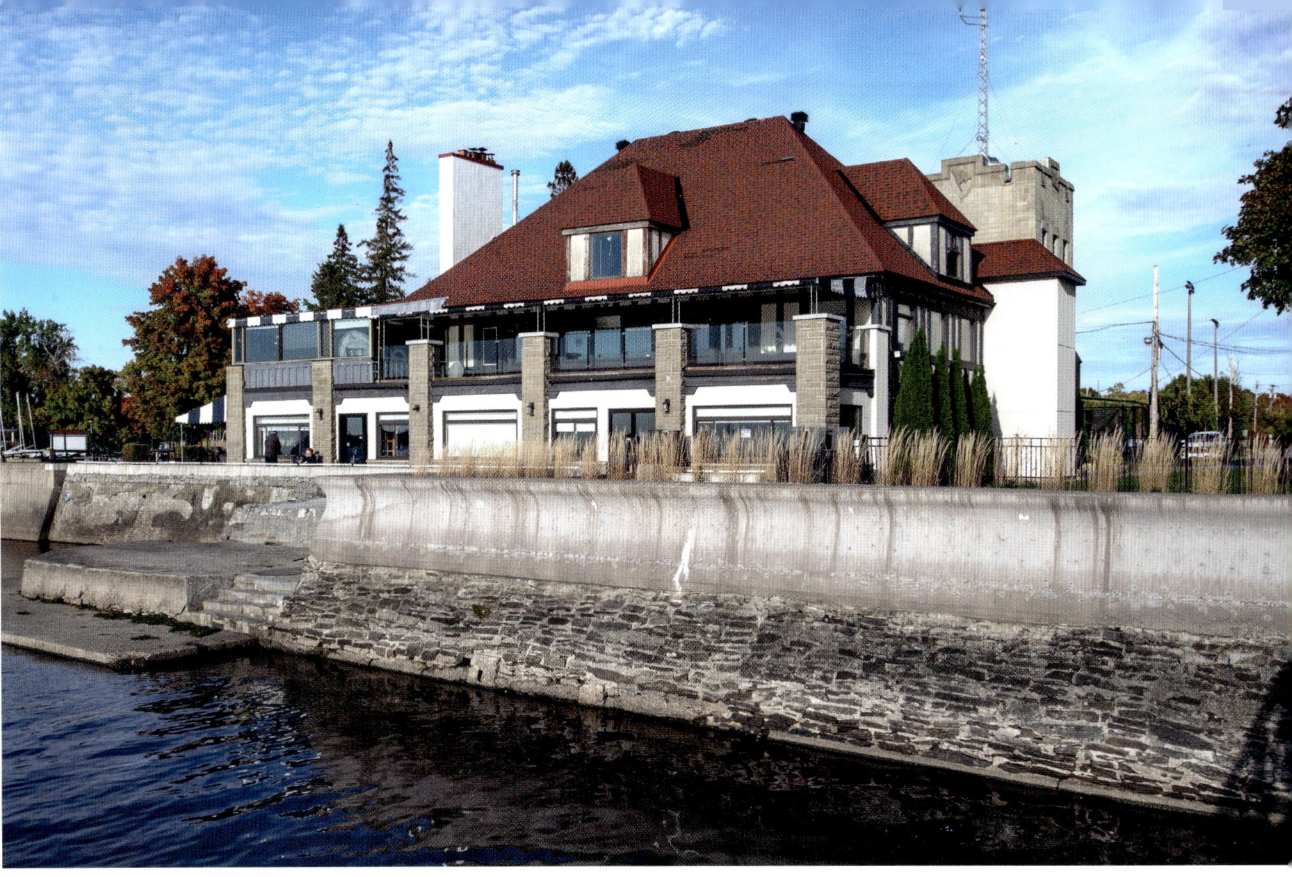

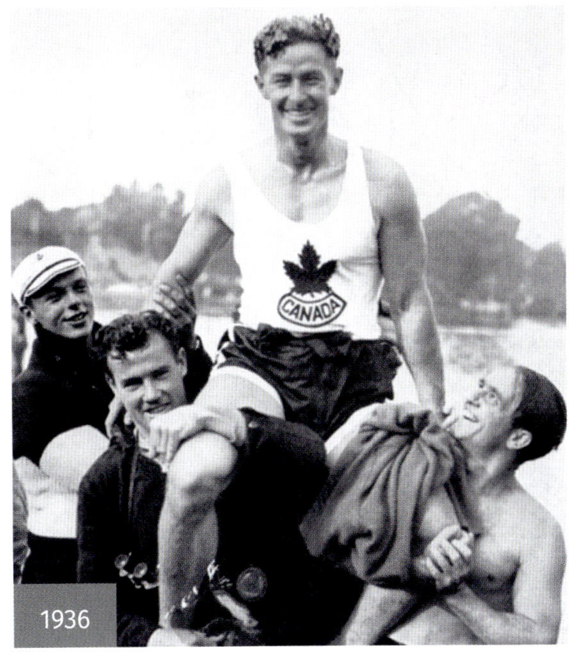

ABOVE: Berlin Olympics medallist Francis Amyot is seen here, cheered on by his comrades.

AU-DESSUS: Le médaillé Francis Amyot encouragé par les acclamations de ses camarades aux Jeux olympiques de Berlin.

NOW: Britannia Village became part of Ottawa in 1950. The boathouse, along with six other buildings from the former village, were designated by the city as historic properties in 2024. The designation praised the boathouse—with its steeply pitched, pyramid-like roof and wide wraparound veranda—as being a representative example of late-nineteenth-century recreational architecture.

In 1968, a stone laid by RCNVR Captain Thomas G. Fuller commemorated members' work made on the clubhouse harbour. Today, Fuller himself is commemorated at the club through a display that includes his military uniform and his sword. At the National War Museum, a passageway bears his name to honour his exploits while on loan to the British Royal Navy during World War II. Commanding flotillas of motor torpedo boats and gunboats during the war, Fuller became known as "The Pirate of the Adriatic" for his "'Nelson-like' tactics of thwarting, sinking, boarding and capturing enemy shipping."

AUJOURD'HUI: En 1950, Britannia Village s'est intégré à Ottawa. La remise à bateaux, ainsi que six autres bâtisses de l'ancien village, ont été désignées propriétés historiques par la ville en 2024. La désignation a reconnu la remise à bateaux, avec sa toiture très pentue qui ressemble à une pyramide et son véranda enveloppant, comme un bel exemple représentatif de l'architecture récréative de la fin du 19e siècle.

En 1968, une pierre posée par le capitaine Thomas G. Fuller de la RVMRC a commémoré le travail des membres dans le havre du pavillon. Aujourd'hui, Fuller lui-même est commémoré au club, où son uniforme et son épée sont exposés. Au Musée canadien de la guerre, un passage qui porte son nom honore ses exploits lorsqu'il a été prêté à la Marine royale britannique pendant la Seconde Guerre mondiale. Commandant de flottilles de vedettes de torpilleurs et de canonnières pendant la guerre, Fuller était connu comme le « pirate de l'Adriatique » pour ses « tactiques "à la Nelson" qui consistait à se lancer à l'abordage de navires ennemis, à s'en rendre maître et à les couler ».

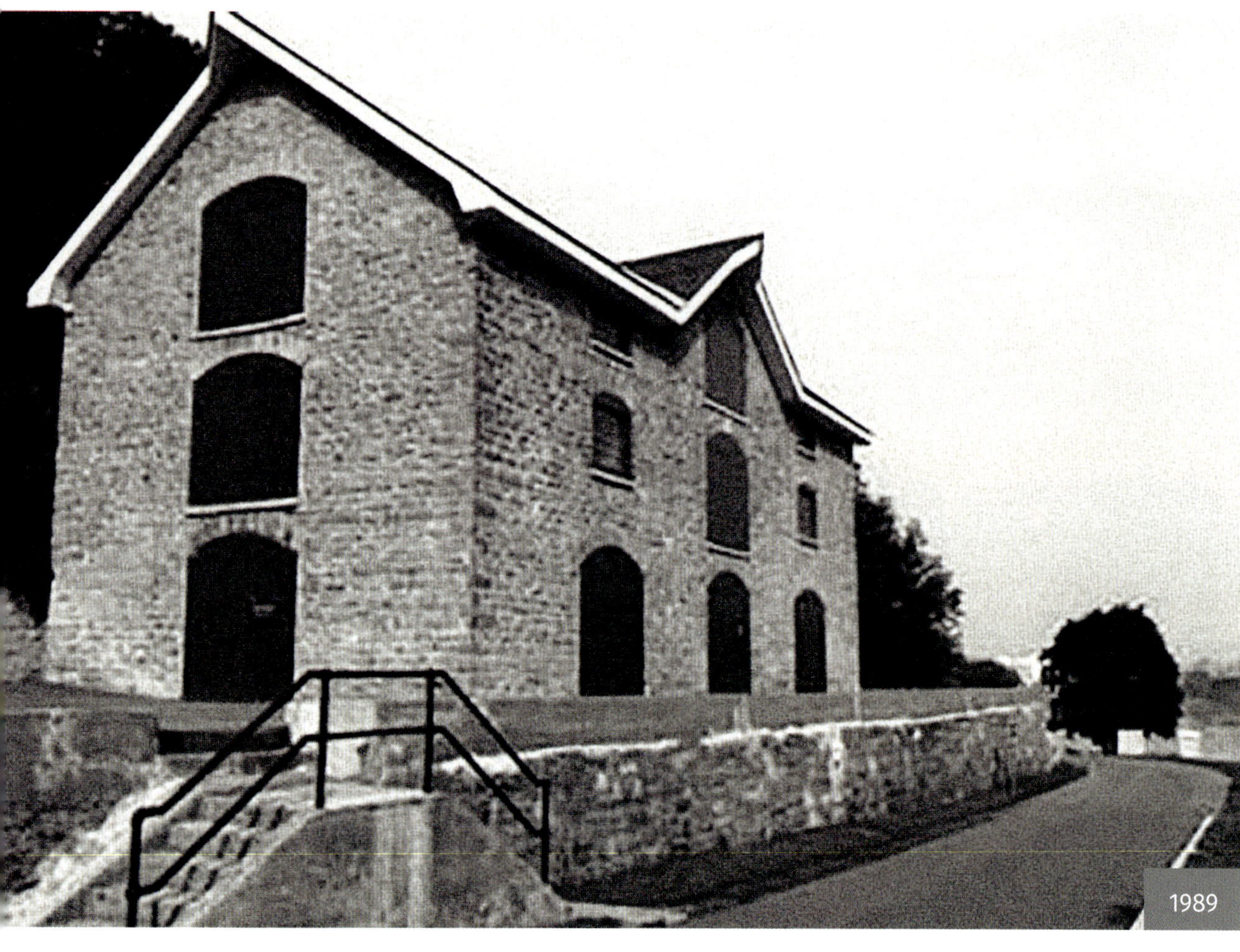

AUTREFOIS: Érigé en 1827, le Bâtiment de l'intendance a été construit pour servir d'entrepôt, de bureau et de trésorerie pour les travaux effectués sur la voie navigable défensive militaire — le système du canal Rideau — dirigés par le lieutenant-colonel britannique John By. L'entrepreneur montréalais Thomas MacKay a bâti une structure à trois étages de maçonnerie à assise irrégulière, ce qui veut dire que les pierres étaient posées par couches horizontales. La structure comportait un toit à deux versants et des portes de livraison à chaque étage construits selon la conception du groupe d'ingénieurs de l'armée britannique, le Corps of Royal Engineers.

Situé du côté ouest des écluses du poste d'éclusage d'Ottawa — le premier d'une série d'écluses à travers le système du canal Rideau — le Bâtiment d'intendance était au cœur du projet du colonel By, dont le legs comprend la fondation d'Ottawa et la création du plus vieux canal exploité en continu en Amérique du Nord.

BELOW: This watercolour painting by artist Henry Francis Ainslie shows how the Commissariat Building looked not long after its construction.

CI-DESSOUS: Cette aquarelle de l'artiste Henry Francis Ainslie représente le Bâtiment de l'intendance peu après sa construction.

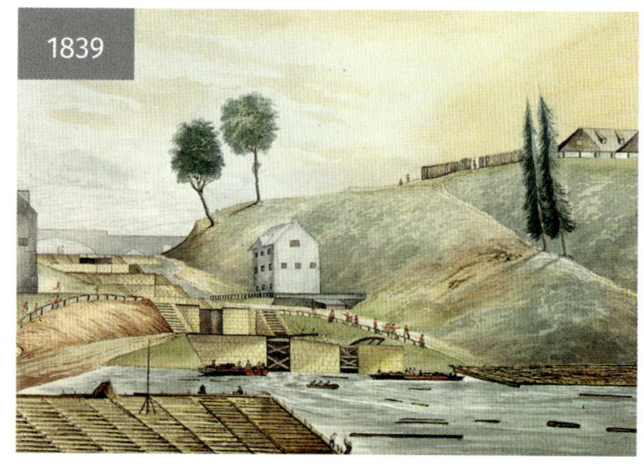

COMMISSARIAT BUILDING / BYTOWN MUSEUM

Ottawa's oldest stone building

THEN: Erected in 1827, the Commissariat Building was built to serve as a storage space, an office, and as a treasury building for work on the military defensive waterway—the Rideau Canal system—being overseen by British Lieutenant-Colonel John By. Montréal contractor Thomas McKay constructed the three-storey building out of rough-coursed masonry, meaning the stones were laid in horizontal layers, or "courses." The building had a gable roof and supply doors on all three levels, constructed to a design by the engineering arm of the British Army, the Corps of Royal Engineers.

Located on the west side of the locks at the Ottawa Lockstation—the first in the series of locks throughout the Rideau Canal system—the Commissariat Building was central to By's project, the legacy of which included the founding of Ottawa and creation of the oldest continuously operated canal in North America.

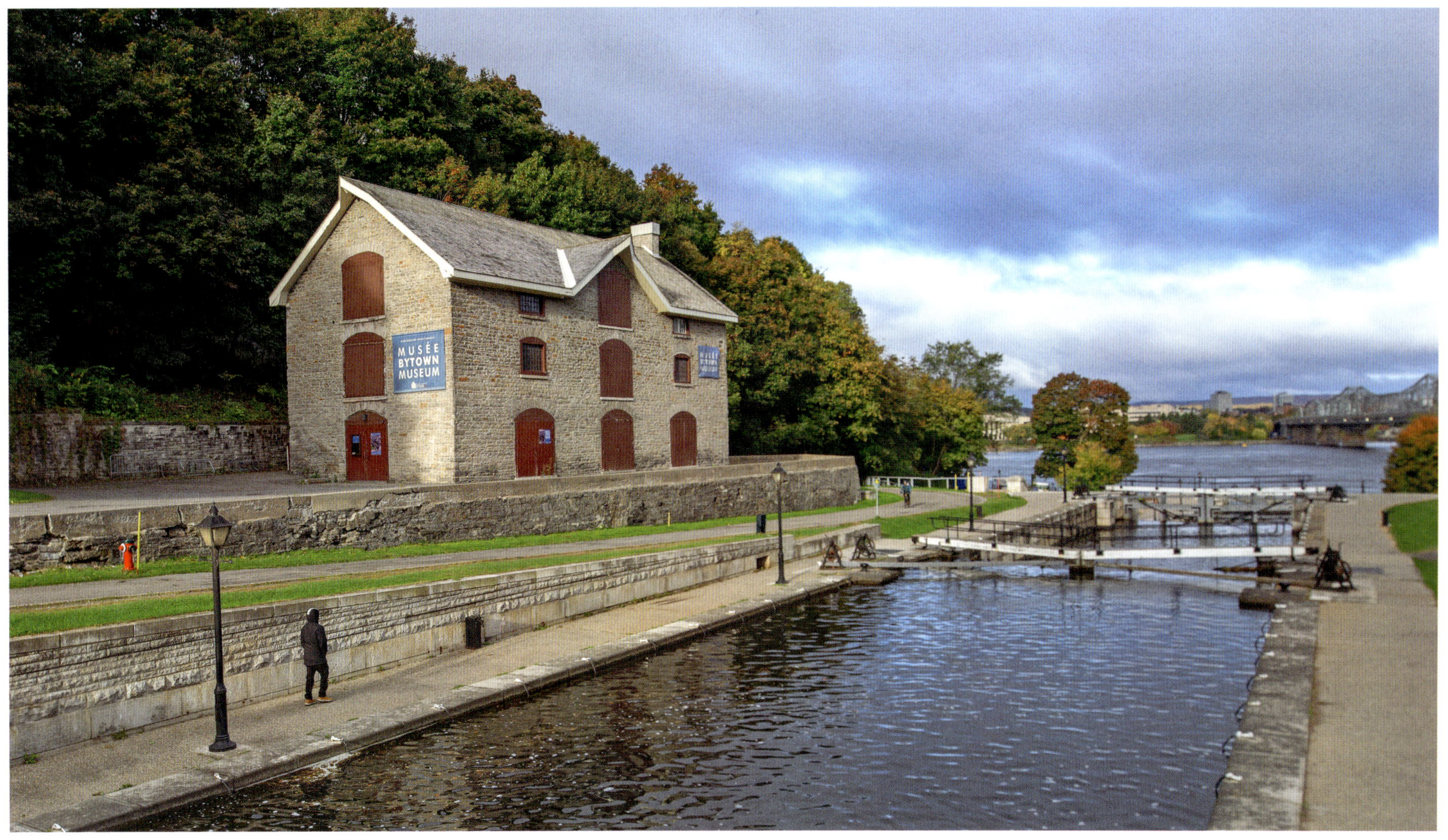

NOW: Restored in the 1980s, and designated as a Classified Federal Heritage Building in 1994, the Commissariat Building's functional elegance remains a testament to the skill of the original builders. Appropriately, for a building constructed during the earliest days of Ottawa's history, in 1952 the Commissariat Building became the "Bytown Museum," the origins of which link to the Women's Canadian Historical Society of Ottawa. Formed in 1898, and dedicated to the collection and preservation of Canadian artifacts, the Society's original Bytown Museum at 70 Nicholas Street operated from 1917 until moving into the Commissariat Building. It remains a museum today, reliving stories of the city's past through more than 7,000 Ottawa-related artifacts.

AUJOURD'HUI: L'élégance fonctionnelle du Bâtiment de l'intendance, restauré dans les années 1980 et désigné édifice fédéral classé en 1994, témoigne de la compétence des ouvriers originaux. Comme il se doit pour un édifice construit aux débuts de l'histoire d'Ottawa, le Bâtiment de l'intendance est devenu en 1952 le « Musée de Bytown », dont l'origine est liée à la Société historique canadienne des femmes d'Ottawa. Établie en 1898 et consacrée à l'acquisition et à la préservation d'artefacts canadiens, la Société a ouvert le Musée Bytown original au 70, rue Nicholas et l'a géré de 1917 jusqu'à son déménagement dans le Bâtiment de l'intendance. Toujours un musée de nos jours, il fait revivre des histoires du passé de la ville à travers plus de 7 000 artefacts liés à Ottawa.